◇ 21世纪经济学类管理学类专业主干课程系列教材

商业银行经营管理
（修订本）

陆 静 主编
皮天雷 副主编

清华大学出版社
北京交通大学出版社
·北京·

内 容 简 介

本教材分三部分，共15章。在商业银行基础理论方面，主要阐述了商业银行的起源和发展，商业银行的性质、功能、组织结构和监管；在商业银行的经营方面，主要介绍了商业银行的财务报表分析与业绩评价，商业银行的负债业务、现金资产管理、贷款业务、中间业务、资产负债管理、资本管理等；在商业银行的管理方面，主要分析了商业银行的市场风险管理、信用风险管理、操作风险管理和银行间的并购管理等内容。

本教材主要面向高等学校金融学专业本科学生，也可供银行界人士、金融从业人员和有志于从事商业银行工作的读者学习和参考。

本书封面贴有清华大学出版社防伪标签，无标签者不得销售。
版权所有，侵权必究。侵权举报电话：010-62782989　13501256678　13801310933

图书在版编目（CIP）数据

商业银行经营管理/陆静主编.—北京：清华大学出版社；北京交通大学出版社，2011.1（2020.3重印）
(21世纪经济学类管理学类专业主干课程系列教材)
ISBN 978-7-5121-0497-6

Ⅰ.①商… Ⅱ.①陆… Ⅲ.①商业银行-经济管理-高等学校-教材 Ⅳ.①F830.33

中国版本图书馆CIP数据核字（2011）第015569号

责任编辑：赵彩云
出版发行：清华大学出版社　　邮编：100084　　电话：010-62776969
　　　　　北京交通大学出版社　邮编：100044　　电话：010-51686414
印　刷　者：北京鑫海金澳胶印有限公司
经　　销：全国新华书店
开　　本：185×260　印张：19.25　字数：481千字
版　　次：2020年3月第1次修订　2020年3月第5次印刷
书　　号：ISBN 978-7-5121-0497-6/F·791
印　　数：8 001～9 000册　定价：49.00元

本书如有质量问题，请向北京交通大学出版社质监组反映。对您的意见和批评，我们表示欢迎和感谢。
投诉电话：010-51686043，51686008；传真：010-62225406；E-mail：press@bjtu.edu.cn。

序

金融是现代经济的核心。当今世界所有的发达国家都在抢占现代金融的制高点。由于我国现代金融业起步较晚，和发达国家相比还有较大的差距。入世后，我国金融业面临着激烈的国际竞争，这种竞争，归根结底是人才的竞争，要提高竞争力，缩短差距，最重要的是着力培养一大批掌握现代金融理论和业务技术，具有较强开拓创新能力的优秀人才。多年来的教学实践使我们认识到，培养一流的人才，首先要有一流的师资和好的教材。

银行业是金融领域的重要支柱之一。我国现代商业银行的发展从1984年中国人民银行专门行使中央银行职能、中国工商银行从中国人民银行中分离出来开始。1995年《商业银行法》的颁布，标志着我国商业银行的改革进入了规范化、法制化的阶段。2003年成立的中国银监会又为中国银行业的专业、规范监管及改革打下了坚实的基础。2006年12月11日，在加入世贸组织5年过渡期结束后，我国向外资银行全面开放人民币零售业务，意味着我国银行业开始全面对外开放，我国银行业开始了市场化、多元化经营的新阶段。目前，中国已基本形成以四家国有股份制商业银行为主体，包括几十家全国性、地方性及外资商业银行在内的较为完整的商业银行体系。

可以必须清楚地看到，西方商业银行在几百年发展过程中积累了丰富的经营管理理论、经验、技术和方法，并随着时间的推移而不断演变和完善。建立并完善我国的现代商业银行制度，就是要在西方商业银行制度的基础上，结合中国的实际，实现我国商业银行和国际商业银行的全面接轨。为此，我们必须透彻地了解和学习西方商业银行的管理理论和成功的实践经验。

就在我国进入改革开放的第三十个年头，发端于美国的次贷危机席卷全球，演变为自1929年"大萧条"以来最严重的全球金融危机。在这场百年一遇的金融危机的冲击下，全球金融体系遭受重创，我国银行业则经受了全面的洗礼。但正是由于我国一贯坚持审慎经营、科学发展的理念，积极采取多种措施抗击金融风暴，我国银行业才经受住了这次金融危机的考验，并保持了稳健运行的良好态势，这也进一步彰显了我国银行业改革开放所取得的成效。

回顾我国银行业发展历程，我们必须始终坚持科学发展，坚持遵循银行业发展的基本客观规律，不断提高监管能力，推动银行业稳健发展。

这本《商业银行经营管理》教材是由重庆大学经济与工商管理学院金融系骨干教师陆静副教授和皮天雷博士编写的。教材的内容和逻辑设计由三部分构成，第一部分：商业银行的背景分析和基础知识；第二部分：商业银行的主要业务与经营；第三部分：商业银行的管理和风险控制。

作为最古老的金融机构，商业银行已经历了几百年的历史，商业银行现已成为现代金融体系最重要的组成部分。在学习商业银行经营管理之前，人们自然要问：商业银行是什么样的金融机构？商业银行是如何开展业务与经营的？商业银行在经营过程中有哪些风险，如何评估与控制这些风险？这本《商业银行经营管理》教材正是在吸收当前国内外金融研究最新成果的基础上，全面、系统地介绍和阐述了商业银行经营管理的基础知识、基本理论、主要业务和管理方法，并提供了商业银行业内的最新进展和发展趋势。这本《商业银行经营管理》教材是陆静老师和皮天雷老师多年理论研究和教学实践经验的成果，教材的内容和逻辑框架充分体现了系统性、科学性、实用性、前沿性的特点。可作为高校金融专业或其他经济类专业本科生参考教材，也可作为研究生、金融理论研究人员和金融领域从业人员的学习参考资料。

希望重庆大学能为我国金融学理论及实务界提供更多的研究成果，编写更多的系列精品教材，为我国培养出更多的高水平的现代金融人才。

严太华

2011 年 1 月

前言

商业银行是现代金融体系的重要组成部分，它在西方国家已经有300多年的历史了。尽管商业银行在中国的历史不长，但在改革开放以后，它的发展非常迅速。根据中国人民银行《2010年中国金融稳定报告》统计，商业银行在2009年度新增贷款10.5万亿元，同期境内股票市场融资0.46万亿元、非金融企业直接债务融资1.66万亿元。可见，商业银行的间接融资仍然是国内企业资金来源的主要渠道。

在2007—2009年国际金融危机期间，西方商业银行均不同程度地受到影响，如花旗银行市值损失90%，苏格兰皇家银行市值损失95%，巴克莱银行市值损失90%等。与此同时，中国银行业稳健发展的成就逐步为世人所了解。据英国《银行家》杂志披露，中国大陆有84家商业银行跻身2010年全球银行1 000强，这84家银行的平均不良贷款率仅为1.54%，远低于全球平均水平；从盈利能力看，中国工商银行连续两年的税前盈利居全球第一。在市值方面，截至2010年年底，工、农、中、建四大国有控股银行的市值均远远超过花旗银行。然而，我们也应该清醒地认识到，中国商业银行较少受到国际金融危机的影响，并非其高超的经营管理能力和风险控制能力，而是外汇管制、分业经营、高储蓄率和较低的国际化程度等因素在一定程度上阻止了危机向中国金融体系的蔓延或传播。中国商业银行在规模扩大和盈利能力提高的同时，尚需进一步提升经营管理能力，以适应全球经济金融一体化的发展趋势。

正是在这样的背景下，我们编写了这本教材，希望从一个崭新的角度介绍当前商业银行经营管理的理论与实践。

全书分为三大部分，包括15章。

第一部分是银行基础知识，包括：第1章商业银行的起源和发展，介绍了现代商业银行的起源以及国内外商业银行的发展现状；第2章商业银行的性质与功能，阐述了什么是商业银行以及商业银行的性质，介绍了商业银行的功能、经营目标和原则；第3章商业银行的组织结构，介绍了商业银行设立的条件和程序，以及商业银行的组织结构；第4章是商业银行的监管，讨论了对商业银行进行监管的原因、目标和内容，以及国内外商业银行的监管体系。

第二部分是银行经营，包括：第5章商业银行财务报表分析与业绩评价，分析了商业银行资产负债表、利润表和现金流量表的构成，阐述了评价商业银行绩效的指标和方法；第6章商业银行的负债业务，介绍了商业银行存款负债和非存款负债的种类和成本控制等管理手段；第7章现金资产管理，分析了商业银行现金资产的构成，资金头寸的计算方法和管理方法；第8章商业银行的贷款业务，阐述了贷款业务的流程、信用分析、贷款定价和贷款的五级分类方法；第9章商业银行中间业务，讨论了支付结算类业务、银行卡业务、代理类业务、托管类业务、咨询类业务、担保或承诺类业务等中间业务，以及中间业务的定价方法。

第三部分是银行管理，包括：第10章商业银行资产负债管理，介绍了资产管理、负债管理和资产负债管理的理论与方法；第11章商业银行资本管理，分析了资本的构成和能力，巴塞尔资本协议和资本的筹集与管理；第12章市场风险管理，讨论了市场风险的来源与表现形式，市场风险的度量和管理方法；第13章信用风险管理，介绍了信用风险的特点和预警指标，以及信用因子计量、古典信用风险计量方法和现代风险计量方法；第14章操作风险管理，讨论了操作风险的定义与分类，以及操作风险的度量方法和管理框架；第15章银行间的并购，介绍了银行并购的动机、定价和方式。

本教材吸收现代金融学发展的最新成果，对商业银行的经营思想和理念及管理模式进行了较有深度的探讨和分析。按照理论与实际相结合的原则，系统地介绍和讨论了银行业的管理原则、战略及方式。

与其他同类教材相比，本教材具有以下几个特点：

次贷危机暴露出西方商业银行风险管理和控制的失败。因此，本教材特别强调商业银行风险管理体系的构建与运作，除详细介绍了市场风险和信用风险管理方法外，还对《巴塞尔协议Ⅱ》提出的操作风险计量和管理进行了分析，并介绍了业内最新研究成果如信度理论等高级计量方法；

与传统教材不同的是，我们在每一章后面均附有阅读材料，以加深读者对该章内容的深入学习，并提供业内的最新进展或发展趋势，如第11章的阅读材料《巴塞尔协议Ⅲ》介绍了金融危机之后国际银行业监管的最新标准；

本教材力求反映现代商业银行发展的最新趋势，以便为读者提供商业银行经营管理实践的最新信息，如第2章介绍了美国商业银行在次贷危机之后的倒闭风潮和中国商业银行的崛起等。

本教材是由重庆大学金融系学术骨干精心撰写的一本教材，第1～8章由陆静副教授编写，第9～15章由皮天雷博士编写，全书由陆静总撰定稿。重庆大学研究生刘学勇、涂琳、王捷、于耀淇、赵宏彬和张佳积极参与了编写工作，在此表示衷心感谢！

重庆大学金融学博导、教授严太华先生审阅了本教材，并为教材题写了序言，在此向他表示衷心感谢！

本教材编写过程中参考了国内外同行的研究成果，在此表示衷心感谢！

同时感谢北京交通大学出版社赵彩云编辑在教材出版过程中的大力协助。

本教材配有PPT电子课件，教学中如果需要可以向北京交通大学出版社索取（邮件 cbszcy@jg.bjtu.edu.cn），或直接向编写者索取。

由于编者水平所限，本教材的结构和内容难免存在诸多不当之处，恳请读者批评指正！

编　者

2011年1月

目 录

第 1 章 商业银行的起源和发展

1.1 商业银行的起源 /2
1.2 商业银行的发展及现状 /4
思考题 /15

第 2 章 商业银行的性质与功能

2.1 商业银行的性质 /18
2.2 商业银行的功能 /19
2.3 商业银行的经营目标和原则 /22
思考题 /28

第 3 章 商业银行的组织结构

3.1 商业银行的类型 /30
3.2 商业银行的设立条件和程序 /31
3.3 商业银行的组织结构 /34
思考题 /44

第 4 章 商业银行的监管

4.1 监管的原因 /46
4.2 监管的目标和内容 /47
4.3 监管机构 /51
4.4 商业银行监管体系 /53
4.5 行业自律组织 /55
思考题 /58

第 5 章 商业银行财务报表分析与业绩评价

5.1 资产负债表 /60

5.2 银行利润表 / 63
5.3 现金流量表 / 66
5.4 其他报表 / 70
5.5 商业银行业绩评价 / 72
5.6 财务报表分析的局限性 / 79
思考题 / 81

第6章 商业银行的负债业务

6.1 商业银行负债业务概述 / 84
6.2 商业银行存款负债的管理 / 85
6.3 商业银行非存款负债的管理 / 96
思考题 / 103

第7章 现金资产管理

7.1 现金资产概述 / 106
7.2 商业银行资金头寸的计算与预测 / 108
7.3 商业银行现金资产的管理 / 114
思考题 / 124

第8章 商业银行的贷款业务

8.1 商业银行贷款业务流程 / 126
8.2 信用分析 / 130
8.3 贷款定价 / 134
8.4 贷款的风险分类与问题贷款的处理 / 138
思考题 / 144

第9章 商业银行中间业务

9.1 商业银行中间业务概述 / 146
9.2 中间业务产品的定价 / 149
9.3 金融服务类中间业务 / 153
9.4 表外业务 / 159
思考题 / 165

第 10 章　商业银行资产负债管理

10.1　资产管理理论与方法　/168
10.2　负债管理理论与方法　/175
10.3　资产负债管理理论与方法　/177
思考题　/186

第 11 章　商业银行资本管理

11.1　商业银行资本的构成及功能　/188
11.2　巴塞尔资本协议：资本的充足性及监管　/194
11.3　资本的筹集与管理　/200
思考题　/207

第 12 章　市场风险管理

12.1　市场风险概述　/210
12.2　市场风险的度量　/212
12.3　市场风险的管理　/219
思考题　/230

第 13 章　信用风险管理

13.1　信用风险概述　/234
13.2　信用风险监测　/235
13.3　信用风险因子计量　/238
13.4　古典信用风险计量方法　/241
13.5　现代信用风险计量方法　/244
思考题　/254

第 14 章　操作风险管理

14.1　操作风险的定义与分类　/256
14.2　操作风险的度量　/260
14.3　操作风险管理框架　/270
思考题　/276

第15章 银行间的并购

15.1 银行并购的动机 ／278
15.2 银行并购的方式 ／279
15.3 银行并购的定价 ／282
15.4 汇丰控股的全球并购 ／286
思考题 ／294

参考文献

第1章

【主要概念的中英文对照】

商业银行：commercial bank

《格拉斯—斯蒂格尔法案》：*Glass-Steagall act*

全能银行：universal banking

《多德—弗兰克华尔街改革和个人消费者保护法案》：*Dodd-Frank wall street reform and consumer protection act*

混业经营：mixed operation

分业经营：separate operation

商业银行的起源和发展

1.1 商业银行的起源

1.1.1 银行的起源

1. 西方银行业的起源

1）银行起源于货币兑换

银行是经济体系中最为重要的金融机构之一。关于银行业的起源,可谓源远流长。西方银行业的原始状态,可溯及公元前的古巴比伦以及文明古国时期。据《大英百科全书》记载,早在公元前6世纪,在巴比伦已有一家"里吉比"银行。考古学家在阿拉伯大沙漠发现的石碑证明,在公元前2000年以前,巴比伦的寺院已对外放款,而且放款是采用由债务人开具类似本票的文书,交由寺院收执,且此项文书可以转让。公元前4世纪,希腊的寺院、公共团体、私人商号,也从事各种金融活动。但这种活动只限于货币兑换业性质,还没有办理放款业务。罗马在公元前200年也有类似希腊银行业的机构出现,但较希腊银行业又有所进步,它不仅经营货币兑换业务,还经营贷放、信托等业务,同时对银行的管理与监督也有明确的法律条文。罗马银行业所经营的业务虽不属于信用贷放,但已具有近代银行业的雏形。人们公认的早期银行的萌芽,起源于文艺复兴时期的意大利。"银行"一词的英文叫"Bank",是由意大利文"Banca"演变而来的。在意大利文中,Banca是"长凳"的意思。最初的银行家均为祖居在意大利北部伦巴第的犹太人,他们为躲避战乱,迁移到英伦三岛,以兑换、保管贵重物品、汇兑等为业。在市场上人各一凳,据以经营货币兑换业务。倘若有人遇到资金周转不灵,无力支付债务时,就会招致债主们群起捣碎其长凳,兑换商的信用也即宣告破碎。英文"破产"为"Bankruptcy",即源于此。

2）银行起源于资金的代理支付

早期银行业的产生与国际贸易的发展有着密切的联系。在中世纪的欧洲,地中海沿岸各国,尤其是意大利的威尼斯、热那亚等城市是著名的国际贸易中心,商贾云集,市场繁荣。但由于当时社会的封建割据,货币制度混乱,各国商人所携带的铸币形状、成色、重量各不相同,为了适应贸易发展的需要,必须进行货币兑换。于是,单纯从事货币兑换业并从中收取手续费的专业货币商便开始出现和发展了。随着异地交易和国际贸易的不断发展,来自各地的商人们为了避免长途携带而产生的麻烦和风险,开始把自己的货币存放在专业货币商处,委托其办理汇兑与支付。这时的专业货币商已反映出银行萌芽的最初职能:货币的兑换与款项的划拨。随着接受存款的数量不断增加,商人们发现多个存款人不会同时支取存款,于是他们开始把汇兑业务中暂时闲置的资金贷放给社会上的资金需求者。最初,商人们贷放的款项仅限于自有资金,随着代理支付制度的出现,借款者即把所借款项存入贷出者之处,并通知贷放人代理支付。可见,从实质上看,贷款已不仅限于现实的货币,而是开始变成账面信用。由此,货币兑换商演变成了集存贷款和汇兑支付、结算业务于一身的早期银行,于是,具有近代意义的银行——威利斯银行在1587年应运而生。

3）银行起源于贵金属保管

16世纪末开始,银行这一新型的金融机构由意大利开始普及到欧洲其他国家。如1609年成立的阿姆斯特丹银行,1619年成立的汉堡银行,1621年成立的纽伦堡银行等都是欧洲早期著名的银行。在英国，早期的银行业是通过金匠业发展而来的。17世纪中叶，英国的金匠业极为发达，人们为了防止金银被盗，将金银委托给金匠保存。当时金匠业不仅代人保管金银，签发保管凭条，还可按顾客书面要求，将金银划拨给第三者。金匠业还利用自有资本发放贷款，以获取利息。同时，金匠们签发的凭条可代替现金流通于市面，称之为"金匠券"，开了近代银行券的先河。这样，英国早期银行就在金匠业的基础上产生了。

2. 中国银行业的起源

与西方的银行相比，中国的银行则产生较晚。中国关于银钱业的记载，较早的是南北朝时的寺庙典当业。到了唐代，出现了类似汇票的"飞钱"，这是我国最早的汇兑业务。北宋真宗时，由四川富商发行的交子，成为我国早期的纸币。到了明清，当铺是中国主要的信用机构。明末，一些较大的经营银钱兑换业的钱铺发展成为银庄。银庄产生初期，除兑换银钱外，还从事贷放，到了清代，才逐渐开办存款、汇兑业务，但最终在清政府的限制和外国银行的压迫下，走向衰落。我国近代银行业，是在19世纪中叶外国资本主义银行入侵之后才兴起的。最早到中国来的外国银行是英商东方银行，其后各资本主义国家纷纷来华设立银行。在华外国银行虽给中国国民经济带来巨大破坏，但在客观上也对我国银行业的发展起了一定的刺激作用。为了摆脱外国银行支配，清政府于1897年在上海成立了中国通商银行，标志着中国现代银行的产生。此后，浙江兴业、交通银行相继产生。

早期的银行业虽已具备了银行的本质特征，但它仅仅是现代银行的原始发展阶段。因为银行业的生存基础还不是社会化大生产的生产方式，银行业的放款对象还主要是政府和封建贵族，银行业的放款带有明显的高利贷性质，其提供的信用还不利于社会再生产过程。但早期银行业的出现，完善了货币经营业务，孕育了信贷业务的萌芽。它们演变成为现代银行则是在17世纪末到18世纪期间的事情，而这种转变还要求具备经济发展过程中的某些特殊条件。

1.1.2 现代商业银行的起源

商业银行是商品经济发展到一定阶段的必然产物，并随着商品经济的发展不断完善。现代商业银行的最初形式是资本主义商业银行，是资本主义生产方式的产物。随着生产力的发展，生产技术的进步，社会劳动分工的扩大，一些手工场主同城市富商、银行家一起形成新的阶级——资产阶级。由于封建主义银行贷款具有高利贷的性质，年利率平均在20%～30%，严重阻碍着社会闲置资本向产业资本的转化。另外，早期银行的贷款对象主要是政府等一批特权阶层而非工商业，新兴的资产阶级工商业无法得到足够的信用支持，而资本主义生产方式产生与发展的一个重要前提是要有大量的为组织资本主义生产所必需的货币资本。因此，新兴的资产阶级迫切需要建立和发展资本主义银行。

随着资本主义生产方式和社会化大生产的出现，高利贷性质的银行已经不能适应社会化大生产对货币资本的需要，客观上要求按照资本主义经营原则组织与其相适应的现代商业银行。从历史上看，资本主义商业银行的产生，基本上通过三种途径。第一个途径是旧的高利贷性质的银行逐渐适应新的经济条件，演变为资本主义银行。在西欧，由金匠业演化而来的旧式银行，主要是通过这一途径缓慢地转化为资本主义银行。第二个途径就是新兴的资产阶级按照资本主义原则组织的股份制银行，这一途径是主要的，它在较早建立资本主义制度的英国表现得尤其明显。1694年，在政府的帮助下，英国建立了历史上第一家资本主义股份制的商业银行——英格兰银行。它的出现，宣告了高利贷性质的银行业在社会信用领域垄断地位的结束，标志着资本主义现代银行制度开始形成以及商业银行的产生。从这个意义上说，英格兰银行是现代商业银行的鼻祖。继英格兰银行之后，欧洲各资本主义国家都相继成立了商业银行。从此，现代商业银行体系在世界范围内开始普及。第三个途径则是由国家作为主要出资者组建。

尽管各国商业银行产生的条件和过程不同，称谓也不一致，但其发展基本上遵循着两种模式。

1. 英国式融通短期资金模式（又称职能分工型模式）

截止到21世纪初，英美两国商业银行的贷款仍以短期商业贷款为主。这种模式有其历史原因。英国是最早建立资本主义制度的国家，也是较早建立股份制的国家，所以英国的资本市场比较发达，企业的资金来源主要依靠资本市场募集。这种模式主要以提供短期商业性贷款为主，它的优点是能较好地保持银行清偿力，银行经营的安全性较好；缺点是银行业务的发展受到限制。

2. 德国式综合银行模式（又称全能型模式）

按照这一模式组建的商业银行，除了提供短期商业性贷款外，还提供长期贷款，甚至直接投资于企业股票与债券，替公司包销证券，参与企业的决策与发展，并向企业提供合并与兼并所需要的财务支持和财务咨询等投资银行业务。至今，不仅德国、瑞士、荷兰、奥地利等少数国家仍坚持这一传统模式，而且美国、日本等国的商业银行也开始向这种综合银行模式发展。这种综合银行模式的优点是有利于银行展开全方位的业务经营活动，充分发挥商业银行在国民经济活动中的作用；缺点是可能会加大银行经营风险，对银行经营管理有更高的要求。

1.2 商业银行的发展及现状

1.2.1 国外商业银行的发展

在美国金融史上，早期的投资银行中，有一部分是与商业银行融合的，但多数还是以独立的形式存在的。到20世纪20年代，商业银行与投资银行之间已经不存在任何界限。1929年10月，一场以股市崩溃为直接信号的金融危机爆发，导致这场危机的最直接原因，是商业银行大量涉足证券投资活动，从而使自身的流动性和安全性大大降低，许多银行因此破产倒闭。据统计，在1929—1933年年间，美国大约有11 000家银行倒闭或被兼并，银行数目下降了40%。为了整顿金融秩序，美国国会于1933年6月通过了《格拉斯—斯蒂格尔法案》。该法对商业银行和投资银行的业务范围进行了强制分离，即规定商业银行和投资银行应实行分业经营。

在第二次世界大战前后，日本先后仿效英国和美国，不断强化和完善其分离银行制度。1927年通过的《银行法》，强调银行信用业务必须明确分工，以保证经营的安全性。1948年5月颁布了《证券交易法》。该法规定：日本商业银行与证券公司业务分业经营。1922年通过的《信托法》和《信托业法》，将银行业与信托业的分离正式用法律形式加以规定。并设立了专门从事信托业务的信托公司，以保护债权人的经济利益和提高银行经营的安全性。

以后又把信托公司改为信托银行，采取由银行兼营信托业务的形式。1959年政府规定大和银行、琉球银行及冲绳银行3家商业银行兼营信托业务。

自20世纪70年代初开始，某些实行分离银行体制的发达国家，逐渐放松了对商业银行经营范围的管制，其商业银行的经营体制开始向全能银行体制转变。其中最典型的国家是英国、日本和美国。如英国政府从20世纪70年代起，允许其结算银行（即商业银行）通过发行可转让定期存款单吸收定期存款，并经营中长期贷款业务；办理旅行支票业务和信用卡业务；经营租赁业务、保险业务、证券投资业务、信托业务以及住宅抵押放款业务。此外，还允许其从事各种国际业务。以后，英格兰银行又允许清算银行在贴现行参股，从而使那些大清算银行发展成为没有业务界限、无所不包的金融混合联合企业。

从20世纪80年代初期开始，在日本也出现了银行业与证券业融合的现象，如1981年5月公布的《新银行法》规定，银行可以经营证券业务，即允许银行经营公共债券的买卖和募集。1985年，商业银行和信托银行又获准经营过去只允许证券公司和长期信用银行经营的私募债券，长期以来禁止银行经营证券业务的限制从此被打破。与此同时，证券公司也开始介入银行业务。自1993年4月起付诸实施的《金融制度改革法》，则允许商业银行、信托银行、证券公司之间可以子公司的形式跨领域经营。1998年3月，日本政府又通过了《金融制度改革法案》。该法案不仅允许商业银行等金融机构开办柜台投资信托和保险业务，而且还取消了长短期信用业务的分离，允许普通银行发行金融债券。这样，日本商业银行的经营体制基本上完成了向全能银行制度的转变。

美国虽然自20世纪30年代初一直实行严格的分离银行制度，但商业银行为了扩大其业务范围，通过银行持股公司绕过有关立法条款的限制，大量从事证券投资、信托保险、不动产、租赁和数据处理等非银行业务。商业银行向证券业渗透的活动在20世纪80年代还得到了联邦存款保险公司的支持。1991年11月27日，由国会通过的《1991年联邦存款保险公司改进法》，允许某些银行获得和持有相当于其全部资本数量的普通股票和优先股票。1999年11月，时任美国总统克林顿签署了国会通过的《金融服务现代化法案》，该法案取消了1933年大萧条时期颁布的限制商业银行从事证券业务的《格拉斯—斯蒂格尔法案》。该法案的通过使美国金融业从立法上告别了分业经营的历史，迈向一个混业经营的新时代。

现在的西方商业银行不仅有传统的存款、贷款、汇款（结算）和货币兑换，还有众多的创新业务；不仅有商业银行业务，还有证券包销、证券经纪、资产管理、财务顾问、企业并购策划等典型的投资银行业务；不仅有一般的银行业务，还有各种基金、信托、租赁、保险代理等各种非银行的金融业务。

此外，从20世纪90年代开始国外商业银行的网上银行业务得到了蓬勃发展，使得商业银行业务运行的速度加快、效率提高、成本降低。所谓的网上银行，就是以互联网技术为基础展开的银行业务，既包括传统商业银行开办的网上银行业务也包括新出现的纯网络银行。借助网络手段，网上银行无需修建遍布各地的营业网点、雇用大量柜面操作人员、支付昂贵的办公费用，所以，其经营成本只占营业收入的15%，仅为传统银行的1/4。

随着金融经济形势的发展，商业银行的经营环境发生了重大而深刻的变化。来自于证券业和保险业的挑战、商业银行自身的竞争及金融监管方式和力度的变化，迫使商业银行进行全面调整，并出现银行业务经营综合化、资产证券化（即商业银行将缺乏流动性但具有未来现金流收入的资产，转换成可以在金融市场上出售和流通的证券，据以融通资金。资产证券化作为商业银行经营管理理念的创新，使银行资产的流动性和盈利性大大提高）、金融创新全面化以及经营管理电子化等许多新的变化和发展趋势。20世纪90年代，国际金融领域出现的不少创新手段和业务，直接或间接地对商业银行的经营与业务产生了深远的影响，主要表现在：银行资本越来越集中，国际银行业出现竞争新格局；国际银行业竞争激化，银行国际化进程加快；金融业务与工具不断创新，金融业务进一步交叉，传统的专业化金融业务分工界限有所缩小；金融管制不断放宽，金融自由化的趋势日益明显；国内外融资出现证券化趋势，证券市场蓬勃发展；出现了全球金融一体化的趋势。这些发展趋势的出现必将对今后商业银行制度与业务的发展产生更加深远的影响。

1.2.2 金融危机与美国的商业银行

20世纪70年代以来，商业银行的经营环境发生了巨大的变化，在布雷顿森林体系崩溃和金融创新浪潮的冲击下，汇率、利率多变加大了商业银行经营的难度和风险；金融衍生工具的发展既为银行提供了新的市场也使银行面临更激烈的竞争。

2008年金融危机（又称次贷危机）爆发之后，美国的一些大银行受助于政府而存活下来，而那些中小银行则在持续不断地倒闭。2009年10月30日，一天之内就有加利福尼亚州国民银行等9家银行倒闭。资料显示，2009年全年，美国共有141家银行倒闭，远高于2008年的25家，而这些银行的倒闭，大多数是由信贷违约导致的。截至2010年10月，在美国联邦储蓄保险公司的"问题银行"清单上，仍有约500家银行。历史经验显示，上了这一清单的银行约有13%最终会倒闭。因此有专家预计，尽管目前美国经济已开始恢复增长，但金融危机的影响远未结束，2010年乃至以后仍会有相当数量美国中小银行倒闭。截止到2010年12月20日，2010年度已经有144家商业银行倒闭，如图1-1所示。

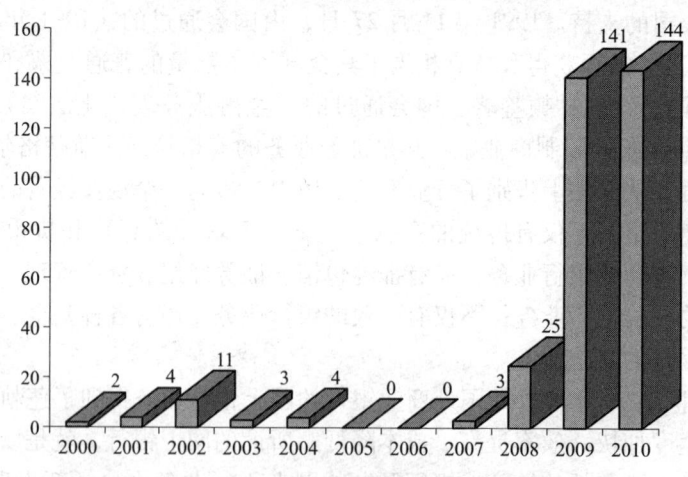

图1-1 2000—2010年美国倒闭的银行数量[①]

从宏观角度看，美国中小银行倒闭风潮是房地产泡沫破裂的结果，也是"百年一遇"的金融危机的产物。深陷危机的商业地产业是造成银行倒闭的主要祸源。据穆迪商业地产价格指数显示，与2007年的峰值相比，在2008年年底，美国商业地产价格下跌了41%。美国

---

① 资料来源：美国联邦存款保险公司，http://www.fdic.gov/，2010年12月20日。

ING克拉里昂合伙投资公司披露，预计在2012年，美国有高达1.4万亿美元的商业地产贷款将到期，其中大量贷款是在2007年商业地产价格高峰期发放的。

从微观角度看，银行倒闭风潮的原因在于两个方面。一方面在于银行自身。银行之所以倒闭，主要是因为对经济形势判断失误，投资不当，特别是在房地产泡沫吹大时发放大量次级商业地产贷款。美国房地产咨询机构远见分析公司的研究报告显示，在美国8 100多家银行当中，有大约2 200家银行的业务都曾经超过监管机构规定的警戒线。另一方面在于监管不力，佛罗里达州的奥卡拉国民银行就是一例。美国财政部下属的货币监理署负责银行监管的官员曾发现这家银行贷款标准过松，并且过度集中于建筑贷款。但监管部门没有采取强制措施纠正奥卡拉国民银行的行为，这家银行最终倒闭。鉴于此，美国银行监管机构开始寻求加强和改善监管，具体措施包括提高银行资本充足率要求，对银行从事部分高风险业务进行限制，以及增加有经验的监管人员等。

金融业是市场经济的核心，中小银行倒闭风潮对美国经济复苏的负面影响不容忽视。首先，中小银行倒闭使美国本已严峻的失业问题雪上加霜。银行倒闭除了直接造成银行员工失业，还会导致银行对中小企业提供的贷款减少，从而加剧中小企业经营困境。美国中小企业创造的就业岗位占全国的60%以上，对于创造就业来说意义重大。其次，大量中小银行倒闭削弱了美国地方政府财力，恶化了美国各级政府整体财政状况。银行是美国地方政府的重要税收来源。因银行倒闭而引发的企业连锁反应不可避免地影响到地方政府的财政收入。而美国政府的财政状况本已不堪重负，银行倒闭使政府财政赤字问题越发严重。最后，银行倒闭会导致流向房地产业的贷款减少，使仍深陷困境的商业地产复苏进一步受到抑制，从而影响美国经济的整体复苏步伐。

为应对2008年危机，美国总统奥巴马自上台伊始就大力推行金融改革，于2009年6月提出了金融监管改革方案。美国国会众议院和参议院分别于2009年12月和2010年5月通过了各自的金融监管改革法案版本。2010年6月30日，众议院又通过了两院统一的版本。2010年7月15日，参议院通过了最终版的金融监管改革法案，2010年7月21日奥巴马正式签署金融监管改革法案（以下简称新法案），使之成为法律，标志着历时近两年的美国金融监管改革立法完成，华尔街正式掀开新金融时代序幕。这一法案被认为是"大萧条"以来最严厉的金融改革法案，也是美国自20世纪30年代以来规模最大的金融监管改革议案，几乎触及了美国大型金融机构的方方面面，从高管薪酬、风险交易、衍生品、消费信贷乃至借记卡业务都设定了新的规则。简而言之，美国联邦政府希望通过加强对华尔街的监管来防止另一场金融危机。新法案的主要内容如下。

第一，成立金融稳定监管委员会，负责监测和处理威胁国家金融稳定的系统性风险。该委员会共有10名成员，由财政部长牵头。委员会有权认定哪些金融机构可能对市场产生系统性冲击，从而在资本金和流动性方面对该机构提出更加严格的监管要求。

第二，在美国联邦储备委员会下设立新的消费者金融保护局，对提供信用卡、抵押贷款和其他贷款等消费金融产品及服务的金融机构实施监管。

第三，将过去缺乏监管的场外衍生品市场纳入监管视野。大部分衍生品须在交易所内通过第三方清算进行交易。

第四，限制银行自营交易及高风险的衍生品交易。在自营交易方面，允许银行投资对冲基金和私募股权，但资金规模不得高于自身一级资本的3%。在衍生品交易方面，要求金融机构将农产品互换、能源互换、多数金属互换等风险最大的衍生品交易业务拆分到附属公司，但自身可保留利率互换、外汇互换以及金银互换等业务。

第五，设立新的破产清算机制，由联邦存款保险公司负责，责令大型金融机构提前作出自己的风险拨备，以防止金融机构倒闭再度拖累纳税人。

第六，美联储被赋予更大的监管职责，但其自身也将受到更严格的监督。美国国会下属政府问责局将对美联储向银行发放的紧急贷款、低息贷款及为执行利率政策进行的公开市场交易等行为进行审计和监督。

第七，美联储将对企业高管薪酬进行监督，确保高管薪酬制度不会导致对风险的过度追求。美联储将提供纲领性指导而非制定具体规则，一旦发现薪酬制度导致企业过度追求高风险业务，美联储有权加以干预和阻止。

新法案更好地保护了消费者，赋予了投资者更多权力，并使场外衍生品市场更具透明性。新法案的出台，将有助于推动全球金融监管体系的重建及其金融监管合作的彼此协调，这些都将有助于遏制金融监管套利，防止新的金融危机发生。所谓"监管套利"，是指大型金融机构利用不同监管机构制定的不同甚至相互冲突的监管规则或标准，选择金融监管相对宽松的市场展开经营活动，以此降低监管成本、规避管制和获取超额收益。之所以会形成"监管套利"，是由于当前网络化的金融市场与以国家层面上划分的"全球"金融体系之间缺乏全球统一、协调的金融监管体系、法规和准则，监管差异必然会导致监管套利。

然而，在金融全球化的今天，金融监管国际协调的难度加大了美国金融监管机构决策的复杂性。比如，对银行最低资本金和流动性的要求，新法案只是鼓励银行增加资本储备，并没有明确要求。这主要考虑到美国与欧盟、日本等国家或地区存在的分歧。金融业产值占美国经济总量的1/10，是美国重要的出口部门。美国政府当然不愿意看到因为监管过严而削弱了银行业竞争力。新的金融监管将带来银行成本的增加，消费者的借贷成本也可能会提高，甚至美国的经济增长也可能短期内放缓，但与导致数百万人失业、数万亿美元损失的金融危机的危害相比，这个代价是值得的。

1.2.3　中国商业银行的发展

我国明朝末年出现了类似银行的钱庄和票号。鸦片战争后，一些外资银行纷纷进入我国开展金融业务，并凭借其特权攫取了巨额的利润。我国境内第一家银行是1845年英国人设立的丽如银行，1897年中国通商银行作为中国人自办的第一家银行开始营业。

20世纪30年代，国民党政权建立了以中央银行、中国银行、交通银行、中国农民银行、中央信托局、邮政储金汇业局、中央合作金库（简称"四行二局一库"）为主体，包括省、市、县银行及官商合办银行在内的金融体系。此外还有一批民族资本家兴办的私营银行及钱庄，其中约三分之一集中在上海，但多半规模不大且投机性强，在经济运行中所起的作用十分有限。

1948年12月1日中国人民银行在石家庄成立，并开始发行人民币。1949年2月，中国人民银行迁入北平。新中国成立前后，根据1948年4月在北平召开的中国人民政治协商会议第一届全体会议通过的《共同纲领》，对官僚资本银行进行了接管，并分不同情况进行停业清理或改组为专业银行；将官商合办的4家银行改组为公私合营银行；对私营银行则进行整顿和改造；取消了在华外资银行的一切特权，并禁止外国货币在国内流通。

新中国成立后，在计划经济体制下形成了由中国人民银行"大一统"的银行体系，即银行不划分专业系统，各个银行都作为中国人民银行内部的一个组成部分，从而使中国人民银行成为既办理存款、贷款和汇兑业务的商业银行，又担负着国家宏观调控职能的中央银行。"文化大革命"期间，在"左"的思想指导下，银行的独立性日渐消失，1969年9月甚至将中国人民银行并入财政部，成为财政部所属的二级机构，使其基本上沦为政府的"大钱库"和"出纳员"。

"文化大革命"结束后，银行体系开始恢复和重建。从1977年至今，我国商业银行的发展大体上可以分为以下几个阶段。

1. 体系重建阶段（1977—1986年）

尽管在1978年3月中国人民银行总行恢复了其独立的部级单位的地位，但其所担负的商业银行与中央银行的双重职能并未改变。从1979年初开始，在改革开放方针的指引下，相继恢复了主管农村金融业务的中国农业银行，从中国人民银行中分设出了主管外贸信贷和外汇业务的中国银行，从财政部中分设出了主管长期投资和贷款业务的中国人民建设银行，1981年底又成立了负责接受国际金融机构贷款及其他资金转贷给国内企业的中国投资银行。1983年9月17日，国务院规定中国人民银行专门行使中央银行的职能，同时决定成立中国工商银行，接办中国人民银行原有的信贷和储蓄等商业银行业务。至此我国基本形成了以中央银行为领导、以四大国家专业银行为骨干所组成的银行体系。

1984年10月，中国共产党十二届三中全会作出了《中共中央关于经济体制改革的决定》。为了发展"有计划的商品经济"，银行体系迅速扩张。1985年中国人民银行出台了专业银行业务可以适当交叉和"银行可以选择企业、企业可以选择银行"的政策措施，鼓励四家专业银行之间开展适度竞争，从而打破了银行资金"统收统支"的"供给制"，四家专业银行还开始将其触角伸向农村，为当时正在蓬勃发展的乡镇企业提供贷款。

2. 扩大发展阶段（1987—1996年）

改革开放的进展，为银行业的发展提供了动力。1986年12月，邓小平要求"金融改革的步子要迈大一些。要把银行真正办成银行"。1987年中国人民银行提出要建立以中央银行为领导，各类银行为主体、多种金融机构并存和分工协作的社会主义金融体系。在1987年中国共产党"十三大"和1992年中国共产党"十四大"精神的指引下，我国银行业在改革中不断扩大发展。

尽管在改革开放初期就已经提出国家专业银行要进行企业化改革，实行商业化经营，但由于这些专业银行既从事政策性信贷业务，又从事商业性信贷业务，既难以办成真正的商业银行，又不利于进行金融宏观调控。1993年11月中国共产党十四届三中全会提出要"建立政策性银行，实行政策性业务与商业性业务分离"之后，在1994年内相继成立了专门办理政策性信贷业务的国家开发银行、中国进出口银行及中国农业发展银行，从而为国家专业银行向国有独资商业银行的转变创造了有利的条件。1995年5月10日，第八届全国人大常委会第13次会议通过了《中华人民共和国商业银行法》，明确了商业银行的性质、地位及与其他金融市场主体之间的关系，并为商业银行自主经营、提高资产质量提供了法律保障。到1996年底，四大国有商业银行共有机构153 069个、职工168.68万人。

与此同时，在改革开放的推动之下，其他类型的银行也迅速发展。在交通银行于1986年7月重组成国家控股的股份制全国性综合银行之后，相继成立了中信实业银行、招商银行、深圳发展银行、烟台住房储蓄银行、蚌埠住房储蓄银行、福建兴业银行、广东发展银行、中国光大银行、华夏银行、上海浦东发展银行、海南发展银行、民生银行12家股份制银行。到1996年底，这13家股份制银行共有机构3 748个、职工8.55万人。

1986年1月，在国务院主持下，邮电部与中国人民银行分别以投资所有者和业务监管者的身份，联合发布了《关于开办邮政储蓄的协议》，决定在北京、天津等12个城市试办邮政储蓄业务。1986年底通过的《中华人民共和国邮政法》将邮政储蓄业务法定为邮政企业的业务之一，从而使邮政储蓄遍布全国，形成了一个"准银行"系统。1995年，中国人民银行开始在16个城市进行在城市信用社的基础上组建城市合作银行的试点。同年2月，中国第一家城市商业银行——深圳城市商业银行成立，到1996年底共有18家城市合作银行开业。

3. 深化改革阶段（1997—2002年）

经过近20年的改革和发展，到1996年底，我国已形成了一个以四大国有商业银行为骨干的庞大的商业银行体系，在支持我国经济和社会发展方面起到了重要的作用。但是由于计划经济时期遗留下来的陈旧观念和历史包袱一时难以化解，再加上社会主义市场经济建设初期的制度缺陷，改革的任务十分繁重。1997年发生的东亚金融危机，给我国金融业敲响了警钟，商业银行的风险防范问题受到关注。当时四大国有商业银行的主要问题在于以下四个方面。

一是信贷资金的融通仍有较强的计划经济色彩。特别是在对国有企业实行"拨改贷"之后，将原来由财政向国有企业补贴转为银行给国有企业贷款，国有企业在财政性明补逐渐减少的同时，从国有银行贷款的渠道获得越来越多的暗补，1985年国有企业获得的全部补贴中，来自金融渠道的只占24.2%，1994年则占到了43.6%，由于不少国有企业的盈利能力低，负债比例高，融资高度依赖银行，却又难以按期还本付息，给银行造成了大量不良贷款。

二是政府对银行运营的干涉较多。各级政府有时直接干预银行的经营管理，以行政命令的方式逼迫银行将贷款用于困难企业安排下岗职工及缴纳欠税，甚至弥补财政赤字。有些省市政府甚至到年底时指令银行贷款给企业用于纳税，以实现财政收入的目标。

三是银行管理层从其利益最大化出发，具有规模偏好和费用偏好。一方面热衷于扩张机构、扩大规模，另一方面则热衷于增加银行自身的费用支出，特别是兴建豪华的办公楼、培训中心等，导致银行利润下降。据报道，1989—1998年间，四大国有商业银行的信贷资产余额增长了11倍，但利润总额仅增长了26%，而管理费用却增长了8.9倍。

四是银行的内部管理薄弱，缺乏有效的风险防范措施。银行业务中借新还旧、借贷收息、随意办理展期、滚动签发承兑汇票等情况较为普遍。在非信贷资产中，存在着账面与实物不符、故意乱用科目、借用科目等问题。在表外业务中，存在着违规办理票据签发和承兑、超额授权授信等现象。而银行内部管理薄弱，审计有效性不足、对有关责任人追究不力等因素，更加增大了银行资产的风险。

尽管自1998年起，中央政府不断推进商业银行的改革，加强对商业银行的监管，但是在2002年以前，我国商业银行的改革主要是在转变经营机制、健全管理制度、变更业务范围、调整营业网点等较浅的层次上，对国有商业银行的监管也比较薄弱。

4. 改革攻坚阶段（2003—2007年）

我国于2002年加入世界贸易组织（WTO），并承诺加入后5年内，取消所有地域限制。逐步取消人民币业务客户对象限制，允许外资银行对所有中国客户提供服务。允许外资银行设立同城营业网点，审批条件与中资银行相同。取消所有现存的对外资银行所有权、经营和设立形式、设立分支机构和许可证发放进行限制的非审批性措施。允许设立的非外资银行金融机构提供汽车消费信贷业务，享受中资同类金融机构的同等待遇；外资银行可向中国居民个人提供汽车信贷业务。因此，在金融业开放及外资进入的威胁下，我国商业银行（特别是国有商业银行）的发展面临着以下几个方面的严峻挑战。

（1）竞争能力较差。由于历史包袱沉重，再加上制度上的缺陷，内部管理较为薄弱，金融创新不足，我国国有商业银行的竞争能力确实较差。例如，在2001年，香港恒生银行的成本仅占收入的24.4%，而国有银行高达90%左右；香港恒生银行人均税前盈利为157万港币，比国有银行高出十几倍；香港恒生银行的一年期存贷利率差为1.7%～2.2%，而国有银行为3.6%。

（2）不良资产率高。按照"一逾两呆"口径，2002年底，银行业金融机构的不良贷款余额为25 980亿元，这一数字还不包括1999—2000年间一次性转移到四家资产管理公司的1.4万亿人民币不良贷款。2003年年底，银行业金融机构的不良贷款余额为24 406亿元，不良贷款率为15.19%；按五级分类口径，四大国有商业银行的平均不良贷款率为19.74%，而国际上前100家大银行的不良贷款率仅为5%左右。按五级分类口径，2005年一季度末，主要商业银行的不良贷款余额共18 274.5亿元，占全部贷款余额的12.4%。国有商业银行的不良贷款余额占全部不良贷款余额的比例高达86%，占其本身贷款余额的比例也高达15%。

（3）资本充足率低。国家作为所有者从20世纪80年代初就停止了对国有银行的资本金投入，一直到东南亚金融危机发生之后，中央政府才于1998年8月通过发行2 700亿元特别国债的方式给四大国有商业银行补充资本金，但并没有建立正常的资本金补充渠道。长期以来，四大国有商业银行的资本充足率均未达到8%的监管要求。同时呆账准备金的提取存在着较大的缺口。2003年，国家允许商业银行发行次级债券增加附属资本，2003年年底国务院决定对中国银行和中国建设银行实施股份制改造，通过中央汇金投资有限公司用外汇储备向这两家银行注资450亿美元以补充其资本金。然而，地方商业银行很难得到国家的资本金注入，据报道，我国113家城市商业银行2004年年底总体资本充足率仅为1.36%。

为了应对上述的严峻挑战，我国政府决定进一步加强对商业银行的监管，推进商业银行的改革。从2003年开始，我国商业银行的改革不断向深层次发展，进入了攻坚阶段。改革的重点已经转移到制度（包括体制和机制）的变革，向建立现代金融企业的方向迈进。简单地说，国有独资商业银行的改革和重组是我国金融改革的核心问题，建立股份制银行和发展民营银行是我国金融改革和金融服务的客观需要。

根据2003年3月10日十届全国人大一次会议通过的《关于国务院机构改革方案的决定》，中国银行业监督管理委员会（以下简称银监会）于2003年4月28日正式挂牌成立，行使原由中国人民银行行使的银行监督管理职权。2003年10月召开的中国共产党十六届三中全会特别强调了要"深化金融企业改革，健全金融调控机制，完善金融监管体制"。2003年12月27日，十届全国人大常委会第六次会议通过了《中华人民共和国银行业监督管理法》、《全国人大常委会关于修改〈中国人民银行法〉的决定》、《全国人大常委会关于修改〈商业银行法〉的决定》，明确规定了银监会的职能，使其对银行业的监督有法可依，同时也对中国人民银行的职能重新进行了定位，强化了其制定和执行货币政策的职能。也就是从这一年开始，我国大型国有银行开始股份制改造，这是大型国有银行现代化改造的关键步骤，是大型国有银行上市的前奏，目标是建立现代化的银行体系。

到2006年末，我国共有17 164家法人性质的银行业金融机构，形成了政策性银行、国有银行、股份制商业银行、城市信用社、城市商业银行、农村信用社、农村商业银行和合作银行的格局。既有银行业金融机构，又有金融资产管理公司、信托投资公司、金融租赁公司、货币经纪公司、汽车金融公司等非银行金融机构。银行业机构提供的金融服务也不断推陈出新，金融超市功能开始逐步显现。拥有3家政策性银行（国家开发银行、农业发展银行、进出口银行）；5家国有商业银行（中、农、工、建、交）；11家股份制商业银行（中信、华夏、招商、光大、民生、浦东发展、深圳发展、渤海、广发、兴业、浙商）及中国邮政储蓄银行；110家城市商业银行，即各城市在原有城市信用社基础上重组改制建立的地区性商业银行，数量较多，一般大中城市都有，如太原市商业银行，烟台市住房储蓄银行等。规模较大的有北京银行、上海银行等。2005年，交通银行和中国建设银行在香港成功上市，2006年，中国银行、招商银行和中国工商银行相继在国内外资本市场上市。

5. 应对国际金融危机并不断发展壮大（2008年至今）

2008年，受国际金融危机影响，部分银行业金融机构的境外投资遭受了一定损失。但总体上看，中国银行业境外投资总量不大，占银行业全部资产的比例较小，投资损失金额有限，整体风险可控。同时，银行业采取了一系列积极应对国际金融危机的措施：一是密切监测国际金融危机发展动态，做好风险评估和预警，建立应对危机工作机制和各类突发事件应急预案，防范危机对银行业的冲击；二是积极防范化解境外投资风险，加强境外投资管理，积极调整优化境外资产结构，降低外币资产组合风险，及时足额计提减值准备，提高风险防范能力；三是进一步加强国际交流与合作，强化信息共享与区域协作，共同应对金融危机；四是继续深化改革，完善公司治理，加强内控制度建设，改进风险监测与评估技术，优化风险管理流程，强化风险管理人才培养，不断提高风险管理能力和水平；五是进一步加强功能监管和审慎监管，科学调整并稳步实施对外开放战略，全面提升中国银行业的国际竞争力。这一年，中国银监会还发布了《商业银行银行账户信用风险暴露分类指引》、《商业银行信用风险内部评级体系监管指引》等一系列监管指引，推进商业银行新资本协议的实施进程，基本建立了涵盖银行业主要风险领域的审慎监管法规体系。

根据中国银监会2009年年报统计，截止到2009年年底，我国银行业金融机构包括政策性银行及国家开发银行3家[①]，大型商业银行5家，股份制商业银行12家，城市商业银行143家，城市信用社11家，农村商业银行43家，农村合作银行196家，农村信用社3 056家，邮政储蓄银行1家，金融资产管理公司4家，外资法人金融机构37家，信托公司58家，企业集团财务公司91家，金融租赁公司12家，货币经纪公司3家，汽车金融公司10家，村镇银行148家，贷款公司8家以及农村资金互助社16家；银行业金融机构共有法人机构3 857家，营业网点19.3万个，从业人员284.5万人；银行业金融机构资产总额78.8

---

① 国家开发银行于2008年12月16日改制为国家开发银行股份有限公司。

万亿元，负债总额 74.3 万亿元，所有者权益 4.4 万亿元；各项存款余额 61.2 万亿元，其中，居民储蓄存款余额 26.5 万亿元，企事业单位存款余额 22.4 万亿元；各项贷款余额 42.6 万亿元，其中，短期贷款余额 15.1 万亿元，中长期贷款余额 23.6 万亿元；商业银行整体加权平均资本充足率 11.4%，超过国际平均水平；商业银行按贷款五级分类的不良贷款余额 4 973 亿元，比年初减少 630 亿元，不良贷款率 1.58%，比年初下降 0.84 个百分点；商业银行各项资产减值准备金余额 8 683 亿元，比年初增加 947 亿元；拨备覆盖率 155%，比年初提高 38.6 个百分点，风险抵补能力进一步提高；银行业金融机构实现税后利润 6 684 亿元，资本利润率 16.2%，资产利润率 0.9%。

另据英国《银行家》杂志 2010 年 7 月公布的全球银行 1 000 强数据显示，中国大陆共有 84 家银行跻身 1 000 强，中国工商银行、中国银行、中国建设银行和中国农业银行分别位列第 7、14、15 和 28 位（见表 1-1）。在新进入全球银行 1 000 强的 115 家银行中，来自中国大陆的就有 37 家，占 32%。上榜的 84 家中国大陆银行，平均不良贷款率仅有 1.54%。按税前盈利排名，中国工商银行和中国建设银行分别以 245 亿美元和 203 亿美元列全球第一和第二名，其中中国工商银行蝉联"全球最赚钱银行"称号。

【阅读材料】

银行的变迁

一、高利贷和贷款

许多宗教认为，贷款收取利息（高利贷），在道义上是不合理的。在《新约福音书》中耶稣明令禁止这种做法。伊斯兰教也谴责这种赚钱的方法。在中世纪的欧洲，天主教堂命令基督教徒不要参与贷款活动。然而，人们仍然需要贷款，因而犹太人就成为早期银行业的主导者，部分原因是，他们的犹太教教规仅禁止犹太人内部进行高利贷业务。

人们进行了不同的尝试方法，来克服这些宗教问题，因为教皇、国王及王子们需要借贷有息贷款，来偿付日益增加的战争成本。大约在 16 世纪，神学上在对待高利贷方面的缺陷出现了很大的改进。教皇利奥十世作为美第奇银行家族的成员，于 1515 年出版了一本手册，授予天主教徒收取利息来补偿其支出的权力。在整个 16 世纪，热那亚的天主教在银行业占据着重要的地位，随后天主教的神学家设计了一种方法，重新对贷款进行了分类，从而使得收取利息更能被接受。

二、雅克·富格，"富裕之人"

在 16 世纪整个欧洲的金融业，来自奥格斯堡的富格家庭成为影响最大的家庭之一。在 1515 年，雅克成为家族的毛纺织、矿藏和银行业的唯一继承人，他开始在德国比较小的州娴熟地开展银行服务业务。这也促成了西班牙的查理一世于 1519 年成为神圣罗马帝国的查理五世。富格家族随之成为皇帝的银行家。从而他也能够在德国以外扩展业务，富格随之还成为了重要的矿主，并为全欧洲的商人、主教、王子们提供金融服务。作为一个虔诚的天主教徒和慈善家，雅克·富格利用大量的财富，为奥格斯堡的穷人建立了救济院。

三、早期的银行家

约翰·劳——一个苏格兰的赌徒，一个贫穷的法兰西国王，路易斯安那州，这三者似乎不可能有什么联系。但正是通过这种关联，银行业迈进了新纪元。约翰·劳（1671—1729 年）出生于苏格兰的爱丁堡，作为金匠银行家的儿子，他整个一生似乎都被欧洲的大商业中心深深吸引，如伦敦、阿姆斯特丹、巴黎。这使他对银行业的创新和转型充满了激情。

表 1-1 全球银行按 1 级资本排名(前 30 家)

排名 2010年	2009年	银行名称	所属国家	数据日期(月/年)	1级资本 百万美元	变化率(%)	总资产 百万美元	排名	变化率(%)	税前盈利 百万美元	变化率(%)	资本利润率 本年度变化率(%)	上年度变化率(%)	排名	资产收益率 变化率(%)	排名	资本充足率(%)	不良贷款率(%)
1	2	Bank of America Corp	US	12/09	160 388	32.76	2 223 299	6	22.30	4 360	-1.54	3.10	4.34	637	0.20	732	14.66	7.64
2	1	JPMorgan Chase & Co	US	12/09	132 971	-2.30	2 031 989	8	-6.58	16 143	245.01	12.00	2.47	371	0.79	446	14.78	8.07
3	3	Citigroup	US	12/09	127 034	6.97	1 856 646	10	-4.22	-8 445	na	-6.87	-51.02	741	-0.45	862	15.25	7.60
4	4	Royal Bank of Scotland	UK	12/09	123 859	21.65	2 749 572	2	-21.46	-4 366	na	-3.87	62.17	729	-0.16	836	16.1	na
5	5	HSBC Holdings	UK	12/09	122 157	28.13	2 364 452	4	-6.45	7 079	-23.94	6.51	9.29	541	0.30	672	13.7	na
6	6	Wells Fargo & Co	US	12/09	93 795	8.56	1 243 646	22	-5.04	17 606	15.21	19.54	30.16	200	1.42	215	13.26	8.28
7	8	ICBC	China	12/09	91 111	14.54	1 725 938	11	20.89	24 494	123.79	28.71	30.16	73	1.42	212	12.36	1.54
8	14	BNP Paribas	France	12/09	90 648	55.82	2 964 983	1	2.64	12 222	7.12	16.42	9.62	262	0.41	614	14.2	na
9	12	Banco Santander	Spain	12/09	81 578	24.99	1 600 186	14	9.54	16 951	113.00	23.09	25.58	140	1.06	339	14.2	3.24
10	15	Barclays	UK	12/09	80 449	48.16	2 234 893	5	-25.32	18 869	na	28.01	16.22	83	0.84	423	16.6	na
11	7	Mitsubishi UFJ Financial Group	Japan	03/09	77 128	na	2 025 830	9	na	1 172	43.56	na	1.47	na	0.06	801	11.76	1.24
12	48	Lloyds Banking Group	UK	12/09	77 034	285.70	1 664 919	13	161.94	1 689	25.27	3.48	4.91	624	0.10	784	12.4	9.00
13	9	Credit Agricole Group	France	12/09	75 504	5.33	2 440 634	3	8.99	6 794	27.93	9.17	7.67	453	0.28	687	10.9	3.10
14	11	Bank of China	China	12/09	73 667	13.40	1 281 183	21	25.96	16 319	15.96	23.54	20.83	130	1.27	274	11.14	1.52
15	12	China Construction Bank Corporation	China	12/09	71 974	14.04	1 409 355	18	27.49	20 316	na	30.08	30.36	63	1.44	204	11.7	1.50
16	13	Goldman Sachs	US	12/09	64 642	na	848 942	29	na	19 826	-96.76	na	14.58	na	2.34	86	18	na
17	18	UniCredit	Italy	12/09	56 245	na	1 338 270	19	na	4 212	-5.47	0.67	15.07	701	0.31	663	12.88	3.60
18	Na	Groupe BPCE	France	12/09	54 141	na	1 482 424	16	na	-530	254.96	8.47	-18.81	470	-0.04	823	10.9	3.40
19	23	Societe Generale	France	12/09	49 990	18.45	1 475 073	17	-6.21	1 153	-79.34	2.50	-4.68	662	0.08	794	13	3.40
20	21	Deutsche Bank	Germany	12/09	49 576	14.56	2 162 340	7	-29.46	5 222	na	16.15	0.67	271	0.35	650	13.9	na
21	20	ING Bank	Netherlands	12/09	49 013	9.98	1 676 719	12	-9.53	-4 398	na	-4.70	3.93	731	-0.13	831	13.46	3.87
22	17	Morgan Stanley	US	12/09	46 670	na	773 420	32	na	+6 713	0.00	-18.18	4.01	na	0.12	772	16.38	na
23	19	Sumitomo Mitsui Financial Group	Japan	03/09	46 425	6.06	1 219 544	23	13.70	7 682	617.62	19.31	29.39	205	0.02	813	11.47	2.30
24	22	Rabobank Group	Netherlands	12/09	46 383	9.78	875 646	28	2.78	3 752	-14.26	12.86	1.59	342	0.43	601	14.1	na
25	25	Intesa San Paolo	Italy	12/09	43 523	15.50	900 352	27	1.69	5 222	254.96	4.14	4.01	756	0.58	543	11.8	4.32
26	16	Mizuho Financial Group	Japan	12/09	42 677	-12.46	1 556 810	15	4.14	-4 398	na	-9.62	10.16	780	-0.28	846	10.53	3.60
27	29	Commerzbank	Germany	12/09	42 536	35.83	1 216 287	24	39.78	-2 197	na	-18.18	-2.03	205	-0.55	868	14.8	na
28	24	Agricultural Bank of China	China	12/09	39 786	0.00	1 026 021	25	0.00	957	0.00	19.31	29.39	205	0.75	461	9.36	3.87
29	26	Credit Mutuel	France	12/09	39 595	11.13	834 349	30	3.05	4 085	617.62	10.86	1.59	399	0.49	582	10.9	4.32
30	30	BBVA	Spain	12/09	39 271	26.17	770 987	33	2.08	8 265	-14.26	23.48	31.33	133	1.07	334	13.6	na

资料来源:全球银行 1 000 家排名,《银行家》,英国,2010.7。

1. 早期年代

在伦敦的时候,劳的名字代表了一个极为成功的赌徒——这也表明他的银行业生涯被人们怀疑——也就是在这个地方,1694年的4月,他在决斗中杀了一个人。他被判死刑,随后逃狱,开始了流浪的生涯,最后当穷奢极欲的路易十四(1638—1715年)驾崩时,他来了巴黎。

新任法兰西国王,路易十五(1710—1774年)是个婴儿,而摄政王奥伦斯公爵(1674—1723年),面临着偿还先王的巨额债务,当时的估计数额大约为20亿~30亿金里佛,这几乎是一个天文数字。

在没有外部支持条件下,不可能偿还这些债务,因此公爵想到了约翰·劳,他几年前就建议创立新的银行形式。劳认识到银行存款的基本原理,即存款可用于进行生息贷款并产生财富。劳还意识到,银行的信心对于防止破产尤为重要。他的直觉告诉他,这种信心不能仅靠私人来永久建立。

2. 伟大的思想

劳的伟大思想就是成立国家土地银行。其原理非常简单:劳提议成立国家银行,它发行纸币不是根据贵金属的储备担保(其他银行即是如此),而是根据国家的土地数量。

该计划对于当时的法兰西政府太为急进,但是劳却推出了成立联合控股银行的宪章,该银行的纸币迅速成为受欢迎的货币。劳已经描绘出现代中央银行的基本原理:调控货币的供给量,可能会促进经济的发展。

早期劳也许没有犯错。1717年,他的纸币已成为缴税的法定货币;1718年,银行上市成为通用银行。不久以后,当法兰西的海外贸易公司相互之间进行合并时,劳获得了他等待已久的机会。

劳被授权全权控制。随后劳即可开始出售密西西比公司的股票——该贸易公司的成立目的,是开拓路易斯安那殖民地和北美内陆的贸易——以那里假想的土地产品为基础(他们认为那里出产黄金和烟草)。为了给充满激情的投资者购买股票进行融资,通用银行不得不发行更多的纸币。

根据当时的估计,一年内劳使得法兰西的货币供给翻了一番。然而,这些巨额纸币财富却几乎没有担保。密西西比公司的股票销售的资金也直接进入皇室,而不是路易斯安那的发展。

3. 结局

当密西西比计划的失败最后不可避免地来临时,它使得任何以前发生的事件都相形见绌。时至今日,"银行挤兑"仍经常出现在世界金融机构中。银行通过向别人借出存款来盈利,而他们主要依赖于他们所灌输的信心和期望,即所有存款者和贷款者并不会同时向他们提取资金。但1720年,通用银行却的的确确发生了挤兑。

4. 银行挤兑

当法兰西投资者意识到,通用银行的纸币(而非通用银行自身担保)没有任何担保时,其中许多投资者就开始把他们的纸币,兑换成其他能保值的东西。第一个这样做的人向通用银行要求,用纸币兑换成硬通货或金条。

人们蜂拥而至,但银行没有足够的价值来回收这些纸币。正如当时流行的话所说:"一个人即使在腰包里有1亿的纸币,也可能会饿死。"在认识到这些纸币几乎毫无价值后,民众的愤怒使得劳再次流浪,这次是到威尼斯,在那里他死在贫困中。劳发现了现代经济最大的秘密之一,即中央银行如何创造货币,但是他也留下了惨痛的教训,即当你创造得太多、太快,可能出现的情形将会怎样。

【讨论题】约翰·劳成功的基础是什么?为什么他最后又失败了?

思考题

1. 简述商业银行的起源和历史沿革。
2. 如何认识商业银行的发展趋势?

3. 试比较我国商业银行业与发达国家商业银行业的差距。
4. 分析比较分业经营与混业经营。
5. 简述商业银行在国民经济活动中的地位。
6. 分析中国商业银行在 2008 年金融危机中受到的影响较小并不断壮大的原因。
7. 比尔·盖茨说商业银行是本世纪的恐龙,你同意他的看法吗?

第 2 章

【主要概念的中英文对照】
表外业务：off-balance sheet activities
信用中介：credit intermediary
支付中介：payment intermediation
信用创造：credit creation
安全性：safety
流动性：liquidity
盈利性：profitability

商业银行的性质与功能

2.1 商业银行的性质

商业银行是历史发展最为悠久、业务活动最为广泛、对社会经济生活影响最重要的金融机构，是各国金融体系的主体。早期的商业银行是指接受活期存款，并主要为工商企业提供短期贷款的金融机构。但现代意义上的商业银行已经成为资金规模最雄厚、经营范围无所不及的金融机构。

2.1.1 什么是商业银行

商业银行是市场经济的产物，它是为适应市场经济发展和社会化大生产需要而形成的一种金融组织。从经济学的角度看，商业银行是以追求最大利润为目标，能向客户提供多种金融服务的特殊金融企业。盈利是商业银行产生和经营的基本前提，也是商业银行发展的内在动力。经过几百年的发展演变，现在已经成为世界各国经济活动中最主要的资金集散机构，其对经济活动的影响力居于全球各类银行与非银行金融机构之首。

不同国家对商业银行有不同的表述。在英国，商业银行有两种：存款银行或清算银行（如巴克莱银行、米特兰银行等）；商人银行和贴现所。在美国，商业银行也有两种：根据1863年《国民银行法》向联邦政府注册的国民银行（如花旗银行、美国银行等）；向州政府注册的州立银行。法国的商业银行一般称为存款银行（如巴黎国民银行、里昂信贷银行和兴业银行等）。日本的商业银行称为普通银行，分为城市银行（如第一劝业银行）和地方银行。我国主要有全国性商业银行（中国工商银行、中国农业银行、中国银行、中国建设银行、交通银行、上海浦东发展银行等），以及上百家的城市商业银行和村镇商业银行。在划分商业银行与非商业银行时，主要依据是其业务性质和范围，而不是它的名称。根据《中华人民共和国商业银行法》的规定，商业银行是指依照该法和《中华人民共和国公司法》设立的吸收公众存款、发放贷款、办理结算等业务的企业法人。

商业银行的定义应包括以下要点：商业银行是一个信用授受的中介机构；商业银行是以获取利润为目的的企业；商业银行是唯一能提供"银行货币"（活期存款）的金融组织。综合来说，对商业银行的概念可理解为：商业银行是以经营工商业存、贷款为主要业务，并以获取利润为目的的货币经营企业。商业银行通常具有下列五个主要特征：第一，经营大量货币性项目，必须建立健全严格的内部控制；第二，从事的交易种类繁多、次数频繁、金额巨大，必须建立严密的会计信息系统，并广泛使用计算机信息系统及电子资金转账系统；第三，分支机构众多、分布区域广、会计处理和控制职能分散，要求保持统一的操作规程和会计信息系统；第四，存在大量不涉及资金流动的资产负债表表外业务[①]，表外业务是有风险的经营活动，形成银行的或有资产和或有负债，其中一部分还有可能转变为银行的实有资产和实有负债，故通常要求在会计报表的附注中予以揭示；第五，高负债经营，债权人众多，与社会公众利益密切相关，受到银行监管法规的严格约束和政府有关部门的严格监管。

---

① 表外业务（Off-Balance Sheet Activities）是指商业银行所从事的、按照现行的会计准则不记入资产负债表内、不形成现实资产负债但能增加银行收益的业务，如票据承兑、保函等。

2.1.2 商业银行的性质

商业银行既是企业，又不是一般的企业。

首先，商业银行是企业。作为价值尺度和交换媒介的货币是从商品交换中筛选出来的，它本身是商品，与其他商品一样具有价值和使用价值。纸币也不例外，同样具有价值和使用价值。既然货币是商品，那么经营货币的银行自然就是企业。在我国，商业银行是依法设立的吸收公众存款、发放贷款、办理结算等业务的企业法人。也就是说，我国商业银行的法律性质是特许成立的企业法人，它具有企业性质，拥有法人地位。

其次，商业银行又不是一般的企业，是特殊的企业。说其特殊，一是指它所经营的货币是一般等价物的特殊商品；二是指它经营货币的方式是采取借贷方式（即信用方式），不改变货币的所有权，只把货币的使用权作有条件的让渡。具体表现在：它的经营对象具有特殊性；它是高负债的企业；关系面广，渗透力强；更容易冒风险；社会信誉与社会形象对其也更加重要，是其生存与发展的根基；其破产倒闭的社会成本也特别巨大，社会责任特殊。对整个社会经济的影响和受社会经济的影响也很特殊。

再者，商业银行是特殊的金融企业。商业银行的成立实行特许制。即由国家特许成立，发放银行经营许可证的部门是银行监管部门。特许审批过程主要是：首先由申请人提出申请，然后由银行监管部门予以审查。形式审查要弄清各种申请文件、资料是否齐全，是否符合法律规定；实质审查要弄清申请人是否符合各项经营商业银行业务的条件。审查通过后，由申请人将填写的正式申请表和法律要求的其他文件、资料，报银行监管部门特许批准并颁发经营许可证。值得一提的是，特许批准的权力完全属于国家，符合成立商业银行的各项条件也并不意味着一定能取得经营许可证。

最后，商业银行是特殊的银行。商业银行作为特殊银行，首先在经营性质和经营目标上，商业银行与中央银行和政策性金融机构不同。商业银行以盈利为目的，在经营过程中讲求盈利性、安全性和流动性原则，不受政府行政干预。其次商业银行与各类专业银行和非银行金融机构也不同。商业银行的业务范围广泛，功能齐全、综合性强，尤其是商业银行能够经营活期存款业务，它可以借助于支票及转账结算制度创造存款货币，使其具有信用创造的功能。

2.2 商业银行的功能

商业银行的作用主要是通过一系列功能表现出来的。一方面，由于存款人与借款人之间存在着严重的信息不对称，存款人无法了解借款人的资信状况和资金使用的好坏，于是他们认为商业银行在收集和分析金融信息上具有优势，相信商业银行的信用，将存款委托给商业银行管理和监控，这样商业银行就充当了存款人的代理人，负责监控借款人的财务状况，使其存款人免遭损失。商业银行的代理监督功能不仅增加了其资金来源的渠道，而且在大量的资产运作中，通过有效的资产组合，分散和化解风险，可以增强存款人资金的安全性。另一方面，商业银行是政府调节经济增长和追求社会福利目标的政策传导渠道。商业银行在货币政策的引导下，合理安排信贷资金，使社会资源得到合理利用，有利于国民经济稳步增长。商业银行在处理调节投资与消费比例的关系中，刺激了社会需求，发挥了引导消费对生产投资的作用，进而促进了社会生产和福利的提高。同时，商业银行通过国际借贷，起到调节国际收支的作用。因此，商业银行在现代经济活动中有信用中介、支付中介、金融服务、信用创造和调节经济等职能，并通过这些职能在国民经济活动中发挥着重要作用。商业银行的业务活动对全社会的货币供给有重要影响，并成为国家实施宏观经济政策的重要基础。

2.2.1 信用中介

信用中介是指商业银行通过其负债业务，把社会上各种闲散资金集中到银行，再通过资产业务把资金投放到国民经济各部门，即在借贷之间充当中间人的角色，商业银行在借贷活动中充当媒介。它最直接地反映了商业银行的经营特征。信用中介是商业银行最基本的功能，它在国民经济中发挥着多层次的调节作用：一是变闲置资本为有用资本，在不改变社会资本总量的条件下，通过改变资本的使用量，为实现扩大再生产提供了可能，从而使闲置资本得到充分利用；二是变小额资本为大额资本，将用于消费的资金转化为能带来货币收入的投资，扩大社会资本总量，加速经济增长；三是变短期资本为长期资本，在盈利原则支配下，还可以把货币资本从效益低的部门或行业引向效益高的部门或行业，形成对经济结构的调节。

"信用中介"一词简单地说是指在经济体系中联系以下两类人和机构的企业。

(1) 赤字的个人和机构，其现期存款和投资支出超过其现期收入，因而需要通过外部借款进行融资。

(2) 盈余的个人和机构，其现期收入超过其现期存款和投资支出，因而有盈余资金进行储蓄和投资。银行在这两者之间起到了必不可少的桥梁作用：向盈余单位提供便利的金融服务来吸引资金，然后贷放给赤字单位。

商业银行信用中介作用的发挥应具备下列条件：向赤字个人或者机构贷款的预期收益率和从盈余个人或者单位吸取资金的预期利率（成本）之间有利差；贷款利率与银行从盈余单位吸引的存款或者其他资金所必须付出的利率之间存在正相关关系。如果银行贷款利率和支付的利息率之间存在正相关关系，那么就会减少预期利率的不确定性，促使银行筹集资金然后贷放给客户。

2.2.2 支付中介

支付中介是指商业银行为商品交易的货币结算提供一种付款机制。它借助于支票这种信用流通工具，通过客户活期存款账户的资金转移为客户办理货币结算、货币收付、货币兑换和存款转移等业务活动。实际上，商业银行利用活期存款账户，为客户办理各种货币结算、货币收付、货币兑换和转移存款等业务活动。充当支付机构的角色、从事货币的结算经营也是商业银行的基本职能。

商业银行支付中介功能具有两个明显的作用。首先，加速资金周转，从而降低了银行的筹资成本，使商业银行持续拥有比较稳定的廉价资金来源，提高资金效益。客户要想利用商业银行的支付中介功能获得转账结算等服务的便利，他必须在商业银行开立活期存款账户，并存入一定的资金。这就使得商业银行集中了大量低息甚至无息资金，有利于降低银行筹资的成本。其次，最大限度地节约现金的使用、降低流通费用、增加生产资金的投入，商业银行广泛提供非现金转账结算和支票收付服务,既可加速资金周转,又可大大减少现金的使用量和流通量,进而使现金的保管费、铸造费、运转费等社会流通费用大大减少,将更多的生产资金投入生产,促进生产扩大以提供更好的产品。

支付中介功能是建立在信用中介功能基础上的,是商业银行代替客户对商品和劳务进行支付,如代理客户支付货款和费用、签发和清算汇票和支票、兑付资金以及分配货币等。支付中介功能决定了商业银行成为一国支付清算体系的中心,它是商业银行最传统的业务活动。

2.2.3 信用创造

信用创造是指商业银行在支票流通和转账结算的情况下,利用所吸收的存款发放贷款时,不以现金形式或不完全以现金形式支付给客户,而只是把贷款转到客户的存款账户上,这样就增加了商业银行的资金来源,最后在整个银行体系创造了数倍于原始存款的派生存款。故所谓信用创造,就是指商业银行利用其可以吸收各种活期存款的有利条件,通过发放贷款、从事投资业务而衍生出更多存款,从而扩大社会货币供应量。

信用会创造资本,信用就是货币。信用创造货币是一种交换手段,因此,凡是有交换手段职能的物品都是货币。信用既然被用作流通手段和支付手段,那么,信用就是货币,就是财富,就是生产资本,通过这种生产资本的扩张即信用量的增加与扩展可以创造社会财富,繁荣商业,使国民经济具有更大的活力。从理论上讲,当没有资金漏出时,银行具有无限创造信用的能力,但是,信用创造不能超越一定的界限,如果盲目地、过度地扩张信用,就会造成经济过热,引起通货膨胀,形成虚假的繁荣,导致经济结构失衡。因此,从20世纪30年代世界经济危机以后,西方国家中央银行的一项重要任务就是对商业银行创造信用能力进行控制和调节。

商业银行发挥信用创造功能的作用主要在于通过创造存款货币等流通工具和支付手段,既可以节省现金使用,减少社会流通费用,又能够满足社会经济发展对流通手段和支付手段的需要。首先,当社会上闲置资源较多、经济发展对货币资金的需求量较大时,商业银行通过信用创造,可以向经济过程注入必要的货币资金,从而促进闲置资源的利用和开发,推动经济增长。其次,中央银行也可以采取各种手段,通过对商业银行派生存款规模的控制和调节,来达到控制和调节货币供应量从而影响社会经济活动的目的。

商业银行的信用创造功能是在信用中介和支付中介的基础上产生的,它是商业银行的特殊职能。当然此种货币不是现金货币,而是存款货币,它只是账面上的流通工具和支付手段。所以,商业银行的信用创造功能依赖于两个制度安排:一是现代商业银行的存款准备金制度;二是现代金融体系的支票转账结算制度。

2.2.4 金融服务

金融服务是指商业银行利用在国民经济中联系面广、信息灵通等特殊地位和优势,利用其在发挥信用中介和支付中介功能的过程中所获得的大量信息借助计算机等手段和工具,为客户提供财务咨询、融资代理、结算和代理、担保、信托租赁、代收代付及为客户提供金融信息情报等各种金融服务。通过金融服务功能,商业银行既提高了信息与信息技术的利用价值,加强了银行与社会联系,扩大了银行的市场份额;同时也开拓了收入来源渠道,获得了不少费用收入,提高了银行的盈利水平。也促进了社会经济主体的金融活动,加深了社会分工的程度,有利于社会经济活动的顺利开展。

随着国内外金融机构之间竞争的加剧以及社会对金融创新服务的需求增多,商业银行需要不断开发新的业务品种,完善其金融服务功能。另外,借助日新月异的信息技术,整个商业银行的金融服务功能正在发生着革命性的变化,向着电子银行、网上银行、手机银行等方向发展。与此同时,经济形势不断发生变化,同样从多方面给商业银行提出了创新金融服务的要求。总之,商业银行金融服务功能的发挥,使得商业银行具有综合型、全能型的职能,发挥了国民经济发展的推进器和稳定器的作用。

2.3 商业银行的经营目标和原则

商业银行的经营目标就是保证资金的安全,保持资产的流动性,争取最大盈利。简称"三性",即"安全性、流动性、盈利性"。这"三性"目标也是银行进行日常管理的三原则。《中华人民共和国商业银行法》第四条规定:"商业银行以安全性、流动性、效益性为经营原则,实行自主经营、自担风险、自负盈亏、自我约束。"

2.3.1 商业银行的经营目标

商业银行是以经营金融资产和负债为对象的特殊企业。它们提供支付服务、金融中介和其他金融服务的目的是为了从这些服务中获取利润。商业银行的经营目标或经营原则是在保证资金安全、保持资产流动性基础上争取最大的盈利,即通常所说的"三性"目标:安全性、流动性和盈利性。商业银行的"三性"目标是由其经营的特殊商品——货币商品的特殊性以及商业银行在社会经济活动中的特殊地位所决定的。

商业银行经营的货币商品是借贷资本。作为资本,它有三个特殊要求:第一,银行必须保证本金的安全,不能使本金流失,更不能让本金损失,要保持本金的完整;第二,银行必须保持借贷资本运用所形成的资产有足够的流动性,即当银行需要清偿力时,能迅速将资产变现,或从其他途径获得资金来源;第三,银行必须使借贷资本运动不仅能保持本金安全,还必须在运动中实现增值,给银行带来利润。商业银行在经营活动中必须以满足这三个特殊要求为基本目标,即讲求安全性、流动性和盈利性。

2.3.2 安全性

安全性是指商业银行应努力避免各种不确定因素对它的影响,保证商业银行的稳健经营和发展。即要求银行在经营活动中必须保持足够的清偿能力,经得起重大风险和损失,能够随时应付客户提存,使客户对银行保持坚定的信任。作为社会经济活动的信用中介,商业银行必须保持足够的资金流动清偿能力,以履行其债务。商业银行必须首先坚持安全性的原则,其原因在于商业银行经营的特殊性。

第一,商业银行自有资本较少,经受不起较大的损失。商业银行是以货币为经营对象的信用中介机构;不直接从事物质产品和劳务的生产流通活动,不可能直接获得产业利润。银行的贷款和投资所取得的利息收入只是产业利润的一部分,如果商业银行不利用较多的负债来支持其资金运用,银行的资金利润率就会大大低于工商企业利润率。同时作为一个专门从事信用活动的中介机构，商业银行比一般企业更容易取得社会信用，接受更多的负债。因此，在商业银行的经营中就有可能保持比一般企业更高的资本杠杆率，由此使得商业银行承受风险的能力就比一般企业小得多。可见，为了保证银行正常的经营，对资金业务的安全性给予充分的关注是极其必要的。

第二，商业银行经营条件的特殊性，尤其需要强调它的安全性。一方面，商业银行以货币为经营对象，它们以负债的形式把居民手中的剩余货币集中起来，再分散投放出去，从中赚取利润。对于商业银行来说，对居民的负债是有硬性约束的，既有利息支出方面的约束，也有到期还本的约束。如果商业银行不能保证安全性经营，到期按时收回本息的可靠性非常低，则商业银行对居民负债的按期清偿也就没有了保证，这会大大损害商业银行的对外信誉，接受更多负债的可能性将失去，更有甚者，若居民大量挤提存款，可能导致商业银行倒闭；另一方面，在现代信用经济条件下，商业银行是参与货币创造过程的一个非常重要的媒介部门。如果由于商业银行失去安全性而导致整个银行体系混乱，则会损伤整个宏观经济的正常运转。

第三，商业银行在经营过程中会面临各种风险，因此，保证安全性经营就必须控制风险。商业银行面临的风险主要有：① 国家风险，是指由于债务国政治动乱或经济衰退而导致债务人无法清偿债务，使债权人蒙受损失的可能性；② 信用风险，是指借贷双方产生借贷行为后，借款方不能按时归还贷款方本息而使贷款方遭受损失的可能性；信用风险的存在非常广泛，商业银行的几乎所有业务都有可能面临信用风险，其中以信贷业务的信用风险最大；③ 利率风险，由于金融市场上利率的变动而使经济主体在筹集资金或运用资金时可能遭受的损失就是利率风险，利率风险主要表现为经济主体在筹集或运用资金时选择的时机或方式不当，从而不得不付出比一般水平更高的利息或收到比一般水平更低的收益；④ 汇率风险，由于汇率的变动使经济主体所持有的资产和负债的实际价值发生变动而可能带来的损失就是汇率风险，对于既有人民币资产又有外币资产的商业银行来说，汇率风险是无处不在的；⑤ 流动性风险，这是传统商业银行的主要风险之一，指商业银行掌握的可用于即时支付的流动性资产不足以满足支付需要，从而使其丧失清偿能力的可能性；⑥ 经营风险，这是指商业银行在日常经营中由各种自然灾害、意外事故等引起的风险；⑦ 竞争风险，这是金融业激烈的同业竞争造成商业银行客户流失、资产质量下降、银行利差缩小，从而增大银行经营的总风险，威胁商业银行的安全性。

安全性原则要求商业银行树立稳健经营的思想，采取各种必要的措施来避免银行的损失。商业银行经营安全性的核心在于正确处理风险，要求经营者在商业银行的经营活动中努力避免风险、减少风险、分散风险，同时还要对经营活动中出现的各种风险有清醒的认识和正确的估价。从某种意义上讲，银行经营活动可以归结为两个基本方面：一是对银行的债权人或存款者，要按期还本付息；二是对银行的债务人或借款者，也要求按期还本付息。这种信用活动的可靠性从来就是银行经营的生命线。因此，安全性包括两个方面：一类是负债的安全，包括资本的安全、存款的安全、各项借入资金的安全等；另一类是资产的安全，包括现金资产、贷款资产和证券资产等的安全。从某种意义上讲，可靠性程度就是确定性；相反，不确定性就是风险。如何将风险转化为确定性，也就是合理地、正确地处置风险是安全性经营原则的核心。

商业银行经营的特点决定了风险存在的必然性。这就要求商业银行的经营者合理地安排资产的规模和结构，保持适当的现金准备，把风险发生的可能性降低到最低限度。具体来说，有以下几点要求：一是要合理安排贷款和投资的规模和期限结构，使之与负债的结构相匹配；二是要加强对客户的资信调查和经营预测，并使商业银行资产在种类上多样化，在客户间适当分散，避免过于集中而产生大的信用风险，为了减少不良贷款的发生，对于风险太大并注定会给银行带来损失的业务，银行要拒绝给以贷款，从而避免风险；三是要使自有资本与负债保持适当的比例，并保持良好的财务状况，巩固和加强存款人对商业银行的信任；四是要保持一定比例的流动性较高的资产，以应付突发的资金需要，流动性是指商业银行具有随时应付客户支取，满足必要的资金需求的能力；五是可通过转让、保险及套期交易和互换交易等方式转移风险。

2.3.3 流动性

流动性是指商业银行随时应付客户提存以及银行支付需要的能力。商业银行需要保持流动性的原因在于以下几点。第一，由于商业银行负债经营的特殊性质，其资金来源的主体是客户的存款和借入款。存款是以能够按时提取和随时对客户开出支票支付为前提的，借入款是要按期归还或随时兑付的。资金来源流动性这一属性，决定了资金运用方即资产必须保持相应的流动性。第二，从商业银行业务经营的角度看，资金运用既需要一个"稳定"的金额，也需要随时动态调整，以满足客户和自身经营需要。商业银行所发生的贷款和投资，会形成一定的占用余额，这个余额在不同的时点上是不同的。一方面，贷款逐步收回，投资到期收回；另一方面，在不同的时点上又会产生各种各样的贷款需求和投资需求，也就是说，商业银行又要有一定的资金来源应付贷款发放和必要投资。贷款和投资所形成的资金收付在数量上不一定相等，时间上也不一定对应，即带有某种不确定性，这就决定了商业银行资产也应具有一定程度的流动性，以应付商业银行业务经营的需要。

商业银行的流动性包括资产的流动性和负债的流动性。资产的流动性是指商业银行资产在不发生损失的情况下迅速变现的能力，衡量资产流动性的标准有两个：一是资产变现的成本，某项资产变现的成本越低，该项资产的流动性就越强；二是资产变现的速度，某项资产变现的速度越快，则该项资产的流动性就越强。而负债的流动性是指银行能以适当的价格取得所需资金的能力。衡量银行负债流动性的标准也有两个：一是取得可用资金的价格，取得可用资金的价格越低，该项负债的流动性就越强；二是取得可用资金的时效，取得可用资金的时效越短，则该项负债的流动性就越强。

一般而言，银行保持流动性的方法主要有三个。第一，建立分层次的准备资产制度。准备资产主要指银行持有的现金资产和短期有价证券，具体包括一级准备和二级准备。一级准备又称现金准备，包括商业银行库存现金、在中央银行的存款及同业存款等。它们是货币性最强的部分，是商业银行为满足流动性需要的第一道防线，属于非盈利性资产。二级准备金是指商业银行拥有的短期证券、短期票据，这些资产既能保持一定的盈利，又能随时或在短期内变现。其特点是期限短、质量高、销售快，是应付流动性风险的第二道防线。第二，实施负债管理。是指以增加负债的形式从市场上借入资金来满足流动性需要，包括向中央银行借款、发行大额可转让存单、同业拆借、利用国际货币市场融资等形式。但通过这一形式保持流动性需要考虑资金的成本及银行信誉。第三，统筹规划银行的流动性需求与流动性供给。将测定的流动性需要与银行所持有的流动性头寸联系起来作出规划，以解决面临的流动性问题。

2.3.4 盈利性

盈利性是指商业银行在实际经营活动过程中，在可能的情况下，应尽可能地追求利润最大化，这是商业银行经营管理的基本动力和最终目标。一切经营性企业都有一个共同的目标——追求盈利。商业银行作为经营货币信用的企业，当然也不例外。商业银行通过吸收存款、发行债券等负债业务，把企事业单位和个人的闲置资金集中起来，然后再通过发放贷款、经营投资等资产业务，把集中起来的资金运用出去，弥补一部分企事业单位和个人的暂时资金不足。商业银行通过这种资金运动，把社会资金周转过程中暂时闲置的资金融通到暂时不足的地方去，解决了社会资金周转过程中资金闲置和不足并存的矛盾，使社会资金能够充分运用，这不仅对社会经济的发展起到有益的促进作用，而且，商业银行从资金运用中得到利息收入和其他营业收入。这些收入扣除付给存款人的利息，再扣除支付给职工的工资及其他有关费用，余下的部分形成商业银行的利润。

商业银行的企业性质决定了它必须以追求盈利为基本经营目标。首先，商业银行盈利水平的提高，能够使投资者获得较高的收益，国家得到更多的税收收入。商业银行作为经营存贷款业务和提供金融服务的金融企业，是独立自主、自负盈亏、自担风险、自我约束的经济实体，必须讲求经济效益。同时，盈利又为商业银行提供了进一步发展的物质基础，是其经营的内在动力，上市商业银行的盈利能力不仅直接影响股利分配和股票价格，也对银行自身的信誉和实力具有重要影响，进而影响商业银行的经营管理活动的开展。

其次，银行业的激烈竞争决定了商业银行必须重视自身的盈利状况。盈利的增加可以增强商业银行的自身积累能力和竞争能力。商业银行应对激烈竞争的最好方法就是提高核心竞争力，而提高核心竞争力的主要措施就是提高资本充足性。上市商业银行的资本来源主要是靠发行股票获得，而银行利润状况直接影响股票的发行和交易价格，从而影响银行资本的筹集和银行的信誉。当然，商业银行利润的一部分如资本公积和未分配利润等，本身就是其自有资本的重要来源。从资本的角度看，商业银行的利润是资本筹集和资本积累的基础。此外，商业银行的盈利水平还直接影响银行的信誉。商业银行要想获得客户的信任，吸引优秀人才，在银行业竞争中占有一席之地，就必须提高盈利水平，确保经营管理活动良性循环、健康发展。

此外，商业银行的盈利是提升其抗风险能力的基础，商业银行盈利水平的提高意味着增强了商业银行承担风险的能力，可以避免因资产损失给商业银行带来破产倒闭的危险。与一般企业一样，商业银行的经营亏损，首先要用积累起来的收益来弥补。商业银行可以对预期风险损失采取提取损失准备金的办法，而面对非预期损失和意外损失，则需要以银行资本作为后盾。

一般而言，银行保持盈利性的主要方法有三个：第一，扩大资产规模，合理安排资产结构，在保持银行资产流动性的前提下，尽可能减少非盈利资产，增加盈利资产所占的比重；第二，商业银行应在多种筹资方式、筹资渠道之间进行比较、选择，以尽可能低的成本吸收更多的资金；第三，充分利用自身所拥有的各项资源，积极开展中间业务和表外业务，同时提高工作效率，降低管理费用和营业成本的支出。

商业银行盈利性原则是商业银行经营管理的基础，是商业银行生存和发展的必要条件。

因此，盈利性可以说是银行经营主要的动力来源和最重要的效益体现。商业银行的一切经营活动，包括如何设立分支机构，开发何种新的金融产品，提供何种金融服务，建立什么样的资产组合等均要服从这一目标。

2.3.5 商业银行经营原则的矛盾与协调

商业银行经营"三性"原则之间的关系是既统一协调又相互矛盾制约的关系。盈利性是核心，安全性是基础，流动性是保证。但是盈利性与安全性、流动性之间是对立的。商业银行经营管理是一个权衡利害、趋利避害的过程，在决策时应该坚持盈利性和安全性权衡的原则。首先，安全性是商业银行经营的客观要求。其次，安全性与盈利性是一对矛盾。商业银行经营管理的原则是保证信贷资金流动性、安全性和盈利性的有效统一，从某种意义上讲，商业银行经营管理的核心是协调"三性"关系，确保稳健经营，健康发展。作为一个经营货币信用的特殊企业，商业银行在实现这个目标的过程中又要受到流动性与安全性的制约，忽视这两者，单纯追求盈利，商业银行的经营必然陷入混乱。因此，现代商业银行必须在追求盈利性目标的同时，兼顾到安全性和流动性。

从盈利性角度看，商业银行的资产可以分为盈利资产和非盈利资产，资金用于盈利资产的比重越高，商业银行获取的利润就越多，盈利规模也越大。从流动性角度看，非盈利的资产如现金资产随时可以应付存款的提现需要，具有十足的流动性，因而现金资产的库存额越高，商业银行体系应付提现的能力越强，商业银行的流动性越强。从安全性角度看，具有较高收益率的资产，其风险总是较大的。为了降低风险，确保资金的安全，商业银行就不得不把资金投向收益率较低的资产。不难看出，盈利性原则要求提高盈利资产的运用率，而流动性原则却要求降低盈利资产的运用率；资金的盈利性要求选择有较高收益的资产，而资金的安全性却要求选择有较低收益的资产。这样，使得商业银行的安全性、流动性和盈利性之间产生了深刻的矛盾。商业银行的某些经营决策往往会产生有利于某一原则但同时又有损于另一原则的现实，不得不以放弃另一原则为代价。这种矛盾关系要求商业银行的管理者必须对"三性"原则进行统一协调。

实际上，商业银行经营"三性"原则之间存在潜在的统一协调关系。例如，商业银行盈利与否的衡量标准并不是单一地采用预期收益率指标，还要综合考虑商业银行的安全性和商业银行面临的风险。对各种风险因素进行综合计量后得出的收益率指标，才是商业银行的实际盈利状况。因此，盈利性与安全性之间存在统一的一面。另外，商业银行的盈利性与流动性也有统一协调的一面。商业银行的流动性要求商业银行保留一定水平的流动资产，以备流动性需求的满足。如果商业银行将本应作为流动资产的资金全部投放到盈利资产中，这样在短期内会提高商业银行资产的盈利性，但是当商业银行出现流动性需求或有新的高盈利资产投放机会时，原来投放在盈利资产上的资金不能及时抽回或抽回需负担重大的损失，最终商业银行因不保留流动资产而增加的盈利将损失殆尽。最后，安全性与流动性也存在统一的一面。安全性的反面是风险，而流动性风险就是商业银行风险中很重要的一种。因此，商业银行的流动性管理实质上是安全性管理的一个有机组成部分。三者之间的关系如图 2–1 所示。

在实践中，上述"三性"原则均衡、协调运作的策略主要体现在以下几方面：第一，分析确定现金资产、贷款资产和证券资产之间的比例关系，构建良好的资产组合；第二，分

第 2 章 商业银行的性质与功能

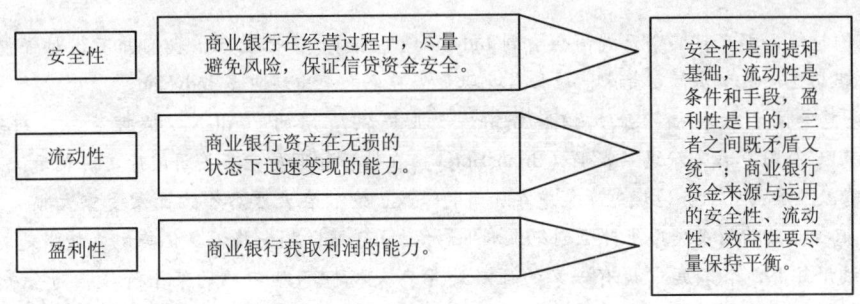

图 2-1 商业银行经营"三性"原则之间的关系

析确定短期资产和长期资产的比例关系，解决期限结构问题；第三，分析各类存款与其他负债之间的关系，调整负债结构；第四，分析确定资本和负债的比例关系，适时调整资金来源结构。总之，要做到统筹兼顾，即要全面地分析基本状况，根据银行业的一般标准、本行的实际运作经验与发展需要，在综合考虑安全性、流动性、盈利性的基础上，整体预测、计划管理。

【阅读材料】

一封信导致美国最大储蓄银行倒闭

据美联社 2008 年 7 月 12 日报道，由于不堪信贷紧缩、房价暴跌、止赎上升等多重打压，美国 IndyMac Bank Inc 星期五（11 日）遭遇被联邦监管机构关闭的厄运，成为受美国抵押贷款市场危机影响而破产的最大储蓄银行，同时也是美国有史以来第二大遭关闭的金融机构。

美国联邦监管机构当天将 IndyMac 的资产予以查封。美国储蓄管理局（Office of Thrift Supervision）在一则声明中表示，由于监管当局认为 IndyMac 已经无法满足存款者的要求，其已将 IndyMac 的业务运营转交给联邦存款保险公司（Federal Deposit Insurance Corporation）。IndyMac 因此成为今年以来第五破产的美国银行。美国监管机构同时声明说，目前尚有现金存放在 IndyMac 的客户，本周末仅可以通过 ATM 自动取款机提取现金，通过借记卡交易或者支票取款。而其他银行服务功能，诸如在线银行、电话银行服务等，则预定于下周一（14 日）恢复开通。储蓄管理局局长约翰－赖克（John Reich）当天声明说："这家金融机构因为流动性危机问题，已经于今天破产倒闭。"

联邦存款保险公司表示，IndyMac 是美国历史上储蓄管理局监管下破产的最大储蓄银行，以及第二大被关闭的金融机构。截至今年 3 月 31 日，IndyMac 资产约 320.1 亿美元，其规模仅次于 1984 年破产的美国大陆伊利诺伊国民银行（Continental Illinois National Bank & Trust Co.）。大陆伊利诺伊国民银行破产前资产规模约为 400 亿美元。

由于美国房地产业持续低迷，房价暴跌引发的危机不断加深，IndyMac 的控股母公司 IndyMac Bancorp Inc 一直在想方设法筹募资金以维持运营。IndyMac 未来将由联邦存款保险公司接手经营。联邦存款保险公司将把该银行更名为 IndyMac Federal Bank，并计划于 7 月 14 日重新开业。

美国纽约州民主党籍联邦参议员查尔斯－舒默（Charles Schumer）6 月 26 日发出一封信，敦促数家银行监管机构立即采取措施，阻止 IndyMac 倒闭。信件公开之后，IndyMac 客户开始纷纷携款逃离。监管机构透露，在该信发表后 11 天内，IndyMac 客户共取出逾 13 亿美元存款。

舒默星期五也发表声明说，IndyMac 的倒闭，是由于其长期存在的业务惯例，而非最近发生的一系列事件。舒默在声明中说："如果储蓄管理局能够尽到其作为监管机构的责任，不允许 IndyMac 过于宽松的不良借贷惯例持续，那么我们今天就不会看到 IndyMac 的倒闭。事已至此，我们并不想对任何人横加指责，储蓄管理局也应该切实行动起来，履行自身职责，避免未来出现更多 IndyMac。"

IndyMac 总部位于加利福尼亚州帕萨蒂纳，专业提供所谓的"Alt-A"抵押贷款。纽约 Aurelian Management LLC 公司总裁布赖恩－霍里（Brian Horey）在储蓄管理局宣布关闭该行之前表示："鉴于该行专营 Alt-A 贷款业务，且业务地域过于集中在加州的缘故，它将在几乎各个方面蒙受重大损失。"受住房价格下跌及抵押品赎回权丧失率上升至创纪录水平影响，IndyMac 损失将近 9 亿美元。加州是美国第二大州，6 月份该州每 192 个家庭中就有一家的住房处于丧失抵押品赎回权的某个阶段，为全美平均值的 2.6 倍。

在 2006 年 5 月 8 日上触每股 50.11 美元高点之后，2007 年 IndyMac 股价大跌 87%，今年以来再度暴跌 95%。IndyMac 过去两周之中仍试图重赢投资者信任，本月 7 日宣布将裁减逾一半员工（3 800 人），并同意向 Prospect Mortgage 公司出售大部分零售抵押贷款业务部门。美联社指出，这也将是公司史上最大力度裁员计划。

截至 2008 年 3 月 31 日，IndyMac 总共拥有 190.6 亿美元存款。个人客户的可保险存款上限为 10 万美元。联邦存款保险公司表示，共有大约 1 万名个人客户的存款金额超过保险上限，潜在未保险资金共计约 10 亿美元。

资料来源：中金在线，2008 年 7 月 12 日，
http://news.cnfol.com/080712/101,1278,4421917,00.shtml

【讨论题】IndyMac 银行倒闭的导火索是什么？其倒闭的根本原因又是什么？

思考题

1. 结合其他学科理解商业银行的性质、内涵和特征。
2. 结合实际谈谈商业银行的功能。
3. 简述商业银行的经营原则及其相互关系，为什么要确立这些原则？
4. 论述商业银行的三性目标是什么，如何处理三者之间的关系。

第 3 章

【主要概念的中英文对照】
总分行制：branch banking system
单一银行制：unit banking system
连锁银行制：chain banking system
代理银行：correspondent bank
持股公司制：share holding company
中间业务：intermediary business
"矩阵型"结构：matrix organization

商业银行的组织结构

3.1 商业银行的类型

商业银行的类型是指一国商业银行分为哪些不同的层次，然后由这些不同层次的商业银行构成该国商业银行体系。商业银行在不同国家不完全相同，按照不同的划分方法有不同的类型，一般有以下几种划分标准。

1. 按资本所有权划分

按资本所有权不同，可将商业银行划分为私人的、合股的以及国家所有的三种。私人商业银行一般指由若干个出资人共同出资组建的商业银行，其规模较小，在现代商业银行中占比很小。合股商业银行指以股份公司形式组织商业银行，又称股份银行，这种商业银行是现代商业银行的主要形式。国有商业银行是由国家或地方政府出资组建的商业银行，这类商业银行规模较大。根据我国法律规定，个人不得开设银行。过去我国银行都是国家所有，随着市场经济的发展，我国商业银行的产权形式也呈现多样化，大致有以下三种。第一，国有控股商业银行，如中国工商银行、中国农业银行、中国银行、中国建设银行和交通银行，它们是国有控股的股份制商业银行，这五家银行构成了我国商业银行业的主体。第二，企业集团所有的银行。如招商银行、光大银行、华夏银行、中信银行等，都是由各企业集团筹资建立的。企业集团是这些银行的最大股东。第三，股份公司制的银行。在我国，股份公司制的银行又可分为两类：一种是未公开发行股票的银行，如上海银行、浙江商业银行、恒丰银行、渤海银行等；另一种是公开发行股票的银行，如深圳发展银行、上海浦东发展银行、中国民生银行、兴业银行等。我国股份制银行的股份结构比较复杂，大致由以下几个方面组成：一是国家股；二是企业股；三是社会公众股；四是外国投资者股。

2. 按照服务对象划分

商业银行可以按照其服务对象划分为批发性银行、零售性银行、批发与零售兼营性银行等。批发性银行主要为银行间或工商企业等机构客户提供大额交易金融服务；零售性银行主要为普通消费者提供零星的、以小额交易为特征的金融服务；批发与零售兼营性银行则同时经营对工商企业和普通消费者的两种不同性质的金融服务。

3. 按其所在的地域和经营范围划分

商业银行亦可以根据其所在的地域和经营范围划分为地方性银行、区域性银行、全国性银行、国际性银行等。一般来说，商业银行的所在地域亦代表了其市场经营范围。地方性银行以所在的社区客户为服务对象，主要从事零售性银行业务；区域性银行则以其区域内的所有社区为基本市场，兼营批发与零售两种不同的银行业务；全国性银行则是服务于国内市场的工商客户和个人客户；国际性银行即为世界货币与金融中心的银行，以国际间的机构客户为主要业务对象，但近年来亦有相当数量的国际性银行为富有的个人客户提供金融服务。

4. 按银行从事的业务范围来划分

不同的国家，对该国商业银行从事的业务范围有不同的规定。按照商业银行是否从事证券业务和保险业务，将商业银行分为德国式全能银行、英国式全能银行和美国式职能银行。德国式全能银行是指那些既能经营全面银行业务，又能经营证券业务和保险业务的商业银行，这些银行还可以投资于工商企业的股票。英国式全能银行是指那些可以通过设立独立法人公司来从事证券承销等业务，但不能持有工商企业股票，也很少从事保险业务的商业银行。美国式职能银行是指那些经营银行业务，但不能从事证券承销和证券业务，也不能从事保险业务的商业银行。

新中国的商业银行起步较晚。经济体制开始改革以后建立和恢复的中国工商银行、中国农业银行、中国银行、中国建设银行等国有银行最初属于职能分工模式，后来，有向全能型发展的趋势。而交通银行、深圳发展银行等一开始就是按全能型模式运作的。1993年国务院《关于金融体制改革的决定》要求我国金融机构应实行分业经营，银行业务、证券业务、保险业务、信托业务不得由一家金融机构混合经营。这样就形成了我国金融业分业经营的基本模式。中国人民银行于2001年颁布了《商业银行中间业务暂行办法》，采取了一些放宽商业银行业务范围的措施。但是由于我国金融机构自我约束能力还不强，证券市场不够规范，金融监管能力还不够高，银行混业经营的条件不具备，因此，不可能完全解除分业经营的规定。

5. 按其组织形式划分

商业银行的组织形式，即商业银行在社会经济中的存在形式，受所在国政治、经济、法律等多方面因素的影响，同时也受到国际金融发展的影响。各国商业银行的组织形式各有其特征。一般而言，主要有总分行制、单一银行制、银行控股公司制、连锁银行制、代理银行制等类型。3.3节将会从这几种类型出发详细阐述商业银行的组织形式和结构。

尽管各国商业银行的组织形式、名称、经营内容和重点各异，但就其经营的主要业务来说，一般均分为负债业务、资产业务以及中间业务①，随着银行业国际化的发展，国内这些业务还可以延伸为国际业务。负债业务是形成商业银行的资金来源业务，是商业银行资产业务的前提和条件；而资产业务是其资金运用业务，主要分为放款业务和投资业务两大类，资产业务也是商业银行收入的主要来源，商业银行吸收的存款除了留存部分准备金以外，全部可以用来贷款和投资。

3.2 商业银行的设立条件和程序

由于商业银行的资金来源主要是靠吸收存款和借款，这种经营方式的特殊性使商业银行业成了一种高风险行业。因此，创立商业银行，必须经过严格的论证。

3.2.1 商业银行设立的原则

目前银行的设立主要有中央银行审批和财政部审批两种，但都必须首先考虑市场准入和业务范围等原则。其中，市场准入原则分为特许主义、准则主义和核准主义（又称审批制）三类，我国《商业银行法》规定，未经国务院银行业监督管理机构批准，任何单位和个人不得从事吸收公众存款等商业银行业务，任何单位不得在名称中使用"银行"字样；而业务范围原则大体分为分业经营原则和混业经营原则两类。由于我国实行的是分业经营原则，所以我国的商业银行在中国境内不得从事信托投资和股票业务，不得投资于非自用不动产。

---

① 广义上是指不构成商业银行表内资产、表内负债，形成银行非利息收入的业务。它包括两大类：不形成或有资产、或有负债的中间业务（即一般意义上的金融服务类业务）和形成或有资产、或有负债的中间业务（即一般意义上的表外业务）。简单地说，就是创造非利息收入的业务，称为中间业务。

3.2.2 商业银行设立的条件

因为商业银行是社会商品货币经济活动的产物,它的存在与发展要取决于社会经济、金融环境状况,所以,在设立商业银行之前,首先应该就该地区的经济及金融条件进行考察。也就是说,在我国设立一个商业银行,必须满足经济条件和金融条件。

(1) 经济条件包括人口状况、生产力发展水平、工商企业经营状况、地理位置等方面。首先,商业银行拟设立的地区人口状况,将对商业银行的资金来源和资金运用带来很大的影响,商业银行应建立在人口众多、人流量较大且人口变动合理的地区。合理的人口变动应当是人口数量增长比较快;人口中高收入者所占比例上升比较快;人口的年龄结构应当以中年为主,这个年龄阶段的人存款较多,对贷款需求比较大,有利于银行业发展。其次,商业银行应设在人口众多且生产力水平较高的地区。生产力水平较高地区,往往人口也比较集中,有利于促进商品经济发展,也有利于提高企业的效益和居民收入水平。而商品经济是否发达,又直接影响银行资金来源的多寡,以及该地区对银行资金的需求程度。再者,随着存贷款业务的发展,其他业务如结算、汇兑、信用证等也会不断发展。再次,工商企业经营状况与银行业务的兴衰也息息相关。一个地区的工商企业众多,且经营良好,发展稳定,行为规范,在该地区设立商业银行,既可以促进工商业繁荣,又有利于商业银行业务发展,取得较高的经济效益。最后,商业银行应当选择建立在交通发达的地区。这种地区已经集中了大量的各种资源,尤其是人力资源和信息资源。因为商业银行的经营需要大量高素质人才经营管理,也需要足够的信息供管理者作为决策的参考依据。

(2) 金融条件包括人们的信用意识、经济的货币化程度、金融市场的发育状况、业务竞争状况以及管理当局的有关政策等。第一,公众的信用意识强,对银行信用的需求就旺盛,人们的偿债意识也强,这对于银行经营的安全性也有利;而且信用意识强的地方信用制度也较为发达,这也给银行资金的周转和调剂带来很大的方便,有利于提高银行经营的流动性。第二,经济的货币化程度是与市场经济的发展水平正相关的,市场经济发达则货币化程度也较高,货币流通量也较大。这就为商业银行的业务经营提供了良好的货币基础。第三,商业银行要依托金融市场来拓展业务空间。因而商业银行应选择在金融市场具有一定深度和广度,而且市场弹性也比较好的地区设立。在一个比较成熟的金融市场上,融资规模大,融资工具和手段多,融资活动比较规范,这些都为商业银行业务拓展提供了良好的市场基础。第四,设立一家新的商业银行不仅要考虑同已有的商业银行进行竞争,还要考虑同其他金融机构进行竞争。因此,要对该地区金融业发展与竞争状况进行充分的调查研究,既要注意对原有商业银行的数量、存款规模及其增长趋势、贷款能力及潜在贷款需求、盈利水平及盈利能力、经营政策及业务范围等进行分析,还要注意对该地区其他金融机构的数量、规模、业务范围和业务状况等进行调查分析,在此基础上决定是否要在该地区设立商业银行。第五,在其他条件都具备的情况下,还需了解该地区监管当局的有关政策。这些有关政策包括对商业银行业务经营范围的限制、对工商业发展的方针、对地方金融机构特别是地方商业银行的优惠政策及对金融机构违法经营活动的惩罚等,这些政策对商业银行的经营活动及其盈利水平都会产生重要影响。

商业银行设立的具体法律条件,在我国《商业银行法》第二章中进行了详细而严格的规定。主要需满足以下条件:一是要有符合《商业银行法》和《公司法》规定的章程;二是要有说明投资者设立银行的动机,包括对金融市场、主要业务的可行性研究结论、对内部机构的设计、对银行章程草案的设计等内容的可行性研究报告;三是应经银监会批准,有符合规定的最低注册资本限额的实缴资本额(设有分支机构的全国性商业银行为10亿元,城市商业银行为1亿元,农村合作商业银行为5 000万元);四是要有符合要求的从业人员及任职资格,有具备任职专业知识和业务工作经验的董事、高级管理人员(高级管理人员要能正确贯彻执行国家的经济、金融方针政策;熟悉并遵守有关经济、金融法律法规;具有与担任职务相适应的专业知识和工作经验;具有公正、诚实、廉洁的品质,工作作风正派;还应该接受和通过中国人民银行任职资格审核,这种资格审核分为核准制和备案制两种);五是要有健全的组织机构和管理制度,其中国有独资商业银行设立监事会,监事会的产生办法由国务院规定;六是要有符合法律法规要求的营业场所、安全防范设备和其他设施,还应当符合其他审慎性条件。

3.2.3 商业银行设立的程序

一旦投资者决定在某一地区设立商业银行,紧接着要做的事就是按照有关规定办理组建商业银行的事务。由于商业银行是经营授受信用的机构,一旦开业,银行便会拥有大量的客户,并同社会经济活动的许多部门发生联系,其经营成败得失对社会经济活动有重大影响,甚至影响到社会政治和人们生活安定与否。因此,各国对设立商业银行都极为重视,颁布了许多有关法律规定,以防止滥设商业银行。在商业银行设立过程中,要依照相关法律法规办理,其程序如下。

(1) 申请登记。大多数国家都明确规定商业银行必须以公司形式组织。不少国家,如美国、法国、英国等还规定不能以个人名义申请设立商业银行。凡提出设立商业银行者,必须按照相关法律法规要求,将申请登记书送至金融主管部门。申请登记书必须载明下列内容:银行的名称及公司组织的种类;资本总额;业务发展计划;业务种类及经营范围;总行及分行所在地;发起人的姓名、籍贯、住址及履历等。当主管部门接到申请登记书后,便要对此进行审核。审核是按三个原则进行的:第一,设立一家银行要有利于合理竞争,防止银行垄断;第二,要有利于保障银行体系安全,防止银行倒闭;第三,要有利于保持合理规模,降低管理费用,提高服务质量。

(2) 招募股份。现代商业银行多以股份公司的形式建立。当申请登记书被核准之后,发起人的实有资本往往不足,应按照股份公司的有关规定进行招股。发起人要制定招股章程及营业计划书,写明发行规模、股份种类。商业银行股本招募有两种形式:一是公开招募,即向社会公开发行银行股票;二是私下招募,即将银行股票卖给指定的投资者。

(3) 验资营业。银行股本招募完毕后,应向有关部门呈交验资证明书。资本规模额达到规定要求者(我国国有商业银行最低注册资本金为10亿元人民币),经有关部门验资认为符合要求者,方可发给营业执照,这样即告该商业银行成立,开始营业。

另外,分支行制是目前世界上许多国家普遍采取的一种商业银行体制,其特点是:法律允许在总行之下,在国内外各地普遍设立分支机构,形成以总行为中心的庞大银行网络。我国商业银行实行的是总行一级法人体制,其分支机构不具有法人资格。分支机构的设置必须符合下列基本条件:在交通比较便利的中心城市;经营地拥有较多的人口;选择经济比较发达的地区;考虑该地区的经济发展前景。在我国,商业银行设立分支机构必须经银行监管部门审查批准。拨付各分支机构营运资金额的总和,不得超过总行资本金总额的60%。设立时,申请人应向银行监管部门提交包括申请书、财务会计报告、资格证明、经营方针、经营计划、营业场所、安全防范措施和与业务有关的其他资料以及银行监管部门规定的其他文件与资料等。

3.3 商业银行的组织结构

自商业银行诞生以来,已经形成了多种组织形式,发挥着各种功能以满足社会公众不同的需求。但无论采取何种组织形式,都必须以效率为原则。事实上,商业银行的组织形式既与其发挥的功能有关,也受银行规模的影响。因为商业银行规模大小与商业银行的作用呈正相关关系,银行规模越大,所提供的金融服务就越多,对经济生活发挥的作用也越大,因此也决定了银行的组织形式。当然,政府对银行业的监管要求也会对银行的组织形式产生一定的影响。通常,商业银行的组织结构可以从其外部组织形式和内部组织结构两方面来认识。

3.3.1 商业银行的外部组织形式

商业银行的外部组织形式是指商业银行在社会经济生活中的存在形式。受国际、国内政治、经济、法律等多方面因素的影响,世界各国商业银行的组织形式可以分为总分行制、单一银行制、分支银行制、持股公司制、连锁银行制和代理银行制等五种形式。

1. 总分行制

总分行制又称分支银行制。实行这一制度的商业银行可以在总行以外,在国内外普遍设立分支机构,分支银行的各项业务和内部事务统一遵照总行的规章和指示办理。分支银行制按总行管理方式的不同,又可进一步划分为总行制和总管理处制。总行制即总行除了领导和管理各分支以外,本身也对外营业,办理银行业务;而在总管理处制下,总行只负责管理和控制各分支行,本身不对外营业办理银行业务,在总行所在地另设分支或营业部开展业务活动。

总分行银行制是当今世界许多国家采用的一种银行组织形式,比较典型的是英国。英国总分行制的形成可以说是由于英国银行早期发展的两个趋势:其一,股份银行的发展逐渐挤掉了私人银行;其二,银行的合并运动。最初,英格兰典型的银行是私人银行,它们的规模很小,只在当地乡镇营业。同时在很长一段时间内,英国规定除英格兰银行外不许设立股份制银行。19世纪20年代的银行业危机后,允许在伦敦城之外设立股份银行。股份银行实力雄厚,能在不同地方设营业处,银行的分行便多起来了。后来私人银行不断减少,股份银行不断发展,分支银行制逐步在英国银行业占据统治地位。另一方面,银行的合并运动也有力地推进了分支银行制的发展。英国银行的合并不仅表现为早期股份银行吞并私人银行使其成为自己的分行,而且股份银行也吞并与收购其他股份银行,甚至许多大银行也进行合并,结果则是银行家数不断减少而分支银行却急剧增加,形成较为典型的分支银行制。1976年英国的6家清算银行(英国的商业银行)在国内共有11 659家分支银行,其存款额占英国银行体系存款总额的70%。总分行制成为英国银行体系的重要特点。

分支银行制有许多优点:① 实行这一制度的商业银行,其分支银行遍布各地,有利于迅速发展各种银行业务,降低经营风险,为社会提供多样化的金融服务;② 实行总分行制的商业银行，还易于采用先进的计算机设备，广泛开展金融服务，其规模可以按业务发展的需要而扩张，使银行经营取得较好的规模经济效益；③ 实行总分行制的商业银行规模较大，分支机构较多，业务范围较广，易于组织资金，资金实力较强；分支行之间可以相互调剂资金，既能增强银行总体的安全性，又能提高银行资金的运用效率，银行资产可以在地区之间实行有效的组合，从而大大降低银行风险；④ 实行总分行制的商业银行可以实行高度的专业化分工，从而大幅度地提高工作效率，分支行之间的资金调拨也十分方便；⑤ 分支银行制在一定程度上克服了地方干预，促进了银行业竞争，并使金融业突破地域，更好地为经济运行提供服务；⑥ 分支银行制使银行数减少，便于国家控制和管理。

当然，分支银行制也有其缺点：① 从整体上看，分支银行制易于加速大银行对小银行的吞并，形成金融垄断；② 从银行内部管理看，总分行制管理层次较多，管理的难度较大；③ 分支银行的业务经营状况依赖于总行，其对地方经济的发展缺乏较高的关切度，而且是在较大范围内调度资金，不利于地方经济的发展。虽然总分行制度有着这样的一些缺点，但就总体而言，总分行制更能适应现代化经济发展的需要，因而受到各国银行业界的普遍认可，已成为当代商业银行的主要组织形式。我国的商业银行均实行总分行制。

总分行制银行组织形式如图3-1所示。

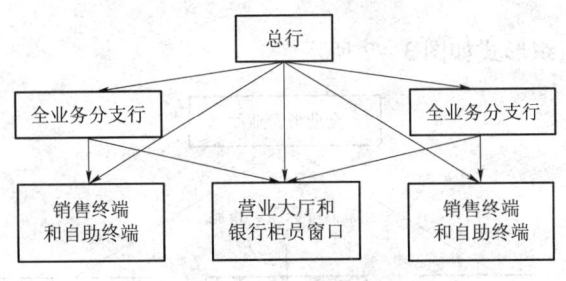

图3-1 总分行制银行组织形式

2. 单一银行制

单一银行制又称单元银行制，它是指商业银行业务由各个相互独立的商业银行独自进行经营，商业银行不设立或不允许设立分支机构的一种组织形式。实行这种制度最为典型的国家主要是美国。美国商业银行分为在联邦政府注册的国民银行和在州政府注册的州银行两种。在1863年《国民银行法》颁布之前，美国没有联邦注册银行，只有州注册银行，各州政府严格禁止本州银行设立分支银行，任何银行都以单一的形式在限定地区经营。《国民银行法》则把这种单一银行制法制化，并规定，禁止国民银行在任何地方、以任何形式设立分支银行。这项规定既包括禁止国民银行跨州建立分支银行，也包括禁止国民银行在本州建立分支银行，因此就形成了一种极为典型的单一银行制。

美国建立单一银行制的历史原因有两个：一是美国实行联邦制，各州的独立性较大，州与州之间的经济发展水平又有很大的差距，为均衡发展经济，反对各州之间的相互渗透，各州都通过州银行法，禁止或限制银行开设分支银行，特别是禁止在其他州开设分支银行；二是为了限制垄断，鼓励竞争。银行的生命力在于竞争，只有在竞争中，一国的银行体系才能提供灵活多样的金融服务，才能不断提高银行的服务效率。如果银行可以任意开设分行将会导致银行的集中和垄断，势必出现金融托拉斯吞并小银行的现象。

单一银行制度的优点在于：首先，它可以限制银行业的兼并和垄断，有利于自由竞争，人为地缓和竞争的剧烈程度，减缓银行集中的进程；其次，有利于协调银行与地方政府的关系，使银行更好地为地区的经济发展服务；此外，由于单一银行制富于独立性和自主性，在经营决策上由于不受总行牵制，因而其业务经营的自主性强、灵活性较大，能够及时改变经营策略，管理起来也较容易；由于单一银行制管理层次少，中央银行的控制和管理意图传导较快，有利于达到控制和管理的目标。

当然，单一银行制本身存在着较为明显的缺点：首先，单一制银行规模较小，经营成本较高，难以取得规模效益；其次，单一银行制与经济的外向发展存在矛盾，人为地造成资本的迂回流动，削弱了银行的竞争力；再次，单一制银行的业务相对集中，风险较大。随着计算机技术的普及，单一银行制限制银行业务发展和金融创新的弊端也愈加明显。

正因如此，20世纪初，随着工业发展和经济联系的普遍扩张，美国一些州政府开始放松了对设立分支银行的限制，允许银行在本州范围内设立分行，但禁止外州银行在本州设立分支银行。虽然单一银行制已有所改变，但并没有完全解体。商业银行只能在州界或城市界限范围内设立分行，但不能在州以外设立分行或在全国范围内设立分行。允许商业银行在限定的地域范围内设立分行，但禁止跨州经营、跨州设立分支机构，是美国现行单一银行制的重要内容。

单一银行制银行组织形式如图3-2所示。

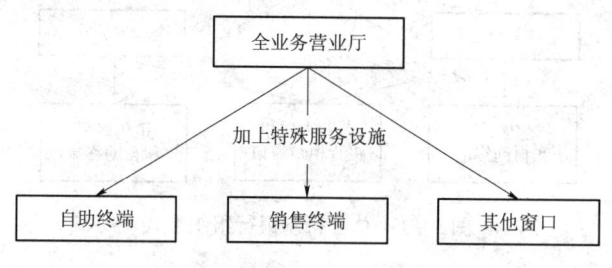

图3-2 单一银行制银行组织形式

3. 持股公司制

持股公司制银行又叫集团制银行，即由某个大集团或大银行设立股权公司，再由该公司控制或收购多家独立的银行。在法律上这些银行是独立的，但实际上控股公司往往已直接或间接拥有并控制了这些银行25%以上的投票股权，控制了银行董事会的选举，对银行的管理决策和经营政策有着决定性的影响。在这里，表面上看是控股公司控制银行，而实际上控股公司是银行建立并受银行操纵的组织。这样，大银行通过控股公司把许多银行置于自己的控制之下。银行控股公司制在美国最为流行，它是美国商业银行为逃避法律不准跨州经营和设立分支机构而设立的。它最初出现于20世纪初期，1956年底美国有47家独立的银行控股公司，控制了7.5%的商业银行存款。到1970年就发展到111家，控制商业银行存款的比重上升到16.2%。到1976年底美国大约有1 900家银行控股公司，控制着全部商业银行的全部存款的66%。1984年底，美国拥有4 643家单一银行控股公司和698家多银行控股公司，它们控制着美国商业银行存款的90%。持股公司制银行已成为美国商业银行最基本的组织形式。

持股公司制银行，有两种类型，即非银行性控股公司和银行性控股公司。前者是通过企业集团控制某一银行的主要股份组织起来的,该种类型的控股公司在持有一家银行股票的同时,还可以持有多家非银行企业的股票;而后者是指大银行直接控制一个控股公司,并持有若干小银行的股份。其具体又可以分为单一银行控股公司(指仅拥有或控制一家商业银行的控股公司)和多元银行控股公司(指拥有或控制两家以上银行的控股公司)。

持股公司制银行的优点是能够有效地扩大资本总量,增强银行实力,提高银行抵御风险和参与市场竞争的能力,弥补单一银行制的不足;缺点是容易引起金融权力过度集中,形成银行业的垄断,并在一定程度上限制了银行经营的自主性,不利于银行的创新活动。

多银行控股公司组织形式如图3-3所示。

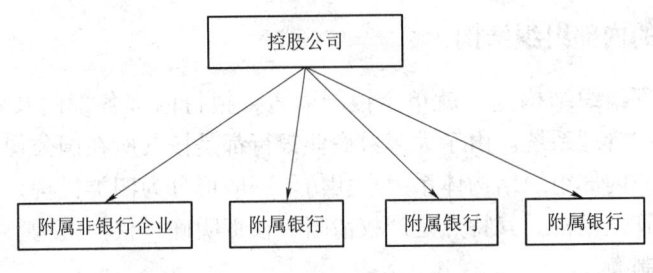

图3-3 多银行控股公司组织形式

值得指出的是,银行控股公司是金融创新的结果,可使银行有效地摆脱州政府关于设立分支机构和经营范围的各种法律限制。银行控股公司在美国拥有66%的银行和近90%的存款,已成为美国商业银行最基本的组织形式。我国的中国银行、中国工商银行和中国建设银行已在海外建立了具有控股公司性质的中银国际控股公司、工商东亚控股公司和中国国际金融有限公司。

4. 连锁银行制

连锁银行制是指由某一个人或某一集团拥有若干(两家或两家以上)银行的股权,以取得对这些银行的控制权的一种组织形式。这种控制可以通过持有股份、共同指导或其他法律允许的形式完成。连锁银行制的成员银行保持自己的独立地位,掌握各自业务和经营政策,具有自己的董事会。当前国际金融领域的连锁制银行主要是由不同国家的大商业银行合资建立的,主要目的是为了经营欧洲货币业务以及国际资金存放业务。在国际上,这种国际间的连锁制也可以称为跨国联合制。

连锁的银行在法律上是独立的,但其业务和经营权由某一个人或某一集团控制,形成连锁银行。连锁银行往往是围绕一个地区或一个州的大银行加以组织,成员银行的董事会由同一批人组成,其中的大银行为集团确立银行业务模式,并以大银行为中心,形成集团内部的各种联合。由此可见,连锁银行之间有一种类似于总分行之间的分工协作关系,正因为如此,连锁银行制与银行控股公司一样,都是为了弥补单一银行制的不足,回避对设立分行的种种限制而采取的一种银行组织形式。它与银行控股公司制的区别在于它不需要设立控股公司。连锁银行制下,银行容易受到某个人或某集团的控制,并且不易获取银行所需要的大量资本。为此,连锁银行制的存在比例远小于银行控股公司制。

5. 代理银行制

代理银行制也称为往来银行制,是指银行相互间签订代理协议,委托对方银行代办指定业务的一种组织形式。被委托的银行为委托行的代理行,相互间的关系则为代理行关系。一般地说，银行代理关系是相互的，因此互为对方代理行。在国际之间，代理银行制非常普遍。至于在各国国内，代理制最为发达的是实行单一银行制的美国。美国的代理银行制往往是大银行和小银行之间私下所形成的一种业务网络关系。小银行将各种存款存入自己的代理行，大银行（代理行）则为小银行提供各种银行业务。这种代理银行制下大银行与小银行之间的关系类似于分支银行制下总行与分支行之间的关系。因而，美国商业银行普遍采用代理银行制突破单一银行制的限制，解决不准设立分支机构的矛盾。不过，就是在实行分支银行制的国家中，银行之间也存在着代理关系，这种代理往往是平等的、双向的，是扩展银行业务领域的一种有效选择。

3.3.2 商业银行的内部组织结构

商业银行的内部组织结构是指就单个银行而言，银行内部各部门及各部门之间相互联系、相互作用的组织管理系统。由于大多数商业银行都是按其所在国公司法组织起来的股份公司，因此，它们的内部组织结构体系大致相仿。一般可分为四类机构，即决策机构、执行机构、监督机构和管理机构。其特点是产权清晰、权责明确，权力机构、执行机构和监督机构相互分离、相互制衡。

1. 决策机构

商业银行的决策机构主要由股东大会、董事会及董事会以下设置的各种委员会构成。

1）股东大会：商业银行的最高权力机构

凡是购买银行发行的优先股票的投资者，就是银行的优先股东；购买银行发行的普通股票的投资者，就成为银行的普通股东。优先股东可取得固定股息，但无权参与银行的经营管理；普通股东所取得的股息随银行盈利的多少而变动，但有权参加股东大会和银行的经营管理决策。银行每年召开一次或几次股东大会，股东大会的主要内容和权限包括：选举和更换董事、监事并决定有关的报酬事项；审议批准银行各项经营管理方针和对各种重大议案进行表决；修改公司章程等。由于银行股票发行量大，而且比较分散，所以少数人只要拥有一家银行10%甚至更少数量的股票，就能控制该银行。例如，美国花旗银行的股东中具有控制权的个人所拥有的股票占银行股票总数的不足1%，便成为花旗银行的最高决策者之一。

2）董事会：由股东大会选举产生的决策机构

董事会是由股东大会选举产生的决策机构。董事会代表股东大会执行股东大会的决议，对股东大会负责。各银行董事会的人数依银行规模大小不同而定，美国规定每家商业银行的董事至少要有5人，多则可达25人，有不少国家规定在董事会中还要有一定数量的独立董事，如我国规定银行董事会中独立董事要占1/3。董事的任期一般为1～3年不等，可连选连任，独立董事的任期一般不超过两个任期。不少董事在银行中并无具体职务，也不能在银行领取薪金，但银行给予董事的办公费、车马费往往都比较高。许多国家对当选商业银行董事还规定了一些条件，如美国规定，要想当选为银行董事，必须具备三个条件：① 必须是美国公民，并在本地居住1年以上；② 在该银行拥有较多的股份；③ 本人年收入不少于3万美元。在股东大会休会期间，银行的决策机构实际上就是董事会。由董事长召集董事会，作出各项决策。

商业银行董事长由董事会决定。由于董事长在银行中处于举足轻重的地位，所以这一职能通常由那些具有较强的预测能力和交际能力,并与政府有较密切关系的人担任,以便为银行的发展提供有利条件。商业银行董事会负有以下一些重要职责。

① 确定银行的经营目标和经营决策。银行经营目标是银行经营活动的依据,银行经营决策是银行实现目标的具体对策,需要根据经济环境的变化而随时加以调整。② 选择熟悉银行业务的银行高级管理人员。商业银行有很多董事都是社会上其他行业的名流,并不一定熟悉银行的具体业务,因此,就需要另外挑选合适的专门人才来具体管理银行。③ 设立各种委员会或附属机构,以贯彻董事会决议,监督银行的业务经营活动。主要的委员会包括:一是执行委员会,又叫常务委员会,这是决策机构中最重要的部门,负责从事各项研究,并向董事会提出报告和方案;二是贷款委员会(美国有的银行叫贴现委员会),其主要任务是确定各种贷款规模、审批大额贷款、决定银行利率水平;三是考评或薪酬委员会,负责定期或不定期地考核各级工作的成绩,并向董事会提出报告;四是风险管理委员会,负责定期或不定期地分析银行业务经营中存在的问题,及时发现影响银行安全的经营行为和隐患,提出处理和改进意见,报董事会审议。④ 通过稽核委员会对银行业务进行检查。定期听取各部门主管人员的汇报,通过比较的方式(与同类银行相比,与既定目标相比,以及自我比较),发现问题,查明原因,找出改进途径和方法。

董事会在履行上述职责的过程中,董事们负有法律责任。如果发现董事因管理不善和失职等违法行为而造成经济损失时,要追究董事的法律责任,有的还要作出经济赔偿。

2. 执行机构

商业银行的执行机构由总经理(行长)和副总经理(副行长)及其领导的各业务部门组成。总经理(行长)是商业银行的最高行政负责人。总经理(行长)的主要职权是执行董事会的决议,组织领导银行的业务经营活动。在总经理(行长)的领导下,商业银行还要设置若干个业务部门、职能部门及部门经理。

1)总经理(行长)

总经理(行长)是银行的行政首脑。出任银行总经理(行长)的人选需具备以下条件:① 具有经营和管理银行的专门知识和组织才能,并在商业银行高级管理工作岗位上工作过若干年份;② 有较强的责任心和事业心,忠于职守,重视效益;③ 善于研究客户的心理需要,把握时机,作出正确决策;④ 富有想象力,善于运用新的思维和方法对待银行经营中遇到的问题,并开辟新的业务;⑤ 能与下属保持良好的联系,善于调动下属的积极性。

总经理(行长)的职责是执行董事会的决定,组织银行的业务活动。也有些商业银行实行董事长制,即董事长既是董事会首脑,又是银行内部的首脑,总经理只是董事长的助手。

2)副总经理(副行长)及各业务职能部门

在总经理(行长)的领导下,商业银行一般设置若干个副总经理(副行长)以及业务、职能部门。以一个中型商业银行为例,在其内部可设置贷款、信托与投资、营业、会计、人事和公共关系及开发研究等部门,通常由银行的常务副总经理(副行长)主管贷款业务,在常务副总经理(副行长)领导下,有两名副总经理分别主管工商信贷和其他贷款业务。一名副总经理(副行长)主管信托投资,一名副总经理(副行长)主管营业,包括柜面业务、会计、保管和其他业务。人事部经理主管人事工作,包括行员培训等,公共关系部经理负责对外联络工作。

一般把商业银行的贷款、信托与投资、营业、会计等部门称为业务部门，专门经办各项银行业务，而把商业银行的人事、公共关系等部门称作职能部门，主要负责内部管理，协助业务部门开展经营活动。

3. 监督机构

通常商业银行的监督机构由股东大会选举产生的监事会、董事会中的审计委员会以及银行中的稽核部门组成。

我国《商业银行法》规定商业银行设监事会，其成员不得少于3人。监事会应当包括股东代表和适当比例的商业银行职工代表，其中职工代表的比例不得低于1/3，具体比例由商业银行章程规定。这些成员一般都是具有丰富银行管理经验的人员，他们熟悉银行业务的各个环节，能及时发现银行经营活动中存在的问题。

监事会设主席一人，由全体监事过半数选举产生；监事会主席召集和主持监事会会议；监事会主席不能履行职务或者不履行职务的，由半数以上监事共同推举一名监事召集和主持监事会会议。监事会行使下列职权：① 检查商业银行财务；② 对董事、高级管理人员执行商业银行职务的行为进行监督，对违反法律、行政法规、商业银行章程或者股东会决议的董事、高级管理人员提出罢免的建议；③ 当董事、高级管理人员的行为损害商业银行的利益时，要求董事、高级管理人员予以纠正；④ 提议召开临时股东会会议，在董事会不履行法律规定的召集和主持股东会会议职责时召集和主持股东会会议；⑤ 向股东会会议提出提案；⑥ 依照《商业银行法》规定，对董事、高级管理人员提起诉讼；⑦ 商业银行章程规定的其他职权；⑧ 监事可以列席董事会会议，并对董事会决议事项提出质询或者建议。

其中，监事会的检查比稽核委员会的检查更具有权威性，它除了检查银行执行部门的业务经营和内部管理之外，还要对董事会制定的经营方针和重大决策、规定、制度及其被执行的情况进行检查，一旦发现问题，可以直接向有关部门提出限期改进的要求。

4. 管理机构

商业银行的管理系统由五个方面组成。

（1）全面管理。商业银行的全面管理由该行的董事长、总经理（行长）负责，主要职责是确定银行目标、业务计划和经营预测，并制定政策，指导、控制及评价分支机构及银行业务、职能部门的工作。

（2）财务管理。财务管理通常是由负责财务工作的副总经理（副行长）担当，主要职责是负责银行筹资及成本管理、现金管理等，并制定财务预算，进行财务控制，进行审计、税收和风险管理。

（3）人事管理。由人事部门负责，主要职责是招募员工、培训职工、进行工作和工资审评、处理劳资关系。

（4）经营管理。由总经理（行长）负责，主要职责是根据银行确定的计划和目标，安排组织各种银行业务，分析经营过程中出现的各种问题，保证银行经营安全。

（5）市场营销管理。由总经理（行长）、副总经理（副行长）及有关业务、职能部门负责人共同参与，主要职责是分析消费者行为及市场变动状况，确定市场营销战略，开展广告宣传、促销和公共关系，指定银行服务价格，开发产品和服务项目。

以上五项管理内容分别由各部门分工负责，同时，各部门之间也需相互协作，以实现银行的既定目标。

3.3.3 商业银行的内部职能机构设置

1. 商业银行内部职能机构设置的原则

一般而言,商业银行内部职能机构设置的原则主要有五个方面。

(1) 效能、效率、效益相统一的原则。效能是银行内部的各个机构所固有的效用和功能。效率是每一机构在单位时间内的工作进度。效益是指实现银行经营目标的能力和水平。银行内部机构的设置应该有利于这三者的统一。

(2) 精干合理原则。这一原则包括三层含义:一是银行配备的人员与应该承担的任务相适应,没有多余的人员;二是职能部门的划分粗细适当,各个部门都有明确的职责范围和足够的工作量;三是没有多余的管理层次和环节。

(3) 统一指挥原则。这是银行内部分工协作、充分发挥银行职能作用的客观要求。有利于银行经营目标的顺利实现。在坚持这一原则的前提下,必须逐级授权、分层负责。

(4) 分工协调原则。银行内部各部门之间有着相互依赖、相互制约的内在联系。银行的每一项工作都是几个部门共同发挥作用的结果。

(5) 权责对应原则。职权和职责是银行组织结构中的两个基本因素。权责必须对应。

2. 商业银行内部职能机构

1) 我国国有商业银行内部职能机构

由于各国银行体制不同,经营环境不同,加之民族习惯的差异,商业银行的内部组织结构并不完全相同。我国国有商业银行是我国金融体系的核心,其内部组织结构具有自己的特殊性,它们的组织结构大体如图 3-4 所示。

2) 商业银行内部职能机构"矩阵型"结构

近年来,西方商业银行为了控制和降低银行业所面临的各种风险,在其内部组织结构上大多采用了"矩阵型"的结构。这种矩阵式的组织结构按经营产品的不同,将银行的部门分为两类:一类是业务部门,如企业金融部、个人金融部、信托部、基金金融部;另一类是职能部门,包括财务部、风险管理部、市场营销部和稽核部等。在每个业务部,再设置一些职能类似的部门,如财务、风险管理等部门,并将这些职能部门统一归属于全行的财务部、风险管理部等。商业银行典型的矩阵式组织结构如图 3-5 所示。

与其他金融机构相比,"矩阵型"结构的优点是适应性较强,能够使银行适应不同的复杂环境。由于受到双重领导(每个部门风险经理既受到各部经理的管理,同时又受到全行所属的"风险管理部"的管理,属"双重"制约关系),矩阵型结构往往要求不同部门间进行信息交流和权力共享,对于部门间合作、协调、制约要求较高。商业银行经营管理的成功经验表明,部门之间相互合作与制约并举是保证银行有效率、低风险运作的重要诀窍。相互牵制包括横向牵制与纵向控制两方面。横向牵制是指同级的各部门由于业务程序上的联系而产生的相互监督;纵向控制是指不同级别的同一业务部门在业务上的领导与被领导、监督与被监督。相互合作是指横向职能部门为业务部门提供的支持功能。

围绕这一宗旨,西方商业银行的组织设计按横向功能分工成三大块。第一块是市场块,这是衔接市场的窗口,由市场营销人员组成。这些市场营销人员被称为客户经理(Account Officer or Relation Manager),其职责是向市场中的客户直接推销其各类金融产品和服务,并通过提供优质服务,保持、发展与客户长久而稳定的关系,从而占领市场;市场块同时兼有

图3-4 我国国有商业银行组织结构概况图

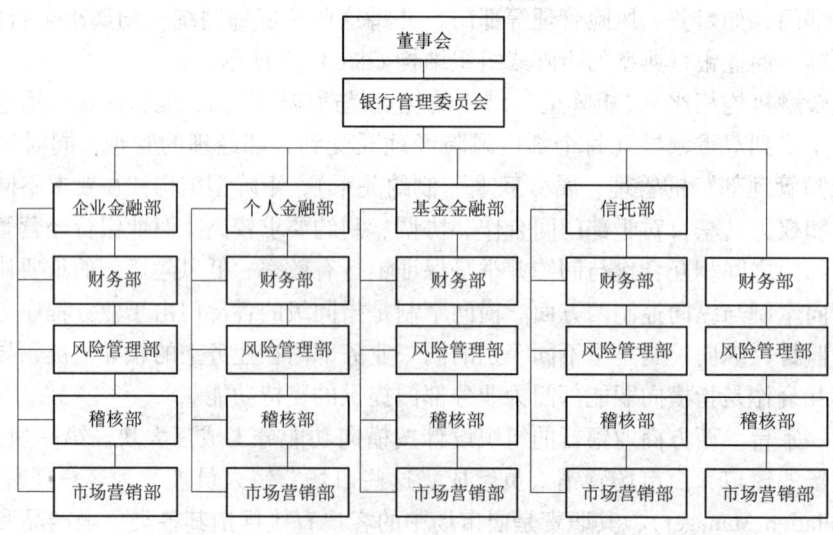

图3-5 商业银行典型的矩阵式组织结构图

了解和选择客户，反馈客户信息及新产品设计等市场调研的职责。第二块是操作块，其职责是把市场营销人员从市场中承揽来的业务按照性质分门别类地交到各有关操作部门，进行具体操作。第三块是管理块，其职责主要是进行业务管理和风险控制，并负有总体规划、风险评估与监控、会计核算、监察稽核等职能。在整个按横向功能分工的三大块中，市场块为推销产品和服务客户的第一线，操作块和管理块的功能都是向市场块提供支持；同时，管理块与市场块的功能进行牵制。从纵向看，西方商业银行在各个分支机构都设有操作块、市场块、管理块，上级的功能块与其对应的下级功能块是直接的业务领导关系与监督关系。

【阅读材料】

村镇银行

中国的村镇银行是借鉴孟加拉格莱珉银行①等的成功经验，由监管部门自上而下推动发展起来的新型农村金融机构，旨在通过政策导向等宏观调控手段，引导各类资本回流农村地区，解决农村地区银行业金融机构网点覆盖率低、金融供给不足、竞争不充分等问题。村镇银行是指为当地农户或企业提供服务的银行机构，区别于银行的分支机构，村镇银行属一级法人机构。过去，农村只有两种金融主体，一是信用社，二是只存不贷的邮政储蓄，农村的金融市场还处于垄断状态，没有竞争，服务水平就无法提高，农民的贷款需求也无法得到满足。改革的出路，就是引进新的金融机构。

2006年12月22日，中国银行业监督管理委员会公布了《关于调整放宽农村地区银行业金融机构准入政策更好支持社会主义新农村建设的若干意见》中在准入资本范围、注册资本限额、投资人资格、业务准入、高级管理人员准入资格、行政审批、公司治理等方面均有所突破。其中，最重要的突破在于两项放开：一是对所有社会资本放开，境内外银行资本、产业资本、民间资本都可以到农村地区投资、收购、新设银行业金融机构；二是对所有金融机构放开。调低注册资本，取消营运资金限制。在县（市）设立的村镇银行，其注册资本不得低于人民币300万元；在乡（镇）设立的村镇银行，其注册资本不得低于人民币100万元。

村镇银行可经营吸收公众存款，发放短期、中期和长期贷款，办理国内结算，办理票据承兑与贴现，从事同业拆借，从事银行卡业务，代理发行、代理兑付、承销政府债券，代理收付款项及代理保险业务以及经银行业监督管理机构批准的其他业务。

截至2010年4月底，全国共设立172家村镇银行。根据徐小青和樊雪志（2010）的调查研究，目前我国村镇银行发展的特点有：

1. 主要由中小银行发起设立，国有银行兴趣不大

在2009年6月以前设立的100家村镇银行中，有80家由地方中小银行发起设立；14家由国家开发银行、国有商业银行和全国性股份制银行发起设立；6家由外资银行发起设立。

2. 吸收各种资金入股，支持农业农村发展

从最先试点的村镇银行来看，90%以上都有企业法人或者自然人参股，由银行业金融机构单独设立的村镇银行很少。社会资本参股村镇银行的比例平均超过50%。村镇银行的出现，基本达到了"引导各类资本到金融网点覆盖率低、金融服务不足、金融竞争不充分的地区"服务农村和农业发展的目的。湖

---

① 格莱珉银行（Grameen Bank），又称乡村银行，由留学美国并获经济学博士学位的穆罕曼德·尤努斯（Muhammad Yunus）于1983年回孟加拉后创办，采用无担保方式以低利率甚至零利率借贷给穷人，帮助他们实现自我雇佣、消除贫困。在不到30年的时间里，尤努斯已经在孟加拉46 620个村庄中建立了1 277家银行，服务639万借款人。尤努斯因此于2006年获得了诺贝尔和平奖。

北仙桃北农商村镇银行为郭河镇养鸡协会量身定做的"协会+农户"规模性授信产品,一期授信就达到300万元,惠及30多家农户。

3. 村镇银行层级简单,贷款审批程序便捷

现有村镇银行能够根据农村经济的实际和农户金融需求特点提供有效的金融产品和金融支持。据调查,村镇银行对符合条件、手续齐全的贷款申请,从调查、审批到发放一般为5个工作日,与其他金融机构相比,信贷审批具有管理链条短、决策高效的明显优势。村镇银行贷款快捷的主要原因是其重在审查客户的现金流、还款能力和信用状况,而不在于抵押担保。对湖北省8家村镇银行发放的120份客户问卷调查结果表明,90%的客户认为村镇银行比其他银行服务更方便快捷,61%的客户认为村镇银行的服务效率高。

4. 促进农村金融竞争,贷款利率有所降低

我国农村金融长期供需失衡、机构网点稀少,金融机构缺乏竞争,贷款利率高。在这种大背景下,村镇银行应运而生。许多农户和中小企业主反映,村镇银行利率定价机制灵活,利率水平总体较低,抑制了民间高利贷的发展。湖北咸丰常农村镇银行的1年期贷款月利率比其他金融机构要低10%。客户选择村镇银行的原因在于利率水平低。对云南3家村镇银行的调研也表明,降低农村地区短期贷款利率水平,可以帮助村镇银行赢得越来越多的农村客户支持。

【讨论题】比较村镇银行与单一银行的异同。村镇银行在我国得以兴起的原因何在?

思考题

1. 分析银行持股公司出现的背景原因。
2. 谈谈如何完善我国商业银行的内部治理结构。
3. 商业银行外部组织形式的基本原则是什么?内部组织结构又是怎样的?
4. 结合管理学知识和实际谈谈商业银行内部职能机构还有哪些结构。
5. 总分行制银行与单一制银行相比,其表现有何不同?在哪些方面?为什么?
6. 简述新设立商业银行的程序。

第 4 章

【主要概念的中英文对照】

金融监管：financial supervision
预防性监管：preventive regulation
职责分离原则：segregation of duties
授权有限原则：principle of limited authority
存款保险制度：deposit insurance system
CAMELS 原则：capital, asset, management, earning, liquidity, sensitivity to market risk
双人原则/四眼原则：four-eye principle

商业银行的监管

4.1 监管的原因

银行立法和监管的目的是为了防范金融系统性风险,改善银行经营环境,增加银行绩效。自 2008 年开始的金融危机,到现在为止其导致的商业银行倒闭风潮仍然没有结束,从微观角度来分析,原因主要有两个方面。

一方面在于银行自身,商业银行之所以倒闭,基本上是因为对经济形势判断失误,投资不当,特别是在房地产泡沫吹大时发放大量不良商业地产贷款。美国房地产咨询机构远见分析公司的研究报告显示,在美国 8 100 多家银行当中,有大约 2 200 家银行的业务曾经超过监管机构规定的警戒线。

另一方面在于监管不力,佛罗里达州的奥卡拉国民银行就是一例。美国财政部下属的货币监理署负责银行监管的官员曾发现这家银行贷款标准过松,并且过度集中于建筑贷款。但监管官员没有采取强制措施纠正奥卡拉国民银行的行为,使得这家银行最终倒闭。有鉴于此,美国银行监管机构开始寻求加强和改善监管,具体措施包括提高商业银行资本充足率,对银行从事部分高风险业务进行限制,以及增加有经验的监管人员等。

从中央银行金融宏观调控、货币稳健角度看,由于在各国金融体系中,商业银行要向社会公众提供贷款,吸收存款和提供其他金融服务,银行业与社会经济生活存在着紧密的联系。因此各国银行的经营均受到政府全面和广泛的监督。但各国行使监督的主体有所差异,有的国家单独设立监管机构,有的国家由财政部门负责对银行的监管,有的国家则由中央银行负责监管。一国政府之所以要对银行业实施监管,其原因在于银行业自身的经营特点。

首先是为了确保公众储蓄的安全、维持金融系统稳定和维护客户的权益。银行吸收居民储蓄是开展银行业务的基本条件,但是社会公众无法做到对银行业全面和准确的了解,也无法判断其经营状况,储户和商业银行之间存在着严重的信息不对称。如果银行发生倒闭而使储户资金受到损失,社会和经济后果都是非常严重的。因此,政府必须承担保护储户利益的责任。通常,政府会定期对商业银行进行检查和审计,收集银行经营信息,评价银行财务状况,在银行经营出现困难或必要时提供资金上的援助。

其次,政府对银行业实施监管的原因还在于银行是信用货币的创造者。在信用经济的条件下,货币数量的多少关系到一国物价的稳定,与经济发展密切相关,一国经济增长率、失业率和通货膨胀率都受到信用规模的影响。虽然,中央银行可以通过调节基础货币来控制货币供应量,但商业银行作为中央银行货币政策传导的中枢,对中央银行的货币政策作何反应仍是中央银行关注的事情。当然,银行和与其类似的金融机构创造货币(又影响经济)的事实并非是对其进行监管的充分理由。只要作为政府政策制定者能够控制国家货币供给,则银行和其他金融机构创造货币的规模便与监管机构和公众的关系不大。

最后,当今世界各国的银行业正在向综合化、全能化的方向发展,银行业、证券业和保险业混业经营使商业银行的概念不断延伸。同时,世界经济、金融一体化又使得银行国际化进程加快。这些都对政府实施银行业监管提出了新的课题,近年来,全球性金融危机也恰恰证明了加强政府对银行业监管仍然有着重要的意义,这也要求各国在银行业监管领域进一步加强合作。

简单来说,由于商业银行是资金融通的主渠道,其畅通与否,不仅关系到资金融通的效率,而且关系到金融秩序是否稳定有序;再者由于其直接面对社会公众吸收存款等,与广大存款人的利益密切相关,关系到社会稳定;另外,其创造派生存款,直接参与货币供应,向社会提供的支付服务,事关商品流通的秩序和效率。因此,对商业银行进行监管是十分必要的。

4.2 监管的目标和内容

4.2.1 商业银行监管的目标

金融监管是监管主体为了实现监管目标而利用各种手段对监管对象所采取的一种有意识的和主动的干预和控制活动,从银行法律和规则角度看,银行监管是指银行管理(Banking Regulation),即对银行经营活动加以法律与规则的约束,是指法律制度对银行业活动的影响,或是有系统地进行管理控制,使其遵守规则或符合标准。当然,监管的作用不只是约束和限制,还有鼓励和促进向上的作用。因此,对商业银行进行监管的目标体系是多层次的,以中央银行的监管为例,主要包括四个方面。

(1) 维护金融业秩序尤其是银行业的安全与稳定。金融业的安全稳定对整个国民经济有重要影响,而且一家银行或金融机构出现问题会引起连锁反应,导致一些银行和金融机构经营困难,所以中央银行金融监管的首要目标就是要维护国内金融体系的安全和稳定。

(2) 保护存款人、投资者和其他社会公众的利益。银行是一种信用中介,它们一方面是借者的集中,另一方面是贷者的集合。银行集中了社会各阶层、各部门暂时闲置的货币和资本,与社会各方面联系十分广泛和密切。银行在经营中如果出现问题,会直接涉及千千万万存款者、社会各方面的利益,因此,中央银行要把保护他们的利益不受损害作为金融监管的一个重要目标。

(3) 促进商业银行服务市场的公平竞争,提高银行业的经营效率。竞争是市场经济条件下的一条基本规律,也是保护先进、淘汰落后的一种有效机制。各国金融监管当局无不追求一个适度的竞争环境,这种适度的竞争环境既可以经常保持银行经营活力,从而使企业公众获取廉价货币和优质服务,同时又不至于引起银行业失败破产倒闭,导致经济震动,为此中央银行应创造一个公平、高效、有序竞争的环境。

(4) 保证中央银行货币政策的顺利实施。通过监督管理,使商业银行的经营活动与中央银行实施货币政策的要求保持一致性。货币政策是各国调控的主要手段,而中央银行是利用货币政策实施的主体。货币政策的有效实施必须以银行金融业为中介。因此中央银行金融监管要有利于保证货币政策的顺利执行,有利于银行业对中央银行调节手段的及时准确传导和执行。

4.2.2 商业银行监管的原则

商业银行监管是一项政策性强、涉及面广、意义重大的工作。监管的原则各国大致相同,特别是巴塞尔委员会1997年9月公布了《有效银行监管的核心原则》以后,各国监管当局基本上都将其作为银行业监管的指导原则。这些原则渗透和贯穿于监管体系的各个环节和整个过程。其中最基本的原则主要包括以下几个。

（1）独立性原则。《有效银行监管的核心原则》指出："在一个有效的银行监管体系下，参与银行组织监管的每个机构要有明确的责任和目标，并应享有工作上的自主权和充分的资源。"同时，促进有效的银行监管，需要创造先决条件。这些条件主要有：稳健且可持续的宏观经济政策；完善的公共金融基础设施；有效的市场约束机制；高效解决金融问题的程序；提供适当的系统性保护（或公共安全网）机制，其中，加强监管主体的独立性是至关重要的条件。

（2）依法监管原则。虽然各国金融管理体制和监管风格各不相同，但在依法监管上是相同的，这是由金融业的特殊性决定的：一是商业银行必须接受金融管理当局的监督与管理；二是商业银行监管必须依法进行。保持管理的权威性、严肃性、强制性和一贯性，才能保证它的有效性。而要实现这一目标，金融法规的完善是必不可少的。

依法监管是指监管机构在履行其职责时，必须依据有关法律、行政法规和规章制度，其监管行为不得与之相抵触。监管主体地位的确立和监管权力的取得来源于法律。法律应对监管机构的法律地位和职责权限作出明确的规定，并充分维护和保障监管的有效性和权威性，促使监管行为符合法规及监管的步骤、方法等符合法定程序，以确保监管目标的顺利实现。

（3）综合性原则。金融管理应着眼于综合配套的系统化和最优化的效能，应当将行政的、经济的和法律的管理手段综合配套使用；应将直接的与间接的、外部的与内部的、自愿的与强制的、正式的与非正式的、报表的与现场的、事先的与事后的、国内的与国外的、经常性的与集中突出性的、专业的与非专业的各种不同管理方式管理技术手段结合起来，综合配套使用。

（4）自我约束与外部强制管理相结合原则。外部强制管理再缜密严格，也总是有限的，假如管理对象不配合、不协作、不愿自我约束，而是设法逃避、应付对抗，那么外部监督管理也难以收到预期的效果；反之，如果将全部希望放在金融机构本身自觉自愿的自我约束上，则一系列不负责任的冒险经营行为和道德风险就难以有效地避免。因而，理智的做法是遵循自我约束和外部强制管理相结合的原则。

（5）社会经济效益原则。安全稳健是一切金融法规和金融监督管理的中心目的，但不是唯一目的。从某种意义上讲，安全稳健并不是金融业存在发展的终极目的，它的终极目的在于满足社会经济的需要，促进社会经济的稳定发展。而要实现这一点，效益问题就具有决定性意义。所以，金融法规和金融管理不应只为安全而安全，只为管理而管理，而必须考虑严格管理同促进金融机构效益的协调关系。

4.2.3 商业银行监管的内容

理论上来说，根据商业银行的经营特点，政府对银行业的监管要以谨慎监管为原则，即著名的"CAMELS（骆驼原则）"。

C（Capital）代表资本。商业银行最主要的资本形式因产权组织形式不同而有所差异。股份制商业银行资本的主要形式是股本，它为商业银行提供最基本的资金来源，也是银行损失的缓冲器。股本要求有回报，而且同样的股本支持的资产规模不同会给银行带来不同的盈利率（资本的杠杆比率不同），这就要求建立国际上一致的资本标准，以使各国银行处于平等的竞争地位。

A（Asset）代表资产。商业银行资产的品质是政府监管部门关注的一个问题。监管人员通过检查资产规模、结构和银行的工作程序等，获得对该银行的总体评价。对于贷款，政府的监管人员将对银行的未清偿贷款和贷款的担保进行仔细审核，以掌握每一借款人的财务状况和信誉。商业银行资产集中是另一个需要关注的问题。近年来，资产的过度集中是国际上一些大银行倒闭的原因。因此，各国监管当局已开始对单个贷款规模进行法定限制，对贷款的行业集中问题、地区集中问题也给予了较多关注。

M（Management）代表管理。用以评价银行管理人员包括董事会成员的品质和业绩。在相同条件下经营的银行，其成功或失败在很大程度上取决于管理者的管理能力。政府监管人员主要考察管理人员的素质、董事会职责的行使状况、银行战略计划的制订和执行情况等。

E（Earning）代表收益。银行的盈利能力主要由银行的资产收益率和资本收益率来衡量。这两个指标要进行横向比较才有意义。

L（Liquidity）代表清偿能力。用来衡量银行满足提款和借款需求又不必出售其资产的能力。政府监管主要是评价银行当前的清偿能力及未来的变化趋势。

S（Sensitivity to Market Risk）代表银行对市场风险的敏感程度。用来衡量银行管理利率风险、外汇风险等市场风险的能力。

从各国政府对银行业的监管实践来看，各国金融监管当局对商业银行监管的内容多种多样，但归纳起来不外乎两类：预防性监管和保护性监管。

1. 预防性监管

预防性监管包括行政管理和预警制度。行政管理以市场准入管理为核心，包括银行（及分支机构）设立、变更、合并、停业、复业或破产，以及银行组织、名称、资本、所有权、管理人员、业务范围等方面的管理，其目的在于维护金融业的安全与稳定。预警制度包括各种业务活动限制和资产负债结构控制，目的在于限制商业银行接受风险的程度。

1）市场准入监管

市场准入监管包括两方面的内容。① 进入市场所需的条件，如资本金的最低限度、管理人员应具备的条件等。例如，中国香港特别行政区规定领有执照的当地银行实缴资本不得少于1亿港元，外地银行在香港地区设立分支机构，其总行至少应有100亿美元的总资产等。② 进入市场的程度，即规定业务范围。各国金融监管当局在核发银行执照时，均予以限定具体业务范围。对银行业准入进行监管是各国政府对银行业进行监管的最初手段，目的是防止银行业的过度集中、限制社会资金过度流入银行业而降低经济运行效率。

2）对存款经营的管理

① 对存款种类及支付程序的管理；② 对存款利率的管理。有三种类型：一是实行国家统一规定利率的制度；二是实行自由化利率制度；三是实行浮动利率制度，定有上下限。我国目前处于第一种类向第三种类过渡的阶段；③ 对存款人的保护。比如我国规定银行办理储蓄存款应当遵循存款自愿、取款自由、存款有息、为存款人保密的原则；对各种存款，除法律另有规定外，银行有权拒绝任何单位或个人查询、冻结、扣划；银行应当保证存款本金和利息的支付，不得拖延、拒绝。

3）资产流动性监管

流动性不足是导致银行危机的最直接原因之一。因此，各国都要求银行必须保持一定的流动性资产，通常是规定商业银行持有的具有一定程度流动性的资产必须要在总资产中占有相当的比例，这就是流动性资产率，是监管当局为防止银行资金周转不灵而采取的一项重要措施。例如,日本大藏省规定,普通银行保持的流动性资产不得低于其总存款额的30%,银行1年以上的中长期贷款的40%必须由该行1年以上的中长期存款或其他负债来作为保证。

4) 资本充足性监管

银行资本除具有营业职能(购置固定资产等)和保护职能(在银行停业清理时用来偿还存款及其他债务)外,还具有管制的职能,即通过资本与银行的资产或负债保持一定的比例来限制银行的业务规模。许多国家规定商业银行资本对资产的比率要大于5%。1988年《巴塞尔资本协议》(简称巴塞尔协议Ⅰ)要求签约国银行的资本对其经济加权计算的风险资产的比率(资本充足率)不得小于8%,我国目前规定的比率也是8%。而有些国家(地区)为加强资本充足性,实行强制性增加储备金的办法。例如,新加坡规定,当地商业银行都必须保持充足的储备金,当银行的储备少于实缴资本的50%时,要求这些银行至少把每年纯利润的50%转移到储备金内;如果储备金已经占实缴资本的50%~100%,那么就只要求转移净利润的25%到储备金内;如果储备金超过了实缴资本,那么只要求净利润的5%转移到储备金内。

5) 贷款和其他业务的监管

贷款监管的目的主要是为了防范银行面临的信用风险。比如,为防止贷款过于集中而规定对同一借款人的贷款余额与商业银行资本余额的最高比例,我国规定为10%;对关系人发放贷款加以限制,银行不得对关系人发放信用贷款,对关系人发放担保贷款的条件不得优于其他借款人;要求银行对有问题贷款必须提取呆、坏账准备金;规定任何单位和个人不得强令商业银行发放贷款或者提供担保;要求银行发放贷款时应当对借款人的借款用途、偿还能力、还款方式进行严格审查;鼓励银行发放抵押贷款;商业银行贷款,应当与借款人订立书面合同,等等。而对其他业务活动限制主要包括:① 对证券投资、房地产投资、股权投资的限制,以防范投资风险;② 对国际贷款规模的限制,以防范国家风险;③ 对外汇交易业务的限制,以防范利率、汇率、市场价格、信用等各种有关风险。有些国家规定每家商业银行每笔外汇交易的金额最多不得超过其资本金的一定比例。

2. 保护性监管

银行监管制度除了事先采取一些预防性措施以外,还必须有事后的补救手段,万一银行发生倒闭事件或者濒临倒闭时能及时补救,确保存款人利益,稳定金融体系,避免金融恐慌。保护性监管包括存款保险制度和紧急救援两个方面。

1) 存款保险制度

存款保险制度源自20世纪30年代金融大危机之后的美国,其当时建立的宗旨是,重新唤起社会公众对银行体系的信心,保护存款者的利益,监督并促使银行在保证安全的前提下进行经营活动。该制度要求商业银行按存款额的大小和一定的保险费率缴纳保险费给存款保险机构,当投保银行经营破产或发生支付困难时,存款保险机构在一定限度内代为支付。

目前各国存款保险制度的组织形式主要有三种:① 政府设立的存款保险机构,典型的代表是美国;② 政府与银行联合成立存款保险机构,日本的存款保险机构即属此类;③ 银行出资自己成立存款保险机构。1976年,联邦德国银行业协会自行出资成立了存款保险机构,制订了存款保险和理赔计划。

2) 紧急救援

紧急救援也叫最后贷款人制度,是当一个银行出现清偿能力危机时,如果中央银行或有关金融管理当局无意令其关门,就要采取有关行动进行抢救。其方式有:① 提供贷款以解决支付能力问题,具体办法是由中央银行直接贷款或者中央银行和商业银行共同建立的特别机构提供贷款,也有的是官方临时组织大银行集资救助,还有的是存款保险机构出面提供资金;② 兼并,中央银行或存款保险机构支持大银行兼并有问题的银行,继承其资产和债务;③ 担保,由政府出面担保,购买有问题银行的资产或者有问题银行的存款,或者收购有问题的银行,帮助有问题的银行渡过挤兑和清偿的难关;④ 接管,由金融管理当局对被接管的银行采取必要措施,以恢复其正常经营能力。

值得注意的是,存款保险制度和紧急救援的保障作用,有可能造成银行在无"后顾之忧"的情况下从事高风险资产经营,形成新的不安全因素——"道德风险",即银行将风险转嫁给有关金融管理当局。对此,必须加强预防性的管理监督措施进行制约。

4.3 监管机构

4.3.1 国外商业银行的监管机构

目前,各国金融监管模式主要有四种。

(1) 欧洲中央银行成立后,欧元区国家中已有许多国家将银行监管从央行分离出来。

(2) 英国、日本、瑞典、丹麦、澳大利亚将银行、证券、保险监管统一于单一的金融监管机构。

(3) 美国由美联储作为伞形监管者,负责监管混业经营的金融控股公司,银行、证券、保险分别由其他监管部门分别监管。

(4) 许多发展中国家由中央银行同时负责货币政策和金融监管。从总的趋势看,越来越多的国家金融监管采用了与中央银行货币政策职能相分离的模式。

在美国,政府通过二元制银行体系对银行进行监管,即联邦和州相关机构都有重要的对银行监管的权力。这种体系的目的在于使州政府能更加严密地控制其境内的银行业运营,而且联邦政府通过监管,确保银行在进行跨州业务扩展时,免于受到州及地区的不公平对待。美国政府内关键的监管部门包括货币监理署(Comptroller of the Currency)、联邦储备系统及联邦存款保险公司,司法部和证券及外汇委员会在银行业中的监管作用虽然重要但其银行监管的角色并不重要,而州银行业委员会在州一级银行中则起着非常重要的监管作用。美国主要的银行监管机构及其职责如表 4-1 所示。

表 4-1 美国主要的银行监管机构及其职责

监管机构	职 责
联邦储备系统	监督和定期稽核所有的由州授权成立的成员银行及在美国营业的银行控股公司,并作为金融控股公司的"伞形监管者",金融控股公司可以在统一的所有权之下将银行、保险和证券公司合而为一 强制提取存款准备金 批准所有成员银行的兼并,设立分支机构和经营信托业务的申请 授权国际银行机构在美国开业,并对其进行监督和稽核

续表

监管机构	职责
货币监理署	授权成立新的国民银行 对所有的国民银行进行监督和定期稽核 批准所有的国民银行设立新的分支行、经营信托业务和并购的申请
联邦存款保险公司	为银行存款给予保险 允许投保银行设立分支行 要求所有的投保银行递交其财务报告
司法部	根据公平竞争原则，审阅和批准银行提出的兼并和控股公司提出的收购意向。如果这些银行和控股公司的并购严重破坏了公平竞争，则对它们提出诉讼
证券交易委员会	批准由银行或银行控股公司发行公债和股票，并监督银行分支机构的活动
州委员会	授权成立新的银行 监督和定期稽核所有的州立银行

这些监管涵盖大多数金融机构的经营、服务、业绩表现及其扩张。没有政府的许可（以许可经营的方式），不能开办新的银行，银行存款种类以及其他为筹资而向公众发放金融票据的类别必须取得银行主管机构的批准。银行监控员会对银行发放的贷款和投资质量及其资本是否充足进行仔细的核查。当银行想通过建立新的办公大楼、并购其他银行、设立分支行或者通过购入或开办非银行类企业扩展规模时，必须首先取得法律上的准许。而且，未经授权银行开业的政府机构的明确批准，银行业主不得擅自停业或退出银行业。

4.3.2 我国商业银行的监管机构

我国政府对银行业的监管可以分为两个阶段。

第一阶段是中国人民银行对银行业的监管。我国政府对银行业的监管在2003年4月前是通过中国人民银行来实施的。1984年，中国人民银行开始正式行使对商业银行的监督职能，1995年3月18日第八届全国人民代表大会第三次会议通过了《中华人民共和国中国人民银行法》，正式确立中国人民银行是国家金融业的主管机关，依法对金融机构及其业务实施监督管理，维护金融业的合法、稳健运行。我国中央银行金融监督管理的主要内容包括：① 金融机构的设置及业务范围的审批；② 稽核检查金融机构的业务经营状况。

第二阶段是中国银行业监督管理委员会对银行业的监管。也就是说，目前在我国的商业银行监督机构是中国银行业监督管理委员会（China Banking Regulatory Commission，CBRC，简称银监会）。2003年4月26日，第十届全国人民代表大会常务委员会第二次会议作出决定，确定银监会统一履行原由中国人民银行履行的审批、监督管理银行、金融资产管理公司、信托投资公司及其他存款类金融机构等的职责及相关职责，维护银行业的合法、稳健运行。2003年4月28日银监会正式挂牌成立。银监会成立后，中国人民银行将只负责货币政策调控等一系列非直接监管金融机构的任务，即主要负责货币政策和跨行之间的资金往来，具体包括利率的调整、银行之间的现金结算支付和一些新业务等。而银监会的监管职能包括金融机构的市场准入、运行监督和依法查处违法违规行为，比如中外资银行成立的审批、业务经营中的反洗钱等具体业务。随着银监会的成立，银行、证券、保险等金融业监管的三个并列系统最终完成。

银监会的主要职责是制定有关银行业金融机构监管的规章制度和办法；审批银行业金融机构及分支机构的设立、变更、终止及其业务范围；对银行业金融机构实行现场和非现场监管，依法对违法违规行为进行查处；审查银行业金融机构高级管理人员任职资格；负责统一编制全国银行数据、报表，并按照国家有关规定予以公布；会同有关部门提出存款类金融机构紧急风险处置意见和建议；负责国有重点银行业金融机构监事会的日常管理工作；承办国务院交办的其他事项。

根据以上职责，银监会在监管工作中需要遵循以下原则：必须坚持法人监管，重视对每个金融机构总体风险的把握、防范和化解；必须坚持以风险为主的监管内容，努力提高金融监管的水平，改进监管的方法和手段；必须注意促进金融机构风险内控机制形成和内控效果的不断提高；必须按照国际准则和要求，逐步提高监管的透明度。通过银监会对银行等金融机构的有效监管和相关信息的披露，可以保护广大存款人和消费者的利益，增进市场信心和公众对现代金融的了解，并努力减少金融犯罪。

根据上述主要职责，银监会设立相应的职能机构，主要内设机构有办公厅、政策法规部、业务创新监管协作部、银行监管一部（负责监管国有商业银行）、银行监管二部（负责监管股份制商业银行、城市商业银行和城市合作信用社）、银行监管三部（负责监管外资银行）、银行监管四部（负责监管资产管理公司、政策性银行和邮政储蓄银行）、非银行金融机构监管部（负责监管信托投资公司、财务公司和金融租赁公司等非银行金融机构）、合作金融监管部（负责监管农村信用社和农村商业银行）、统计部、财务会计部、国际部等；派出机构有31个省（自治区、直辖市）和大连、青岛、厦门、福州、宁波5个计划单列市银监局，地、市银监分局，部分县、市监管办事处。

4.4 商业银行监管体系

4.4.1 商业银行的外部监管

当前，各国商业银行的外部监管主要由各国中央银行和其他管理机构来承担。1974年建立的巴塞尔委员会在促进各国加强银行监管方面也发挥着越来越重要的作用，通过加强外部监管促使商业银行改善内控机制。此外，国际清算银行在加强银行监管方面也发挥了重要作用。

中央银行是对商业银行施行监管的最主要机构，它具有制定、贯彻货币政策和实行金融管理的双重职能。尽管西方国家的中央银行都十分注重制定和贯彻货币政策，但在日常工作中，大多数中央银行都将大部分时间和精力放在执行金融监管的职能上。美国联邦储备委员会认为，监督和管理整个银行体系的活动，既是货币政策得以顺利贯彻执行的重要保证，又是考察货币政策效果的主要渠道。其对商业银行进行监管的重点在于商业银行的清偿能力和流动性。

中央银行对商业银行施行监管的主要措施包括：① 建立完整的报表制度；② 实行直接管制和间接控制；③ 加强对银行经理人员的管理；④ 对违反规定的商业银行采取制裁措施等。

当然，除了中央银行以外还有其他的一些监管机构。譬如，德国的联邦信贷监管局，专门监管银行业。法国的全国信贷委员会。韩国则在银行货币政策委员会中设立银行监督院，专门履行对银行业的监管职责。美国的财政部货币监理署，负责监督所有的国民银行；联邦存款保险公司则负责监督所有参加存款保险的银行；证券交易委员会负责监管银行所从事的有关证券交易的业务；此外，各州还设有州银行检察官，负责监管在州政府注册的商业银行。我国除中央银行以外的商业银行监管机构就是中国银监会。

4.4.2 商业银行的内部监管

根据《有效银行监管的核心原则》，内部控制主要包括三个方面的内容：① 组织结构（职责的界定、贷款审批权限的分离和决策程序）；② 会计规则（对账、控制单、定期试算等）；③ "双人原则"（不同职责的分离、交叉核对、资产双重控制和双人签字等）。上述内容概括地描述了商业银行内部控制制度的要点，具体内容可概括为以下七个方面。

1）建立组织结构和各种规章制度

银行组织结构和规章制度所涉及的控制环节有以下内容：① 制定明确的银行经营目标；② 对每一个工作人员给予明确的授权；③ 建立合理的组织架构，把整个银行的所有业务部门按照其业务范围、在上下级关系中的位置、彼此之间的联系、与管理层的关系等组成一个有机的整体，这个整体可以通过组织架构图明确地勾画出来；④ 建立畅通的报告渠道，使基层信息能够及时传递上去；⑤ 对全体员工提出职业道德准则要求；⑥ 为各项业务制定标准化的操作流程；⑦ 对会议记录、往来函件、签字样本等予以妥善的保管；⑧ 为一些重大事项的处理，诸如计划、授权、开拓新业务、购买或处理重要资产等制定出一套标准的操作程序。

2）监控环节

管理层要对每天业务的发生情况、规章制度的执行情况、银行的经营情况等给予经常性的监督与控制，确信各项银行业务正在按照既定方针，有计划、有秩序地进行。管理层要经常查看下列报表和报告：① 各类资金头寸报告，观察是否有超越额度的现象发生，如果有，需马上查明原因，并采取相应措施；② 财务报表，如损益表、资产负债表等，注意各类计划的完成情况；③ 流动性报告，确保银行有充足的对外支付能力；④ 贷款作业程序报告，注意贷款的发放和管理是否是在遵循着既定的程序；⑤ 存款报告，注意观察存款余额、来源、期限结构、成本等是否有大的变化；⑥ 合法、合规经营报告，注意银行的各类业务、法定财务比率是否符合有关金融监管当局的规定，以及各项业务操作有无超权、越权的现象发生等。

3）职责分离原则（"四眼"原则）

在分配任务和明确职责时，要避免让某位工作人员承担一些不可兼容的职责。这样做的目的是通过相互牵制的方式，防止单个人办理业务（"一手清"）时出现差错或舞弊行为，万一有此类事件发生，也能够及时察觉。一个简单的例子是：任何一项业务（比如贷款）的审批（Authorization）、具体执行（Execution）和会计记录（Accounting Recording）三个环节应由不同的人员或部门来完成，这样会大大降低银行所承受的风险。

4）授权有限原则

从形式上来看，授权有两种：一般意义上的授权和特定的授权。一般意义上的授权是指任何业务只要满足特定的标准和条件，都在授权之列。比如，总行规定分行有权审批2 000万元以下的信用贷款。那就意味着只要贷款金额在2 000万元以下，分行就可以独自决定是否提供贷款，而不必再向总行请示。而如果一个借款人申请贷款金额在2 000万元以上，分行便无权批准，只能报总行审批。特定的授权往往是在特定情况下所给予的明确授权，这时，金额、交易对象、期限等交易事项往往会在授权书上给予明确的界定。

授权关系是商业银行内部管理机制中最重要的手段之一。所有商业银行都应科学、明确地把各种授权关系从上到下确定下来，并建立一套机制（如内部稽核），来保证所有经营活动都在有效授权的范围内进行。商业银行要采取有效措施，尽量避免越权、未经授权进行交易等行为的发生。1995年日本大和银行亏损11亿美元，1996年住友商社经营铜期货亏损26亿美元，未经授权的交易是这些事件发生的罪魁祸首。

鉴于授权在银行内部管理中所处的重要地位，授权关系应以书面形式确定下来。

5）银行档案

银行档案包括会计档案、业务档案等，是商业银行内部控制的基础工作之一。根据有关银行监管规定，商业银行应把经营活动过程中所有能够对资产、负债、收入、支出等科目产生影响的交易事项准确、及时地记录在案，并加以妥善保存。交易记录要力求完整，把一笔业务的全部过程（从批准、承诺到实施）所发生的实质性交易细节、账务处理、相关的文件凭证等都记录保存。会计人员应定期通过销账、试算、使用控制账户等手段，来检查会计报表的准确性。

6）安全保卫措施

商业银行应建立一套安全保卫措施和作业程序，对银行的资产、器具、重要空白凭证、业务秘密等给予充分的保护。例如，银行应明确规定，除少数经过授权的员工以外，其他人一律不准进入储存现金、不记名票据、尚未使用的存单、支票簿等物品的库房；在业务过程中，重要空白凭证的使用要建立领取及销号制度；尤其是计算机和网络，以及电子通信设备的使用，更应制定严格的安全保密管理措施。

7）会计销账

商业银行要经常进行账户的核对、核销工作，保证所有账户都能与控制账户、联行、代理行寄发的对账单相符。如果发现问题，要及时查询。当需要调账时，经办人员要取得明确的授权。管理层要意识到，欺诈行为和未经授权的交易往往藏匿在联行账、过渡性账户或暂记账户里，所以这类账户的核销要特别注意。会计销账是特别重要的控制手段，管理层应让经办人员明白其工作的重要意义，并通过培训使其掌握必要的技能。管理人员要经常检查指导销账工作，并能够不定期地亲自参与此项工作。

4.5 行业自律组织

虽然世界各国一般都成立有相应的政府机构对金融业实施监管，但也有些活动是由非政府机构的民间组织来完成的。如英国金融业更强调的是自律，证券商成立的证券商协会就是一个自律机构。还有世界上绝大多数证券交易所也属于非官方的机构，它们的权力不是来自于政府，而是来自于其成员对机构决策的普遍认可。因此，行业自律的控制也是商业银行监管体系的一部分。

实际上，商业银行行业自律组织，即同业公会（协会），是在市场经济条件下，适应银行体系行业保护、行业协调与行业监管的需要，自发地形成和发展起来的。从历史上看，最早的银行业自律组织是美国的"美国银行家协会"。1975年2月成立的巴塞尔委员会，应推为世界上最权威的银行业自律组织。其主要职能包括三个方面。

（1）行业保护。同业组织作为银行体系整体利益的代表，对银行业在国内外市场活动中实施保护。例如，法国银行公会在有关诉讼案中涉及某一会员银行或牵涉银行界利益时，会以银行业利益代表身份出面干预。德国各类银行业协会的一个主要任务是代表、维护所属各会员银行的利益。

（2）行业协调、合作与交流。同业组织通过自身的工作，协调业内各银行之间以及同业与外界的关系，加强业内银行的联系与合作，并通过业务交流、相互启发以及共同领导，促进同业共进。例如，美国银行家协会的宗旨是通过建立银行家之间的联系以及研究、讨论金融与商界的重大事情，提高商业银行效能，加强银行间合作，促进银行业发展。后来，随着银行业的不断发展，协会工作职能中增加了金融教育、培训及信息传播等内容。日本全国银行协会联合会的具体职能是进行经济、金融情况调查与研究，向政府提供建议及咨询，加强与业外有关团体的联系，实施改善银行业务的具体对策等。

（3）行业监管。同业组织对会员银行实施一定程度的监督与管理，即银行同业自我管理与约束。如荷兰、德国、法国、比利时、卢森堡等国家的同业组织都具有对会员银行的监督管理职能。荷兰银行公会制定了银行与客户关系"总则"，作为共同规范；德国的银行业协会建立了存款保险制度；法国银行同业公会有权对会员银行的违法活动进行诉讼。这些非正式的监管，通常达成了与国家银行监管当局的谅解与合作。比如在监管当局制定实施有关政策措施时，事先与银行同业组织磋商（法国、英国、卢森堡等）。就银行同业组织的监管职能而言，巴塞尔委员会制定实施的一系列措施，应该是银行业全面监管约束的典型范例。

我国银行业的自律组织是2000年5月10日成立的中国银行业协会。凡经中国银监会批准成立的、具有独立法人资格的全国性银行业金融机构及在华外资金融机构，承认《中国银行业协会章程》，均可申请加入中国银行业协会成为会员；凡经银行业监督管理机构批准，在民政部门登记注册的各省（自治区、直辖市）、计划单列市银行业协会，承认《中国银行业协会章程》，均可申请加入中国银行业协会成为准会员。中国银行业协会首批会员共有22家银行，截至2008年12月，共有83家会员单位和37家准会员单位。会员单位包括政策性银行、国有商业银行、股份制商业银行、城市商业银行、资产管理公司、中央国债登记结算有限责任公司、中国邮政储蓄银行、农村商业银行、农村合作银行、农村信用社联合社、外资银行；准会员单位包括各省（自治区、直辖市）、计划单列市银行业协会。

中国银行业协会的主要职能是：依据《中华人民共和国商业银行法》等法律、法规，制定银行业同业公约和自律规则；督促会员贯彻执行国家法律、法规和各项政策，维护商业银行和客户的合法权益；加强会员与中央银行、监管机构及其他政府部门之间的联系；加强会员之间的交流，协调会员之间在业务方面发生的争议；促进国内银行业与国外银行业的交往与合作；组织和促进会员之间的职员业务培训和与业务有关的调查研究，为会员提供咨询服务等，更好地促进商业银行公平竞争、优质服务，维护正常的金融秩序。

【阅读材料】

海南发展银行的关闭

　　1998年6月21日，中国人民银行发表公告，关闭刚刚诞生2年零10个月的海南发展银行。这是新中国金融史上第一次由于支付危机而关闭银行，因而不可避免地引起了社会各界的广泛关注。

　　海南发展银行成立于1995年8月，是海南省唯一一家具有独立法人地位的股份制商业银行，其总行设在海南省海口市，并在其他省市设有少量分支机构。它是在合并原海南省5家信托投资公司的基础上，吸收了40多家股东后成立的。成立时的总股本为16.77亿元，海南省政府以出资3.2亿元成为其最大股东。关闭前有员工2 800余人，资产规模达160多亿元。

　　如此一家银行，为什么开业不到三年，就被迫关闭了呢？事实上，早在海南发展银行成立之时，就已经埋下了隐患。成立海南发展银行的初衷之一就是为了挽救一些有问题的金融机构。1993年海南的众多信托投资公司由于大量资金压在房地产上而出现了经营困难。在这个背景下，海南省决定成立海南发展银行，将5家已存在问题的信托投资公司合并为海南发展银行。据统计，合并时这五家机构的坏账损失总额已达26亿元。有关部门认为，可以靠公司合并后的规模经济和制度化管理，使它们的经营状况好转，信誉度上升，从而摆脱困境。1997年年底，遵循同样的思路，有关部门又将海南省省内28家有问题的信用社并入海南发展银行，从而进一步加大了其不良资产的比例。

　　但是合并后成立的海南发展银行，并没有按照规范的商业银行机制进行运作，而是大量进行违法违规经营。其中最为严重的就是向股东发放大量无合法担保的贷款。股东贷款实际上成为股东抽逃资本金的重要手段。有关资料显示，海南发展银行成立时的16.77亿股本在建行之初，甚至在筹建阶段，就已经以股东贷款的名义流回股东手里。海南发展银行是在1994年12月8日经中国人民银行批准筹建，并于1995年8月18日正式开业的。但仅在1995年5月至9月间，就已发放贷款10.60亿元，其中股东贷款9.20亿元，占贷款总额的86.71%。绝大部分股东贷款都属于无合法担保的贷款；许多贷款的用途根本不明确，实际上是用于归还用来入股的临时拆借资金；许多股东的贷款发生在其资本金到账后1个月内，入股单位实际上是"刚拿来，又带走；拿来多少，带走多少"。这种不负责的行为显然无法使海南发展银行走上健康发展的道路。

　　由于上述原因，海南发展银行从开业之日起就步履维艰，不良资产比例大，资本金不足，支付困难，信誉度差。在有关部门将28家有问题的信用社并入海南发展银行之后，公众逐渐意识到问题的严重性，出现了挤兑行为。持续几个月的挤兑耗尽了海南发展银行的准备金，而其贷款又无法收回。为保护海南发展银行，国家曾紧急调拨了34亿元人民币抵御这场危机，但只是杯水车薪。为控制局面，化解金融风险，国务院和中国人民银行当机立断，于1998年6月21日宣布关闭海南发展银行。

　　从宣布关闭海南发展银行起至其正式解散之日前，由工商银行托管海南发展银行的全部资产、负债。其中包括：接收并行使原海南发展银行的行政领导权、业务管理权及财务收支审批权；承接原海南发展银行的全部资产、负债，停止海南发展银行新的经营活动；配合有关部门清理原海南发展银行的财产，制订、落实原海南发展银行的清算方案和债务清偿计划。对于海南发展银行的存款，则采取自然人和法人分别对待的办法，自然人存款即居民储蓄一律由工商银行兑付，而对法人债权进行登记，将海南发展银行全部资产负债清算完毕以后按折扣率进行兑付。1998年6月30日，在原海南发展银行各网点开始了存款的兑付业务。由于公众对工商银行的信任，兑付业务开始后并没有造成大量挤兑，大部分储户只是把存款转存工商银行，现金提取量不多。

　　【讨论题】结合海南发展银行关闭的案例，谈谈你对加强银行监管的设想。

思考题

1. 商业银行有哪些重要领域和职能受到监管？监管的原因是什么？
2. 简述金融监管中的预防性管理措施和保护性管理措施。
3. 为何要对商业银行进行监管？超大规模银行如何监管？
4. 各国政府为什么要对银行业进行监管？监管的主要内容有哪些？
5. 查阅相关文件和资料，谈谈目前我国商业银行监管的不足。如何改善这种监管？

第 5 章

【主要概念的中英文对照】

财务报表：financial statement
资产负债表：balance sheet
资产：asset
负债：liability
所有者权益：owner equity
利润表：income statement
营业收入：operating income
净利润：net profit
现金流量表：cash flow statement
经营活动：operating activities
投资活动：investment activities

筹资活动：financing activities
股本收益率：return on equity
资产收益率：return on asset
利润率：profit margin
净利息收益率：net interest margin
净非利息收益率：net non-interest margin
净营业收益率：net bank operating margin
经济增加值：economic value added
风险调整后资本回报率：risk-adjusted return on capital

商业银行财务报表分析与业绩评价

商业银行财务报表反映了银行某一特定日期的财务状况和某一会计期间的经营成果和现金流量等会计信息。银行财务报表包括资产负债表、利润表、现金流量表、所有者权益（或股东权益，下同）变动表及其附注。我国商业银行财务报表是依据《企业会计准则》、《企业财务通则》和《金融企业财务规则》及其补充规定编制的。商业银行财务报表分析与业绩评价是以银行财务报表为主要依据，运用一整套财务指标和评估方法，对银行经营目标的实现程度进行考核和评价。

5.1 资产负债表

资产负债表是指反映银行在某一特定日期（月末、季度末、年中或年末）财务状况的会计报表。它是一个存量表，反映的是银行在某一特定时点所拥有或控制的经济资源、所承担的现时义务和所有者对净资产的要求权。通过资产负债表，可以提供银行某一特定日期资产的总额及其构成情况，表明银行拥有或控制的资源及其分布情况；可以提供银行某一特定日期的负债总额及其结构，表明银行未来需要用多少资产或劳务清偿债务及清偿时限；可以反映所有者所拥有的权益，据以判断资本保值、增值的情况及对债务的保障程度。

5.1.1 资产负债表项目

资产负债表采用账户式结构，报表分为左右两方，左方列示资产各项目，反映全部资产的分布和构成情况；右方列示负债和所有者权益各项目，反映负债和所有者权益的内容和来源。银行资产负债表的编制原理同一般企业，也是依据"资产＝负债＋所有者权益"这一恒等式。一般来说，资产是按流动性的高低顺序在资产负债表上排列的，先是流动资产，后是非流动资产；负债是按偿还期的长短排列，先是短期负债，后是长期负债；所有者权益是按永久性递减的顺序排列的，先是实收资本（也称股本），后是资本公积和盈余公积，最后是未分配利润。此外，为了便于对比不同时点银行的资产负债表数据，需要提供比较资产负债表，资产负债表各项目分为"期末余额"和"年初余额"两栏分别列示。下面以国内某上市公司 A 银行 2009 年度资产负债表为例，介绍资产负债表各项目（表 5-1）。

表 5-1 资产负债表　会商银 01

编制单位：A 银行　　　　　　　　2009 年 12 月 31 日　　　　　　　　单位：人民币百万元

资产：	期末余额	年初余额	负债：	期末余额	年初余额
现金及存放中央银行款项	1 455 370	1 247 053	向中央银行借款	6	6
存放同业款项	100 679	28 425	同业及其他金融机构存放款项	776 582	448 461
贵金属	9 229	5 160	拆入资金	31 968	53 191
拆出资金	23 143	28 426	交易性金融负债	7 992	3 975
交易性金融资产	10 251	44 491	衍生金融负债	7 894	18 103
衍生金融资产	7 730	20 335	卖出回购金融资产	2 625	864
买入返售金融资产	588 706	208 548	客户存款	7 955 240	6 342 985
应收利息	40 129	38 297	应付职工薪酬	26 708	24 807
客户贷款及垫款	4 626 024	3 639 940	应交税费	25 549	35 310

续表

资产：	期末余额	年初余额	负债：	期末余额	年初余额
可供出售金融资产	649 979	551 156	应付利息	59 442	59 652
持有至到期投资	1 408 465	1 041 783	预计负债	1 344	1 806
应收款项债券投资	499 575	551 818	已发行债券证券	98 383	52 531
长期股权投资	8 816	4 670	递延所得税负债	22	—
固定资产	74 098	63 723	其他负债	20 057	21 321
无形资产	18 304	18 462	负债合计	9 013 812	7 063 012
商誉	—	—	股东权益：		
递延所得税资产	11 323	8 059	股本	233 689	233 689
其他资产	33 310	26 222	资本公积	90 266	90 241
			投资重估储备	13 213	11 138
			盈余公积	37 421	26 922
			一般风险准备	46 209	46 200
			未分配利润	130 785	55 867
			外币报表折算差额	-264	-501
			股东权益合计	551 319	463 556
资产总计	9 565 131	7 526 568	负债及股东权益总计	9 565 131	7 526 568

1. 资产项目

资产项目反映商业银行资金的运用情况和银行对其他经济单位的债权。银行资产主要包括现金资产、二级准备、交易性金融资产、客户贷款及垫款、可供出售金融资产、持有至到期投资、长期股权投资、固定资产、无形资产以及其他资产。

（1）现金资产。现金资产是所有资产中流动性最强的资产。一般包括库存现金、存放中央银行款项、存放同业款项和在途资金四部分。库存现金是银行保险箱中的纸币和硬币，主要是为了应付客户对现金的需要；存放中央银行款项是银行按存款总额的一定比例提取，存放在中央银行的存款，包括法定准备金存款和超额准备金存款；存放同业款项主要用于同业间和联行间业务往来的需要；在途资金是签发支票送交中央银行或其他金融机构但相关账户尚未贷记的部分。

现金资产是唯一可以作为法定准备金的资产项目，可以随时满足客户对现金的需要和贷款的请求，因而被称为一级准备。由于现金资产基本上不能为银行带来收益，商业银行应在确保正常的现金需求和流动性水平下尽可能地减少现金资产的持有。

（2）二级准备。二级准备是银行除了一级准备之外持有的具有较高流动性的资产，这部分资产包括拆出资金和买入返售金融资产。它们都是银行调拨头寸进行流动性管理的有效工具，具有一定的收益性，流动性不如一级准备，但可以随时变现以应付临时需要。商业银行持有二级准备的主要目的是在必要时变现满足流动性需求，而并非是获取利润。

（3）交易性金融资产。交易性金融资产是指银行为了近期内出售或回购而持有的金融资产，这类资产的持有期限较短，一般在1年以内，如银行以赚取价差为目的而持有的债券、股票和基金等。

（4）客户贷款及垫款。贷款及垫款是指在活跃市场中没有报价、回收金额固定或可确定的非衍生金融资产。贷款是商业银行最大的资产项目，是银行的主要盈利资产，贷款利息是银行主要的收入来源。贷款可以进一步分为工商业贷款、农业贷款、消费贷款、不动产贷款等。银行在发放贷款的同时，面临着客户的违约风险和流动性风险，因此需要计提一定数额的贷款损失准备，资产负债表中列示的客户贷款及垫款是扣除贷款减值准备后的金额。2009年年末，A银行贷款占总资产的比例为48%。

（5）可供出售金融资产。可供出售金融资产是指没有划分为以公允价值计量且其变动计入当期损益的金融资产、持有至到期投资、贷款和应收款项的金融资产。例如，企业购入的在活跃市场上没有报价的股票、债券和基金等，没有划分为以公允价值计量且其变动计入当期损益的金融资产或持有至到期投资等金融资产的，可归为此类。

（6）持有至到期投资是指到期日固定、回收金额固定或可确定，且企业有明确意图和能力持有至到期的非衍生金融资产。能够划分为持有至到期投资的金融资产主要是债权性投资，比如从二级市场上购入的固定利率国债、浮动利率金融债券等。股权投资因没有固定的到期日，因此不能划分为持有至到期投资。

（7）长期股权投资。长期股权投资包括主要包括三个方面：一是投资企业能够对被投资单位实施控制的权益性投资，即对子公司的投资；二是投资企业与其他合营方一同对被投资单位实施共同控制的权益性投资，即对合营企业投资；三是对被投资单位具有重大影响的权益性投资，即对联营企业的投资。

（8）固定资产。固定资产是指为生产商品、提供劳务、出租或经营管理而持有的使用寿命超过一个会计年度的有形资产。固定资产包括房屋建筑物、机器设备、运输工具等，其在使用过程中价值一般会发生减损，需要计提折旧并根据具体情况计提减值准备。资产负债表中列示的固定资产价值等于固定资产原价减去累计折旧和固定资产减值准备。由于商业银行主要是靠赚取存贷款利息差额获利，固定资产不能直接产生收益，计入非盈利资产，所占总资产的比例也很小，西方商业银行固定资产占总资产的比例一般不超过2%。2009年年末，A银行固定资产占总资产的比例不到1%。

（9）无形资产。无形资产是指企业拥有或者控制的没有实物形态的可辨认非货币性资产。无形资产通常包括专利权、非专利技术、商标权、著作权、特许权和土地使用权等。

（10）其他资产。其他资产主要包括存出保证金、应收股利、其他应收款和抵押资产等。

2. 负债项目

负债是银行对其他经济单位和个人的债务，反映商业银行资金的来源，主要包括存款、借款和其他负债。

（1）存款。存款是商业银行资金的主要来源，有时占全部资金来源的70%~80%。2009年末，A银行存款占全部负债的比例高达88%，占总资产的比例为83%，可见，存款对银行经营的重要性。存款按不同的标准可以划分为不同的种类。按存款人可以分为个人存款和机构存款；按存款期限可以分为活期存款和定期存款；按币种可以分为人民币存款和外币存款。

（2）借款。借款是商业银行重要的资金来源，分为短期借款和长期借款。短期借款的期限在一年以下（含一年），主要包括向中央银行借款、同业拆入、卖出回购金融资产款及商业银行通过发行票据借入的短期资金。长期借款的期限在一年以上，主要包括银行在金融市场上发行的长期债券和借入的长期资金。

（3）其他负债。其他负债主要包括应付职工薪酬、应交税费、应付利息、预计负债、递延所得税负债等。

3. 所有者权益项目

所有者权益又称股东权益，是银行资产扣除负债后由所有者享有的剩余收益。所有者权益的来源包括所有者投入的资产、直接计入所有者权益的利得和损失、留存收益等，通常由实收资本（或股本）、资本公积、盈余公积和未分配利润构成。投资重估储备是可供出售金融资产公允价值变动计入所有者权益的部分，一般风险准备是商业银行按照规定从税后利润中提取的用于弥补尚未识别的可能性损失。

5.1.2 资产负债表分析

A银行2009年年末的总资产为95 651.31亿元，较上年增长20 385.63亿元，增幅27.08%。其中，增幅最大的是存放同业款项、买入返售金融资产和长期股权投资。客户贷款和垫款总额较上年增加9 860.84亿元，增幅27.09%，主要是在保增长和扩大内需的宏观经济政策背景下，在有效控制风险的基础上，加大对优质项目和重点客户的贷款投放规模，同时加强对市场发展潜力大和客户需求突出的民生领域支持力度。现金及存放中央银行款项较去年增加2 083.17亿元，增幅16.7%，主要是客户存款增加而引起的法定存款准备金增加。买入返售金融资产较上年增加3 180.58亿元，在总资产中的比重从2008年年末的2.77%上升到了6.15%，增长3.38%。

负债总额为90 138.12亿元，较上年增长19 508.00亿元，增幅27.62%。增幅较大的负债项目是卖出回购金融资产、交易性金融负债、已发行债券证券、同业及其他金融机构存放款项。客户存款期末余额为79 552.40亿元，较上年增加16 122.55亿元，增幅25.42%。

股东权益总额为5 513.19亿元，较上年增长877.63亿元，增幅18.93%。其中，股本没有变化。盈余公积增加104.99亿元，这是从净利润中按一定比例提取的。未分配利润增加749.18亿元，这是本年净利润减去已分配部分后转入的。

5.2 银行利润表

利润表也称损益表，是反映银行在一定会计期间的经营成果的会计报表。利润表反映了银行经营业绩的主要来源和构成，有助于使用者判断净利润的质量和风险，预测净利润的持续性，从而作出正确的决策。通过利润表，可以反映银行在一定会计期间收入实现和费用耗费情况。利润表与资产负债表不同，它是流量表，反映的是一定会计期间的经营情况，可以是一个月、一个季度、半年或一年。

利润表是依据"利润=收入−支出"编制的，编制方法分单步式和多步式。在我国，利润表基本上采用的是多步式，通过对当期收入、费用和支出项目按性质归类，按利润形成的主要环节计算出一些中间指标，分步计算当期净利润。

利润表主要包括营业收入、营业支出、营业利润、利润总额、净利润和每股收益。为了便于和以前会计期间的经营成果进行比较，需要提供比较利润表，利润表各项目分为"本期金额"和"上期金额"两栏分别列示。A银行2009年度的利润表如表5-2所示。

表5-2 利润表　会商银02

编制单位：A银行　　　　　　　　　　2009年度　　　　　　　　　　单位：人民币百万元

项　目	本期金额	上期金额
一、营业收入	262 654	263 813
利息净收入	210 318	223 841
利息收入	337 741	355 438
利息支出	-127 423	-131 597
手续费及佣金净收入	47 413	37 841
手续费及佣金收入	49 080	39 386
手续费及佣金支出	-1 667	-1 545
投资收益/损失	4 993	-875
其中：对联营和合营企业的投资收益	—	—
公允价值变动收益/损失	-185	1 047
汇兑损益	-478	1 631
其他业务收入	593	328
二、营业支出	-127 319	-147 441
营业税金及附加	-15 923	-15 767
业务及管理费	-85 870	-80 819
资产减值损失	-25 263	-50 739
其他业务成本	-263	-116
三、营业利润	135 335	116 372
加：营业外收入	1 889	2 395
减：营业外支出	-1 246	-1 285
四、利润总额	135 978	117 482
减：所得税费用	-30 992	-26 715
五、净利润	104 986	90 767
六、基本和稀释每股收益（人民币元）	0.46	0.40
七、其他综合收益	2 337	-5 715
八、综合收益总额	107 323	85 052

5.2.1 银行利润表项目

（1）利息收入。利息收入是商业银行发放贷款收取的贷款利息，主要包括银行各项贷款的利息收入、与同业之间发生往来业务和买入返售金融资产等实现的利息收入。利息收入是商业银行主要的收入来源，A银行2009年利息收入占总收入的80%。从发展趋势来看，随着信用卡、基金、保险、证券交易、外汇买卖等业务的拓展，银行中间业务和衍生金融资产交易的收入日益增加，利息收入的比重会有所下降，但利息收入仍是银行收入的主要来源。为银行创造利息收入的资产主要是客户贷款及垫款、存放中央银行款项、存放同业款项、拆出资金、买入返售金融资产、交易性金融资产、投资性证券和外汇存款等。影响银行利息收入的因素很多，外部因素有市场需求、利率政策和法定准备金率等；内部因素有银行自身经营策略和生息资产所占比重等。总的来说，生息资产比重越大，利率越高，银行利息收入越高。

（2）利息支出。利息支出是商业银行获取资金的成本，主要是存款利息支出和借款利息支出，其中，绝大部分是存款利息支出。利息支出是银行支出的主要部分，2009年A银行利息支出占营业支出的50%。20世纪60年代以来，西方商业银行开始推行主动型负债业务，更加注重利用借入资金来获得资金来源，使得借款利息支出比重逐渐上升。其中，短期借款主要包括向中央银行借款、同业拆借、证券回购、发行短期商业票据等。长期借款主要是指发行金融债券，尤其是附属资本债券。

（3）利息净收入。利息净收入也被称为利息边际，是银行利息收入和利息支出的差额。它是决定银行经营业绩的关键因素，也是对银行进行业绩评价的关键指标。

（4）手续费及佣金收入。手续费及佣金收入是商业银行为客户提供服务所取得的收入，主要包括办理结算业务、担保业务、咨询业务和代理业务等收取的手续费及佣金。如银行为客户办理结算与清算的手续费；为客户提供担保业务收取的手续费；顾问和咨询费；代客户买卖证券或贵金属的佣金；承销债券或股票收取的佣金、银行卡手续费和信用承诺手续费等。

（5）投资收益或损失。这是银行金融资产和长期股权投资取得的收益或损失。

（6）公允价值变动损益。这是交易性金融资产、交易性金融负债，以及采用公允价值计量模式的投资性房地产、衍生金融工具和套期保值业务等期末公允价值变动直接计入当期损益的利得和损失。

（7）汇兑损益。这是商业银行外币业务因汇率变动而产生的损益。

（8）其他业务收入。其他业务收入是指商业银行取得的与其经营活动有关的除上述收入以外的收入。如融资租赁收入、出租固定资产收入、出租无形资产收入、信托收入、无形资产转让收入、证券销售（或发行）的差价收入等。

（9）营业税金及附加。这是商业银行在经营过程中发生的各种税费。主要包括营业税、消费税、资源税、城市维护建设费和教育费附加等相关税费。

（10）业务及管理费。管理费是银行为组织和管理银行业务经营所发生的费用，包括员工工资及福利、奖金、津贴和补贴、养老保险、住房公积金、工会经费和职工教育经费、退休金、因解除劳动关系给予的补偿、会议费、差旅费、折旧费、租金和物业管理费、水电费、审计费、聘请中介机构费、诉讼费、咨询费、业务招待费、房产税、土地使用税、车船税、印花税、矿产资源补偿费、技术转让费和行政管理部门等发生的固定资产修理费用等。

（11）资产减值损失。资产减值损失是银行计提的各种资产减值准备计入损益的部分，包括坏账准备、贷款损失准备、持有至到期投资减值准备、长期股权投资减值准备、固定资产减值准备和无形资产减值准备等。

（12）营业外收入。营业外收入是银行发生的与其经营活动无直接关系的各项净收入，主要包括处置非流动资产利得、非货币性资产交换利得、债务重组利得、罚没利得、政府补助利得、确实无法支付而按规定程序经批准后转作营业外收入的应付款项、捐赠利得和盘盈利得等。

反映银行经营业绩的利润指标有三个,营业利润、利润总额和净利润,各自的计算公式如下。

营业利润 = 利息收入 + 手续费及佣金收入 + 投资收益 + 公允价值变动收益 + 汇兑损益 + 其他业务收入 − 利息支出 − 手续费及佣金支出 − 营业税金及附加 − 业务及管理费 − 资产减值损失 − 其他业务成本

利润总额 = 营业利润 + 营业外收入 − 营业外支出

净利润 = 利润总额 − 所得税

5.2.2 银行利润表分析

2009年A银行实现利润总额1 359.78亿元,较上年增长15.74%,净利润1 049.86亿元,较上年增长15.67%。利润总额和净利润同比增长超过10%,主要是得益于:一是加强风险管理,资产质量持续改善,资产减值损失较上年减少254.76亿元,降幅50.21%;二是积极开展服务与产品创新,手续费及佣金净收入保持持续快速增长,同比增加95.72亿元,增幅25.30%;三是适度加大信贷投放力度,生息资产余额增幅29.32%,在一定程度上抵消了2008年年底人行大幅降息的不利影响。

2009年A银行实现利息净收入2 103.18亿元,较上年减少135.23亿元,降幅6.04%。主要是受央行下调存贷基准利率、个人住房贷款浮动下限放宽以及市场利率下行等因素影响,客户贷款和垫款、债券投资、买入返售金融资产等主要生息资产收益率较上年大幅下降;同时,收益率较低的买入返售金融资产平均余额在总生息资产中所占的比例较去年上升,导致整体生息资产平均收益率较去年下降。

手续费及佣金净收入474.13亿元,较上年增加95.72万元,增幅25.30%。主要得益于积极发展中间业务,这部分收入来源有顾问和咨询业务、代理业务、银行卡业务、托管及其他受托业务、结算与清算业务、担保业务、信用承诺业务等。投资收益49.93亿元,主要得益于金融市场的逐步好转,在控制市场风险和信用风险的前提下,适时调整债券品种和期限结构,利用市场机会,实现价差收益。业务及管理费858.70亿元,较上年增加50.51亿元,增幅6.25%。

5.3 现金流量表

现金流量表是指反映商业银行在一定会计期间现金和现金等价物流入和流出的报表。现金流量表是按照收付实现制原则编制的,将权责发生制下的盈利信息调整为收付实现制下的现金流量信息,有助于信息使用者了解银行净利润的质量。现金流量表和利润表一样,是流量表,反映的是银行一定期间的现金和现金等价物的流入和流出情况。现金流量表包括现金流量主表及补充资料。主表反映了经营活动产生的现金流量、投资活动产生的现金流量、筹资活动产生的现金流量、汇率变动对现金及现金等价物的影响、现金及现金等价物净增加额和期末现金及现金等价物余额。补充资料包括将净利润调节为经营活动的现金流量、不涉及现金收支的重大投资和筹资活动、现金及现金等价物净变动情况。

现金流量表中的现金是指流动性最强的、可以随时使用的货币资金,对商业银行来说,现金除了库存现金以外,还包括现金等价物。现金等价物是指银行持有的期限较短(3个月以内)、流动性强、易于转换为固定金额现金、价值波动小和风险很小的投资,主要包括短期债券、3个月内到期的长期债券、存放中央银行款项、同业拆借和拆出资金等。A 银行 2009 年的现金流量表和现金流量表补充资料如表 5-3、表 5-4 所示。

表 5-3 现金流量表 会商银 03

编制单位:A 银行　　　　　　　　2009 年度　　　　　　　　单位:人民币百万元

项　目	本期金额	上期金额
一、经营活动产生的现金流量:		
客户存款和同业及其他金融机构存放款项净增加额	1 940 153	981 691
拆出资金净增加额	—	10 019
卖出回购金融资产净增加额	1 761	—
已发行存款证净增加额	5 886	1 882
拆出资金净减少额	6 287	6 726
收取的利息、手续费及佣金的现金	375 876	322 484
交易性金融资产的净减少额	34 105	—
交易性金融负债的净增加额	4 017	—
收到的其他与经营活动有关的现金	3 354	26 266
经营活动现金流入小计	2 371 439	1 349 068
客户贷款和垫款净增加额	-1 010 637	-536 906
存放中央银行和同业款项净增加额	-260 370	-197 723
拆出资金净增加额	—	—
买入返售金融资产净增加额	-380 158	-71 322
拆入资金净减少额	-21 248	—
卖出回购金融资产净减少额	—	-107 171
支付的利息、手续费及佣金的现金	-127 250	-110 274
支付给职工以及为职工支付的现金	-48 335	-44 195
支付的各项税费	-61 409	-48 178
交易性金融资产的净增加额	—	-18 968
交易性金融负债的净减少额	—	-6 834
支付的其他与经营活动有关的现金	-34 861	-28 848
经营活动现金流出小计	-1 944 268	-1 170 419
经营活动产生的现金流量净额	427 171	178 649
二、投资活动产生的现金流量:		
收回投资收到的现金	1 166 201	965 592
收取的现金股利	105	172
处置固定资产和其他长期资产收回的现金净额	483	563
投资活动现金流入小计	1 166 789	966 327
投资支付的现金	-1 565 573	-912 007

续表

项　目	本期金额	上期金额
购建固定资产和其他长期资产支付的现金	−21 417	−17 490
取得子公司、联营和合营企业支付的现金	−4 146	−26
对子公司增资支付的现金	—	−638
投资活动现金流出小计	−1 591 136	−930 161
投资活动产生的现金流量净额	−424 347	36 166
三、筹资活动产生的现金流量：		
发行债券收到的现金	79 880	2 982
筹资活动现金流入小计	79 880	2 982
分配股利支付的现金	−19 558	−40 937
偿付已发行债券利息支付的现金	−1 972	−2 005
偿还债务支付的现金	−40 000	—
筹资活动现金流出小计	−61 530	−42 942
筹资活动产生的现金流量净额	18 350	−39 960
四、汇率变动对现金及现金等价物的影响	21	−3 164
五、现金及现金等价物净变动额	21 195	171 691
加：年初现金及现金等价物余额	354 393	182 702
六、年末现金及现金等价物余额	375 588	354 393

表 5–4　现金流量表补充资料

补　充　资　料	本期金额	上期金额
(1) 将净利润调节为经营活动的现金流量净额		
净利润	104 986	90 767
加：资产减值损失	25 263	50 739
折旧及摊销	10 788	9 284
折现回拨	−1 270	−1 564
公允价值变动收益/损失	185	−1 047
对联营和合营企业的投资收益	—	—
股利收入	−105	−172
未实现的汇兑收益/损失	−3 457	11 341
已发行债券利息支出	3 211	2 030
出售投资性证券的净收益/损失	−4 350	2 437
处置固定资产及其他长期资产的净收益	−105	−99
递延所得税的净增加	−3 934	−6 885
经营性应收项目的增加	−1 630 296	−891 891
经营性应付项目的增加	1 926 255	913 709

续表

补 充 资 料	本期金额	上期金额
经营活动产生的现金流量净额	427 171	178 649
(2) 不涉及现金收支的投资和筹资活动		
债务转为资本		
一年内到期的可转换公司债券		
融资租入固定资产		
(3) 现金及现金等价物净变动情况		
现金的期末余额	40 198	34 110
减：现金的期初余额	-34 110	-32 081
加：现金等价物期末余额	335 390	320 283
减：现金等价物期初余额	-320 283	-150 621
现金及现金等价物净增加额	21 195	171 691
(4) 现金及现金等价物		
现金	40 198	34 110
存放中央银行超额存款准备金	262 578	277 924
存放同业活期款项	19 009	22 083
原到期日为三个月或以内的存放同业款项	36 205	3 681
原到期日为三个月或以内的拆出资金	17 598	16 595
合计	375 588	354 393

5.3.1 银行现金流量表项目

现金流量表的计算分直接法和间接法。直接法是按照现金流入和流出项目反映银行经营活动、投资活动和筹资活动。间接法是将净利润调节为经营活动现金流量，实际上是将权责发生制原则确定的净利润调整为收付实现制的现金净流入。直接法编制的现金流量表，便于分析银行经营活动产生的现金流量的来源和用途；间接法编制的现金流量表，便于将净利润与经营活动产生的现金流量净额进行比较，分析净利润与经营活动产生的现金流量差异的原因，从现金流量的角度分析净利润的质量。我国企业会计准则规定采用直接法编制现金流量表，在附注中提供以净利润为基础调整的经营活动流量信息。

现金流量表划分为经营活动、投资活动和筹资活动三个部分，每类活动包括各自具体项目，分别从不同角度反映银行业务的现金流入和流出，弥补了资产负债表和利润表提供信息的不足。通过现金流量表，可以了解银行现金的流转情况，评价企业的支付能力和偿债能力等。

(1) 经营活动产生的现金流量。经营活动是银行投资活动和筹资活动以外的所有交易和事项。对商业银行来说，经营活动主要包括吸收存款、发放贷款、同业存放、同业拆借等。具体而言，经营活动中引起现金流入的事项包括客户存款、同业及其他金融机构存款、拆入资金、卖出回购金融资产、发行存款证、收取利息、手续费及佣金等。引起现金流出的事项包括客户贷款、拆出资金，买入返售金融资产、卖出回购金融资产，支付利息、手续费及佣金，支付各种税费、支付职工工资和福利等。

（2）投资活动产生的现金流量。投资活动是指银行购建长期资产和不包括现金等价物范围内的投资及其处置活动。这里的投资活动，既包括实物投资，也包括金融资产投资。长期资产指固定资产、无形资产、在建工程、其他资产等持有期在一年以上的资产。投资活动产生的现金流量流入包括收回投资收到的现金、收到的现金股利和债券利息、处置长期资产收到的现金等。投资活动产生的现金流量流出包括购买长期资产支付的现金，投资支付的现金，取得子公司、联营和合营企业支付的现金等。

（3）筹资活动产生的现金流量。筹资活动是指导致银行资本及债务规模和构成发生变化的活动。筹资活动产生的现金流量流入包括吸收投资收到的现金、取得借款收到的现金、发行债券收到的现金等。筹资活动产生的现金流量流出包括偿还债务支付的现金、分配股利和偿付利息支付的现金等。

（4）将净利润调节为经营活动现金流量。净利润是按照权责发生制计算出来的，影响净利润大小的很多项目并没有引起现金的流入和流出。如资产减值准备引起了净利润的减少却并没有现金的流出，公允价值变动收益引起净利润的增加也没有带来现金流入。因此，要对这些对当期净利润产生影响而没有引起现金变动的项目进行调整，将净利润调节为经营活动现金流量。

5.3.2 银行现金流量表分析

A银行2009年经营活动产生的现金流量净额为4 271.71亿元，较上年增加2 485.22亿元。其中，现金流入23 714.39亿元，较上年增加10 223.71亿元，主要是由于客户存款和同业及其他金融机构存放款项增长；现金流出19 442.68亿元，较上年增长7 738.49亿元，主要是客户贷款和垫款及买入返售金融资产增长。

投资活动产生的现金流量净额为-4 243.47亿元，较上年减少4 605.13亿元。其中，现金流入11 667.89亿元，较上期增加2 004.62亿元，主要是收回投资收到的现金增加；现金流出15 911.36亿元，较上年增加6 609.75亿元，主要投资支付的现金增加。

筹资活动产生的现金流量净额为183.50亿元，较上年同期增加583.10亿元，主要来源于发行次级债券。

5.4 其他报表

其他报表包括所有者权益变动表和财务报表附注。

5.4.1 所有者权益变动表

所有者权益变动表也称股东权益变动表，是指反映构成所有者权益各组成部分当期增减变动情况的报表。所有者权益变动表全面反映了一定时期所有者权益变动的情况，不仅包括所有者权益总量的增减变动，还包括所有者权益增减变动的重要结构性信息，特别是反映了直接计入所有者权益的利得和损失，使报表使用者准确理解所有者权益增减变动的根源。表5-5是A银行2009年度的所有者权益变动表。

表 5-5 所有者权益变动表 会商银 04

编制单位：A 银行　　　2009 年度　　　单位：百万元

项　目	股本	资本公积	投资重估储备	盈余公积	一般风险准备	未分配利润	外币报表折算差额	股东权益合计
一、上年年末余额	233 689	90 241	11 138	26 922	46 200	55 867	-501	463 556
加：会计政策变更								
前期差错更正								
二、本年年初余额	233 689	90 241	11 138	26 922	46 200	55 867	-501	463 556
三、本年增减变动金额		25	2 075	10 499	9	74 918	237	87 763
（一）净利润						104 986		104 986
（二）直接计入股东权益的利得和损失		25	2 075				237	2 337
1. 可供出售金融资产公允价值变动净额			2 075				237	2 337
2. 权益法下被投资单位其他股东权益变动的影响								
3. 与计入股东权益项目相关的所得税影响								
4. 其他		25						
上述（一）和（二）小计		25	2 075			104 986	237	107 323
（三）所有者投入和减少资本								
1. 所有者投入资本								
2. 股份支付计入股东权益的金额								
3. 其他								
（四）利润分配				10 499	9	-30 068		-19 560
1. 提取盈余公积				10 499		-10 499		
2. 提取一般风险准备					9	-9		
3. 对股东的分配						-19 560		-19 560
4. 其他								
（五）所有者权益内部结转								
1. 资本公积转增股本								
2. 盈余公积转增股本								
3. 盈余公积弥补亏损								
4. 一般风险准备弥补亏损								
5. 其他								
四、本年年末余额	233 689	90 266	13 213	37 421	46 209	130 785	-264	551 319

商业银行所有者权益变动表反映了下列信息：会计政策变更和差错更正的累计影响金额、净利润、直接计入所有者权益的利得和损失项目及其总额、所有者投入资本和向所有者

分配利润、提前的盈余公积、实收资本或股本、资本工具、盈余公积、未分配利润的期初和期末余额及其调节情况。

从表5-5可以看出,期初股东所有者权益为4 635.56亿元,期末为5 513.19亿元,本期增加877.63亿元。当期实现净利润1 049.86亿元,按净利润的10%提取盈余公积104.99亿元,提取一般风险准备0.09亿元,分配现金股利195.60亿元,未分配利润增加749.18亿元。从所有者权益各组成部分来看,本期增加最多的是未分配利润,是由净利润引起的;投资重估储备增加207.5亿元,是由可供出售金融资产公允价值变动引起的;股本没有变化,当期没有所有者投入或减资的情况。

5.4.2 财务报表附注

财务报表附注是对资产负债表、利润表、现金流量表和所有者权益变动表等报表中列示项目的文字描述或明细资料,以及对未能在这些报表中列示项目的说明等。附注是财务报表的重要组成部分,内容包括银行的基本信息、财务报表的编制基础、遵循企业会计准则的声明、重要会计政策和会计估计、会计政策和会计估计变更以及差错更正的说明、重要报表项目的说明及其他需要说明的主要事项。

5.5 商业银行业绩评价

商业银行的业绩评价是运用一整套财务指标和评估方法,对银行经营目标的实现程度进行考核和评价。银行业绩评价的方法主要有财务比率法、杜邦分析法、经济增加值法和经风险调整的资本收益方法。

5.5.1 财务比率法

财务比率法是利用财务报表中某些财务数据之间的关系,将不同的相关经济指标进行比较,从而反映银行经营业绩的某些方面。如将净利润和股东权益进行对比,得到股本收益率,反映银行为股东赚钱利润的盈利能力。财务比率法计算简单,在财务报表分析中运用得很广泛。根据财务比率反映的经济内容,可以将指标分为盈利能力指标和风险指标。

1. 盈利能力指标

盈利能力指标是衡量商业银行运用资金赚取收益的能力。盈利能力指标的核心是股本收益率和资产收益率,利用这两个指标及其他派生的财务比率可以较好地分析银行的盈利能力。

(1) 股本收益率。股本收益率(Return on Equity,ROE)可以衡量商业银行的总体盈利能力,反映商业银行股东投入1元股本可以获得的净利润。计算公式为

$$股本收益率 = \frac{净利润}{股东权益} \times 100\%$$

股本收益率的分子是银行为股东赚取的收益,分母是银行股东的投入。对于股东来说,该指标具有非常好的综合性,概括了银行全部经营业绩和财务业绩。在计算股本收益率时,净利润来自利润表,股东权益来自资产负债表,一般用期初股东权益和期末股东权益的平均值,在简化计算时,也可用期末余额。在本例中,采用期末余额。

根据 A 银行 2009 年的财务报表数据：

$$2009 \text{ 年股本收益率} = \frac{104\ 986}{551\ 319} \times 100\% = 19.04\%$$

$$2008 \text{ 年股本收益率} = \frac{90\ 767}{463\ 556} \times 100\% = 19.58\%$$

A 银行 2009 年的股东收益率减少了，总体上看业绩不如上年。

（2）资产收益率。资产收益率（Return on Asset，ROA）反映商业银行从 1 元资产中得到的净利润，是企业盈利能力的关键。计算公式为

$$\text{资产收益率} = \frac{\text{净利润}}{\text{总资产}} \times 100\%$$

根据 A 银行 2009 年的财务报表数据：

$$2009 \text{ 年资产收益率} = \frac{104\ 986}{9\ 565\ 131} \times 100\% = 1.10\%$$

$$2008 \text{ 年资产收益率} = \frac{90\ 767}{7\ 526\ 568} \times 100\% = 1.21\%$$

从资产收益率看，2009 年 A 银行的业绩有所下滑。

（3）银行利润率。银行利润率（Profit Margin，PM）是净利润和总收入的比率，反映了收入中有多少比例形成了净利润，比值越高，银行的盈利能力越强。计算公式为

$$\text{银行利润率} = \frac{\text{净利润}}{\text{总收入}} \times 100\%$$

根据 A 银行 2009 年的财务报表数据：

$$2009 \text{ 年银行利润率} = \frac{104\ 986}{262\ 654} \times 100\% = 39.97\%$$

$$2008 \text{ 年银行利润率} = \frac{90\ 767}{263\ 813} \times 100\% = 34.41\%$$

$$2009 \text{ 年变动} = 39.97\% - 34.41\% = 5.56\%$$

银行利润率的变动，是由利润表各个项目金额变动引起的。表 5-6 列示了 A 银行利润表各项目的金额和变动以及结构变动数据。其中，"2009 年结构"和"2008 年结构"是各项目除以营业收入得出的百分比。"变动金额"是"2009 年金额"与"2008 年金额"的差额，"百分比变动"是"2009 年结构"与"2008 年结构"的差额。

表 5-6 利润表结构百分比变动　　　　　　　　单位：百万元

项目	2009 年度	2008 年度	变动金额	2009 年结构（％）	2008 年结构（％）	百分比变动（％）
一、营业收入	262 654	263 813	-1 159	100.00	100.00	0.00
利息净收入	210 318	223 841	-13 523	80.07	84.85	-4.77
利息收入	337 741	355 438	-17 697	128.59	134.73	-6.14
利息支出	-127 423	-131 597	4 174	-48.51	-49.88	1.37
手续费及佣金净收入	47 413	37 841	9 572	18.05	14.34	3.71
手续费及佣金收入	49 080	39 386	9 694	18.69	14.93	3.76
手续费及佣金支出	-1 667	-1 545	-122	-0.63	-0.59	-0.05
投资收益/损失	4 993	-875	5 868	1.90	-0.33	2.23

续表

项目	2009年度	2008年度	变动金额	2009年结构（%）	2008年结构（%）	百分比变动（%）
公允价值变动收益/损失	−185	1 047	−1 232	−0.07	0.40	−0.47
汇兑损益	−478	1 631	−2 109	−0.18	0.62	−0.80
其他业务收入	593	328	265	0.23	0.12	0.10
二、营业支出	−127 319	−147 441	20 122	−48.47	−55.89	7.41
营业税金及附加	−15 923	−15 767	−156	−6.06	−5.98	−0.09
业务及管理费	−85 870	−80 819	−5 051	−32.69	−30.63	−2.06
资产减值损失	−25 263	−50 739	25 476	−9.62	−19.23	9.61
其他业务成本	−263	−116	−147	−0.10	−0.04	−0.06
三、营业利润	135 335	116 372	18 963	51.53	44.11	7.41
加：营业外收入	1 889	2 395	−506	0.72	0.91	−0.19
减：营业外支出	−1 246	−1 285	39	−0.47	−0.49	0.01
四、利润总额	135 978	117 482	18 496	51.77	44.53	7.24
减：所得税费用	−30 992	−26 715	−4 277	−11.80	−10.13	−1.67
五、净利润	104 986	90 767	14 219	39.97	34.41	5.57

① 金额变动分析：2009年净利润增加142.19亿元。影响较大的有利因素是资产减值损失减少254.76亿元和手续费及佣金收入增加96.94亿元。影响较大的不利因素是利息收入减少176.97亿元。

② 结构比率分析：2009年银行利润率增加了5.57%。影响较大的有利因素是资产减值损失减少了9.61%和手续费及佣金收入增加了3.76%。影响较大的不利因素是利息收入减少了6.14%。

（4）净利息收益率。净利息收益率（Net Interest Margin）是利息净收入与总资产的比率。利息收入是商业银行主要的收入来源，利息支出是主要的支出项目，所以，净利息收益率是商业银行业绩的重要评价指标。计算公式如下：

$$净利息收益率 = \frac{利息收入 - 利息支出}{总资产} \times 100\%$$

或

$$= \frac{利息收入 - 利息支出}{盈利性资产} \times 100\%$$

（5）净非利息收益率。净非利息收益率（Net Non-interest Margin）是非利息净收入与总资产的利率。计算公式如下：

$$净非利息收益率 = \frac{非利息收入 - 非利息支出}{总资产} \times 100\%$$

商业银行的非利息收入主要来源于手续费及佣金收入，非利息支出主要是管理费用，包括人员的工资、福利、奖金、房屋建筑物的折旧费用等。从目前商业银行的经营情况来看，非利息收入要低于非利息支出，非利息净收入往往为负，因此，较高的非利息净收入能显著提高银行的盈利能力。然而，由于非利息收入大部分是通过中间业务获得的，往往伴随着一定的风险，如或有负债。

（6）净营业收益率。净营业收益率（Net Bank Operating Margin）排除了特殊项目的影响，比较准确地衡量了商业银行的经营业绩。计算公式如下：

$$净营业收益率 = \frac{营业总收入 - 营业总支出}{总资产} \times 100\%$$

（7）利差。利差反映了商业银行作为资金借贷的效益及银行业的竞争程度。激烈的竞争使得资产收益和负债成本之间的利差减小，迫使银行发展非利息收入（如中间业务）来提高盈利能力。计算公式如下：

$$利差 = \frac{利息收入}{盈利性资产} - \frac{利息支出}{盈利性负债}$$

盈利性资产是指能带来利息收入的资产。银行资产中，除了现金、固定资产和无形资产外，都可以看成盈利性资产。盈利性负债是能产生利息支出的负债，除了应付职工薪酬、应交税费和应付利息，也都可以看做是盈利性负债。

（8）资产运用率。资产运用率也称营业收入比率，可以分解为两部分：资产利息收益率和资产非利息收益率。由于竞争的激烈和不良贷款的发生，商业银行纷纷发展中间业务，以提高非利息收入。计算公式如下：

$$资产运用率 = \frac{营业收入}{总资产} = \frac{利息收入}{总资产} + \frac{非利息收入}{总资产}$$

（9）每股盈余。每股盈余也称每股利润，是净利润和普通股股数的比值，反映了每股股票获得的净利润。每股盈余越大，说明商业银行的盈利能力越强。计算公式如下：

$$每股盈余 = \frac{净利润}{普通股股数}$$

2. 风险指标

（1）偿债风险。偿债风险是指银行无法偿还全部债务的风险，反映了债权人受保障的程度，偿债能力会影响银行的信誉。如果银行亏损过多或资产市场价值大幅下跌，就会导致资不抵债，从而使得银行面临较高的偿债风险。常用的偿债风险指标有以下几个。

① 资本充足率。资本充足率是资本总额与加权风险资产总额的比例，反映了商业银行能以自有资本承担债权人损失的程度。《巴塞尔资本协议》规定资本充足率的目标比率为8%，其中核心资本与风险资产的比值不低于4%。

② 资产负债率。资产负债率是总负债与总资产的比率，反映了负债占资产的比例。该比率越低，银行的偿债能力越强，对债权的偿付越有保障，债权人的风险越低。

③ 流动比率。流动比率是流动资产与流动负债的比值，反映了流动资产对流动负债的保障程度。比值越高，银行的偿债能力越强。

④ 现金比率。现金比率是现金资产与流动负债的比率，反映了以现金偿还流动负债的能力。现金资产是流动性最强、可直接用于偿债的资产，包括货币资金和交易性金融资产等。

⑤ 现金流量比率。现金流量比率是经营现金流量和流动负债的比值，反映了以经营活动产生的现金流量可以偿还流动负债的程度。

⑥ 产权比率。产权比率是总负债和股东权益的比值，反映了1元股东权益借入的负债，比值越大，偿债风险越大。

⑦ 权益乘数。权益乘数是总资产和股东权益的比值，反映了1元股东权益所拥有的资

产，比值越大，偿债风险越大。权益乘数和产权比率是两种常用的财务杠杆，反映特定情况下资产收益率和股东收益率之间的倍数关系。与一般企业相比，银行的财务杠杆很高，因为银行是依赖负债经营的，其资金大部分来源于存款和借款。

（2）流动性风险。流动性风险是指银行缺乏足够的现金和借款来满足资金需求者的需要，如提款需求、贷款需求和其他现金需求。当面临流动性风险时，银行不得不以高额成本借入资金，满足当前的现金需求，这增加了银行的营业成本，降低了银行的盈利能力。资产的流动性和收益性是相反的，保留较多的现金和借款来降低流动性风险，会降低资产的收益性，反之亦然。因此，银行要权衡流动性和收益性，有效地配置资产。然而，不同的银行紧急借款的能力不同，如果银行能迅速和以较低成本借入款项，即使面临较高的流动性风险，问题也不大。常用的流动性风险指标有以下几个。

① 现金资产比率。现金资产比率是现金资产与总资产的比率，反映了银行的抗流动性风险能力。现金资产是流动性最强，可直接用于满足资金需求者的各种需求，包括货币资金和交易性金融资产等。比值越大，抗流动性风险的能力越强，然而，现金资产过多，会降低资产的收益性。

② 流动资产比率。流动资产比率是流动资产与总资产的比值。流动资产的变现能力仅次于现金资产，在需要满足流动性需求时，可以比较容易地变现，因此，流动资产比率越高，流动性风险越低。

③ 贷款资产比率。贷款资产比率是贷款与总资产的比值。贷款是商业银行主要的盈利性资产，流动性较差。比重越高，说明贷款占总资产的比重越大，流动性相对较差。另外，在贷款资产中，应单独划分出1年内到期的贷款，计算这部分贷款占贷款总额的比例，比例越高，流动性越好。

④ 核心存款比率。核心存款比率是核心存款与总资产的比值。银行存款根据稳定性可以分为核心存款和非核心存款。核心存款指相对稳定、对利率变化不敏感、受季节和经济环境影响较小的存款。非核心存款也称易变存款，指相对不稳定，容易受利率、汇率、经济环境等因素影响的存款。一般来说，该比率越高，银行的流动性能力越强。

（3）信用风险。信用风险是指由于债务人违约而导致银行无法收回贷款或投资等资产的可能性。由于银行股东投入的股本在总资产中所占的比例是非常小的，只要贷款中的一小部分收不回来，也可能给银行经营带来很大的影响，甚至导致银行面临破产的危机。常用的信用风险指标有以下几个。

① 不良贷款率。不良贷款率是不良贷款占贷款总额的比率，是评价商业银行信贷资产质量的重要指标。不良贷款率越高，银行收回贷款的可能性越小，信用风险越大。不良贷款是指在评价银行贷款质量时，按风险水平将贷款分为正常、关注、次级、可疑和损失五类，其中后三类合称为不良贷款。

② 贷款净损失率。贷款净损失率是贷款净损失与贷款余额的比值，贷款净损失指商业银行已经确认并核销的贷款损失准备金与重新收回已核销贷款的差额。该指标反映了商业银行贷款资产的真实损失情况，比值越高，表明银行贷款质量越差，信用风险越高。

③ 贷款损失准备率。贷款损失准备率是每年提取的贷款损失准备与贷款总额的比值，是对将来可能发生贷款损失的估计和防备，反映了未来可以弥补贷款损失的程度。贷款损失准备率越高，抗贷款损失能力越强。

（4）利率风险。利率风险是指利率变动会对银行营业收入和营业成本的差额产生影响，从而影响银行利润率。当利率上升时，如果银行贷款利息收入的增加大于借入款项的利息支出，银行利润率会上升。然而，如果贷款利息收入的增加小于借入款项的利息支出，利润率会下降。常用的利率风险指标有以下几个。

① 利率风险缺口。利率风险缺口又称资金缺口，是利率敏感性资产与利率敏感性负债的差额。利率敏感性资产是指市场收益率随利率波动而波动的资产，利率敏感性负债是指成本支出随利率波动而波动的负债。

② 利率敏感系数。利率敏感系数是利率敏感性资产与利率敏感性负债的比值。

这两个指标的含义是一致的，当利率风险缺口为 0 或利率敏感系数为 1 时，不存在利率风险暴露。风险缺口和敏感系数越大，银行的风险暴露越大，但如果银行能准确预测利率的走势，反而可以从风险暴露中获利。当利率下降时，如果利率敏感性资产大于利率敏感性负债，银行会遭受损失；如果利率敏感性资产小于利率敏感性负债，银行将会获利。当利率上升时，则损益情况相反。

（5）盈利性风险。盈利性风险是指银行面临的收入扣除费用和税收后净利润不确定的风险。由于银行面临内部和外部复杂因素的影响，如管理层的变迁、经济环境的变化、新的法律法规的实施等，都会导致银行的盈利能力发生改变。特别是近年来日趋激烈的竞争，使得银行经营收入和经营成本之间的毛利减小，导致银行盈利能力的下降。常用的盈利性风险指标有：① 股本收益率的标准差和方差；② 资产收益率的标准差和方差；③ 净利润的标准差和方差。

股本收益率和资产收益率都是衡量银行业绩的关键指标，因此，它们的波动性较好地衡量了银行的盈利性风险。

5.5.2 杜邦分析法

杜邦分析法由美国杜邦公司在 20 世纪 20 年代创立的，它是一种典型的综合分析方法，将银行的经营业绩看做一个系统，弥补了财务比率法将银行的经营业绩人为地划分为几个方面，彼此间关联性不强的缺点。杜邦分析法的核心是股本收益率，从系统内部盈利能力和风险因素的相互制约关系出发，逐步分解出影响因子，从而对银行的经营业绩进行评价。

1. 两因素的杜邦分析法

两因素的杜邦分析法的模型为

$$股本收益率 = \frac{净利润}{股东权益} = \frac{净利润}{总资产} \times \frac{总资产}{股东权益} = 资产收益率 \times 权益乘数$$

从两因素模型可以看出，股本收益率受资产收益率和权益乘数的共同影响。资产收益率是银行盈利能力的集中体现，提高资产收益率，可以提高股东收益率。权益乘数是银行的财务杠杆，反映了银行的偿债能力，通过提高权益乘数也会带来股东收益率的提高。然而，权益乘数是不能无限提高的，当财务杠杆增加到一定程度时，银行的偿债风险会非常大，很容易导致银行破产。因此，从可持续方面来看，提高银行的资产收益率是提高股本收益率的关键。该模型以股本收益率为核心，较好地揭示了银行盈利能力和风险因素的相互制约关系，较好地反映了银行的经营业绩。

2. 三因素及四因素的杜邦分析法

资产收益率是由多种因素决定的，将其进行分解可以得到三因素模型，进而更好地评价银行的经营绩效。

$$股本收益率 = \frac{净利润}{总资产} \times \frac{总资产}{股东权益} = \frac{净利润}{总收入} \times \frac{总收入}{总资产} \times \frac{总资产}{股东权益}$$
$$= 银行利润率 \times 资产运用率 \times 权益乘数$$

模型表明，股本收益率取决于银行利润率、资产运用率和权益乘数三个因素，其中，银行利润率和资产运用率代表着不同的含义。银行利润率的提高需要通过合理的资产和服务定价来扩大资产规模，增加收入，控制和压缩费用支出，增加净利润，因而该指标反映了银行资金运用和费用管理的效率。资产运用率体现了银行资产管理的效率。银行的资产组合包含了各种期限不同、收益不同、风险不同的资产，有效地管理资产可以在满足银行正常的经营情况下提高资产运用率。因此，三因素模型可以理解为

$$股本收益率 = 资金运用和费用管理效率 \times 资产管理效率 \times 风险因素$$

因此，三因素模型从三个方面对股本收益率指标的决定因素和变化原因进行分析，从而较为准确地评价银行的经营业绩。

银行利润率可以进一步分解为

$$银行利润率 = \frac{净利润}{总收入} = \frac{净利润}{税前利润} \times \frac{税前利润}{总收入}$$

此分解显示银行利润率不仅同资金运用和费用管理效率有关，还同银行的赋税支出水平有关。税前利润是应纳税所得额，不包括免税收入和特殊的营业外净收入。净利润与税前利润的比值越高，表明银行的赋税支出越小，赋税管理越成功。税前利润和总收入的比值反映了银行的资金运用和费用管理效率，是银行经营效率的体现。因此，四因素的杜邦分析模型为

$$股本收益率 = \frac{净利润}{税前利润} \times \frac{税前利润}{总收入} \times 资产运用率 \times 权益乘数$$

由此，股本收益率可以理解为

$$股本收益率 = 赋税支出管理水平 \times 资金运用和费用管理效率 \times 资产管理效率 \times 风险因素$$

从杜邦分析模型可以看出，股本收益率涉及了银行经营中的各个方面，间接反映了银行经营中各方面的情况及其相互之间的制约关系，进而可以较好地对银行的经营业绩进行评价。

5.5.3 经济增加值与风险调整后资本回报率

经济增加值（Economic Value Added，EVA）又称经济利润、附加经济价值和剩余收益，是由美国 Stern Stewart 咨询公司在 20 世纪 80 年代创立的。经济附加值不同于会计利润，它考虑了权益资金的成本，比较客观地反映了商业银行在一定期间为所有者创造的价值，计算公式为

$$经济附加值 = 息前税后营业利润（依 EVA 规则调整）- 资本总额 \times 加权平均资本成本$$
$$加权平均资本成本 = 债务资本比例 \times 债务成本 + 股权资本比例 \times 股权成本$$

息前税后营业利润等于净利润加上利息支出的税后剩余部分；资本总额是指所有者投入商业银行的所有资金，包括债务资本和股权资本。

经济增加值大于零，表明商业银行在扣除各项成本费用和资本成本后仍有剩余，是银行在满足股东最低资本回报率后赚取的超额利润，银行市场价值增加；经济附加值小于零，表明银行连股东要求的最低资本回报率都不能满足，银行市场价值降低。

经济附加值的最大特点在于考虑了资本成本,将会计利润转化为经济利润,避免了经营者对利润的操纵和会计准则对经营业绩的影响。同时,经济附加值与银行的市场价值创造是密切相连的,经营者为了提高银行的市场价值,就要为银行创造更多的经济增加值。然而,经济附加值是一个绝对值指标,不便于不同规模银行业绩的比较。

风险调整后资本回报率(Risk-Adjusted Return On Capital,RAROC)是一种用来衡量赚取收益所承担风险的指标。RAROC本质上是EVA的变形,优点是在一个评估系统里同时考虑了收益和风险,符合收益与风险对称的原则。RAROC可以将收益和风险不同的部门和机构进行比较,因此成为银行内部业绩评价的重要指标。其计算公式为

$$RAROC = \frac{收益(依RAROC规则调整) - 预期损失(EL)}{经济资本(EC)}$$

收益调整类似于EVA的计算,预期损失是银行在正常经营过程中能够合理预计到的损失,银行一般会为这部分预期损失计提贷款损失准备金。经济资本是银行根据所承担的风险计算的最低资本需要,也就是非预期损失的资本化金额,用于防御非预期损失对银行正常经营活动的冲击。

5.6 财务报表分析的局限性

尽管通过财务报表和财务报表分析,信息使用者可以了解更多关于银行财务状况、经营成果和现金流量的信息,帮助投资者决策,但由于影响财务报表的因素有很多,使得财务报表分析存在局限性。

1. 财务报表的滞后性

财务报表是对银行过去交易和事项的反映,是对历史财务信息的披露,存在滞后性。然而,财务信息的有用性在很大程度上取决于它的及时性,对于信息使用者来说,财务信息披露是越快越好,披露时间距离交易和事项发生的时间越长,有用性越小。财务报表分析一般都是在财务报表编制完成或披露后才进行的,时效性较差。如年度报表,一般都是在会计年度的下一年前4个月内披露,时效性较差。

2. 财务报表的可靠性

只有真实可靠的财务报表才能得出正确的分析结论,提供有用的决策信息。然而,外部信息使用者是很难判断财务信息的真实性的,财务报表的可靠性问题主要是依靠注册会计师的审计报表。但是,审计师只能合理保证财务报表不存在重大错报和漏报,并不能完全排除存在虚假陈述的情况。因此,信息使用者进行财务报表分析时,必须对可能存在的问题保持足够的警觉。下面是些"危险信号",有助于对财务报表的可靠性作出判断:财务报告的形式不规范;存在大量的反常数据;巨额的关联交易;大额的资本利得;审计报告异常。

3. 财务报表的可比性

财务报表是银行会计系统的产物,受会计政策和会计估计等的影响。对同一事项采用不同的账务处理,可以得出不同的结果。各个银行所处的环境不同,选择的会计政策和会计估计难免有所不同,不可能将财务报表调整为同一会计政策和会计估计下进行分析,不具有可比性。同时,银行各个时期的会计政策和会计估计可能会有差别,在进行纵向比较时也要注意。

【阅读材料】

全国性商业银行2009年度盈利能力分析

全国性商业银行可分为两类,即由中国工商银行、中国农业银行、中国银行、中国建设银行和交通银行五家银行组成的大型商业银行(以下分别简称为工行、农行、中行、建行和交行,统一简称为"大型银行"),以及由招商银行、中信银行、上海浦东发展银行、中国民生银行、中国光大银行、兴业银行、华夏银行、广东发展银行、深圳发展银行、恒丰银行、浙商银行、渤海银行等十二家银行组成的其他全国性商业银行(以下分别简称为招商、中信、浦发、民生、光大、兴业、华夏、广发、深发展、恒丰、浙商、渤海,统一简称为"中小银行")。

全国性商业银行是我国银行业的重要组成部分。截至2009年12月31日,全国性商业银行的资产合计占到银行业总资产的65.9%,较2008年上升了0.75个百分点;负债合计占到银行业总负债的66.09%,较2008年上升了近4个百分点;税后利润合计占到银行业总税后利润的77.15%,较2008年提升了2个百分点,从业人员占到银行业全部从业人员的59.90%,比上年下降了0.83个百分点。

2009年,受国际金融危机影响,国际银行业遭遇"大萧条"以来最严重的冲击,银行业利润下滑,众多美、欧银行业金融机构陷入流动性困境,反观中国银行业却在此次国际金融危机中逆势而上,综合实力、风险管理和抵补能力、国际地位全面提升。2009年,银行业金融机构整体实现税后利润6 684亿元、资本利润率16.2%、资产利润率0.9%。银行收益水平和利润结构发生变化,单纯追求利润的短期化倾向得到一定程度的矫正。从结构来看,净利息收入、投资收益和手续费净收入构成银行收入的三个主要部分。

1. 净利润增长率

2009年,我国银行业在急剧变化的经营环境中继续保持了良好的盈利能力。在受罕见的国际金融危机、资本市场低迷、利率调整以及特大自然灾害等诸多减收增支因素影响的情况下,盈利情况良好。其主要的盈利因素在于主营业务的较快增长、中间业务的创新发展、营业成本的有效降低以及风险管理水平的不断提升。2009年,各行净利润平均增长65.96%。工行、建行、中行、农行和交行五家大型银行分别实现净利润1 293.5亿元、1 068.3亿元、853.49亿元、650.02亿元及300.75亿元,工行以净利润排名,蝉联世界第一大银行。就增幅而言,大型银行平均增幅18.93%,低于上一年度13个百分点。中行由于及时应对金融危机,净利润增长31.16%,增幅最大;交行相对最低,增幅刚超过5个百分点,工行和农行净利润增幅分别为16%和26%。九家中小银行净利润平均增幅为85.56%,高于上一年度29个百分点。但各家变化幅度差距显著。深发展上年度末计提拨备56亿元,使其2008年净利润大幅下降,因此2009年度净利润比上年回升了7倍之多,列在榜首。渤海因利润基数较小增长了120%,增幅位居第二;民生增长53%,以其稳健经营所带来突出的盈利能力排名第三;招商因受国际金融危机环境影响,其营业利润下降,使净利润同比大幅下滑13%,是唯一一家净利润同比下降的全国性商业银行。光大、浦发、中信的净利润同比增长相对较少,均不超过10%。

2009年,面对金融危机影响深化、经济增长放缓、净息差大幅收窄的严峻经营环境,全国性商业银行利润增长的影响因素包括:一是各行比较准确地把握宏观经济形势变化,努力消除外部环境对业务经营的不利影响,经营总体稳健运行;二是成本费用得到有效管理,费用的投入产出能力提高;三是各行不良率进一步下降,信用成本下降显著;四是有效税率不同程度地有所降低,税率降低抵消资产减值影响。

2. 净资产收益率和总资产收益率

净资产收益率和总资产收益率很好地反映了各行的盈利能力和水平。通常,决定这两个指标的因素包括净利润与资产平均余额,此外,信贷资产质量、中间业务收入、利息及经营支出水平,以及税收等因素对其也有一定的影响。根据中国银监会《商业银行风险监管核心指标》的要求，净资产收益率不应低于11%，总资产收益率不应低于0.6%。

对比各行2009年度净资产收益率，除渤海银行外，其他银行均在监管指标的及格线之上。深发展2009年度净资产收益率为27.12%，领先于其他银行。兴业和浦发的净资产收益率接近25%，分列二、三位。排名最后的渤海银行净资产收益率仅为5.44%，但因开业时间短而不具备相关可比性。单就大型银行而言，除中行外，其他四家在2009年度的净资产收益率不相上下，都达到了19%～21%的水平，建行净资产收益率以微弱优势胜出，为20.87%；农行在财务重组后，盈利能力有所提升，净资产收益率达20.53%，仅次于建行。中行受累于全球金融危机，汇兑损失拖累利润增长，净资产收益率相对最低，为16.42%。

同上年相比，深发展由于上年度计提巨额拨备，使得本年度收益率增幅空间较大，成为增幅最大的银行；恒丰下降12.54%，降幅最大；浦发、招商分别下降11.44%、10.6%，紧随其后。大型银行除农行外，基本变化幅度不大。由此可见，受国际金融危机影响，我国银行业中大型银行的整体盈利能力抵御风险能力要明显强于中小银行。

从总资产收益率来看，2009年，在总共17家全国性商业银行中，只有华夏、广发与渤海三家银行未达到0.6%的监管指标及格线，且这三家已连续两年在及格线以下。建行与工行排前两位，总资产收益率连续两年都超过1.2%，达到国际优秀银行1.17%～1.2%的水平，显示出较好的持续盈利能力；兴业以1.13%排名第三，凭借资金业务和个贷业务，兴业已连续两年进入前三甲的位置，成绩斐然。

同上年相比，多数银行总资产收益率有所回落。回落幅度最大的是恒丰和招行，分别下降4～5个百分点。在7家总资产收益率上升或持平的全国性商业银行中，深发展回升最多，为0.82%；华夏和渤海虽较上年水平有所提升，但仍在及格线下，盈利能力有待提升。

3. 利息收入水平

存贷款息差收入是我国银行业最主要的盈利来源。利息收入水平是银行盈利能力的重要体现，2009年全国性银行的净利息收入实现11 033.35亿元。

利息收入比为净利息收入占营业收入的比重。2009年全国性商业银行利息收入比，平均值为84%。除工行、中行、招行和民生外，各行2008年利息收入比均在80%以上，还有四家中小银行在90%以上，其盈利模式过分依赖利差收入的特点十分明显。这表明银行目前仍很难说其盈利模式已进入多元化发展的阶段。

4. 手续费及佣金净收入

一般以手续费及佣金净收入作为衡量银行中间业务收入的主要指标。近年来，中国银行业一直在寻求盈利模式的转型，在这方面取得了相应的成功。中国银行因其在国际业务上的优势地位，使其手续费及佣金净收入占其营业收入之比排在所有银行的最前列，达19.8%。中国建设银行、中国工商银行、招商银行紧随其后。但从这一收入的总量来看，工行则处在第一位，达551亿元。比较而言，恒丰、渤海银行只有1.3亿元。

资料来源：中金在线，2009—2010年全国性商业银行财务分析报告，2010年8月27日，http://yndt.bank.cnfol.com/100827/137,1410,8310434,00.shtml

【讨论题】查阅招商银行2009年度年报，分析其营业利润下降较多的原因。

思考题

1. 商业银行的财务报表由哪些组成，分别反映了什么内容？
2. 银行资产负债表中的资产主要包括哪些项目，比重最大的一般是什么？

3. 银行资产负债表中的负债主要项目有哪些，比重最大的一般是什么？
4. 评价商业银行盈利能力的指标有哪些？
5. 从哪些方面评价商业银行的偿债能力？
6. 经济增加值和 RAROC 指标最大的特点是什么？
7. 查阅一家上市银行近两年来的年报，分析其盈利能力和风险指标的变化情况。

第 6 章

【主要概念的中英文对照】

活期存款：demand deposit
定期存款：time deposit
储蓄存款：saving deposit
大额可转让定期存单：negotiable certificate of deposit, CD
货币市场存款账户：money market deposit account, MMDA
可转让支付命令账户：negotiable order of withdrawal, NOW
超级可转让支付命令账户：super negotiable order of withdrawal, SNOW
自动转账服务账户：automatic transfer service account, ATS
协定账户：agreement account
股金提款单账户：share draft account, SDA
个人退休金账户：individual retirement account, IRA
边际成本：marginal cost
平均成本：average cost
边际收益：marginal revenue
成本加成定价法：cost-plus-profit deposit pricing
市场渗透存款定价法：market-penetration deposit pricing
高层目标定价法：upscale target pricing
存款费用安排定价法：deposit fee schedules pricing

商业银行的负债业务

6.1 商业银行负债业务概述

商业银行作为信用中介,自身的资本是远远不能满足其经营活动需要的,资金的缺口要靠银行的负债业务来弥补。商业银行资金的90%是由负债提供的,负债业务是商业银行最重要和最基础的业务之一。

6.1.1 银行负债业务的含义和种类

负债业务是商业银行筹集资金、组织资金来源的业务,是商业银行开展资产业务和其他业务的基础和资金保证。银行的负债可以分为存款负债和非存款负债,其中,存款提供了主要的资金来源,是负债业务的重点。存款是商业银行最基础的业务之一,主要来源于企业、个人、政府、同业和组织,是商业银行的被动负债业务。随着经济的发展和竞争的激励,存款已不能完全满足银行资金的需要,于是银行发展了非存款负债业务。非存款业务是指商业银行主动通过金融市场或直接向中央银行融通资金,是商业银行的主动负债业务。

6.1.2 商业银行负债业务的意义

商业银行的基本职能是信用中介,就决定了商业银行不能完全凭借自有资金,而必须以负债业务为基础。因此,负债业务具有十分重要的意义。

首先,负债业务是商业银行经营的前提。商业银行以较少的自有资金支撑起了较大的资产规模,充分发挥了信用中介的职能。商业银行通过负债筹集资金使自己成为最大的债务人,再通过资金的运用使自己成为最大的债权人,因此负债业务是商业银行开展经营活动的前提。据统计,负债为银行提供了90%以上的资金来源;负债规模的大小和负债结构决定了商业银行资产的规模和经营方向,可见负债业务的基础地位。

其次,负债业务是商业银行生存和发展的基础。商业银行在正常的经营活动中,必须保持一定的流动性,负债是解决流动性的重要途径。负债业务可以为合理的贷款需求提供大量的资金来源,保证银行对到期债务的清偿。商业银行正是通过吸收存款和发放贷款来赚取利润,因此必须合理地扩大负债规模并有效运用资金,才能获得或超过社会平均利润。可见,负债业务是商业银行生存和发展的基础,对商业银行的经营活动发挥着至关重要的作用。

6.1.3 商业银行负债业务经营管理目标

商业银行负债业务的健全和发展关键在于有效的负债管理,负债业务经营管理的目标是以尽可能低的成本获取所需资金,扩大负债规模;建立合理的负债结构,提高稳定性;控制负债风险。

1. 拓展存款市场,扩大负债规模

存款是商业银行最重要的负债来源,具有较高的稳定性。银行应该通过不断的产品创新、提高服务水平,加大营销力度、提升银行形象等方式,积极拓展存款市场,尽可能提高存款市场份额,扩大负债规模,为银行的经营提供资金支持。

2. 建立合理的负债结构,增强流动性

合理的负债结构是指银行根据不同来源资金的特性与资产业务的资金需求相匹配,这样可以避免为偿还债务而保留过多的流动性资产，在必要的流动性下提高资产的收益性。商业银行应该对长期存款和短期存款进行合理的期限搭配，长期存款成本高，流动性弱；短期存款成本低，流动性强。

3. 控制负债风险

一般来说，资金成本越高，流动性风险越小；反之，资金成本越低，越容易遭受流动性风险。银行应合理搭配负债来源和结构，降低负债成本的同时，控制负债风险。

6.2 商业银行存款负债的管理

存款是银行接受客户存入的款项并承诺客户可以随时或按约定的时间支取款项的受信业务，是商业银行非常重要的负债业务。因为存款是商业银行资金的主要来源，是银行存在和发展的重要基础，有时占到了全部资金来源的70%～80%。存款是银行信用中介、支付中介和信用创造等职能实现的前提条件，决定着银行的放贷规模和结构，是决定银行盈利水平的重要因素。

6.2.1 商业银行存款的种类和构成

商业银行存款的种类很丰富，根据不同的标准可以对存款进行分类。如按行业不同，可以分为商业存款、工业存款、农业存款和交通运输业存款等；按币种可以分为人民币存款、美元存款和欧元存款等；按存款人可以分为个人存款、企业存款和行政事业单位存款等。

1. 传统的存款种类

传统的存款按服务种类划分，主要有活期存款、定期存款和储蓄存款。

1）活期存款

活期存款（Demand Deposit）也称支票账户或交易账户，是指存款人无须事先通知，可以随时存取和支付使用的存款。活期存款能满足存款人存取方便、运用灵活的需要，其主要特点有：第一，活期存款主要用于支付和交易，具有货币支付和流通手段的职能；第二，支付方式灵活多样，可以使用支票、汇票、本票、电话转账或其他电子设备进行支付，其中，支票是最常用的支付方式；第三，一般情况下对开设账户的客户和存款余额没有限制，个人、公司、企业、社会团体、政府、学校、医院、非盈利组织等均可设立活期存款账户；第四，一些国家的商业银行不支付利息甚至还要收取手续费，我国商业银行会对活期存款支付很低的利息。

活期存款流动性很大，存取频繁，手续繁杂，商业银行经营活期存款的各项费用和成本都较高，与商业银行以盈利为目的相违背，但是各国商业银行仍然很重视这项业务，因为活期存款是重要的资金来源。虽然活期存款的期限较短，但在不断进行的存取过程中，银行总能获得一个较为稳定的活期存款余额，并用于各项资产和投资业务以获取收益。

2）定期存款

定期存款（Time Deposit）是指存款客户与银行事先约定取款期限，到期获得一定利息的存款，其主要特点是：第一，期限固定，短的有一个月、两个月、三个月、半年或者一年，长的达三年、五年、十年或更长；第二，定期存款在到期时要凭银行签发的定期存单才能取款，不允许提前支取，如果提前取款需要支付一定的罚金或者按照活期存款利率支付利息;第三,存款利率相对较高,在到期时可以获得较高的利息收入。一般来说,期限越长,存款利率越高。定期存款是商业银行中长期贷款和投资资金的重要来源。

3) 储蓄存款

储蓄存款(Saving Deposit)是商业银行为满足居民个人和家庭积蓄货币和获取利息收入而开展的存款业务,其主要特点是:第一,存款人主要是居民个人和家庭,也包括非盈利组织;第二,一般形式为银行卡、存折或存单;第三,储蓄存款属于个人性质的存款,我国储蓄存款的原则是存款自愿、取款自由、存款有息、为储户保密。

储蓄存款分为活期储蓄存款和定期储蓄存款。活期储蓄存款的支取不受任何限制,存款人凭银行卡或存折可以随时存取现金。定期储蓄存款的取款期日期固定,一般不能提前支取。定期储蓄存款的利率较高,是个人获取利息收入的重要手段。利息收入作为个人所得征收利息税。1999年11月,我国正式对储蓄存款征收利息税,税率为20%,2007年8月,税率降至5%,2008年10月9日起暂免征收利息税。

2. 创新的存款种类

随着经济的发展和环境的变化,传统的商业银行存款业务已经不能满足客户的需求和银行竞争的需要,于是在原有存款的基础上推出了新品种。创新的存款种类有很多,下面介绍几种主要的类型。

1) 大额可转让定期存单

大额可转让定期存单(Negotiable Certificate of Deposit,CD)是一种利率固定、期限固定,可以在市场上自由转让的存单形式的凭证,其主要特点是:第一,期限固定,大部分是3~6个月,一般不超过1年;第二,利率固定,一般高于同期的定期存款利率,而与同期货币市场利率一致;第三,不记名,可以自由转让;第四,存单金额固定,面额大,如美国大额可转让定期存单面额最低起价10万美元,最大面额可达100万美元。

大额可转让定期存单有批发式和零售式两种发行方式。批发式发行指银行事先确定存单的面额、利率和期限并予以公布,供投资者选择。零售式发行指商业银行按投资者的需要随时发行。

对银行来说,由于大额可转让定期存单有固定的到期日,作为一种定期存款提供了相对稳定的资金来源。对投资者来说,大额可转让定期存单同时具备了定期存款的收益性和有价证券的流动性,是一种理想的投资工具。

2) 货币市场存款账户

货币市场存款账户(Money Market Deposit Account,MMDA)又称货币市场存款基金账户,是一种支付利息,可以转账的存款账户,其主要特点是:第一,开户对象没有限制,个人、企业和社会团体等都可以;第二,有最低存款限制,一般不低于2 500美元;第三,利率与存款金额有关,每周根据货币市场指数调整一次;第四,每月可以转账16次,其中,使用支票次数不得超过3次;第五,取款金额没有限制,但需提前7天通知银行。货币市场存款账户集中了活期存款和定期存款的特点。

3) 可转让支付命令账户

可转让支付命令账户(Negotiable Order of Withdrawal,NOW)也称付息活期存款,是在1972年,由美国马萨诸塞州的储贷协会创设的,以支付命令代替支票进行支付和提现的储蓄存款账户,其主要特点有:第一,以支付命令书代替了支票,存款人可以随时开出支付命令向第三者进行支付或提现和背书转让；第二，对开户人有限制，只能为个人和非营利机构，盈利机构不可以开设此账户；第三，银行按照存款的平均余额支付利息。可转让支付命令账户集中了支票账户和储蓄存款的优点。

4）超级可转让支付命令账户

超级可转让支付命令账户（Super Negotiable Order of Withdrawal，SNOW）是在可转让支付命令账户的基础上发展起来的，是可转让支付命令账户的延伸，它们的区别主要有：第一，利率没有上限，银行根据货币市场利率变动每周调整一次；第二，最低存款余额为2 500美元，如果低于最低限额，银行按可转让支付命令账户的利率支付利息；第三，每月需支付服务费。

5）自动转账服务账户

自动转账服务账户（Automatic Transfer Service Account，ATS）是在电话转账服务基础上发展起来的。客户可以在银行开立两个账户，一个活期存款账户和一个储蓄存款账户，并保持活期存款账户余额在1美元或以上。客户平日将款项存在储蓄存款账户上，当需要转账或开出支票提现时，银行自动将所需金额从储蓄存款账户转到活期存款账户上进行支付。因此，自动转账服务账户集中了活期存款账户和储蓄存款账户的优点，既具备了活期存款支付的便利性，又获得了储蓄存款的利息收入。当然，银行需要向设立该账户的客户收取一定的服务费。

6）协定账户

协定账户（Agreement Account）是自动转账账户的进一步发展，是一种可以在活期存款账户、可转让支付命令账户和货币市场互助基金账户三者之间进行自动转账的账户，它结合了各个账户的优点。对于活期存款账户和可转让支付命令账户，一般都规定了一个最低余额。当存款余额低于最低余额时，由银行自动将低于最低余额的差额从货币市场互助基金账户转入活期存款账户或可转让支付命令账户；当存款余额高于最低余额时，超过最低余额的款项也由银行自动转入货币市场互助基金账户，以便获取更高的利息收入。

7）股金提款单账户

股金提款单账户（Share Draft Account，SDA）是一种专为划转股金收入而设立的储蓄存款账户。建立股金提款单账户，存款人可以随时开出提款单来代替支票进行转账支付或提现。在未支付或提现时，股金提款单账户可以视作储蓄存款账户获取利息收入。需要支付或提现时，开出提款单即可通知银行付款。该账户结合了活期存款账户和储蓄存款账户的特点，付款灵活方便又有利息收入。

8）个人退休金账户

个人退休金账户（Individual Retirement Account，IRA）是为有工资收入的存款人开办的退休金储蓄存款账户，所有有工资收入的个人都可以办理。个人退休金账户的优点在于利率较高，且可以免征利息税。但也有一些条件限制，如每年必须存入一定金额以上的款项；存款人只有在60岁以后才能动用存款，否则会征收罚金。

9）与物价指数挂钩的指数存款证

指数存款证是指名义利率随物价指数的升降而进行调整，从而保证储蓄定期存款的实际利率不受通货膨胀影响的存款账户。它最大的特点是存款利率与物价指数的上涨挂钩，确保了客户的储蓄定期存款不贬值。

10) 零续定期存款

零续定期存款是期限在半年以上五年以内,可以多次续存的储蓄存款账户,与我国的零存整取类似,其主要特点有:第一,对存款额和存款日期没有限制;第二,以定期存款利率支付利息;第三,存款到期日前三个月为搁置期,既不能存款也不可以取款。

11) 特种储蓄存款

特种储蓄存款是商业银行针对客户的某种特殊需要而专门设计的存款类型,种类繁多,如教育储蓄、养老金储蓄、住房储蓄、礼仪储蓄和旅游储蓄等。

6.2.2 影响商业银行存款的因素

影响商业银行存款的因素有两类:一是宏观因素;另一类是微观因素。

1. 宏观因素

影响商业银行存款的宏观因素主要包括经济发展水平、物价水平和通货膨胀的程度、货币政策、税收政策、金融法规、社会保障程度及消费观念和习惯等。

1) 经济发展水平

一般来说,一国经济或地区经济发展水平越高,企业经营规模和状况越好,人民可支配收入水平越高,整个社会的资金越充裕,存款规模趋于上升。根据宏观经济学,储蓄是居民可支配收入的增函数,居民可支配收入越多,储蓄越高,银行存款规模越大。企业经营越好,企业存款和结算存款越大。总的来说,经济越繁荣,存款水平越高;经济越落后,存款水平越低。因此,经济发展水平的高低直接影响到银行的存款水平。

2) 物价水平和通货膨胀的程度

物价水平会同时影响公众的预期和实际存款收益。当预期物价会持续上涨时,公众手中持有的货币预期会贬值,购买力预期将下降,因此会将持有的货币换成实物。在通货膨胀的情况下,银行存款利率的名义利率和实际利率是不相等的(名义利率=实际利率+通货膨胀率)。只有当银行存款利率高于通货膨胀率时,存款货币才会增值;当存款利率低于通货膨胀率时,存款货币会贬值。银行利率是已经考虑了通货膨胀率以后的利率,一般情况下,投资者为了保值和增值,会将存款存入定期储蓄账户或投资收益率更高的金融产品。

3) 货币政策

货币政策是指中央银行为实现既定的经济目标(如稳定物价、促进经济增长、实现充分就业和平衡国际收支),运用各种工具调节货币供给和利率,进而影响宏观经济的方针和措施的总和。货币政策措施中的货币发行、公开市场操作、调整存款准备金率和再贴现率都会对存款的规模和种类产生较大的影响。例如,法定存款准备金率和再贴现率的提高会减少社会货币供应量,使得商业银行的存款水平下降。总之,扩张性的货币政策促进存款规模的扩大,而紧缩性的货币政策则导致存款规模的减小。

4) 税收政策

一个国家的税收政策会对商业银行的存款规模产生重要影响,主要体现在税收种类的制定和税率的设置上。例如,对储蓄存款征收利息税、财产税、遗产税等,都会对储蓄存款产生直接影响。

5) 金融法规

为了维护金融次序,促进经济繁荣,各国都制定了规范和约束银行业的金融法规,对商业银行的经营业务范围、机构的设置和存贷款利率的限制等方面都作出了相关规定，对商业银行存款的规模会产生不同程度的影响。

6）社会保障程度

在社会保障比较完善的情况下，人们对未来生活的不确定较小，收入和支出的预期也比较明确，因此会增加当前消费，从而导致当前存款的减少。反之，在社会保障不完善的情况下，由于对未来收入和支出的不确定性，人们会减少当期消费、增加存款以备不时之需，从而增加商业银行的存款规模。

7）消费观念和习惯

一国居民的消费观念和消费习惯也会影响本国商业银行的负债规模和存款结构。以我国居民的消费观念和消费习惯为例，节约是种美德和未雨绸缪的思想，产生了根深蒂固的保守型消费观念，使得我国居民存款居高不下。然而，随着市场经济的发展，居民特别是年轻人的消费观念有所改变，超前消费、敢于冒险的思想越来越流行。这不仅表现在按揭贷款买房买车和其他大额耐用消费品，如笔记本电脑，也表现在越来越活跃的资本市场投资上。这种消费观念和习惯的改变正影响着我国商业银行的负债规模和结构。

2. 微观因素

影响商业银行存款的微观因素主要有利率水平、服务收费、金融服务的品种和质量、银行网点和营业设施、银行信誉和贷款便利、银行形象和雇员形象等。

1）利率水平

在市场经济环境下，单个银行和整个银行系统的存款水平是其利率的函数。存款利率越高，银行对居民、企业和其他社会公众的吸引力越大，会有更多的闲置资金从其他投资工具流向银行存款；某个银行的存款利率越高，其在存款市场占有的份额可能越大。但是，商业银行一般不通过主动提高存款利率来争夺存款。首先，存款利率的提高将直接导致银行负债成本的提高，增加银行利息支出的负担。其次，存款利率超过一定水平后，单个银行的存款水平可能不是其绝对利率的函数，而更多的是与其他银行相对利率的函数。社会可提供的存款资金总额在一定时期是相对稳定的，相对利率只影响存款资金总额在各银行的分配而不影响整个社会的存款总额。最后，银行通过单方面提高利率吸收资金会导致银行业的恶性竞争，而且监管部门也不会允许这种不良后果产生。

自1980年以来，我国对存款利率进行过多次调整，基准利率调整的结果是活期储蓄存款利率降低，定期储蓄存款利率提高。利率调整所形成的反差拉大了活期储蓄存款和定期储蓄存款的比例差距，使得居民储蓄存款更多地由活期储蓄存款转向定期储蓄存款。

2）服务收费

服务收费标准也是银行间争取存款的常用工具。总的来说，服务收费标准有三种可能的情形。第一，银行按低于服务成本的价格收费，这实际上是给予存款人的暗利息补贴。银行为争取存款，常对余额较大的账户免收或仅象征性地收取少量手续费。如在可转让支付命令账户产生前，银行对活期存款账户免收手续费或仅收取少量手续费，而这笔手续费还不能弥补银行办理这种账户的全部费用。两者之间的差额实际上是活期存款账户存款人的暗收益，相当于银行向存款人支付的利息。服务收费越少，差额越大，暗收益越高。在可转让支付命令账户产生后，许多银行采取以直接收费代替最低存款限额或以最低存款限额代替直接收费的市场开发策略来竞争存款。第二，按服务成本收费，这也是对存款人的一种优惠。第三，按高于服务成本的价格收费,差额构成银行的利润,直接体现了银行的盈利目的。

3) 金融服务的品种和质量

银行所能提供的金融服务的品种和质量也是影响商业银行存款规模的重要因素。在竞争日益加剧的银行业中,越来越多的商业银行意识到通过扩大业务范围、提高服务质量、增加存款品种和形式吸引客户的重要性。如一些商业银行为争夺存款,已提出和实施了"全面服务"。全面服务包括向客户提供自动转账、代收代付、代理、投资咨询、外汇交易、信托、个人财务计划项目的规划和设计、档案保管、公证人服务、旅行支票、机票代购、工资发放、保险箱、银行邮寄业务和夜间寄存单等服务项目。银行在为客户提供各种优质服务的同时,可以扩大存款规模。

4) 银行网点和营业设施

银行网点设置的便利性和营业设施的水平会影响商业银行的存款水平。一般来说,不管是居民还是企业在选择开户银行时都会考虑银行网点的地理位置是否方便。这就要求银行广设网点,特别是在人口密集的地区、商业中心甚至是一些住宅区设置分支机构。另外,随着信息技术的发展和自动取款机的普及,具有较多营业网点的商业银行更有利于存款的吸收。营业设施主要指商业银行营业厅的外观和相关配套设施,如停车场。一个具有舒适、愉快气息和高效的营业厅可以有效地吸引客户。

5) 银行信誉和贷款便利

银行的资产规模和信誉评级是衡量银行实力的两个可信度最高的指标。在利率和其他条件相同或相差不远的情况下,客户总会选择实力比较雄厚的大银行,特别是大客户,因为这些大银行破产倒闭的风险较小。在美国,联邦存款保险制度仅对 10 万美元以下的存款提供充分保险,而对 10 万美元以上的存款和大额可转让存单没有提供充足保险。因此,为了保证存款的安全,那些存款平均余额较大的大客户特别喜欢选择信誉度高的大银行,或购买这些银行发行的大额存单。同时,客户选择银行的一个重要依据是在关键时候能否获得银行的贷款支持,因此银行也可以通过向客户提供信贷便利来争取存款。

6) 银行形象和雇员形象

银行形象和雇员形象也是影响银行存款的重要因素,在社区中树立良好的银行形象,稳健的经营管理,使贷款政策符合当地需要,良好的管理素质和经营素质,雇员的礼貌、热情、体贴,开展适当的广告宣传等都是吸引存款的重要因素。

6.2.3 商业银行存款业务管理

存款业务管理的好坏直接关系到商业银行经营的成败:一方面存款直接影响到商业银行资产扩张的速度和经营规模以及市场占有率;另一方面直接关系到降低存款成本和增加服务收入。因此,商业银行应特别重视存款业务的经营和管理。存款业务的管理有以下几个方面。

1. 提高产品和服务质量

商业银行应注重通过提供优质的产品和服务来增强其在存款市场上的竞争力。银行可以通过利用先进的技术设备,全面实施金融服务自动化,提高服务质量和扩大服务范围,以更快捷、更便利和更人性化的方式来吸引客户。

2. 存款品种创新

客户的需求和偏好是银行开发新产品的原动力。银行必须根据不同社会阶层和群体存款人的需要设计相应的存款品种，从而吸引众多的客户，扩大银行存款资金来源。银行应细分市场和产品，研究不同类型和不同层次客户的需求，针对各类客户的存款动机量体裁衣，量身定做符合其潜在需求的产品，将潜在需求转变成现实需求。金融产品创新的关键是围绕客户的需求，从收益性、流动性和安全性的角度进行设计，从产品的载体、使用方式和附加属性等方面加以组合运用。

3. 存款成本管理和控制

存款成本是指商业银行为吸收存款而进行的必要支出，直接影响到银行的经营成果。因此，对存款成本的管理和控制是存款管理的主要内容。存款成本可以分为两部分：一是利息成本，是银行按约定的存款利率计算的支付给存款人的支出；二是营业费用，也称非利息成本，是指除了利息以外的所有存款业务支出，主要包括员工工资和福利费、折旧费、广告费、差旅费、办公费和为客户提供服务的其他费用等。由于我国实行利率集中管理，基层商业银行对存款定价的能力是有限的。因此，在存款管理和存款定价中，营业成本的管理和控制是重点。

4. 合理定价

在市场经济中，产品的价格是其需求的重要影响因素之一，因此，存款定价是存款管理的一个重要方面。存款定价包括存款利率、相关服务收费、优惠条件和附加服务等，制定适当的存款价格是吸收存款的关键环节。银行可以采取提高存款利率、降低相关服务费用、增加优惠条件和存款附加值来吸引客户。然而，单纯通过提高存款利率来吸收存款的效果是有限的。提高存款利率会增加银行的资金成本，而且还会受到相关监管制度的约束。因此，通过降低相关服务费用、增加优惠条件和存款附加值的组合变相提高存款价格已经成为商业银行吸收存款的主流方式。

5. 提高存款稳定性

存款稳定性也称存款沉淀率，是构成商业银行中长期资产和高盈利资产的主要资金来源。银行在拓展存款市场时，也要注重存款的稳定性，以便妥善安排资金的运用和防范流动性风险。

根据存款的稳定程度可以将存款分为核心存款和非核心存款。核心存款是指对市场利率变动和外部经济因素变化不敏感的存款。核心存款一般不会提前支取，稳定性较强，定期存款、大额可转让存单和专项存款通常属于核心存款，但不同银行的核心存款构成应具体分析认定，扩大核心存款比重会降低银行经营的市场风险。非核心存款也称易变性存款，是指对市场利率变动和外部经济因素变化敏感的存款。银行非核心存款比重的提高会扩大银行的市场风险，因此，银行需要为易变性存款储备大量的流动性资产作为支付保障。银行可以通过提高核心存款的比重并延长易变性存款的平均占用时间来提高存款的稳定性。

6. 适当控制存款规模

存款是商业银行非常重要的资金来源，制约着银行的经营规模和发展水平，然而存款并不是越多越好，它存在一个适度的存款规模。首先，一国的银行存款总量主要取决于该国的国民经济发展水平，在正常情况下，任何类型的存款都存在一个适度问题。其次，一家银行的存款规模应该限制在其可发放贷款的程度、吸收存款的成本、管理存款负担的承受能力及银行资产运用的能力范围之内。如果超出这一能力范围，就属于不适度的存款增长，反而会给银行经营增加不必要的负担。

7. 加大产品的营销力度

在激励的市场竞争环境下，市场营销力度是商业银行获胜的重要因素。丰富的产品和优质的服务，只有经过市场推广才能为客户所知晓，才能提高存款人对银行及银行产品和服务的认知度，从而提高银行吸收存款的能力。

8. 完善网点设置和营业设施

商业银行分支机构的多少和营业网点的地理位置是否方便是银行进行存款竞争的重要因素之一。客户一般按照便利的原则，就近选择一家银行设立账户并接受其提供的各种金融服务。因此银行应合理设置营业网点来尽可能多地吸引客户。同时，宽敞明亮的营业场所、完善的配套服务设施和幽雅舒适的环境也是银行吸引客户的重要因素。

9. 提升银行形象

银行应在经营中注重提升在公众中的企业形象。管理层的诚信、雇员的美好品德、积极参与公益活动、扶持当地经济发展、致力于为民众提供优质的金融服务等都会向公众传递良好的企业形象。

6.2.4 存款成本分析和控制

1. 存款成本

存款成本包括利息成本和营业成本，常用的衡量存款成本的指标有以下几种。

1）资金成本

资金成本是指银行为吸收存款而发生的一切支出，即利息支出和营业成本之和。

$$资金成本率 = \frac{利息成本 + 营业费用}{吸收的全部存款资金} \times 100\%$$

2）可用资金成本

可用资金成本是指可用资金，即从存款资金中扣除必要的存款准备金后的余额，承担的全部成本。银行吸收的存款资金不能全部用于贷款和投资业务，只有扣除法定存款准备金和必要的超额准备金的余额才能用作盈利性资产的来源。因此，可用资金成本比资金成本更能反映银行实际承担的成本，是确定银行净利息差的基础，是银行存款成本分析的重点。

$$可用资金成本率 = \frac{利息成本 + 营业费用}{吸收的全部存款资金 - 准备金} \times 100\%$$

3）加权平均成本

加权平均成本是根据各种存款来源和各自的成本计算出的平均成本，是银行估算存款成本最常用的方法。

$$加权平均成本 = \frac{\sum(每种存款的资金来源总量 \times 该种来源资金的单位成本)}{各种存款资金来源总量之和} \times 100\%$$

加权平均成本可用于不同银行的各种存款的比较分析，也可用于估算历史的存款成本，有助于银行业绩的横向和纵向比较。但以加权平均成本来估计未来吸收存款成本和确定银行盈利资产价格时，存在几个不足。第一，加权平均成本没有考虑银行的非营利性资产，如存款准备金和代理行的成本，而且不同来源的存款所分配的非盈利性资产的比例是不同的，这就需要银行根据成本与收益的变化不断作出调整。第二,没有考虑利率变化的影响。在利率变动频繁的情况下,采用历史加权平均成本无法获知盈利性资产的价格。第三,存款成本中的营业费用是随时发生变化的。因此,采用加权平均成本来估计未来吸收存款成本和确定银行盈利资产的价格很可能产生误导。

4)边际成本

边际成本是指商业银行增加一单位资金存款所带来的成本增加。边际成本常用来指导盈利性资产的定价,其基本原理是只要新增存款的边际收益大于或等于新增存款的边际成本,吸收该新增存款就是盈利的,因此知道了边际成本就可以确定资产的价格。

边际成本的优点在于反映了存款准备金、管理费用和市场利率的变化,但在实际运用中也存在以下不足。第一,边际成本没有考虑新增存款给现有资金带来的风险,计算出的边际成本比实际成本偏小,因此应该调高新增存款的边际成本。例如,吸收更多的存款会使银行的债务比率上升,债权人和股东承担的风险增大,因此会要求更高的回报率,导致其他资产成本的上升。第二,由于银行存款品种的多样化,银行通常采用多种途径的资金来源来增加资产,因此很难精确归集新增存款发生的成本和准确计算边际成本,从而降低了边际成本的有用性。第三,银行存款的边际成本和其资产不存在直接的对应关系,不利于边际成本指导资产定价。由于银行的存款产品和盈利资产都具有多样性,而存款一旦进入银行就以货币资金的形式存在,难以区分其具体来源和去处,因此无法将盈利性资产的成本和收益一一对应。

2. 存款成本的控制

存款成本的控制措施有合理控制存款总量和优化存款结构。

1)合理控制存款总量

存款总量不是越多越好,它存在一个适度的存款规模,当超过这一适度水平时,存款的增加会导致存款成本的迅速上升,从而导致存款的增加不经济,这可以用存款控制模式来说明,如图6-1所示。其中,C为存款成本;Q为存款总量;MC为银行存款边际成本;AC为银行存款平均成本;MR为银行存款边际收益。

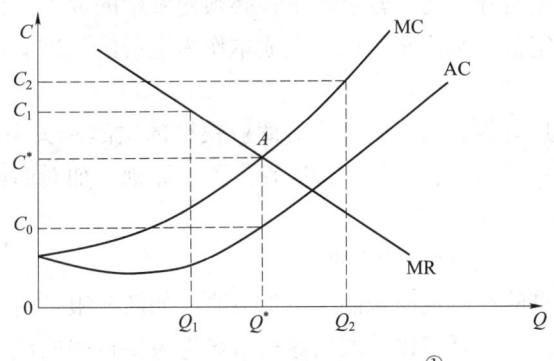

图6-1 存款控制模式示意图[①]

在存款控制模式下,银行适度的存款量是当银行边际成本等于边际收益时的存款量。在

---

① 资料来源:买建国. 商业银行管理学. 上海:立信会计出版社,2010:131.

图 6-1 中,适度的存款量为 MC 和 MR 的交点 A 所对应的存款量 Q^*,此时适度的成本为 C^*。当存款量小于 Q^* 时,如 Q_1 存款量,此时银行的边际收益大于边际成本,增加的存款是有效的,可以为银行带来收益。当存款量增加到 Q^* 时,达到了适度的存款量和存款成本。当继续增加存款到 Q_2 时,已经超出了适度的存款量,此时银行的边际收益小于边际成本,存款的增加是无效的,不能为银行带来任何收益,反而减少了银行的利润。可见,只有边际收益与边际成本相等时对应的存款量 Q^* 和存款成本 C^* 才是最优的,此时银行支付给存款客户的利息为 C_0,这是由最优存款量 Q^* 对应的平均成本决定的。

2) 优化存款结构

在存款总量一定时,存款结构不同,存款成本也不同。一般情况下,存款期限越长,利率越高,对应的存款成本越高;反之,存款期限越短,利率越低,相应的存款成本也越低。因此,银行在吸收存款时,应优化存款结构,降低存款成本。首先,可以尽量扩大低息存款的吸收,从而降低利息成本。其次,增加定期存款的派生能力,扩大存款利用率来达到降低银行存款成本的目的。如定期存款的运用可以派生出大量的企业结算账户上的低利率存款,从而降低银行存款的利息支出。最后,在不减弱银行信贷能力的前提下,可以适当增加活期存款。

6.2.5 存款定价

1. 存款定价的原则

存款定价既关系到商业银行的竞争力,又关系到商业银行的盈利能力。一方面商业银行需要制定有竞争力的存款价格来吸收存款;另一方面又要通过降低存款成本来提高其自身的盈利水平。因此对商业银行来说,存款定价面临着存款规模扩张和盈利能力的两难抉择。但总的来说,商业银行在存款定价时应遵循以下几个原则。

1) 成本导向原则

商业银行是以利润最大化或者企业价值最大化为经营目标的企业,其存在的目的就是为了赚取利润。为了实现该目标,在经营过程中,必须使发生的成本得到弥补,因此,不管采用什么方法对存款进行定价,都应坚持以存款成本作为定价的基础。

2) 区别定价原则

商业银行存款的客户有很多,不同客户对商业银行的贡献和关系密切程度不同。因此,在存款定价过程中不应一视同仁,而应坚持区别定价的原则。如对商业银行贡献较大的大客户,可采用优惠价格。

3) 与银行经营策略相结合的定价原则

商业银行应根据自身的经营策略来制定定价策略。如商业银行的经营策略是迅速扩大存款规模和占领存款市场份额,就可以采取以渗透市场为主要目的的优惠存款定价方法。如果银行的经营策略是巩固原有的市场份额,而不是扩张资产规模,那么,在存款定价过程中应该体现的就是巩固原有客户,以附加的金融服务作为主要手段来提高原有客户的忠诚度。

2. 存款定价的方法

存款定价的目的在于银行能以最低的成本吸收到所需要的存款量。根据不同的产品,制定合理的价格是存款定价的重要内容。

1) 边际成本定价法

对于一个固定成本占总成本较大的行业来说，采用边际成本定价方法较为合适。这是因为：第一，采用边际成本法能更准确地反映存款成本的变化，一旦确定边际成本，就可以确定存款的利率；第二，边际成本可以更为准确地看出产品定价的盈利状况，只有产品价格高于边际成本，价格才是可以接受的，如旅店业房间的折扣、航空业机票的低折扣等，商业银行在追求规模经济时，利用边际成本定价法可以准确地判断存款利率的最高限额；第三，通过边际成本等于边际收益，可以决定存款的最优规模；第四，通过边际成本的计算，可以决定选择何种类型的存款来实现成本最小化。

相比加权平均成本定价法，边际成本定价法能更准确地反映存款的真实价格。例如，当存款利率上升时，筹集新资金的边际成本会大于平均成本，按照平均成本可以提供贷款，但是从更高的边际成本来看，提供贷款是不能带来盈利的；相反，当存款利率下降时，筹集新资金的边际成本小于平均成本，部分存款从平均成本的角度看是亏损的，但以边际成本计算却是盈利的。因此，当利率处于频繁变动的情况下，边际成本定价法比较有效，其计算公式如下：

$$边际成本 = 总成本变动$$
$$= 新利率 \times 新利率下筹集的资金额 - 旧利率 \times 旧利率下筹集的资金额$$

$$边际成本率 = \frac{边际成本}{筹集的新增资金额} \times 100\%$$

例 6-1 假设银行在 7.5% 的利率下可以吸收到 1 000 万元存款，在 8% 的利率下预计存款为 2 000 万元，在该银行的边际成本和边际成本率分别为

$$边际成本 = 8\% \times 2\,000 - 7.5\% \times 1\,000 = 85（万元）$$

$$边际成本率 = \frac{85}{2\,000 - 1\,000} \times 100\% = 8.5\%$$

可以看出，8.5% 的边际成本率大于 8% 的平均存款利率成本。这是因为银行必须支付 8% 的利率才能吸收 2 000 万元的存款，比 7.5% 利率水平下多吸收 1 000 万元的存款。如果银行预期的收益率大于 8.5%，则 8% 作为银行吸收存款的利率成本是可行的。

2) 成本加成定价法

成本加成定价法是在单位存款总成本的基础上加上一定的利润来确定存款价格的一种定价方法，计算公式为

$$单位存款价格 = 单位存款总成本 + 单位存款利润$$

采用成本加成定价法的关键是要准确计算单位存款的总成本，总成本不但包括变动成本，还包括按照预计的存款量分摊的固定成本。

3) 市场渗透存款定价法

市场渗透存款定价法是向客户提供高于市场平均水平的高利率，或以低于市场标准的服务收费来吸收更多的客户，从而快速占领市场份额的一种定价方法。市场渗透存款定价法一般适用于创新产品开拓市场和对价格敏感、可以薄利多销的产品的定价。

市场渗透存款定价法的最大优点在于有利于银行缩短金融产品投入市场的时间，以便尽快占领市场份额，形成规模存款。银行在运用这种定价方法时要注意提高银行的信誉和知名度及培养客户的忠诚度。因为客户在选择存款银行时不只考虑价格因素，还要考虑提供服务

的质量和存款的安全性等。如果客户对某家银行的忠诚度很高，想要通过提高利率和降低收费来改变客户的开户银行是很难的。因此，银行采用较高的利率吸引客户后，还要通过提高服务质量和增加服务品种等措施来培养客户对银行的忠诚度。

4）条件定价法

条件定价法也称存款费用安排定价法，主要是根据客户存款余额来确定服务收费的方法，分为统一定价、免费定价和有条件自由定价三种定价方法。

（1）统一定价法是指不区分账户的活动性程度，也不管账户余额的多少，统一采用同样的固定收费标准。

（2）免费定价法是指商业银行不向存款人收取账户维持费和结算服务费等费用，但给予账户较低的利率，这实际上相当于客户向商业银行支付隐形费用。

（3）有条件自由定价法是指商业银行根据账户的实际情况来确定账户的存款利率和结算服务费标准。其定价依据主要有两个：一是考察期内账户的平均余额；二是账户结算的业务量大小。余额越大，费率越低；交易次数越多，费率越高。

5）高层目标定价法

商业银行通过规定较高的收费标准或要求客户账户保持一定的最低余额，向高收入家庭或个人提供服务，将银行服务定位在高端客户。高层目标定价法主要用于吸收高余额和低进出的存款，可以为银行筹集较稳定的资金来源，同时降低银行成本。商业银行利用精心设计的广告方案，向事业有成的职业经理人和专业人员以及高收入家庭提供服务并收取费用，从而获取较高的存款量。

6）金融市场定价法

金融市场定价法是指商业银行根据国债、货币市场基金和可转让存单等货币市场工具的收益率来确定存款的利率，并根据市场利率的变化来调整利率水平。在调整利率时，可以根据需要按年、按月调整，也可以按日调整。这种定价方法充分顾及了银行的资金成本，从而避免了存贷利差倒挂的现象，是商业银行规避利率风险的一种定价方法。

7）差别定价法

差别定价法是指商业银行根据客户使用的服务数量和涉及的服务类型，计算出客户对商业银行利润的贡献大小来确定价格的一种方法。其特点是使用银行服务数量越多、涉及服务类型越广、对商业银行贡献越大、收取的费用越低甚至免除费用。这一方面可以增强客户对银行的依赖；另一方面可以提高存款的稳定性。

6.3 商业银行非存款负债的管理

商业银行的非存款负债是指商业银行主动通过金融市场或直接向中央银行融通资金。相对存款负债来说，非存款负债是商业银行的主动型负责，具有更大的流动性、灵活性和稳定性，是商业银行重要的资金来源之一。

6.3.1 非存款负债的影响因素

虽然非存款负债属于商业银行的主动型负债，但非存款负债的成本和可获得性是商业银行需要注意的问题，非存款负债受以下几方面因素的影响。

1. 非存款负债的成本

不同来源的资金，成本不同。一般是资金期限越长，利率越高；期限越短，利率越低，如同业拆借、回购协议和再贴现等短期资金利率较低。对于期限较长的资金最好采用发行大额可转让定期存单和回购协议等方式。在选择期限较短的资金时，最好采用回购协议方式，因为它的利率最低且比较稳定和灵活，同业拆借的利率波动性很大，再贴现限制太多又缺乏灵活性。

2. 非存款负债的风险

非存款负债的风险主要涉及利率风险。利率风险是指借款成本的波动率。目前所有借款利率都是由市场供求关系决定的。通常来说，资金期限越长，利率波动风险越小，所以应尽量选择期限较长的借款来减小利率风险。

3. 商业银行的规模和信誉

商业银行的规模和信誉直接影响借款资金的来源。银行规模越大，信誉越好，市场投资者就会认同该行发行的债务工具，银行就越容易以低廉的成本获得所需资金来源。规模较小或信誉较差的银行面临着无弹性债务市场，很难推销自己的债务工具，往往只能求助于贴现窗口和回购市场。

4. 金融市场的有效性

银行主要是通过金融市场融入资金的，有效的金融市场扩宽了银行融资的渠道，降低了银行的融资成本。

5. 法规的限制

金融方面的法律法规对商业银行借入资金的数量、频率及使用情况都有严格的限制。如美国国民银行法规定，联储银行对从贴现窗口连续借款进行了限制并禁止使用这部分资金发放贷款；商业票据的期限应在 7 天及以上。

6.3.2 短期非存款业务的管理

1. 短期非存款业务的种类

短期非存款业务是指期限在一年以内的各种银行借款，主要包括同业拆借、向中央银行借款、回购协议、转贴现和转抵押、国际金融市场借款。

1）同业拆借

同业拆借是金融机构之间的短期资金融通，主要用于支持日常性的资金周转，是商业银行弥补暂时的头寸短缺，调剂法定准备金头寸的重要渠道。其主要特点有：第一，同业拆借一般数额较大，期限较短，多在 7 日之内，最短可以为一天或一夜，因此也被称为"日拆"、隔夜放款或隔日放款；第二，同业拆借一般是通过商业银行在中央银行的存款账户进行的，实际上相当于超额准备金的调剂，因此也称中央银行基金；第三，同业拆借利率较低，融资对象和数额及时间都很灵活，拆借手续简单，通过电话或电传就可以达成交易；第四，同业拆借用于银行间头寸的调剂，在资金结算轧差时，有的银行出现头寸盈余，而有的银行存在头寸不足，于是，为了轧平头寸，头寸不足的银行需要从头寸盈余的银行临时拆入资金，头寸盈余的银行也乐意将闲置的资金拆借出去获取利息收入；第五，由于同业拆借发生在银行间，因此信用高、流动性和时效性强、违约风险小。

我国 1996 年开通的全国同业拆借一级网络和各省市的融资中心，均为有形市场。1996

年年初至1997年7月,我国同业拆借市场由两级网络组成,商业银行总行为一级网络成员,银行分支行和非银行金融机构为二级网络成员;各省市融资中心既是一级网络成员,又是二级网络的组织者和参与者,成为沟通一级网络和二级网络的桥梁。1997年8月,融资中心为加强自身风险的管理和控制,主动减少自身的交易规模,市场交易由拆借双方自行清算、自担风险,交易成员奉行"安全第一,价格第二"的原则。拆出方把防范信用风险放在首位,拆借主要在资金实力雄厚、信誉较好的商业银行总行之间进行。1998年2月后,融资中心退出拆借市场,也就宣告拆借二级网络的终止。1998年4月外资银行开始进入拆借市场,1998年6月,我国商业银行省级分行开始成为拆借市场成员,但拆借依然维持在商业银行总行之间。

我国的同业拆借市场由1～7天的头寸市场和期限在120天内的借贷市场组成。中国人民银行公布的统计数据显示,2009年同业拆借成交677 007.32亿元,2010第一季度同业拆借成交162 529.39亿元,市场交易活跃,市场流动性总体充足。

2) 向中央银行借款

商业银行向中央银行借款的主要途径有两种:一是再贴现;二是再贷款。再贴现是指商业银行将收到的已经贴现但尚未到期的票据向中央银行再次办理贴现而获取资金的行为。此时,票据的债权由商业银行转给(卖给)中央银行。在票据流通发达的国家,再贴现是商业银行向中央银行取得资金的主要途径。同时,再贴现率作为基准利率,是中央银行的主要货币政策工具之一。再贷款是指商业银行直接向中央银行贷款,融入资金,再贷款可以分为信用贷款和抵押贷款。信用贷款是商业银行仅凭自己的信用进行借款,而不需要提供抵押物;抵押贷款是商业银行以持有的各种有价证券或客户的贷款作为抵押品借入贷款。在金融市场不发达或商业票据数量不多的国家,商业银行向中央银行取得资金以再贷款为主。

由于中央银行向商业银行的放款将构成具有成倍派生能力的基础货币,因此各国中央银行都把对商业银行的放款作为宏观金融调控的重要手段。中央银行在决定是否向商业银行放款、何时放款、放多少款时遵循的最高原则是维护金融和货币的稳定,其利率随经济、金融形势的变化而经常调节,通常要高于同业拆借利率。在一般情况下,商业银行向中央银行的借款只能用于调剂头寸、补充储备不足和资产的应急调整,而不能用于贷款和证券投资。

目前我国商业银行向中央银行借款的主要形式是贷款。今后,随着我国票据贴现市场的不断发展和完善,向中央银行借款的主要途径将是再贴现逐步取代再贷款。

3) 回购协议

回购协议是指商业银行在出售有价证券等金融资产获取资金时就与购买方签订协议,约定在将来的一定时间以约定的价格买回所售证券,其本质是以有价证券为担保的短期资金借款。回购协议最常见的交易形式有两种:一是证券卖出和买回采用相同的价格,协议到期时以约定的收益率在本金之外再支付费用,这部分费用相当于短期借款的利息;二是买回证券的价格高于卖出时的价格,其差额就是资金提供者的收益。回购协议是发达国家中央银行公开市场操作的重要工具。

回购协议交易一般在相互高度信任的机构间进行,风险较小。大商业银行、实力雄厚的非银行金融机构、政府证券交易商和地方政府是回购协议市场的主要参与者。回购协议的期限一般较短,如我国规定回购协议的期限最长不得超过3个月。回购协议的成交方式灵活,可以由双方直接成交,也可以通过经纪人或固定的交易场所间接成交。由于出售有价证券融入的资金不属于吸收的存款,因此,不需要向中央银行缴纳存款准备金。

4) 转贴现和转抵押

转贴现和转抵押是商业银行在遇到资金临时短缺、周转困难时筹集资金的途径之一,发生在银行与银行之间。转贴现是指商业银行将收到的已经贴现但尚未到期的票据向其他商业银行或贴现机构进行贴现以获取资金的行为。转抵押是商业银行将自己对客户的抵押贷款再转让给其他银行而融通资金的行为。

由于转贴现和转抵押的手续和涉及的关系比较复杂,金融法规对它们有很大的约束,因此必须有约束地合理使用。近年来,我国银行的转贴现业务发展迅速,交易金额大幅上升。但是,我国票据市场本身不完善,票据的贴现业务和转贴现业务等在实际的具体操作中存在的一些问题制约了转贴现业务的发展。

5) 国际金融市场借款

商业银行除了在国内货币市场融资外,还可以从国际金融市场借款来弥补资金的不足。国际金融市场分为短期货币市场(期限为1年以下)、中期资金存放市场(期限为1~5年)和长期债券市场(期限为5年以上)。目前最具吸引力的是欧洲货币市场,因为它是一个完全自由开放的富有竞争力的市场。第一,欧洲货币市场不受任何国家的政府管制和纳税限制,如借款条件灵活,借款不限制用途等。第二,欧洲货币市场的存款利率相对较高,放款利率相对较低,存放款利差较小。这是因为它不受法定存款准备金和存款利率最高额的限制,因为无论对存款人和借款人都很具有吸引力。第三,欧洲货币市场资金调度灵活、手续简便,业务方式主要凭信用。短期借款一般签协议,无须担保品,通过电话或电传就可以完成。这里起决定作用的是借款银行的资信。第四,欧洲货币市场的借款利率由交易双方依据伦敦同业拆借利率具体商定,非常灵活。

2. 短期非存款业务的管理

1) 时机选择

在商业银行的短期非存款业务管理中,时机选择是一个关键的问题。首先,银行应根据自身在一定时期的资产结构及其变动趋势来安排是否借款、借款数量和借款渠道。如果银行在某一时期内的现金资产充足,足以应付流动性风险的要求,并且市场利率较高,就没有必要借入资金;相反,如果银行近期有贷款和投资的需求,就可以通过借款来降低现金资产,满足预计贷款和投资的需求。其次,银行应该根据金融市场的状况来选择借款时机。当市场利率较低时,可以适当地多借入资金;反之,则少借入资金。最后,银行应根据中央银行货币政策的变化来决定短期借款的程度,因为货币政策的变化将直接影响市场资金供求关系和借款条件限制的程度。一般来说,当采取紧缩的货币政策时,货币市场供给不足,导致利率上升,向中央银行再贴现和再贷款的成本会很高,并且借款条件较为严格,借款比较困难;反之,当采用宽松的货币政策时,货币市场供给充裕,导致利率下降,向中央银行借款的成本会较低,借款条件比较宽松,借款比较容易。因此,应根据货币政策选择恰当的借款时机。

2) 规模控制

借款不是越多越好,银行应在权衡流动性、安全性和盈利性的基础上,估算出一个适度的借款规模。当借款成本超过所得收益时,就不应该继续增加借款规模,而应通过调整资产结构来保持资产的流动性需要或通过进一步挖掘存款潜力来支持资产规模的扩张。

3）结构安排

短期借款的渠道很多，商业银行应合理安排各种借款的比例。从中央货币政策来看，如果银行降低再贴现率和再贷款率，则可以适当增加向中央银行借款的比重；反之，应减少向中央银行借款的比重。从借款成本来看，一般应尽可能选择一些低息借款，少用高息借款。当低息借款难以取得，而预期资产收益率又很高时，也可以考虑借入一些利息较高的资金。从国内外资金来源来看，如果国际资金成本比国内资金成本便宜，可以提高国际金融市场借款的比重；反之，则应降低它的比重。

6.3.3 长期非存款业务的管理

商业银行的长期非存款业务是指期限在一年以上的借款。商业银行长期借款的主要形式是发行金融债券，用来满足商业银行的中长期资金需求。金融债券有利于商业银行扩宽负债渠道，促进资金来源的多样化，有助于增强商业银行负债的稳定性。

1. 长期非存款业务的种类

商业银行的金融债券按照不同的标准可以划分为不同的分类。

（1）按照发行债券的目的不同，可以划分为资本性债券和一般性债券。资本性债券是商业银行为补充资本金不足而发行的金融债券。一般性债券的发行目的主要是为商业银行筹集用于长期贷款与投资的中长期资金。

（2）按照有无担保，可以分为信用债券和担保债券。信用债券是指商业银行以自身的信用为保证发行的债券，而不需要提供任何担保物，也称无担保债券。商业银行特别是实力雄厚的大银行，由于信用良好，一般都发行信用债券，我国银行发行的债券也都是信用债券。抵押债券是商业银行以自身的财产作为抵押或由第三方担保而发行的抵押担保债券。随着我国合作性和民间性的中小银行的发展，担保性金融债券是我国金融债券发展的必然趋势。

（3）按照发行价格不同，可将债券分为普通金融债券、累进利息金融债券和贴现金融债券。普通金融债券是指一次还本付息的债券，期限通常在3年以上，相当于定期存单，可以在二级市场上交易。累进利息金融债券是指银行发行的浮动期限式、利率与期限挂钩的金融债券，期限通常在1～5之间，利率按此期限分为几个不同的等级，每段期限按对应的利率计算利息，债券的总利息是几个不同等级利息的总和。贴现金融债券是指金融债券按一定的折现率和期限以低于账面金额的价格折价发行，账面金额和发行价格的差额为金融债券的利息。

（4）按照债券利率是否浮动分为固定利率债券和浮动利率债券。固定利率债券是在债券期限内利率固定不变，持有人定期取得固定利息，到期时收回本金。浮动利率债券是在债券期限内，债券利率随市场利率的变化而调整的金融债券。

（5）按照币种和发行范围可以分为国内金融债券和国际金融债券。国际金融债券是指在国际金融市场发行的面值以外币计价的金融债券，通常分为外国金融债券、欧洲金融债券和平行金融债券。外国金融债券是指债券发行银行通过外国金融市场所在国的银行或金融机构发行的以该国货币计价的金融债券。其特点是债券发行银行在一个国家，债券的发行币种和发行市场属于另一个国家，要受发行地的金融法规的管制，如我国银行在日本发行的以日元计价的金融债券。欧洲金融债券是债券发行银行通过其他银行或金融机构在债券面值货币以外的国家发行并销售的金融债券。其特点是债券发行银行、币种和发行市场分别属于三个不同的国家,不在任何特定的国内金融市场注册,不受市场所在国金融法规的限制,如我国银行在法兰克福市场上发行的日元债券,属于欧洲日元债券。平行金融债券是发行银行为了筹集资金,在几个国家同时发行债券,这些债券的筹资条件和利息基本相同,分别以各发行市场的货币计价,相当于同时在不同国家发行几笔外国金融债券。

2. 长期非存款业务的管理

中国人民银行是我国金融债券发行的主管部门,凡要求发行债券的商业银行,必须逐项向中国人民银行报送有关材料,经严格审查和批准后才能发行金融债券。

1) 信用等级的评定

各国对金融债券的信用等级评定标准一般有三个。

第一,盈利能力。衡量金融机构盈利能力的重要指标是资产收益率,资产收益率越高,盈利能力越强。

第二,资本充足率。通过资本总额与加权风险资产总额的比例反映资本充足程度和防御风险的能力。

第三,资产质量。金融机构的资产质量主要是指资产损失的程度,常用不良资产比率来衡量。为了保证投资者的利益和确保债券市场的稳定性,金融债券的发行要聘请专门的评级机构对发行者的偿还能力作出评价,即债券的信用评级。

2) 发行数量

大多数国家都对商业银行发行金融债券的数量有一定的限制,规定金融债券的发行总额不能超过银行资本和法定准备金之和的一定倍数。我国国内金融债券的发行要纳入中国人民银行的全国综合信贷计划,发行数量主要限制在当年各银行偿还到期债券的数量与当年新增特种贷款之和的额度内。

3) 资金用途

有的国家对债券所筹集资金的用途有明确规定,有的国家规定只能用于专项投资,有些国家要求用于中长期贷款。我国规定债券筹集的资金只能用于偿还到期债券和发放特种贷款。

4) 发行价格和发行费用

金融债券的发行价格包括发行价格和利率两方面。发行价格有三种形式:面值发行、折价发行和溢价发行。如果债券的票面利率高于同期银行存款利率,可溢价发行;如果债券的票面利率低于同期银行存款利率,可折价发行;如果两者相等,可按面值发行。债券发行银行除了向投资者支付利息外,还要承担一定的发行费用,利息和发行费用构成债券的发行成本。发行费用包括手续费、差旅费、印刷费、上市费和律师费等。

【阅读材料】

高息揽储屡禁不止

住在大关小区的黄女士上个月在熟人的介绍下,参加了由中介组织的贴息揽储,存了13万元,拿了2.1%的贴息,隔了没几天,中介又打电话,问黄女士还有没有钱了,银行现在又在贴息揽储了。据了解,进入2010年3季度之后,银行负债压力尽显,虽然从2010年年初以来,各家银行均提前采取措施应对可能到来的负债业务压力,但由于市场的变化,至第3季度,商业银行的负债业务压力明显增加,"拉存款"再次成为各家商业银行的首要业务。

"拉存款"贴息可讨价还价

黄女士也是无意中认识了那个帮银行拉存款的中介，经他介绍，她决定将自己闲置的十多万资金存入天目山路某城商行柜面。

"我当时其实觉得有点麻烦，毕竟那家小银行在杭州只有一家营业厅，而大关那边银行很多，存过去不方便，但禁不住那个中介的软磨硬泡，还说报销打的费什么的，所以也就去了。"

另外，因为银行缺钱，关于贴息的利率，黄女士也和中介讨价还价了一番。

"原来按照我存的金额，只能拿到1.9%～2.0%的贴息，后来我说要提高到2.1%，中介也同意了。"存钱那天，黄女士看到一帮人在那家银行的窗口排队，中介坐在银行大厅的沙发上，等客户存完钱之后，留下相关证明，然后挨个发钱。

"过了没几天，中介又给我打电话，问我有没有钱去存了。我随口说了句，那家银行怎么这么缺钱啊。中介笑着说，是啊，很缺钱，都没钱放贷款了。"黄女士说。

"造成存款分流的因素有多种，其中包括资本市场的变化，以及上半年骤增的银行理财产品对存款的分流。"某国有银行零售信贷部负责人表示。根据各家银行此前披露的半年报可以清晰地看出上半年存款资金的流动。以建设银行为例，截至2010年6月30日，建行客户存款较上年末增加5 903.78亿元，增幅为7.38%，在负债总额中的占比较上年末上升0.71个百分点至88.98%；而同业及其他金融机构存放款项和拆入资金较上年末下降492.88亿元，降幅为6.06%，对此建行在半年报中解释称，这主要是由于上半年资本市场持续低迷，整体市场资金呈现净流出态势，证券公司、基金公司存款降幅较大。

"在负债业务上，无论是大银行还是中小银行都存在压力，但中小银行承受的压力要比大银行大得多。"交通银行首席经济学家连平表示。连平指出，与大银行相比，中小银行在网点布局上存在明显劣势，其在发展负债业务方面不占优势。而与此同时，小银行的企业客户也远比大银行要少，加之今年以来受"三个办法一个指引"①的影响，小银行的贷款呈现向大银行流动的趋势，中小银行和大银行之间存款资源的分配更加不均。

根据银监会此前公布的"三个办法一个指引"，个人贷款资金应当采用贷款人受托支付方式向借款人交易对象支付，即由贷款人根据借款人的提款申请和支付委托，将贷款资金支付给符合合同约定用途的借款人交易对象。这项规定改变了贷款资金的发放流程，从而也改变了存款资源的分配。据了解，在采用此项规定之前，银行直接向借款人发放贷款，而借款人在取得贷款之后一般都会存在其发放的账户里，这些贷款又成了银行的派生存款。而新规实施后，银行要向借款人的交易对象支付，而这些交易对象的账户不一定开在发放贷款的银行。"小银行的劣势是明显的，因为大部分企业账户都开在大银行，中小银行发放的50%以上的贷款都流向了大银行，成为大银行的派生存款。"连平表示。

在这些因素的影响下，连平预计在今年后几个月里，中小银行在负债业务方面面临的压力将会越来越大。

然而，监管部门显然不允许商业银行高息揽储。最近，上海银监局对一家总部位于上海的某股份制银行和另一家股份制银行上海分行的高息揽储行为采取监管强制措施，分别予以54万元罚款及暂停相关业务的处罚。

资料来源：洪叶．高息揽储再现江湖透射银行沉重负债业务压力．每日商报，2010年9月10日；王建东．高息"揽储"屡禁不止，银行负债业务压力尽显．上海证券报，2010年9月8日

【讨论题】商业银行为什么冒着违规受罚的危险，提高成本揽储？

---

① 中国银监会于2010年2月颁布了《流动资金贷款管理暂行办法》、《个人贷款管理暂行办法》（以下简称《流贷办法》和《个贷办法》）。这两个办法与之前已经施行的《固定资产贷款管理暂行办法》和《项目融资业务指引》并称为"三个办法一个指引"。

思考题

1. 商业银行负债业务的意义是什么？
2. 商业银行存款的种类有哪些？
3. 影响商业银行存款的因素有哪些？
4. 怎样控制存款成本？
5. 存款有哪些定价方法？
6. 短期非存款业务有哪些种类？
7. 简述长期非存款业务的分类。

第7章

【主要概念的中英文对照】

库存现金：cash
在中央银行存款：due from the central bank
存放同业存款：due from other commercial banks
在途资金：cash item in process of collection
资金头寸：fund position
多头：long position
空头：short position
基础头寸：basic position
法定存款准备金：legal deposit reserve

现金资产管理

7.1 现金资产概述

商业银行是高负债经营的金融机构,保持一定的清偿能力对商业银行的经营来说非常重要。现金资产是商业银行流动性最强的资产,可以随时用于满足客户的提现和贷款需求,必须对其进行科学的管理。

7.1.1 现金资产的含义

现金资产是指商业银行所持有的现金和与现金等同、可以随时用于支付的资产,是银行资产中流动性最强的资产。现金资产作为银行流动性需要的第一道防线,是非盈利性的资产。一方面从经营的角度来看,在满足相关法律法规的要求时,应保留尽可能少的现金资产。因为较高的现金持有量意味着较高的机会成本,特别是利率水平提高和上升时。另一方面从流动性风险来看,银行必须保留足够的现金来应付客户的取款和贷款需求及抓住有利的投资机会。因此,商业银行应权衡现金资产的盈利性和流动性,保持一个合理的持有量。

7.1.2 商业银行现金资产的构成

商业银行的现金资产,主要由库存现金、在中央银行存款、存放同业存款和在途资金构成。

1. 库存现金

库存现金(Cash)是商业银行保存在金库中的现钞(纸币)和硬币。库存现金的主要作用是银行用来应付客户提取现金和银行本身的日常零星开支。为了保证客户的需求和商业银行的正常经营,任何一家商业银行都必须保留一定数额的库存现金。但由于库存现金属于非盈利性资产,并且保存库存现金还需要花费大量的保管费用,因此,从经营的角度来讲,不宜保留过多的库存现金,而应保持在适度的规模内。

2. 在中央银行存款

在中央银行存款(Due from the Central Bank)是指商业银行存放在中央银行的款项,即存款准备金。商业银行在中央银行的存款由法定存款准备金和超额存款准备金两部分构成。

法定存款准备金是按照法定比率向中央银行缴存的存款准备金,具有强制性。规定缴存存款准备金的最初目的是为了确保银行储备有足够的资金以应付存款人的提款需求,避免因流动性风险而导致的清偿力不足,导致银行破产。目前存款准备金已经演变成了中央银行的三大货币政策工具之一,在正常情况下一般不能动用。例如,2010年实行紧缩的货币政策,伴随着打击住宅投机政策的相继出台,央行在该年内五次上调存款准备金率,截至2010年12月31日,商业银行缴存法定存款准备金的比率为18%,已经达到了历史高位。

超额准备金有广义和狭义之分。广义的超额准备金是指商业银行吸收的存款中扣除法定存款准备以后的余额,即商业银行的可用资金;狭义的超额准备金是指在存款准备金账户中,超过了法定存款准备金的那部分存款。这部分存款犹如商业银行在中央银行的活期存款,是商业银行在中央银行账户上保有的用于日常支付和债权债务清算的资金。通常所说的超额准备金是指狭义的超额准备金。

由于超额准备金是商业银行的可用资金,因此其数量的大小直接影响商业银行的信贷扩张能力。法定存款准备金之所以能作为货币政策调节的手段,正是因为法定存款准备金率的变化会影响商业银行超额准备金的大小。在准备金总量一定的情况下,超额准备金和法定存款准备金之间存在此消彼长的关系。当法定存款准备金率提高时,法定存款准备金增加,商业银行的超额准备金就相应减少,其信贷扩张能力下降;反之,当法定存款准备金率降低时,法定存款准备金减少,商业银行的超额准备金就相应增加,商业银行的信贷扩张能力就增强。因此,超额准备金是货币政策的近期中介指标,直接影响社会信用总量。

3. 存放同业存款

存放同业存款也称在其他商业银行的存款（Due from other Commercial Banks）,是指商业银行存放在其他商业银行的存款。其目的是为了便于同业之间的结算收付、票据清算、代理收付、委托代理和投资咨询等业务的开展。由于存放同业存款的性质为活期存款,可以随时支付,因此被视为银行的现金资产。

4. 在途资金

在途资金也称托收中的现金或托收未达款（Cash Item in Process of Collection）,是指商业银行通过其他银行向外地付款单位或个人收取的票据款项。商业银行在办理票据清算过程中,会产生需要委托其他商业银行收款但尚未收托的款项,这其实是一笔他行占用的资金,但由于在途时间较短,收妥后即成为存放同业存款,因此一般将其视为银行的现金资产。

7.1.3 现金资产管理的意义

商业银行持有现金资产的主要目的是为了应付各项日常支出,满足银行的流动性需求。

1. 保持清偿力的需要

商业银行是以盈利为目的、高负债经营的企业,自有资本金占资产总额的比例很小。从负债来源看,存款的主动权掌握在客户手中,作为银行只有无条件满足客户的需求。借款属于银行的主动负债,需要还本付息。这就要求商业银行在经营中必须保持一定数量的可直接用于提现和清偿债务的资产,而现金资产正是可以满足这种需要而准备的资产。持有一定数量的现金资产,对于商业银行保持其经营过程中的债务清偿能力,防范银行风险尤其是支付风险,具有十分重大的意义。

2. 保持流动性的需要

商业银行作为信用中介,应该在其经营过程中保持适当的流动性。充足而合理的流动性,意味着一家银行在需要资金的时候,能够以合理的成本取得立即可用的资金。也就是说,一家流动性正常的银行在需要资金时,手头上有足够的可用资金或者是能够通过借款或出售资产等方式迅速获得所需资金。所以,银行对流动性的要求实际上有两个:一是要保持适当的规模;二是要在银行需要资金的时候足额供给,而在不需要的时候,这部分资金最好能够用于其他用途,可以为银行带来盈利。然而,对于资金主要用于各项贷款和投资,其资金处于不断周转和循环过程中,要保持充分而合理的流动性是很困难的。这就需要银行合理搭配资产负债结构,保持合理的流动性,以便于及时抓住新的贷款和投资机会,为银行创造利润。

3. 满足法定存款准备金的要求

商业银行必须按照法定存款准备金率向中央银行交存存款准备金和超额准备金,这是强制性规定,所有商业银行必须满足存款准备金的要求。其目的在于保障银行体系的支付能力，降低商业银行的风险，并借此控制和调节商业银行乃至整个社会的货币供应量，进而对整个经济进行宏观调控。

4. 同业之间往来的需要

商业银行必须在中央银行或其他金融机构保持足够的现金存款余额，用于同业间业务清算和支付的需要。如票据交换的差额、委托代理业务支付的手续费和其他相关服务费等费用都必须以现金来结算。

7.2 商业银行资金头寸的计算与预测

7.2.1 资金头寸及其构成

资金头寸是指商业银行可以直接、自主运用的资金，它既是一个时点数（存量），又是一个时期数（流量）。时点头寸是指银行在某一时点上的可用资金，时期头寸是指银行在某一时期的可用资金。当一家银行存入款项大于付出款项时，称为"多头"；反之，当存入款项小于付出款项时，称为"空头"或"缺头"。而"轧平头寸"或"平盘"是指银行平衡资金收支总额的过程。资金头寸可以分为基础头寸、可用头寸和可贷头寸三种。

1. 基础头寸

基础头寸是指商业银行的库存现金和在中央银行的超额存款准备金之和，其计算公式为

$$基础头寸 = 库存现金 + 存放在中央银行的超额存款准备金$$

基础头寸是商业银行可以随时支取和动用的资金，也是商业银行进行一切资金清算的最终支付手段。不管是客户存款的提取和转移，还是与中央银行和同业之间业务往来的清算，都必须通过基础头寸来进行。如果银行没有基础头寸，就无法正常经营，基础头寸是银行开展资金营运的必备条件。基础头寸中的库存现金和超额准备金是可以相互转化的，商业银行将库存现金存入中央银行准备金账户，库存现金减少，同时超额准备金增加；相反，商业银行从中央银行存款准备金账户提取现金，就会增加库存现金，导致超额准备金减少。虽然库存现金和超额准备金都可以用于直接运用，并且可以相互转化，但持有它们的目的是不同的，在经营中的流通状况也有差异。库存现金是为存款客户提现持有的备付金，在银行与客户之间流通；超额准备金是为了同业之间的往来而保留的清算资金，在同业之间流通。

2. 可用头寸

可用头寸是指商业银行扣除法定存款准备金后还可以运用的所有现金资产。它包括库存现金、存放在中央银行的超额存款准备金、同业存款和在途资金，其计算公式为

$$可用头寸 = 基础头寸 + 同业存款 + 在途资金$$

从公式可以看出，法定存款准备金的增加和其他现金资产的减少会导致可用头寸的减少；反之，法定存款准备金的减少和其他现金资产的增加会引起可用头寸的增加。

3. 可贷头寸

可贷头寸是指商业银行在某一时点或时期内可直接用于贷款发放和投资的资金，它是形成商业银行盈利性资产的基础，等于全部的可用头寸减去规定期限的支付准备金。可贷头寸来自于商业银行在中央银行的一般性存款，但又不完全等于超额存款准备金。超额准备金只有扣除各项资金清算的需要和银行正常运转所需资金限额部分才可以计算可贷头寸。

从资金头寸的构成来看，可用头寸和可贷头寸不仅包括全部的短期流动资产，还包括通过负债业务吸收的资金以及贷款和投资收回的资金。在这些流动性资产中，只有以货币形式存在的资产才具有直接的清偿能力，构成基础头寸，而那些以债权形式存在的资产，不具备直接的清偿能力，不构成基础头寸。

7.2.2 资金头寸的预测

商业银行对资金头寸的预测其实是对流动性需求的预测，就是预测未来一段时期资金头寸的数量和变化，为制定资金头寸的调度提供依据，从而提高银行资金的使用效率。商业银行的现金资产每日每时都处于变动之中，一旦出现没有预料到的大额现金流入或流出，就应该立即采取措施。对于大额的现金流入，应寻找贷款和投资机会，提高资产的收益。对于大额的现金流出，应通过变现资产或借款等方式迅速筹集所需资金以防止出现清偿力危机。在商业银行的现金资产管理中，一方面要保证现金资产能够满足正常的和非正常的现金支出需要，即保持适度的流动性；另一方面要追求利润最大化。因此，商业银行需要准确地计算和预测未来一定时期内的资金头寸需求量或流动性需求量。

资金头寸的变化最终取决于存贷资金运动的变化。引起银行资金头寸增加的资金来源和资金运用项目有：客户存款增加、收回贷款本金和利息、出售债券、收回投资、其他负债增加、发行股票等。当银行资金头寸不足时，可以通过以上途径增加头寸。引起银行资金头寸减少的资金来源和资金运用项目有：客户存款减少、发放新的贷款、购买债券、追加新的投资、其他负债减少、回购股票等。此外，银行有的资金来源和资金运用的变化不会影响头寸总量的变动，但会引起头寸结构的变化，如库存现金与在中央银行超额准备金的转换、收回或增加存放同业存款等。

1. 存款的预测

在存款变化趋势的预测中，由于存款是商业银行的被动负债，存款变化的主动权更多地掌握在客户手中，商业银行无法直接控制存款的变化数量和趋势。但是可以摸索存款变化的规律，通常根据变化规律将存款分为三类。第一类是可能随时提取的存款，如活期存款；第二类是有一定的存期，但仍可能随时提取的存款，如零存整取、定活两便存款等；第三类是有固定期限的存款，如定期存款、大额可转让存单、发行的大额金融债券等。在这三类存款中，只有第三类存款能够形成一个稳定的存款余额，在银行规定的监测时间段，第一类和第二类都属于易变性存款，是银行监测的重点，需要在一段时间内观测这类存款的最低的稳定余额，与第三类定期负债构成银行的核心存款。

存款变化趋势如图 7-1 所示，将易变性存款的最低点连接起来，就形成了核心存款线，核心存款稳定性强，正常情况下没有流动性需求，商业银行存款的流动性需求是通过易变存款线来反映的。虽然这种反映是大致性的，但仍为存款需要量的决策提供了重要依据。

2. 贷款的预测

贷款变化趋势的预测与存款有所不同。一方面贷款是商业银行积极开展的主营业务，商业银行可以根据自身的资金头寸安排新增贷款。因此，贷款变化的主动权更多地掌握在银行手中，商业银行可以直接控制贷款的变化数量和趋势。另一方面贷款一经发放，商业银行就失去了对贷款控制的主动权，虽然有贷款合同约束，贷款本金和利息也不一定能如期如数收回，这更多取决于贷款客户的还款能力和还款意愿，贷款本息一经拖欠，就会影响商业银行

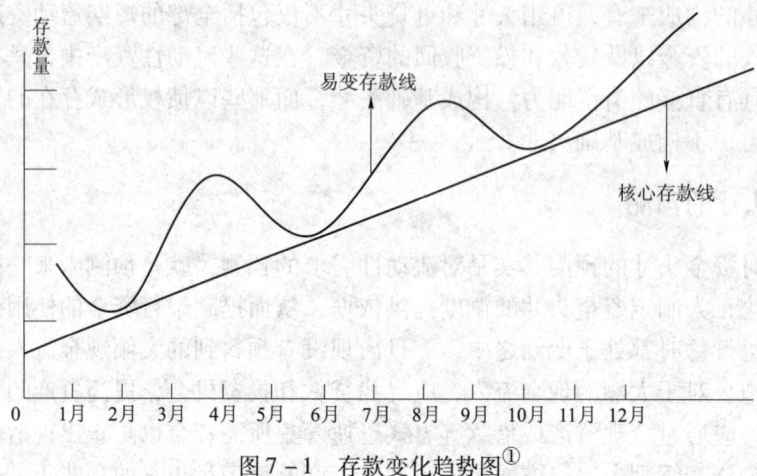

图 7-1　存款变化趋势图[1]

的资金头寸。因此，从某种程度上讲，贷款对于商业银行也是被动的，商业银行也必须对贷款的变化趋势作出预测。

贷款变化趋势如图 7-2 所示，将贷款需求的最高点连接起来就是贷款趋势线，表示商业银行贷款需要量的变化趋势。贷款波动线在贷款趋势线下方，表示不同时点上的贷款需求量及其变动幅度。贷款趋势线和贷款波动线之间的贷款差额，是商业银行为满足季节性和周期性变化而应持有的可贷头寸。

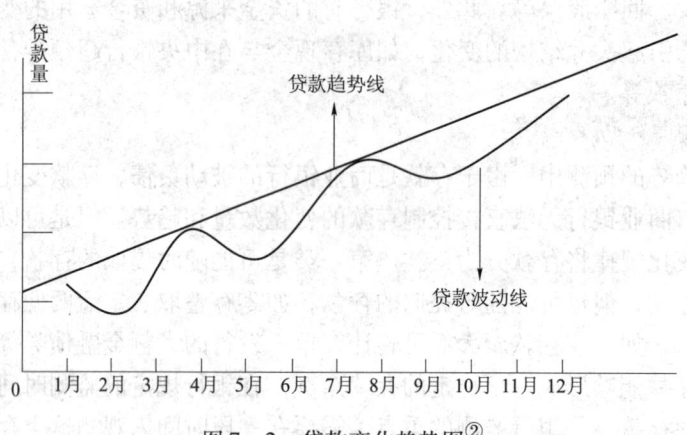

图 7-2　贷款变化趋势图[2]

3. 存款和贷款的综合预测

商业银行还应该综合存款和贷款的变化，进行综合预测。在一定期间里，商业银行所需要的资金头寸量是贷款增加量和存款增加量的差额，其计算公式为

资金头寸需要量 = 预计的贷款增加量 + 应缴存的存款准备金增加量 - 预计的存款增加量

如果计算出的结果为负数，表明商业银行还有剩余的资金头寸，可以通过投资等其他渠道把剩余的资金头寸转化为盈利性资产，增加银行的利润；如果计算的结果为正数，表明资

---

[1] 资料来源：李春，曾冬白. 商业银行经营管理实务. 大连：东北财经大学出版社，2009：89.
[2] 同上.

金头寸不足以满足贷款需求，商业银行应该积极寻找资金来源补足所需资金头寸，满足贷款规模的上升。

7.2.3 资金头寸的调度

1. 资金头寸调度的含义

资金头寸的调度是指商业银行在营运资金头寸多余（流动性供给大于流动性需求）或不足（流动性供给小于需求）时，通过各种融资渠道，运用多种融资方式，将多余的头寸调出或拆入资金来弥补头寸的不足。资金头寸的调度是在正确预测资金头寸变化趋势的基础上进行的，只有准确地进行资金头寸的匡算和预测，才能灵活地调度资金头寸，将超额准备金保持在一个合理的数量范围内，避免资金的积压和盲目调度资金，使流动性保持在一个适度的水平，同时提高资金的使用效率。

2. 资金头寸调度的原则

商业银行在资金头寸的调度过程中，应遵循以下三个原则，协调好资金流动性、收益性和安全性的关系。

1）保证存款支付的原则

在资金头寸的调度中，必须以保证存款的支付作为基本原则。商业银行是高负债经营的企业，存款是其最重要的资金来源。如果商业银行不能满足客户的提款需求，一方面会严重损害商业银行的信誉，引起客户对银行的不满而失去客户，不利于存款的吸收和规模的扩大；另一方面很有可能导致公众的恐慌和存款的挤兑，从而使商业银行面临破产的边缘。这就要求银行能及时满足客户的取款要求，包括客户随时提出现金或汇出款项，绝不能因资金头寸不足而拖延取款或汇出资金，进而影响客户的资金使用。

2）瞻前顾后的原则

商业银行的资金头寸每日每时都在发生变化，银行一般选取营业日为基本单位计算资金头寸。银行应根据当日资金头寸的状况估计其对当日和以后产生的影响，并对以后可能出现的变化提早做好准备。比如，当日由于存款的大量增加产生了大量的资金头寸，但这些存款在短期内就会转移，而近期内需要准备大量资金满足周期性和季节性的贷款需求。又如，大额借款即将到期，需要提早准备资金归还。这就需要银行通盘考虑，从动态的角度分析资金供求关系，计算资金多头或空头，并提前制定好调度措施。

3）松紧适度的原则

商业银行的营业资金运动不是孤立的，而是与中央银行以及其他商业银行的资金运转紧密相连、互相影响的。因此，商业银行在调度资金头寸时，应结合中央银行货币政策的变化趋势和整个金融市场资金供求关系的变化情况，来制定本行资金头寸的合理松紧度。一般来说，当市场银根趋紧时，银行从市场拆入头寸比较困难，应多保留一些支付准备金，更多地靠自身平衡头寸。当市场银根较宽松时，银行可以根据客户的合理要求多发放些贷款，少保留一些支付准备金，一旦出现头寸不足可以比较容易地从市场及时拆入头寸进行弥补。

3. 资金头寸调度的方法和渠道

商业银行资金头寸的调度包括调进和调出两个方面，不管是调进还是调出，都必须有相应的渠道。在商业银行资金调度的方法上，可以分为近期调度和远期调度。

1) 近期头寸调度

近期头寸调度是指商业银行根据近期资金变动趋势预测情况，作出的短期资金调度安排。在近期头寸调度的操作上，商业银行应该做到以下几点。

第一，保持适当的支付准备金。

商业银行的库存现金和在中央银行的超额准备金，都是为了应付各项日常支出和同业间往来清算所必需的资金。如果保留得太少，会导致支付准备金的不足，进而使商业银行面临过高的流动性风险。但由于这部分资产都是低收益或无收益，甚至还要额外付出管理成本，如库存现金。如果保留太多，会影响商业银行资产的盈利性。

第二，选择多种渠道和方式调度资金。

可供商业银行调度资金头寸的主要渠道有以下几个。

一是向中央银行借款。与中央银行的资金往来是商业银行资金头寸调度的主要渠道之一。商业银行资金头寸多余直接反映在超额存款准备金的增加，可以通过贷款和投资的方式调出资金。反之，当商业银行资金头寸不足时，可以通过再贴现和再贷款的方式向中央银行调入头寸。

二是同业拆借。任何一家经营有道的银行都必然建立了广泛的日拆性短期融资网络，在头寸多余时可拆出资金获取收益，在头寸紧缺时又可以及时拆入资金。通过同业拆借既能满足商业银行短期流动性的需要，又能使商业银行的日常周转头寸始终保持在一个适当的水平，使拆入资金的成本大致等于拆出资金的收益。因此，通过拆借渠道调度资金头寸已经成为商业银行盈利的主要手段。

三是有价证券回购和商业票据的交易。有价证券尤其是短期国库券和商业票据是商业银行的二级储备，也是商业银行资金头寸调度的主要渠道。商业银行在资金头寸多余时，可以通过购入回购协议的方式，调出头寸，获取利息。当资金头寸不足时，又可以通过出售回购协议的方式，暂时卖出有价证券，调入资金。商业也可以通过商业票据的买卖或贴现来调度资金头寸。

四是出售中长期证券。当商业银行通过上述渠道仍无法弥补资金缺口时，可以通过出售中长期证券调入资金；当银行资金头寸充裕时，也可以选择有利时机购买中长期债券。中长期证券主要包括股票和债券，是商业银行的盈利资产之一，流动性较弱。其中，一年内到期的长期证券可视同短期证券，流动性较强。商业银行从事中长期债券买卖的主要目的是获取盈利，只有在其他渠道无法满足资金头寸调度的需求时，才采用出售中长期证券调度资金头寸。

五是出售贷款和固定资产。当商业银行突然遇到流动性危机，在上述所有渠道都无法调入资金弥补资金头寸缺口时，商业银行可以通过出售贷款和固定资产的方法调入资金。贷款是商业银行主要的盈利资产，固定资产也是商业银行正常经营所必需的，出售贷款和固定资产调入资金无疑会给商业银行的经营带来很大的不利影响，这是商业银行在万不得已的情况下采取的调度资金头寸的办法。

第三，选择调度资金的最佳路线。

资金调度存在一个在途时间，时间越长，积压的资金越多，就越有可能影响商业银行资金头寸的使用和资金周转，最终影响商业银行的绩效，因此，应尽量缩短在途时间。资金在途时间的长短，除了受银行系统资金划拨手段和服务质量影响外，主要取决于所选择的资金调度路线。通常来说，商业银行资金调度的路线应尽量选择与距离较近的地区联系，并且尽量避免在系统内调度资金时产生中间阻塞，争取当天调度，当天进账，即"就近直达"。

第四，加强内部各业务部门的协调。

商业银行经营的内容是资金，这就决定了商业银行内部各部门业务的开展是紧密围绕资金而进行的，结果表现为库存现金和在中央银行超额准备金的变动。因此，应该加强资金调度计划部门工作人员和其他部门工作人员的沟通和协调，随时掌握资金在各部门的进出情况，避免商业银行的资金头寸出现严重不足和过度盈余的情况。

2）远期头寸调度

远期头寸调度是指商业银行根据对一段时期以后资金变动趋势的预测，结合近期资金的松紧度，作出的资金调度安排。远期头寸调度的主要方法有贷款安排、资产搭配、回购协议和意向协议。

第一，贷款安排。商业银行不仅要考虑当前可贷头寸的情况，还要考虑一段时期以后的资金供需关系，如周期性和季节性的影响，合理安排贷款数量和贷款期限。避免只顾近期资金充裕、不顾将来资金的供应状况，随意发放贷款而导致远期需要资金时出现流动性危机。

第二，资产搭配。当资本市场上存在多种金融资产可供选择时，商业银行可以通过选择流动性和期限各不相同的多种资产进行搭配来实现近期资金和远期资金的转换。这样一方面提高了资产的流动性，另一方面也增强了资产的盈利能力。

第三，回购协议。当商业银行近期资金头寸不足，而预测一段时期以后将出现资金头寸盈余时，可以与其他商业银行或交易商签订回购协议，暂时出售持有的有价证券调入头寸，等资金头寸宽裕时再将有价证券购回调出头寸。这样既能解决当前的流动性问题，又能获取一定的收益。

第四，意向协议。意向协议适用于当商业银行预测在季节性资金需求高峰，通过动用自身储备和其他融资渠道仍不足以弥补资金缺口的情况。此时，商业银行可以通过事先与其他商业银行签订意向协议，调入资金。

4. 资金头寸调度的意义

首先，资金头寸调度是解决流动性问题的重要手段。商业银行在其经营过程中，必须准备资金头寸以应付客户的取款或贷款要求，如果资金头寸不足则必须通过资金头寸调入资金解决流动性问题。当然，商业银行可以持有足够多的资金头寸，避免资金头寸不足现象的发生，但资金头寸是低盈利性资产或非盈利性资产，这无疑会降低商业银行的盈利能力，与股东利益最大化的经营目标不符。因此，资金头寸短缺是任何商业银行在经营过程中都会遇到的问题，而资金头寸调度是解决商业银行流动性问题的重要手段。

其次，资金头寸调度是提高资金效率的重要途径。资金头寸首先表现为一定的存量，只有在调度过程中才能转化为流量。在资金头寸量一定的情况下，有效的资金头寸调度不仅能加快资金周转的速度，而且能增强商业银行派生存款的能力，从而提高资金的使用效率。

最后，资金头寸调度是维护和提高银行信誉的保证。商业银行作为信用中介，通过负债筹集资金使自己成为最大的债务人，再通过资金的运用使自己成为最大的债权人，其经营活动表现为一系列的债权债务关系。有效的资金调度使商业银行对债务能够保持较高的清偿力，同时又有足够的可贷头寸来建立适当的债权债务关系。商业银行通过资金头寸的调度有效地协调了债权债务关系，使其能够正常顺利地不断建立和解除，维护和提高了商业银行的信誉。

7.3 商业银行现金资产的管理

现金资产是商业银行维持流动性而必须持有的资产，对于商业银行的业务经营具有非常重要的意义。因此，商业银行应合理运营和管理现金资产，以满足流动性的需求。

7.3.1 商业银行现金资产管理的原则

适度的流动性是商业银行经营成败的关键环节，同时也是银行盈利性和安全性的平衡杠杆。现金资产管理就是着力于流动性需求的预测与满足，解决盈利性与安全性之间的矛盾。从安全性的角度来看，商业银行必须持有一定的现金资产来满足存款人的取款需求，否则可能引发挤兑风险，产生流动性危机，进而导致银行破产。现金资产越多，流动性越强，商业银行的安全越有保障。然而，从盈利性的角度出发，现金资产是一种低盈利性或无盈利性的资产，它的机会成本是因持有现金资产而失去的利息收入。在随着现金资产比重的上升，银行的盈利性资产减少，盈利水平下降。因此，商业银行应尽量减少现金资产的持有量。现金资产管理的目的就是要在确保银行资产流动性需要的前提下，尽可能地降低现金资产占总资产的比重，使现金资产达到适度规模。在现金资产的管理中，应该坚持总量适度原则、适时调节原则和安全性原则。

1. 总量适度原则

因为现金资产同时具有高流动性和低盈利性，持有的现金资产存量太少，不能满足客户的需求，会导致银行面临过高的流动性风险；存量太多，机会成本太大，又会导致银行的盈利能力下降。因此，应权衡流动性不足付出的代价和持有现金资产的机会成本，将银行现金资产总量保持在一个适度的规模上。只有保持现金资产的适度规模，才能实现银行经营安全性和盈利性的统一，有利于银行经营目标的实现。

根据最优存量管理理论，微观个体应使其非盈利性资产保持在最低的水平上，以保证利润最大化目标的实现。就商业银行的现金资产而言，其存量的大小将直接影响其盈利能力。存量过小，客户的流动性需要得不到满足，则会导致流动性风险的增加，直接威胁银行经营的安全；存量过大，银行付出的机会成本就会增加，从而影响银行盈利性目标的实现。因此，将现金资产控制在适度的规模上是现金资产管理的首要目标。除总量控制外，合理安排现金资产的存量结构也具有非常重要的意义。银行现金资产由库存现金、在中央银行存款、存放同业存款和在途资金构成。这四类资产从功能和作用上看又各有不同的特点，其结构的合理有利于存量最优。因此，在控制适度总量的同时也要注意其结构的内在合理性。

2. 适时调节原则

适时调节就是指商业银行要根据业务过程中现金流量的不断变化，及时调节资金头寸，使其资金头寸始终保持在适度的规模上。商业银行的资金始终处于动态过程之中。随着银行各项业务的进行，银行的经营资金不断流进流出，最初的存量适度状态就会被新的不适度状态替代。银行必须根据业务过程中现金流量变化的情况，适时地调节现金流量，以确保现金资产规模适度。具体来讲，当一定时期内现金资产流入小于流出时，银行的现金资产存量就会减少，银行应及时采取措施筹集资金来补足头寸；当一定时期内现金资产流入大于流出时，银行的现金资产存量就会上升，此时需要及时调整资金头寸，寻找新的贷款或投资机会，将多余的资金头寸运用出去。在现金资产总量和结构都适度的情况下，经过商业银行经营过程中不相等的资金流入和流出，这种适度的资金状况必然会被打破。因此，只有适时灵活地调节现金资产流量，才能始终将存量保持在适度的水平上。即当资金的流入量小于流出量而导致现金资产减少时，商业银行就必须采取措施从各种渠道快速地调入资金弥补现金资产的不足；当资金的流入量大于流出量而导致现金资产存量过大时，就需要通过扩大盈利性资产的投放量，及时调整资金头寸，以保持适度的现金资金存量。

3. 安全性原则

库存现金是商业银行现金资产中的重要组成部分，用于商业银行日常营业支付，是现金资产中唯一以现钞形态存在的资产。因此，对库存现金的管理应强调安全性原则。库存现金的风险可以分为内部风险和外部风险。内部风险来自于银行内部控制制度的不健全和工作人员的职业能力低下及道德风险。现金内部控制的缺陷可能导致现金收发的审批程序不当，使不良分子有机可乘，滋生贪污和恶意挪用现金的风险。银行工作人员专业素质不够或是工作中的失误，可能导致现金资产计算、清点和包装等差错。外部风险来自于盗窃、抢劫以及意外事故或自然灾害造成的损失。因此，商业银行应制定完善的现金内部控制制度，严格履行现金收支的审批程序和控制直接接触现金资产的人员，全面提高工作人员的业务素质和职业道德，加强库存现金的安全防范措施，确保资产的安全。

7.3.2 商业银行现金资产管理

1. 库存现金管理

银行库存现金是业务备用金，集中反映了银行经营的资金流动性和盈利性状况。库存现金越多，流动性越强，盈利性越差；反之，库存现金越少，流动性越差，盈利性越强。为了保证在必要的流动性前提下，实现更多的盈利，就需要把库存现金压缩到最低程度。为此，商业银行必须在分析影响库存现金数量变动的各种因素的情况下，准确测算库存现金的需求量，从而及时调节库存现金的存量，同时加强各项管理措施，确保库存现金的安全。

1) 影响银行库存现金的因素

第一，银行所处经济区域的经济发展状况。一般来说，经济越发达的区域，不管是企业还是居民对资金的需求量越大，周转速度就越快。因此，银行可以根据所处经济区域的经济发展状况安排库存现金的持有量。

第二，银行的现金收支规律。银行的现金收支在时间和数量上都有一定的规律性。例如，对公出纳业务，一般是上午大量现金支出，而下午大量现金收入。如果是投放行处，上午班支出的现金金额，一般大于下午班收回的现金金额；而对于回笼行处，则是下午班收进的现金金额大于上午班支出的现金金额。由于当天收到的绝大部分现金只能在第二天上午使用，因此，支出现金的平均日发生额与必要的库存现金量成正比。此外，在一个年度当中，由于季节性因素的影响，有的季节银行现金支出多而流入少，而有的季节流入多支出少。因此，银行可以根据历年的现金收支变化情况，认真寻找其规律性，同时结合当年的变化因素，综合考虑，为资金头寸的预测提供依据。

第三，银行营业网点的数量和布局情况。商业银行经营业务的每一个营业网点，都需要有一定的业务备用金。银行经营网点的数量越多，其对库存现金的需求量也越多。因此，从一般情况来看，银行营业网点的数量与库存现金的需求量成正比。另外，在银行营业网点数量一定的条件下，营业网点的布局不同，所需的库存现金量也有差异。通常情况下，面对大量居民客户的银行分支机构所需的库存现金量要比面对企业客户的银行分支机构要大。

第四，与中央银行发行库的距离、交通条件及发行库的规定。商业银行与中央银行发行库之间的关系，也会影响库存现金的数量。通常情况下，商业银行营业网点与中央银行发行库的距离越近，交通运输条件越好，商业银行就可以尽量压缩库存现金的规模；而中央银行发行库的营业时间、出入库时间规定也对商业银行的库存现金产生重要影响。如果中央银行发行库的营业时间短，规定的出入库时间和次数又少，势必会增加商业银行的库存现金。

第五，银行的后勤保障条件。银行库存现金数量与商业银行的后勤保障条件也有密切关系。一般来说，如果银行后勤保障条件好，运输现金的车辆和保安充足且服务周到，则没有必要在每个营业性机构存放太多的现金，否则就必须在每个营业网点存放较多的现金。

第六，商业银行内部管理的要求。除上述因素外，商业银行的内部管理，如银行内部是否将库存现金指标作为员工工作业绩的考核指标，是否与员工的经济利益挂钩，银行内部各专业岗位的协调和配合程度，出纳和储蓄柜组的劳动组合等，都会影响库存现金数量的变化。

2）银行库存现金规模的确定

商业银行应该综合考虑各方面因素的影响，对库存现金进行科学合理的分析和预测。同时，还应该采用科学的计算方法，如现金持有量存贷模式等方法求解最优库存现金持有量。然而，在实际工作中，要确定一个十分合理的库存现金规模显然是比较困难的。但在理论上仍可以作一些定量分析，以便为实际操作提供依据或指导。

第一，库存现金需求量的匡算。银行库存现金是为了完成日常业务的现金支付活动而需要持有的周转金。匡算库存现金需求量主要应考虑如下两个因素。

一是库存现金的周转时间。银行库存现金周转时间的长短受多种因素影响，主要包括：银行营业网点的分布状况和距离；出入库制度与营业时间的相互衔接情况；交通运输工具的先进程度和经办人员的配置等。一般来说，城市银行网点的分布距离较近，而且交通运输条件较好，库存现金的周转时间就较短；而农村银行网点一般比较分散，相互之间的距离较远，而且交通运输条件也较差，库存现金的周转时间也相对较长。此外，银行的库存现金是分系统按层次供给的，上级行库存现金的周转时间不仅包括自身的周转时间，还包含了下级行库存现金的周转时间，因而，管理层次多的银行与管理层次少的银行相比，其库存现金周转时间也要长一些。

二是库存现金支出水平的确定。在商业银行业务活动中，既有现金收入，也有现金支出，从理论上讲，现金收入和现金支出都会影响现金的库存量。然而，在实际测算库存现金需求量时，主要考虑做支付准备的现金需求量，而不需要考虑所有的现金收支，即通常只考虑现金支出水平对库存现金的影响。在测算现金支出水平时，一方面要考虑历史上同时期的现金支出水平，另一方面也要考虑一些季节性和临时性因素的影响。

第二，最适度送钞量的测算。商业银行为了保持适度的库存现金规模，需要在营业网点之间经常性地调度现金头寸，及时运送和补充现金。但现金的运送是需要花费一定费用的，如果每次运送数量过少，运送次数势必增多，运输费用增加；如果每次运送过多，库存现金的机会成本又过大。因此，银行必须对运送现金的费用和较多现金占用而付出的成本进行比较,以决定最适度的送钞量。在这个最优化的送钞量上,银行运送现金所花费的成本和占用库存现金的成本之和应当是最小的。可以运用现金持有量存货模型来进行测算,其公式为

$$运送费用 = (Q/C) \times F$$

其中,Q 是一定时期内的现金需求量,C 是每次运送钞票数量,Q/C 是运送钞票次数,F 是每次运送钞票费用。

$$机会成本 = (C/2) \times K$$

其后,$C/2$ 是平均库存量,K 是现金的机会成本率。

$$总成本 = 运送费用 + 机会成本 = (Q/C) \times F + (C/2) \times K$$

从图 7-3 中可以看出,最适度的钞票运送量 C^* 是运送费用线与机会成本线交叉点所对应的运送量,因此最适度的钞票运送量 C^* 应该满足:

$$(Q/C^*) \times F = (C^*/2) \times K$$

整理后,可以得出:

$$(C^*)^2 = (2Q \times F)/K$$

等式两边分别取平方根,得到最适度的钞票运送量 C^*:

$$C^* = \sqrt{(2Q \times F)/K}$$

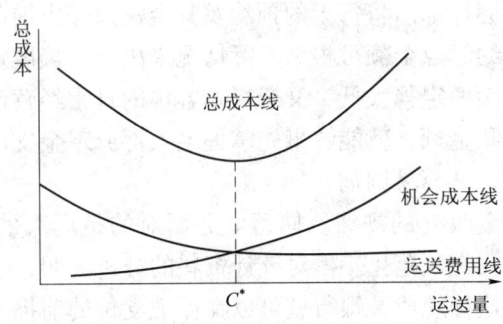

图 7-3 现金的成本构成图

例 7-1 建设银行某市分行在距中心库 60 公里处设有一个分理处,根据以往有关数据测算,年需求量为 3 650 万元,平均每日投放 10 万元。每次运钞需支付燃料费和保安人员的出差费合计约 100 元,资金的机会成本为年利率 4.56%。求最适运钞量和对应的总费用。

$$最适度的运钞量 C^* = \sqrt{\frac{2 \times 3\,650 \times 0.010\,0}{4.56\%}} = 40.01 (万元)$$

总费用 $T = 4.56\% \times 40.01/2 + 3\,650 \times 0.010\,0/40.01 = 1.824\,5$(万元)

所以,该银行应当确定大约 4 天送钞一次,每次运送 40.01 万元的现金,最低总费用为 1.824 5 万元。

第三,现金调拨临界点的确定。由于银行从提出现金调拨申请到实际收到现金需要有一个或短或长的过程,特别是对于那些离中心库较远的营业网点,必须有一个时间的提前期,而不能等现金库用完才申请调拨。同时,为了应付一些临时性的大额现金支出也需要有一个保险库存量。于是,就存在一个应当在什么时候、在多大的库存量调拨现金的问题。这就是一个现金调拨的临界点问题。可以用以下公式来计算这个临界点:

$$现金调拨临界点 = 平均每天正常支出量 \times 提前时间 + 保险库存量$$

$$保险库存量 =（预计每天最大支出 - 平均每天正常支出）\times 提前时间$$

第四，银行保持现金适度量的措施。在测算了最适度运钞量和现金调拨临界点之后，银行保持适度现金库存已经有了一个客观依据。但要切实管好库存现金，使库存现金规模经常保持在一个适度规模上，还需要银行加强内部管理，提高管理水平。

首先，应将库存现金状况与有关人员的经济利益挂钩。在对营业网点适度现金规模作出测算的基础上，银行应将网点实际库存状况与适度库存量进行比较，并根据其库存掌握的好坏与经济利益挂钩。在实践中，硬性规定限额指标并不一定好，比较可行的办法是，给基层营业网点下达内部成本考核指标，并将成本指标与有关人员的经济利益直接挂钩。由于现金库存量的大小直接影响网点内部成本率的高低，因此，这有利于促使有关人员在保证支付的前提下，主动压缩库存规模，实现现金库存的最优化。

其次，应实现现金出纳业务的规范化操作。银行库存现金的大小，在很大程度上取决于对公出纳业务现金收支的规范化程度。因此，银行应尽可能地在对公现金出纳业务中实现规范化操作。其一，银行应尽可能开展代发工资业务，将各开户单位的工资直接以存单形式存入本行，避免每月的大量工资性现金支出；其二，要把开户单位发工资日及每天的资金支出金额均匀地排列在每一天；其三，对开户单位发放工资和其他大额现金支出实行当天转账、次日付现的预约制度，由会计部门将每天的预约及其金额通知出纳部门，出纳部门当天配款封包寄存，次日付现。预约起点金额可根据实际情况来决定。额度定得太高，会增大商业银行控制库存现金的难度；额度定得太低，又会影响客户的日常经营活动。掌握了客户发放工资和其他大额提现的时间和金额，就能够事先掌握绝大部分现金支出的时间和金额，对银行流动性不会产生大的冲击，又容易调剂。

再次，要掌握储蓄现金收支的规律。储蓄业务面对的是广大的个人存款者，可控性较差，也难以人为地将现金收支规范化。但对统计资料的分析表明，事实上储蓄现金收支有很强的规律性。只要掌握了这种规律，银行就可以在保证支付的前提下，压缩备用金的库存。

储蓄业务的现金收支一般具有以下规律。一是在营业过程中，客户存款和取款的概率在正常情况下基本相等。也就是说，在正常情况下，不会出现大量客户取款而很少客户存款的情况，除非由于社会、经济、政治等特殊事件的发生，或遇到严重的自然灾害，或本行经营情况严重恶化，客户对本行的安全性产生怀疑，才会出现这种情况。因此，银行应当关心整个社会、经济和政治形势的发展变化，及时发现挤兑存款的苗头。二是在正常情况下，人们习惯在上午提取大额现金购买大件商品，因此上午客户取款的平均数一般大于下午。这条规律表明，当天的现金收入抵用现金支出具有时差性，银行在每天营业开始时必须保留一定数额的备用金。三是在一般情况下，每个月出现现金净收入和净支出的日期基本相同。由于储蓄资金主要来源于个人的工资收入，通常每月上旬领取工作扣除消费后存入银行，表现为银行的净收入。而每月下旬，一些人需要从银行支取现金，补充消费的不足，表现为银行现金的净流出。

最后，解决压低库存现金的技术性问题。一是要掌握好现金的票面结构。营业网点所处地点不同，对票面结构的要求也不同。如果票面结构不合理，也会增加现金库存量。二是要保持合理的库存现金结构，即商业银行应将不同面值、不同形式的现钞和硬币合理搭配。三是要充分发挥中心库的调剂作用。银行的中心库最好与地处中心位置、有大量现金投放网点的业务库合而为一，但同时要设专人负责全辖各业务网点的现金余缺调剂，以提高全辖现金利用率。四是各营业网点的出纳专柜要建立当天收现当天清点，消灭主币封包，下班前各档并捆的做法，尽可能把当天收进的现金全部用来抵用第二天的现金支出。五是要创造条件，使储蓄所上缴的现金当日入账。六是要对回收的残破币及时清点上缴，以减少库存现金。七是要权衡压缩现金库存所需增加的成本和所能带来的收益。压缩库存现金会减少每次运钞数量，增加运钞次数，增加运钞车的折旧费、燃料费、维修费、车船牌照费、养路费以及工作人员的工资福利费。压缩现金库存量增加的收益可以用压缩的库存现金数量与商业银行全部资产的平均利差之积来表示。只有压缩库存现金所带来的收益大于成本的增加时，压缩库存现金才是有效的。如果压缩库存现金增加的成本大于带来的效益，压缩库存现金反而得不偿失了。从理论上来说，边际收益等于边际成本时达到最优状态，即当压缩现金库存所带来的收益的提高等于成本的增加时，就达到了压缩库存现金的限额。

2. 存款准备金管理

存款准备金是商业银行现金资产的主要构成部分。存款准备金包括两个部分：一是按照中央银行规定的比例上缴的法定存款准备金；二是准备金账户中超过了法定存款准备金的超额准备金。

1）法定存款准备金的管理

法定存款准备金是商业银行根据存款余额，按照法定比率向中央银行缴存的存款准备金，具有强制性。因此，对于商业银行来说，法定存款准备金的管理就是要满足中央银行法定存款准备金的要求。缴存存款准备金的最初目的是为了确保商业银行备有足够的资金以应付存款人的提款需求，防范因清偿力不足而导致的流动性危机。目前存款准备金已经演变成了中央银行调节商业银行信用规模和信用能力的一项重要手段，成为中央银行的三大货币政策工具之一。2010年5月10日起，中央银行规定的法定存款准备金比率为17%。

法定存款准备金的管理主要是准确计算法定存款准备金的需求量和及时上缴应缴的准备金。在西方国家的商业银行，计算法定存款准备金需求量的方法有两种：一种是滞后准备金计算法；另一种是同步准备金计算法。

（1）滞后准备金计算法。滞后准备金计算法是根据前期存款负债的余额确定本期准备金的需求量的方法。由于非交易性账户如银行的定期存款等，其余额的变动幅度相对较小，因此滞后准备金计算法主要适用于对非交易性账户存款的准备金计算。按照这种方法，银行应根据两周前的存款负债余额，来确定目前应该持有的准备金数量。这样银行可以根据两周前的7天作为基期，以基期的实际存款余额为基础，计算准备金持有周应持有的准备金的平均数，如表7-1所示。

表7-1 滞后准备金计算法

第一周	第二周	第三周
计算基期周		准备金保持周

（2）同步准备金计算法。同步准备金计算法是指以本期的存款余额为基础计算本期的准备金需求量的方法。由于交易性账户如银行的活期存款、可转让支付命令账户等，其余额变化幅度较大，因此，同步准备金计算法主要适用于对交易性账户存款的准备金计算。通常的做法是：确定两周为一个计算期，如从3月11日（星期二）到3月24日（星期一）为一个计算期，计算这14天中银行交易性账户平均余额。准备金的保持期从3月13日（星期四）

开始,到 3 月 26 日(星期三)结束。在这 14 天中的准备金平均余额以 3 月 11 日到 3 月 24 日的存款平均余额为基础计算,如图 7-4 所示。

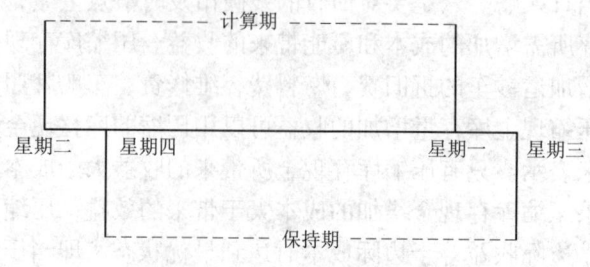

图 7-4 同期准备金计算法[①]

将按照滞后准备金计算法计算出来的准备金需求量与按照同步准备金计算法计算出来的准备金需求量相加,就是商业银行在一定时期需要缴纳的全部存款准备金。将这个需求量与已缴纳的存款准备金余额进行比较,就可以得到实际应缴纳的存款准备金。如果已有的准备金余额大于应缴纳的准备金数,应及时从中央银行调减准备金,用于增加商业银行的可用头寸;如果余额不够,商业银行应当及时补足差额。

我国商业银行存款准备金按旬计算,当旬第五日至下旬第四日每日营业终了时,各行按统一法人存入的准备金存款余额,与上旬末该行全行一般存款余额之比,不得低于法定比率。金融机构按法人统一存入人民银行的准备金存款低于上旬末一般存款余额的法定比率,人民银行对其不足部分按每日万分之六的利率处以罚息。

2)超额准备金的管理

超额准备金是商业银行在中央银行准备金账户上超出了法定存款准备金的那部分存款。超额准备金是商业银行最重要的可用头寸,是银行用来进行投资、贷款、清偿债务和提取业务周转金的准备资产,因此,其数量的大小直接影响到商业银行的信贷扩张能力。但是,商业银行不宜保留过多的超额准备金,因为与商业银行的其他盈利性资产如贷款和投资等相比,超额准备金的利息收入很低,属于低盈利性资产。

银行超额准备金管理的重点,就是要在准确测算超额准备金需求量的前提下,适当控制准备金规模。在存款准备金总量一定的情况下,超额准备金和法定存款准备金之间存在此消彼长的关系。法定存款准备金的变化会导致超额存款准备金的变化,进而影响商业银行的信贷扩张能力。因此,超额准备金是货币政策的近期中介指标,直接影响社会信用总量。

影响商业银行超额准备金需求量的因素主要有存款的波动、贷款的变动及其他因素。

(1)存款的波动。商业银行的存款包括对公存款和个人储蓄存款,两者引起存款变化的形式不同。一般情况下,对公存款的变化主要是通过转账形式发生的,而会导致超额准备金发生变化的转账通常发生在本行客户和他行客户之间的资金往来,本行客户与本行客户之间的收付款不会改变超额准备金。如本行客户收取他行客户支付的款项,会使本行对公存款增加,同时超额准备金也增加;本行客户对他行客户付款会导致对公存款下降,本行超额准备金减少。对个人储蓄存款和部分对公存款的变化主要表现为现金的收支。如存款的减少首

---

① 资料来源:李春,曾冬白. 商业银行经营管理实务. 大连:东北财经大学出版社,2009:89.

先表现为现金支出的增加,这时,商业银行需要从中央银行提取现金,进而引起超额准备金的减少;反之,存款增加,银行现金收入增加,然后商业银行将现金存入中央银行,表现为超额准备金的增加。

虽然存款的波动会导致超额准备金增加或减少,但在分析存款变化对超额准备金需求量的影响时,应重点分析引起存款下降的情形,因为只有存款下降的情况,才会导致超额准备金需求量的增加。存款下降一般受近期因素和历史因素的影响,近期因素是指临近若干月或旬的存款下降幅度;历史因素是指历史上同期存款下降幅度。如果以一个月为分析区间,近期因素可以定为三个月,历史因素可以定为历史上某一年中该月居中的三个月;如果以一个旬为分析区间,近期因素可以定为三旬,历史因素可以定为以该旬居中的三旬。但在实际的匡算中,有些特殊因素不影响超额准备金,应予以扣除,如企业贷款的收回。

(2)贷款的变动。贷款的变动对超额准备金的影响主要取决于贷款的使用范围。如果贷款的使用对象是本行开户的企业,不会影响本行在中央银行的存款;如果贷款的使用对象是他行开户的企业,或者本行开户的企业取得贷款后立即对外支付,就会导致本行在中央银行存款的减少,进而引起本行超额准备金的下降。同理,贷款的收回对超额准备金的影响也因贷款对象的不同而有所不同。本行开户的贷款企业归还贷款不会对超额准备金的需求量产生影响,而他行开户的贷款企业归还贷款则会使本行的超额准备金增加。贷款发放对超额准备金需求量的计算公式如下。

贷款发放对超额准备金的需求量 = 用于对他行支付的贷款 +(用于对本行支付的贷款 – 已收回贷款)× 法定存款准备金率

(3)其他因素。除了存款和贷款外,其他一些因素也对商业银行超额准备金的需求量产生影响。一是法定存款准备金。当分析期内可以调减法定存款准备金时,调减的部分会自动增加超额准备金;当分析期内需要调增法定存款准备金时,就会从超额准备金中解缴法定存款准备金,从而减少超额准备金余额。二是同业往来。如果在分析期内,商业银行同业往来科目为应收余额,表明在这一时期内该银行到期应收回的拆出款大于应归还的拆入款,该行的超额准备金会上升;当商业银行分析期内同业往来科目是应付余额时,表明该行要向他行归还的到期拆入款大于应该收回的拆出款,该行的超额准备金就会下降。三是向中央银行借款。当分析期内商业银行向中央银行的借款数小于归还的中央银行借款时,商业银行的超额准备金会下降;反之,超额准备金则会上升。四是信贷资金调度。当分析期内可以调入信贷资金时,就会导致超额准备金的增加;而当需要调出信贷资金时,则会减少超额准备金。五是财政性存款。财政性存款的上缴会减少商业银行的超额准备金。

商业银行在预测了超额准备金需求量的基础上,就应当及时地进行头寸调度,以保持超额准备金适度的规模。当未来的头寸需要量较大、现有的超额准备金不足以应付需要时,商业银行就应当设法通过向中央银行借款、商业银行系统内的资金调度、同业拆借、短期证券回购及商业票据交易、出售中长期债券和固定资产以及其他资产等方法补足头寸,增加超额准备金;反之,当未来头寸需要量减少、现有超额准备金剩余时,则应及时用上述方法将多余的超额准备金运用出去,寻求更佳的盈利机会。

3. 同业存款管理

1)同业存款的目的

商业银行在其他银行开设账户并保持一定数量的活期存款,主要目的是为了支付代理行所提供的各项代理业务的手续费。由于人力、物力的限制或者出于直接经办某些业务成本可能更高的考虑，任何一家商业银行不可能在其业务触及的每一个地方都设立分支结构。在没有分支结构的地方，往往需要委托当地的其他银行代为办理一些金融业务。向其他银行提供金融服务的银行为代理行或者上游代理行；委托其他银行办理金融服务的银行为被代理行或下游代理行。代理行提供金融服务需要向被代理行收取一定的手续费，通常的做法有两种：一是直接支付手续费；二是代理行要求被代理行保持一定数量的存款余额，代理行可以将这笔同业存款用于贷款或投资，用取得的利息收入补偿服务成本和获得利润。大多数银行都具有双重身份，一方面作为其他银行的代理行而接受其他银行的同业存款；另一方面作为被代理行，将资金以活期存款的形式存入在其他银行开立的存款账户。由于这部分存款可以随时动用，与库存现金和在中央银行的超额准备金没有什么区别，因此同业存款也成了商业银行现金资产的组成部分。

按照商业银行现金资产管理的原则，同业存款也应当保持一个适当的量。同业存款过多，会使银行付出一定的机会成本；而同业存款过少，又会影响银行委托他行代理业务的开展，甚至影响本行在同业市场上的声誉。因此，银行在同业存款的管理过程中，需要准确地预测同业存款的需要量。

2）同业存款需要量的测算

商业银行在同业的存款需要量，主要取决于使用代理行的服务数量和项目、代理行的收费标准、可投资余额的收益率等因素。其中，每项服务的收费标准和可投资余额的收益率往往是由提供和接受金融服务的商业银行双方协商确定的。

（1）使用代理行的服务数量和项目。如前所述，商业银行将款项存放同业的主要目的是为了支付代理行代理本行业务的成本。因此，本行使用代理服务的数量和项目，就成为了影响同业存款需要量的最基本的因素。如果商业银行使用的代理行服务与业务数量越多，服务与业务类型越复杂，则所需付出的服务费用越大，同业存款的数量就越多；反之，商业银行使用代理行服务的数量和项目越少，服务与业务类型相对简单，则同业存款的需要量也就越少。

（2）代理行的收费标准。在使用代理行的服务数量和项目一定的情况下，代理行的收费标准就成了影响同业存款需要量的主要因素。显然，代理行服务项目的收费标准越高，同业存款的需要量就越大；反之，则越少。

（3）可投资余额的收益率。一般情况下，代理行是通过对同业存款的贷款和投资获取收益来弥补为其他银行代理业务所支出的成本的，因此，同业存款中可投资余额的收益率的高低，也直接影响着同业存款的需要量。如果同业存款中可投资余额的收益率越高，则同业存款的需要量就越少；反之，如果同业存款中可投资余额的收益率越低，同业存款的需要量就越多。

表 7-2 是某银行同业存款需要量的测算表。该银行在本月中需要购买代理行的以下一些业务：支票清算 105 400 笔，每笔收费标准为 0.004 5 元；电子转账 28 笔，每笔收费标准是 1.50 元；证券保管 7 笔，每笔收费标准是 3.00 元。此外，代理行还为本行提供数据处理和计算机软件服务，获得本行手续费收入 100 元。假设代理行的可投资余额的年收益率为 8%，法定存款准备金率为 10%，平均浮存（即托收中的现金）为 7 200 元。

表7-2 某银行同业存款需要量测算表

一、某月份代理行提供的服务	笔	元/笔	成本（元）
支票清算	105 400.00	0.004 5	474.30
电子转账	28.00	1.50	42.00
证券保管	7.00	3.00	21.00
数据处理及计算机软件服务			100.00
全月总成本			637.30
二、代理行的收益			
计算机服务手续费			100.00
应从同业存款中获取的投资收益			537.30
全月总收入			637.30
三、同业存款余额需要量			
投资收益＝投资收益率×30/360×（同业存款余额－托收中的现金－应提取的法定准备金）			
同业存款需要量			97 994.00

资料来源：俞乔，邢晓林，曲和磊. 商业银行管理学. 上海：上海人民出版社，1998：314.

从表中可以看出，代理行为本行提供的服务的总成本为637.30元，其中，代理行已经通过现金方式向本行收取了100元的计算机服务手续费，为达到收支平衡，代理行还需要从同业存款的投资中获得537.30元的利息收入。但不是所有的同业存款代理行都可以用来投资，还需要扣除浮存和应计提的法定准备金，最后，通过上述公式计算得出，本行还需要在代理行保持97 994元以上的同业存款。

当然，随着金融服务行业竞争的日益激烈，商业银行既可以根据自身需要选择合适的代理行和适当的代理项目，也可以根据银行间代理业务的收费标准，与代理行进行讨价还价。在具体的同业存款管理中，商业银行应详细分析和比较代理所付出的成本和收益，以达到将同业存款数量控制在最小规模的目标。

【阅读材料】

监管部门为什么要对取款设限

最近，深圳多家商业银行对储户提现设限，个人提现每天不超过3万元，企业不超过10万元。深圳市现金管理部门相关人士称，各商业银行控制各机构账户及个人账户提现金额，并不是深圳现金不足，只是为打击一些人利用大额提现进行走私等违法行为，各家商业银行只是根据深圳经济发展形势需要，加强了现金管理。

深圳市现金管理部门就加强现金管理问题答记者问时表示，自2001年开始，深圳人民币现金净投放量逐年大幅攀升，已连续6年位居全国大中城市之首。以今年前9个月为例，深圳的现金净投放已占全国近一半。现金运用是人们经济生活中的主要支付方式之一，近年来，深圳现金净投放的规模与深圳经济增长是相适应的，完全能够满足深圳经济发展和居民生活的需要。但与此同时，大规模的现金投放也混杂了不少利用大额提现来进行黄赌毒、走私、洗钱、偷漏税等违纪、违规、违法行为，对深圳正常经济秩序和金融消费者的利益产生了不利影响。

他同时称，大规模的现金投放使深圳滋生了一批职业提钞人。不少银行网点，每天早上就会涌入一堆背着大包的职业提钞人。通过持续的异地汇入提款，频繁进行大额提现，挤占了大量正常客户的服务资源，造成了客户非正常排队现象。人行深圳市中心支行相关人士称，这些行为不但影响了商业银行对客户的服务，还增加了运行成本，也容易给黄赌毒、走私、洗钱、偷漏税等各种违纪、违规、违法活动以可乘之机。

据悉，此次人行加强现金管理的主要内容是，要求金融机构适度控制各机构账户及个人账户的提现金额；各金融机构将优先满足小额现金支取客户的提现需求，优先满足已核定金额的、支取现金用于工资发放的企业的提现需求。

商业银行作为社会经济流通领域的一个重要组成部分，在货币的流通中占据着中心的位置，也正是这一原因，商业银行这个特殊的企业肩负了其他企业所没有的一些责任义务，现金管理便是其中一项。

商业银行作为货币流通的枢纽，在现金的管理上占有较大的优势，身处现金管理第一线，理应把好现金管理第一道关，但《商业银行法》确立了商业银行企业化经营目标为追求利润最大化。商业银行之间为了自身的生存和发展，必然要积极吸收存款，展开激烈竞争，想方设法留住优质客户，而中国人民银行《人民币银行结算账户管理办法》规定"存款人可以自主选择银行开立银行结算账户"，商业银行与开户单位之间是平等和自愿选择的关系，能否方便办理现金存取业务是客户选择银行的重要因素之一，现金管理工作又是商业银行必须履行的一项重要职责，商业银行既要大力发展业务，又要加强现金管理，如何寻找平衡点，带来了很大难度。实际上，有些商业银行在开办提现业务时，不能坚持现金管理制度，对支现用途的真实性和合规性不把关，存在批而不审，在对大额现金支取进行登记审批备案时，往往为应付人民银行检查，事后补登补批，制度流于形式。

尽管有不少媒体评论此次设限将直接影响到港股直通车，但此前已有不少境内居民在香港开立账户炒股都通过地下汇兑的方式将资金转出，他们支付现金给地下钱庄，然后在香港的账户上获得相应的港币。此次人行设置提现，已明确表示是为了加强商业银行的现金管理，既打击了境内资金通过地下金融非法输港，又保证了存款人合理现金要求，达到取款自由的目的，符合存款人和商业银行的利益。

资料来源：小加. 从深圳银行限制提现看商业银行现金管理. 中国资金管理，2009年8月6日

【讨论题】监管部门为什么对存款人取款设限？你认为这些限制有用吗？

思考题

1. 什么是商业银行的现金资产，它由哪些项目构成？
2. 现金资产管理的意义有哪些？
3. 商业银行的头寸由哪些内容构成？
4. 商业银行资金头寸调度的原则和渠道有哪些？
5. 影响商业银行库存现金需求量的因素有哪些？
6. 银行保持现金适度量有哪些措施？
7. 影响同业存款需要量的因素有哪些？

第 8 章

【主要概念的中英文对照】

商业贷款：commercial loans
信用贷款：credit loans
抵押贷款：mortgage loans
担保贷款：secured loans
票据贴现：discounted note
工商业贷款：business loans
农业贷款：agricultural loans
金融机构贷款：financial institutions loans
消费贷款：consumer loans
不动产抵押：real estate mortgage
信用分析：credit analysis
贷款定价：loan pricing
成本加成定价法：cost-plus pricing

价格领导模型定价法：price leadership model pricing
基准利率定价法：benchmark interest rate pricing
客户利润分析：customer profitability analysis
正常：normal
关注：special-mentioned
次级：subprime
可疑：doubtful
损失：loss
呆账准备金：allowance for doubtful accounts

商业银行的贷款业务

8.1 商业银行贷款业务流程

8.1.1 贷款程序

贷款程序是商业银行内部控制的重要组成部分，各个银行都规定贷款必须严格按照一定的程序执行。这些步骤主要有：贷款申请、信用评估、贷款调查、贷款审批、贷款谈判、贷款发放、贷后检查和贷款归还。

(1) 贷款申请：借款人需要贷款，应当向主办银行或者其他银行的经办机构直接申请。借款人应当填写包括借款金额、借款用途、偿还能力及还款方式等主要内容的《借款申请书》并提供以下资料：① 借款人及保证人基本情况；② 财政部门或会计（审计）事务所核准的上年度财务报告，以及申请借款前一期的财务报告；③ 原有不合理占用的贷款的纠正情况；④ 抵押物、质物清单和有处分权人的同意抵押、质押的证明及保证人拟同意保证的有关证明文件；⑤ 项目建议书和可行性报告；⑥ 贷款人认为需要提供的其他有关资料。

(2) 对借款人进行信用等级评估：应当根据借款人的领导者素质、经济实力、资金结构、履约情况、经营效益和发展前景等因素，评定借款人的信用等级。评级可由贷款人独立进行，内部掌握，也可由有权部门批准的评估机构进行。

(3) 贷款调查：贷款人受理借款人申请后，应当对借款人的信用等级以及借款的合法性、安全性、盈利性等情况进行调查，核实抵押物、质物、保证人情况，测定贷款的风险度。

(4) 贷款审批：贷款人应当建立审贷分离、分级审批的贷款管理制度。审查人员应当对调查人员提供的资料进行核实、评定，复测贷款风险度，提出意见，按规定权限报批。

(5) 签订借款合同：所有贷款应当由贷款人与借款人签订借款合同。借款合同应当约定借款种类、借款用途、金额、利率、借款期限、还款方式，借、贷双方的权利、义务，违约责任和双方认为需要约定的其他事项。保证贷款应当由保证人与贷款人签订保证合同，或保证人在借款合同上载明与贷款人协商一致的保证条款，加盖保证人的法人公章，并由保证人的法定代表人或其授权代理人签署姓名。抵押贷款、质押贷款应当由抵押人、出质人与贷款人签订抵押合同、质押合同，需要办理登记的，应依法办理登记。

(6) 贷款发放：贷款人要按借款合同规定按期发放贷款。贷款人不按合同约定按期发放贷款的，应偿付违约金。借款人不按合同约定用款的，应偿付违约金。

(7) 贷后检查：贷款发放后，贷款人应当对借款人执行借款合同情况及借款人的经营情况进行追踪调查和检查。

(8) 贷款归还：借款人应当按借款合同规定按时足额归还贷款本息。贷款人在短期贷款到期1个星期之前、中长期贷款到期1个月之前，应当向借款人发送还本付息通知单；借款人应当及时筹备资金，按时还本付息。贷款人对逾期的贷款要及时发出催收通知单，做好逾期贷款本息的催收工作。贷款人对不能按借款合同约定期限归还的贷款，应当按规定加罚利息；对不能归还或者不能落实还本付息事宜的，应当督促归还或者依法起诉。借款人提前归还贷款，应当与贷款人协商。

8.1.2 贷款种类

无论是传统银行或现代商业银行，贷款作为商业银行主要业务的地位始终没有变化。随着经济的不断发展、科技的不断更新、社会的不断进步，贷款产品与日俱增，有必要按照不同标准，对纷繁复杂的贷款品种进行分类，以便厘清贷款业务的基本脉络，更好地理解商业银行经营管理业务。

按照中国人民银行发布的《贷款通则》分类标准，可以从以下几个角度来划分贷款种类。

1. 按风险承担主体划分

（1）自营贷款：系指贷款人以合法方式筹集的资金自主发放的贷款，其风险由贷款人承担，并由贷款人收回本金和利息。

（2）委托贷款：系指由政府部门、企事业单位及个人等委托人提供资金，由贷款人（即受托人）根据委托人确定的贷款对象、用途、金额期限、利率等代为发放、监督使用并协助收回的贷款。贷款人（受托人）只收取手续费，不承担贷款风险。

（3）特定贷款：系指经国务院批准并对贷款可能造成的损失采取相应补救措施后责成国有独资商业银行发放的贷款。

2. 按贷款期限长短划分

（1）短期贷款：系指贷款期限在1年以内（含1年）的贷款。属于短期周转或临时垫付的性质，主要包括短期流动资金贷款、票据贴现、出口押汇、部分个人消费贷款等。短期贷款通常是以存货、应收账款或固定资产作担保。目前，对企业发放的短期流动资金贷款是商业银行贷款的主要种类之一，也是企业流动资金的主要来源。这类贷款期限短，大部分具有到期自偿的性质，因此信用风险相对较小。短期贷款十分灵活，在规定的信用限额内，借款人只要按期对实际使用贷款资金支付利息，就可以循环使用贷款本金直到协议期满或银行认为借款人的信用度下降为止。贷款利率一般为固定利率，有时也采用浮动利率。

另外，通知贷款是一类特殊的短期贷款，是指在贷款时不事先规定贷款期限，商业银行可以随时通知客户要求还款，客户也可以随时归还的贷款。这种贷款灵活性很强，通常用于商业银行分支机构之间或总分行之间的资金调剂，也用于与其他金融机构（如证券公司或投资银行）之间的资金往来。

（2）中期贷款：系指贷款期限在1年以上（不含1年）5年以下（含5年）的贷款。这类贷款通常包括企业技术更新和改造贷款、企业并购融资，也包括相当部分的消费者贷款等。中期贷款可以获得比短期贷款更稳定的现金流。

（3）长期贷款：系指贷款期限在5年（不含5年）以上的贷款。主要包括项目贷款、不动产抵押贷款、基本建设贷款、科技开发贷款等。这类贷款期限长、流动性差、风险也相对较大，但是利率相对而言也高。

此外，在按贷款期限划分贷款种类时，还应该了解以下几个概念。

（1）贷款期限：贷款期限根据借款人的生产经营周期、还款能力和贷款人的资金供给能力由借贷双方共同商议后确定，并在借款合同中载明。自营贷款期限最长一般不得超过10年，超过10年应当报中国人民银行备案。票据贴现的贴现期限最长不得超过6个月，贴现期限为从贴现之日起到票据到期日止。

（2）贷款展期：不能按期归还贷款的，借款人应当在贷款到期日之前，向贷款人申请贷款展期。是否展期由贷款人决定。申请保证贷款、抵押贷款、质押贷款展期的，还应当由保证人、抵押人、出质人出具同意的书面证明。已有约定的，按照约定执行。短期贷款展期期限累计不得超过原贷款期限；中期贷款展期期限累计不得超过原贷款期限的一半；长期贷款展期期限累计不得超过3年。国家另有规定者除外。借款人未申请展期或申请展期未得到批准，其贷款从到期日次日起，转入逾期贷款账户。

（3）贷款利率的确定：贷款人应当按照中国人民银行规定的贷款利率的上下限，确定每笔贷款利率，并在借款合同中载明。

（4）贷款利息的计收：贷款人和借款人应当按借款合同和中国人民银行有关计息规定按期计收或交付利息。贷款的展期期限加上原期限达到新的利率期限档次时，从展期之日起，贷款利息按新的期限档次利率计收。逾期贷款按规定计收罚息。

（5）贷款的贴息：根据国家政策，为了促进某些产业和地区经济的发展，有关部门可以对贷款补贴利息。对有关部门贴息的贷款，承办银行应当自主审查发放，并根据《贷款通则》有关规定严格管理。

（6）贷款停息、减息、缓息和免息：除国务院决定外，任何单位和个人无权决定停息、减息、缓息和免息。贷款人应当根据国务院决定，按照职责权限范围具体办理停息、减息、缓息和免息。

以贷款期限为标准划分贷款的种类，一方面有利于银行监控贷款的流动性和资金的周转情况，使银行的贷款资产保持合理的期限结构，避免陷入流动性风险；另一方面，也有利于银行按资金偿还期限的长短安排贷款顺序，以控制信贷资金的风险。

3. 按贷款担保方式划分

（1）信用贷款：信用贷款是指还款仅凭借款人的信用，不需要任何担保品或保证人担保的贷款，一般适用于经营情况良好、经济实力雄厚、业务往来时间较长且信誉度较高的企业。

（2）担保贷款：担保贷款是以特定的财产作为还款保证的贷款，如果借款人到期不履行债务，银行有权处理用作担保的财产，然后把所得的资金用来优先偿还贷款。可分为保证贷款、抵押贷款、质押贷款。保证贷款，系指按《中华人民共和国担保法》规定的保证方式以第三人承诺在借款人不能偿还贷款时，按约定承担一般保证责任或者连带责任而发放的贷款。抵押贷款，系指按《中华人民共和国担保法》规定的抵押方式以借款人或第三人的财产作为抵押物发放的贷款。质押贷款，系指按《中华人民共和国担保法》规定的质押方式以借款人或第三人的动产或权利作为质物发放的贷款。

担保品的具体形式因贷款的种类而定。比如，对于不动产贷款而言，作为担保品的一般是土地以及附着的建筑物；对于满足企业一般流动性需求的贷款，担保品可以是企业的库存物；证券交易贷款的担保品则通常就是所要交易的股票或者债券。如果担保品不需要从抵押人那里向抵押权人转移，称为抵押贷款；如果担保品（一般是有价证券）需由债权人代为保管，则称为质押贷款。

（3）票据贴现：系指贷款人以购买借款人未到期商业票据的方式发放的贷款，一般情况下，票据贴现的贷款期限在1年以内。

4. 按贷款质量划分

按照信用风险对贷款质量进行划分，一般采取"五级制"：正常贷款、关注贷款、次级贷款、可疑贷款、损失贷款。在后面章节会详细叙述。此处，仅以次级贷款为例简单介绍。

次级贷款也叫次级借贷（subprime lending），是为信用评级较差、无法从正常渠道获得贷款的人所提供的贷款。次级贷款的利率一般较正常贷款高，而且常常是可以随时间推移而大幅上调的浮动利率，因而对借款人有较大风险。由于次级贷款的违约率较高，对于贷款人而言，面临着较正常贷款更高的信用风险。如2007年的美国次级房贷市场的危机，凸显了有关金融贷款产品的利率风险与信用风险，对全球主要金融市场造成了冲击，导致了市场资金在相当一段时期内的紧缩和经济的不景气。

5. 按贷款用途划分

（1）工商业贷款：工商业贷款是用于补充工业和商业企业的流动资金的贷款，一般为短期贷款，通常为6个月，最多不超过1年，但也有少量中长期贷款。这类贷款是商业银行贷款的主要组成部分，一般占贷款总额的1/3以上。

（2）农业贷款：农业贷款是商业银行发放的与农业生产有关的贷款，比如对农民购买化肥、农用机械设备提供的贷款。在银行贷款组合中，农业贷款有明显的政策性，不完全是纯商业行为。因为农业项目边际收益较低而风险较高，资金需求分散化且成本较高。并且农业贷款呈现季节性变化，对银行流动性需求构成较大影响，因此银行从事农业贷款往往需要政府支持。

（3）金融机构贷款：金融机构贷款是指商业银行对往来银行、投资银行、外国银行、财务公司或其他金融机构发放的贷款，一般通过规定贷款额度或签订贷款协议进行贷款。

（4）消费贷款：亦称"消费者贷款"。对消费者个人贷放的、用于购买耐用消费品或支付各种费用的贷款。这种贷款能使消费者在有财力付款前，提前享受商品和劳务的愿望得到满足。消费贷款是第一次世界大战后兴起的一种贷款方式，第二次世界大战后发展迅猛。在美国、西欧、日本等工业发达国家，消费贷款已颇具规模，成为商业银行的一项重要资产业务。

消费贷款依不同标准划分为不同的种类。从偿还期看，可分为一次偿还贷款和分次偿还贷款；从银行与消费者的借贷关系看，可分为直接贷款与间接贷款；依据贷款的用途，又分为汽车贷款、住房改良或修缮贷款、教育和学资贷款、小额生活贷款、度假和旅游贷款等。除了上述分类，还有消费者从银行借款后，按个人实际需要购买消费品，再按合同向银行还款的贷款。属于这种贷款方式的有信用卡业务、特种支票贷款等。近年来随着信用卡的大力普及和推广，使得信用卡成为个人消费贷款的重要种类。消费贷款的迅速发展，对于推销产品、促进经济发展起到了重要作用。

（5）不动产贷款：不动产贷款是为贷给借款人用于建造房屋和开发土地或以农田和住房为担保的贷款。不动产贷款有三类。第一类是直接不动产贷款。指由商业银行直接贷给借款人用于购置不动产用的贷款。第二类是间接不动产贷款。指不直接发放贷款给不动产的最后购买者，而是通过其他金融机构所发放的不动产贷款。第三类是其他不动产贷款。比如商业银行为其他借款人代办、出借和抵押的贷款，或者商业银行通过其信托部门的业务活动，间接经营不动产贷款等。

除了上面几种分类标准，还有按照金额划分为批发贷款、零售贷款和银团贷款等；按照偿还方式的分期偿还贷款和一次性偿还贷款；按照融资方式有租赁融资、贸易融资、供应链融资等。向不同的借款人，以不同的方式、期限、担保等发放的贷款在贷款标准、贷款定价及贷款管理方面都有不少的差异,因此对商业贷款的种类进行细分,有利于商业银行根据不同贷款的特点分别制定不同的贷款政策,合理安排贷款结构,提高贷款的收益与安全性。

票据贴现和商业贷款经常容易混淆,在此做一些比较。它们都是银行的资产业务,都是为客户融通资金,但二者之间却有许多差别。

(1) 资金流动性不同。由于票据的流通性,票据持有者可到银行或贴现公司进行贴现,换得资金。一般来说,贴现银行只有在票据到期时才能向付款人要求付款,但银行如果急需资金,它可以向其他商业银行转贴现或向中央银行再贴现。但贷款是有期限的,在到期前是不能回收的。

(2) 利息收取时间不同。贴现业务中利息的取得是在业务发生时即从票据面额中扣除,是预先扣除利息。而贷款是事后收取利息,它可以在期满时连同本金一同收回,或根据合同规定,定期收取利息。

(3) 利息率不同,票据贴现的利率要比贷款的利率低,因为持票人贴现票据的目的是为了得到当前资金的融通,并非缺乏该笔资金。如果贴现率太高,则持票人取得融通资金的负担过重,成本过高,贴现业务就不可能发生。

(4) 资金使用范围不同。持票人在贴现了票据以后,就完全拥有了资金的使用权,他可以根据自己的需要使用这笔资金,而不会受到贴现银行的任何限制。但借款人在使用贷款时,要受到贷款银行的审查、监督和控制,因为贷款资金的使用情况直接关系到银行能否按期回收贷款。

(5) 债务债权的关系人不同。贴现的债务人不是贴现申请人而是出票人即付款人,遭到票据拒付时,贴现银行才能向贴现人或背书人追索票款。而贷款的债务人就是申请贷款的人,银行直接与借款人发生债务关系。有时银行也会要求借款人寻找保证人以保证偿还款项,但与贴现业务的关系人相比要简单得多。

(6) 资金的规模和期限不同。票据贴现的金额一般不太大,每笔贴现业务的资金规模有限,可以允许部分贴现。票据的期限较短,一般为 3～6 个月。然而贷款的形式多种多样,期限长短不一,规模一般较大,贷款到期的时候,经银行同意,借款人还可继续贷款。

8.2 信用分析

所谓信用分析,是指商业银行为保障贷款的安全与盈利,在发放贷款前对借款人的资信状况进行调查和评估,目的在于预测贷款可能面临的风险,为贷款决策提供科学依据。事实上,无论何种贷款,对贷款申请者进行信用分析都是银行信贷风险管理的第一步,也是关键的一步。当然,贷款给一个最终会违约的借款人或拒绝一个将会按期还款的借款人都会导致银行的损失。因此,银行在把握信用政策宽严尺度时,还必须考虑贷款盈利性和安全性之间的平衡。信用分析包括财务因素分析和非财务因素分析。

8.2.1 信用分析的基本要素

《贷款通则》规定应当根据借款人的领导者素质、经济实力、资金结构、履约情况、经营效益和发展前景等因素,评定借款人的信用等级。评级可由贷款人独立进行,内部掌握,也可由有权部门批准的评估机构进行。

西方商业银行在长期的经营中,总结归纳出了"5C"原则,用以对借款人的信用风险进行分析,有些银行将分析的要素归纳为"5W"因素,即借款人(Who)、借款用途(Why)、还款期限(When)、担保物(What)及如何还款(How),还有的银行将其归纳为"5P"因素,即个人因素(Personal)、借款目的(Purpose)、偿还(Payment)、保障(Protection)和前景(Perspective)。

5C 分析法最初是金融机构对客户作信用分析时所采用的主要方法之一,它主要集中在借款人的道德品质(Character)、还款能力(Capacity)、资本实力(Capital)、担保(Collateral)和经营环境条件(Condition)五个方面进行全面的定性分析以判别借款人的还款意愿和还款能力。由于这 5 个方面的英文单词开头第一个字母都是 C,故称"5C"分析法。

(1) 品质:指顾客或客户努力履行其偿债义务的可能性,是评估顾客信用品质的首要指标,品质是贷款回收速度和回收数额的决定因素。

(2) 能力:指顾客或客户的偿债能力,即其流动资产的数量和质量及与流动负债的比例。

(3) 资本:指顾客或客户的财务实力和财务状况,表明顾客可能偿还债务的背景,如负债比率、流动比率、速动比率、有形资产净值等财务指标等。

(4) 抵押:指顾客或客户拒付款项或无力支付款项时能被用做抵押的资产,一旦收不到这些顾客的款项,便以抵押品抵补,这对于首次交易或信用状况有争议的顾客或客户尤为重要。

(5) 条件:指可能影响顾客或客户付款能力的经济环境,如顾客或客户在困难时期的付款历史、顾客或客户在经济不景气情况下的付款可能。

国内评级通常主张信用状况的五性分析,即安全性(Insurance)、收益性(Profitability)、成长性(Potentialities)、流动性(Liquidity)、自偿性(Reducibility)。其中,安全性是信用的基础,收益性是信用的保证,成长性是信用的动力,流动性是信用的表现,自偿性是信用的条件。通过五性分析,对客户信用状况作出较为客观的评级。

8.2.2 财务因素分析

财务报表分析是信用分析中技术最强的部分,是银行对借款企业信用分析的重要手段,是评判借款企业的经营情况、盈利能力和还款能力的基本依据。

1. 资产负债表分析

1) 资产项目分析

对资产项目分析的重点是分析借款企业资产项目中的有价证券、应收账款、应收票据、存货和固定资产。

(1) 有价证券。它代表了借款企业用其剩余资金所作的投资,很容易转化为现金,是企业收入的重要来源之一。银行通常要审查有价证券来源的合法性和变现力,是否到期变现用于补充流动资金。如果企业用有价证券作担保,那么,银行要对有价证券的合法性和变现力进行重点分析。

(2) 应收账款。它是借款企业出售产品或服务所换回的赊账。对应收账款分析的重点是应收账款集中程度和账龄因素。如果以应收账款作质押,一般为 40%~70% 的质押率。当然,银行可以应收账款面值的一定比率买断应收账款,即保理。此外,要特别关注企业的呆账备抵账户，即应收账款的冲销账户，它反映了预计不能收回的应收账款数量，防止从销售收入中注销导致高估或低估的利润。

（3）应收票据。由于借款企业的客户不能根据赊欠期限支付款项，就会产生应收票据。应收票据可用于销售昂贵的商品，或用于记载一笔偿付迟缓的应收账款。应收票据的取得是为了加强企业的地位，但如果与应收账款相比数额较大时，对贷款偿还有一定的威胁。更为重要的是，以多种形式签发、载有各种不同还款条件的应收票据被归类到非流动资产中。因此，银行要彻底调查应收票据的可靠性和流动性。

（4）存货。它包括原材料、半成品和产成品，是企业重要的流动资产。作为流动资产的存货可能存在两种风险：一是存货卖不掉；二是虽然存货卖掉了，但有可能变成应收账款。因此，银行应重点分析存货的适销性和价值的稳定性以及存货是否投保。

（5）固定资产。银行不希望企业靠出售固定资产偿还贷款。对企业固定资产分析的意义在于固定资产创造盈利的能力。因此，银行要对固定资产的盈利能力、折旧、效率和专门用途进行考察，以确保企业现金流量的来源。

2）负债项目分析

负债项目主要分析负债中应付账款、应付税金、应付工资等项目，目的是掌握企业负债结构的合理性，否则有可能导致企业财务状况恶化。

3）权益项目分析

权益项目主要考察权益资本的来源与构成，如普通股、优先股和盈余公积金等，应特别关注债务资本所占比重以及它的构成。

4）表外或有负债和环境负债

所谓或有负债，是指没有在借款企业的资产负债表上反映出来的其他潜在债务，有可能在将来转变为企业的实际债务，减少可用偿还贷款的资金。企业的或有负债包括为客户产品提供的担保、对企业的诉讼和未决的案件、企业将来可能欠下无资金的养老金负债和应付而未付的税金等。环境负债是指企业在经营中造成环境污染所带来的负债。

2. 利润表分析

对利润表分析的重点包括应计收入的方法、销售额的构成与价格趋势、销售成本的变化趋势、存货计价、毛利率的变化趋势、营业费用的变化以及净利润来源的分析等。银行对利润表项目分析的目的在于了解企业某一段时期内的经营业绩，评价企业管理水平以及企业未来盈利能力。

3. 现金流量表分析

现金流量表分析是对企业经营活动、投资活动和筹资活动全过程的现金收支流转情况进行分析，测算在各个时点上净现金流入或流出缺口的技术方法，它既是反映企业全部经济活动和盈利状况的基础，又是表现企业对债务需求和偿还能力的依据。

在现金流量分析中，银行要弄清楚，在什么时候，因什么缘故，企业现金流量会突然增加，又在什么时候，因什么缘故，企业现金流量会突然减少，从而可以确定企业能否按预期计划获得收入用于偿还贷款。在评估企业经营或投资项目的效益时，要按现金流的现值进行估算。

1）现金和现金流量

现金流量中的现金是广义的现金，包含了两部分：一部分是现金，包括库存现金、活期存款和其他货币性资金；另一部分是短期（3个月以内）证券投资。

现金流量是相对于现金存量的一个概念，包含了现金流入量、现金流出量和现金净流量等内容。现金净流量定义为现金流入量和现金流出量之差，用公式表示则为

$$现金净流量 = 现金流入量 - 现金流出量$$

一般来说，企业的总现金净流量是经营活动、投资活动和融资活动所产生的现金净流量的总和，用公式表示则为

$$总现金净流量 = 经营活动的现金净流量 + 投资活动的现金净流量 + 融资活动现金净流量$$

2) 现金流量分析

在进行现金流量分析时，银行应根据企业提供的财务报表来计算企业的现金流量并且预测未来的现金流量。如果在一段时间内，企业现金净流量为正，则表明在该时期内，企业不仅能偿还已有债务，而且还能偿还新的借款。如果现金流量为负，银行的贷款则面临着较大的风险，但借款人是不是一定不能够偿还贷款呢？答案是否定的。现金流量为负只是意味着现金流入总量小于现金流出总量，但是偿还贷款只是现金流出的一部分，所以借款人是否能够偿还贷款还取决于现金流出的顺序。与财务比率分析一样，现金流量分析只是对企业的历史和现状的分析，因此企业未来的财务状况与现在差别较大时，银行只有在进行财务预测的基础上再进行现金流量分析才有意义。

3) 财务比率分析

银行对客户的财务状况进行分析，并根据计算出来的会计比率比较分析借款人和其所处行业的财务状况和发展趋势，从而分析和判定客户的信用状况。财务比率分析方法是许多商业银行至今仍在使用的信用分析方法。目前，商业银行侧重于运用现金流量进行分析，依靠借款企业各种财务比率与其他类似公司的相应比率进行对比来分析其信用状况。表8-1列出了商业银行在信用分析中经常使用的财务比率指标。

表8-1 商业银行在信用分析中常用的财务比率指标

类型	财务比率指标	类型	财务比率指标
经营业绩表现	EBITDA/销售收入	流动性	流动比率
	净收入/销售收入		速动比率
	适用税率		存货/净销售收入
	净收入/净价值		存货/净流动资本
	净收入/总资产		流动负债/存货
	销售收入/固定资产		原材料、半成品、产成品占存货总量比率
偿债能力	EBITDA利息	财务杠杆情况	长期负债/资本总额
	（活动现金流量 - 资本支出）/利息		长期负债/有形资产净价值
	（活动现金流量 - 资本支出 - 股息）/利息		总负债/有形资产净价值
应收款状况	期限：30天、60天、90天、90天以上		（总负债 - 长期资本）/长期资本
	平均收回期限		流动负债/有形净值

资料来源：Altman, Naraynan, Managing Credit Risk, John Wiley & Sons, Inc, 1998.

注：1. EBITDA（Earnings Before Interests, Taxes, Depreciation and Amortization），是指扣除利息、税金、折旧和摊还债款之前的收益；2. 长期资本 = 总净价值 + 优先股 + 次级债务。

8.2.3 非财务因素分析

在信用分析中,财务报表分析和担保分析都有资料来源方便、分析手段简单和易于量化、客观明了等优点,但一些影响借款人信用水平的重要因素是很难用财务指标来量化的,而这些因素对借款人信用状况评价又是相当重要的。这样,银行就必须借助于非财务分析方法来进一步更全面地、动态地了解借款人的信用。非财务分析的因素有很多,其中借款人所处的行业、经营特征、管理方式等是需要重点分析的几个重要因素,表8-2列出了它们分析的要点。

表8-2 非财务分析的主要因素

行业因素	经营因素	管理因素	社会因素
成本结构	企业总体特征	组织形式	战争
成熟期	产品总体特征	管理层经验	法律、政策调整
周期性	市场竞争	管理深度	经济技术环境
盈利性	经营思想	管理广度	自然灾害
产品替代性	采购环节	管理层稳定性	环保
产品依赖性	生产环节	员工素质	城市建设
	销售环节	内部控制	
		法律纠纷	

资料来源:郑鸣. 商业银行管理学. 北京:清华大学出版社,2005.

鉴于非财务因素往往定性的要素比较多,其有效性往往依赖于信贷人员的专业经验、专业素质和道德水平,因而需要和其他风险分析的手段结合使用,以避免出现较大的信用风险。

8.3 贷款定价

所谓贷款的定价,是指如何确定贷款的利率、确定补偿余额及对某些贷款收取手续费。贷款如何合理定价是银行长期以来颇感困扰的问题。定价过高,会驱使客户从事高风险的经济活动以应付过于沉重的债务负担,或是抑制客户的借款需求,使之转向其他银行或通过资本市场直接筹资;定价过低,银行无法实现盈利目标,甚至不能补偿银行付出的成本和承担的风险。随着许多国家金融管制的放松,贷款市场的竞争日趋激烈,对贷款进行科学定价较以往更为重要。贷款定价与银行效益休戚相关,同时也涉及商业银行业务的方方面面,如何合理为贷款定价同时是一项系统工程,需要银行各职能部门密切配合,调动全行的资源。

8.3.1 贷款定价的原则

贷款是商业银行主要的核心盈利性资产。银行通过贷款定价来补偿贷款的风险与其使用资金的成本,从而保证承销贷款所获取的净收益。贷款定价是指如何确定贷款价格。在确定贷款价格时,商业银行必须遵循以下几项原则。

1. 贷款收益最大化

银行贷款成本包括支付的利息与贷款有关的费用,在确定贷款价格时必须将这些成本因素考虑进去，否则贷款成本就会超过它的收益，银行盈利性最大化目标就无法实现。因此，贷款收益最大化与银行盈利性最大化的目标是一致的。在通常情况下，贷款需求量与贷款价格呈反比关系。即贷款价格越高，贷款需求量就越少；反之，贷款价格越低，贷款需求量越多。银行大部分收益来源于贷款收益，而贷款收益的大小取决于贷款价格与贷款数量这两项因素。因此，贷款价格的合理性将决定贷款收益目标的实现。

2. 扩大市场份额

扩大市场份额是任何一家银行实现其价值与提高其地位所采取的手段。市场份额扩大，就意味着银行今后能以最低成本取得资金来源并获取稳定的收益。因此，贷款定价要有利于扩大市场份额。

3. 保障贷款质量

银行在发放贷款中遇到的严重风险是贷款定价不能弥补贷款风险与其资金成本、营运成本和损失准备金。如果贷款价格提高，固然可以部分弥补上述损失，但是，借款企业只有从事高风险收益项目，才能补偿所支付的贷款高价格，否则贷款的本息将无法保证按期归还，贷款损失就不可避免。因此，在确定贷款价格时，应充分重视贷款的质量，以确保贷款安全。

4. 维护银行的声誉

贷款是银行同客户联系的基础，也是巩固银行与客户之间所有关系的重要条件。如果银行在贷款定价结构上为客户留下较大的自由空间，就将提高客户对银行的信任度，客户将乐意接受银行其他方面的服务，为银行带来派生存款和服务性收入。因此，贷款定价弹性制将会吸引大量回头客来接受银行为其提供的其他金融服务。这样，信誉好、资金需求量大的客户就能为银行带来大量的非利息收入。

此外，在确定贷款价格时，客户的视角也是银行所关注的问题。对于中小客户来说，他们往往不太关心某笔贷款价格的高低，而更关心自己是否有资格获得贷款以及获得贷款后每月的偿还金额，但大客户则会更加关注某笔贷款的成本。

8.3.2 影响贷款定价的因素

广义的贷款价格包括贷款利率、贷款承诺费及服务费、提前偿付或逾期罚款等，贷款利率是贷款价格的主要组成部分。在宏观经济运行中，影响贷款利率的主要因素是信贷市场的资金供求状况。从微观层面上考察，在贷款业务的实际操作中，银行作为贷款供给方所应考虑的因素是多方面的。

第一，银行提供信贷产品的资金成本与经营成本。如前所述，资金成本有平均成本和边际成本两个不同的口径，后者更宜作为贷款的定价基础。而经营成本则是银行因贷前调查、分析、评估和贷后跟踪监测等所耗费直接或间接费用。

第二，贷款的风险含量。信贷风险是客观存在的，只是程度不同，银行需要在预测贷款风险的基础上为其承担的违约风险索取补偿。

由风险收益原理可知，银行贷款风险越高，其承担高风险所应该获得的收益也就越高，因此，贷款价格也就越高。可以通过一个简单的式子来说明这个问题。假如无风险利率为r，一笔贷款的违约概率为d，即能按期收回贷款本息的概率为$1-d$，那么贷款的利率R应该满足下列等式：

$$(1+R)(1-d)=1+r$$

即：
$$R=\frac{r+d}{1-d}$$

上式反映了风险与价格之间的正相关关系：风险越大即 d 越大，贷款利率 R 也就越高。当贷款风险为零时，即 $d=0$ 时，贷款利率可以等于 r；当贷款风险为 1 时，即贷款肯定收不回来时，银行所要求的贷款利率趋于无穷大，事实上，银行就不可能发放此类贷款。

需要注意的一点是，当贷款面临的风险过大时，银行向借款人收取与其风险水平相对应的风险溢价可能并不是明智的做法，因为这种做法会增加借款人违约的可能性，使得银行在此笔贷款上的收益小于优良贷款所带来的收益。当贷款利率很高时，贷款企业只有把贷款用于风险很大并且收益很高的项目时才可能有利可图，但借款人这种投机行为又进一步增加了贷款的风险，最后的结果很可能是银行不可能收回贷款。

第三，贷款的期限。不同期限的贷款适用的利率档次不同。贷款期限越长，流动性越差，且利率走势、借款人财务状况等不确定因素愈多，贷款价格中应该反映相对较高的期限风险溢价。

第四，银行的目标盈利水平。在保证贷款安全和市场竞争力的前提下，银行会力求使贷款收益率达到或高于目标收益率。

第五，通货膨胀预期。通货膨胀是对贷款名义利率的一种抵消，贷款实际利率等于名义利率减去通货膨胀率。若贷款名义利率保持不变，而物价水平上涨，那么贷款实际利率趋于下降，这意味着银行贷款实际投资回报降低，对银行目标收益的实现十分不利。因此，银行在给贷款定价时要充分考虑通货膨胀因素。

第六，金融市场竞争态势。银行应比较同业的贷款价格水平，将其作为本行贷款定价的参考。

第七，银行与客户的整体关系。贷款通常是银行维系客户关系的支撑点，故银行贷款定价还应该全面考虑客户与银行之间的业务合作关系。最后，银行有时会要求借款人保持一定的存款余额，即存款补偿余额，以此作为发放贷款的附加条件。存款补偿余额实际上是一种隐含贷款价格，故而与贷款利率之间是此消彼长的关系。银行在综合考虑多种因素的基础上，开发出了若干贷款定价方法，每种方法体现着不同的定价策略。

8.3.3 贷款定价的方法

1. 成本加成定价法

这种定价方法比较简单，是在借入资金的成本和其他经营成本、风险成本的基础上加一个加成（银行的预期利润）来确定贷款利率的方法。用公式表示为

贷款利率 = 筹集资金的边际成本 + 银行的其他经营成本 + 预计违约风险的补偿费用 + 银行预期的利润水平（资产净利率）

也即在贷款成本之上加一定的利差来决定贷款利率，又称成本相加定价法。成本加成定价法考虑了贷款的融资成本、经营成本和客户的违约成本，具有一定的合理性。不过，这种定价方法也有其缺陷。它要求银行能够准确地认定贷款业务的各种相关成本，在实践中有相当的难度。而且，它没有考虑市场利率水平和同业竞争因素，而事实上，在激烈的竞争中，银行并非是完全的价格制定者，而往往是价格的接受者。

2. 价格领导模型定价法（优惠利率加数法或优惠利率乘数法）

价格领导模型定价法又称差别定价法，这是一种在西方银行界中得到广泛应用的贷款定价方法。所谓优惠利率，是商业银行向实力雄厚、信誉较好的大客户发放短期贷款时所使用的利率。其定价方式是在优惠利率（由若干大银行视自身的资金加权成本确定）的基础上根据借款人的不同风险等级（期限风险与违约风险）或资信状况制定不同的贷款利率。根据这一做法，贷款利率定价是以优惠利率加上某数或乘以某数。故而价格领导模型定价法可以分为优惠利率加数法或优惠利率乘数法。其中，在市场利率上升时期，优惠利率乘数法下的贷款利率要比优惠加数法下贷款利率的增长得更快，相反地，在市场利率下降时期，优惠利率乘数法下的贷款利率也下降得更快一些。

3. 基准利率定价法（交易利率定价法）

基准利率定价法是指商业银行在对各类贷款定价时，以各种基础利率为标准，根据借款人的资信、借款金额、期限、担保等方面的条件，银行在此之上加一定价差或乘上一个加成系数的贷款定价方法。基准利率可以是国库券利率、大额可转让存单利率、银行同业拆借利率、商业票据利率等货币市场利率，也可以是优惠贷款利率，即银行对优质客户发放短期流动资金贷款的最低利率。由于这些金融工具或借贷合约的共同特征是违约风险低，所以它们的利率往往被称为无风险利率（Riskless Interest Rate），是金融市场常用的定价参照系，故也被称为基准（Benchmark）利率。对于所选定的客户，银行往往允许客户选择相应期限的基准利率作为定价的基础，附加的贷款风险溢价水平因客户的风险等级不同而有所差异。

根据基准利率定价法的基本原理，银行对特定客户发放贷款的利率公式一般为

贷款利率 = 基准利率 + 借款者的违约风险溢价 + 长期贷款的期限风险溢价

公式中后两部分是在基准利率基础上的加价。违约风险溢价的设定可使用多种风险调整方法，通常是根据贷款的风险等级确定风险溢价。不过，对于高风险客户，银行并非采取加收较高风险溢价的简单做法，因为这样做只会使贷款的违约风险上升。因此，面对较高风险的客户，银行大多遵从信贷配给思想，对此类借款申请予以回绝，以规避风险。如果贷款期限较长，银行还需加上期限风险溢价。

在20世纪70年代以前，西方银行界在运用基准利率定价法时普遍以大银行的优惠利率作为贷款定价基准。进入70年代，由于银行业日趋国际化，优惠利率作为商业贷款基准利率的主导地位受到伦敦银行同业拆借利率的挑战，许多银行开始使用LIBOR作为基准利率。LIBOR为各国银行提供了一个共同的价格标准，并为客户对各银行的贷款利率进行比较提供了基准。20世纪80年代后，出现了低于基准利率的贷款定价模式。由于短期商业票据市场迅速崛起，加上外国银行以接近筹资成本的利率放贷，迫使许多银行以低于优惠利率的折扣利率（通常是相当低的货币市场利率加一个很小的价差）对大客户发放贷款。不过，对中小型客户贷款仍然以优惠利率或其他基准利率（如LIBOR）为定价基础。

4. 客户利润分析法

客户利润分析（Customer Profitability Analysis，CPA）是一个较为复杂的贷款定价系统，其主要思想是认为贷款定价实际上是客户关系整体定价的一个组成部分，银行在对每笔贷款定价时，应该综合考虑银行在与客户的全面业务关系中付出的成本和获取的收益。客户利润分析法的基本框架是评估银行从某一特定客户的银行账户中获得的整体收益是否能实现银行的利润目标，因此亦称账户利润分析法。银行要将该客户账户给银行带来的所有收入与所有

成本,以及银行的目标利润进行比较,再测算如何定价。公式如下:

$$账户总收入(>,=,<)账户总成本+目标利润$$

如果账户总收入大于账户总成本与目标利润之和,意味着该账户所能产生的收益超过银行要求的最低利润目标。如果公式左右两边相等,则该账户正好能达到银行既定的利润目标。假若账户总收入小于账户总成本与目标利润之和,有两种可能的情况:一是账户收入小于成本,该账户亏损;一是账户收入大于成本,但获利水平低于银行的利润目标。在这两种情况下,银行都有必要对贷款重新定价,以实现既定盈利目标。下面逐一介绍公式中每项要素的构成和计算方法。

(1) 账户总成本:账户总成本包括资金成本、所有的服务费和管理费以及贷款违约成本。资金成本即银行提供该贷款所需资金的边际成本,这里使用的是债务资金的加权边际成本。服务和管理费用包括该客户存款账户的管理费用、客户存取款项、签发支票的服务费用、贷款的管理费用(如信用分析费用、贷款回收费用和质押品的维护费用等)及其他服务项目的费用。违约成本是银行基于贷款风险度量估算出的类似贷款平均潜在违约损失。

(2) 账户总收入:账户总收入包括银行可以从客户的账户中获得的可投资存款的投资收入、表内外业务服务费收入和对该客户贷款的利息收入及其他收入等。其中,客户账户中的可投资存款额是指该客户在计算期内的平均存款余额扣减托收未达现金、法定存款准备金后的余值。银行求出可投资存款额后,结合一定的存款收益率水平,即可计算出该客户存款给银行带来的投资收入。服务费收入主要是贷款承诺费、结算手续费等。

(3) 目标利润:目标利润是指银行资本要求从每笔贷款中获得的最低收益。目标利润根据银行既定的股东目标收益率(资本的目标收益率)、贷款分配的资本金比例(资本与资产比率)及贷款金额确定,其计算公式为

$$目标利润 = \frac{资本}{总资产} \times 资本的目标收益率 \times 贷款额$$

如果银行使用账户利润分析法为新客户的贷款定价,就需预测客户的账户活动,在此基础上估算账户总成本和总收入,银行也可以使用该方法对老客户已发放贷款的价格水平进行评价。总的说来,如果账户净收益等于目标利润,说明贷款定价基本合理;如果客户账户净收入大于或小于目标利润,银行就应考虑调整对该客户贷款定价作上浮或下浮调整。主要有两种方式。一是提高名义贷款利率,即在签订借款协议时约定支付的贷款利率,但调高贷款利率受市场供求的限制;二是贷款名义利率不变,而在此之外收取一些附加费用,以提高贷款实际利率,又有三种提高贷款实际利率的方法:① 缴纳补偿存款余额;② 收取承诺费;③ 收取其他服务费。

8.4 贷款的风险分类与问题贷款的处理

8.4.1 贷款风险分类

1. 贷款风险分类

为建立现代银行制度,改进贷款分类方法,加强银行信贷管理,提高信贷资产质量,1998年起,中国人民银行制定了《贷款风险分类指导原则(试行)》,我国开始实行贷款的

五级分类标准，2002年1月起在全国全面推行。所谓贷款分类，是指按照风险程度将贷款划分为不同档次的过程。通过贷款分类应达到以下目标：第一，揭示贷款的实际价值和风险程度，真实、全面、动态地反映贷款的质量；第二，发现贷款发放、管理、监控、催收及不良贷款管理中存在的问题，加强信贷管理；第三，为判断贷款损失准备金是否充足提供依据。

评估银行贷款质量，采用以风险为基础的分类方法（简称贷款风险分类法），即把贷款分为正常、关注、次级、可疑和损失五类；后三类合称为不良贷款。五类贷款的定义如下。

(1) 正常：借款人能够履行合同，没有足够理由怀疑贷款本息不能按时足额偿还。

(2) 关注：尽管借款人目前有能力偿还贷款本息，但存在一些可能对偿还产生不利影响的因素。

(3) 次级：借款人的还款能力出现明显问题，完全依靠其正常营业收入无法足额偿还贷款本息，即使执行担保，也可能会造成一定损失。

(4) 可疑：借款人无法足额偿还贷款本息，即使执行担保，也肯定要造成较大损失。

(5) 损失：在采取所有可能的措施或一切必要的法律程序之后，本息仍然无法收回，或只能收回极少部分。

各类贷款的风险在银行的贷款资产中占有不同的权重，银行监管部门提供的参考权重指标为：正常1%、关注3%～5%、次级15%～25%、可疑50%～75%、损失100%，权重是根据贷款遭受损失程度进行确定的。该比率越高，表明银行资本遭受侵蚀的程度就越高。按照通常的做法，除正常贷款和关注贷款外，其余均可以界定为问题贷款。

2. 贷款风险分类要求

使用贷款风险分类法对贷款质量进行分类，实际上是判断借款人及时足额归还贷款本息的可能性，考虑的主要因素包括：① 借款人的还款能力；② 借款人的还款记录；③ 借款人的还款意愿；④ 贷款的担保；⑤ 贷款偿还的法律责任；⑥ 银行的信贷管理。

借款人的还款能力是一个综合概念，包括借款人现金流量、财务状况、影响还款能力的非财务因素等。对贷款进行分类时，要以评估借款人的还款能力为核心，把借款人的正常营业收入作为贷款的主要还款来源，贷款的担保作为次要还款来源。需要重组的贷款应至少归为次级类；重组后的贷款（简称重组贷款）如果仍然逾期，或借款人仍然无力归还贷款，应至少归为可疑类。重组贷款是指银行由于借款人财务状况恶化，或无力还款而对借款合同还款条款作出调整的贷款。对利用企业兼并、重组、分立等形式恶意逃废银行债务的借款人的贷款，至少划分为关注类，并应在依法追偿后，按实际偿还能力进行分类。

分类时，应将贷款的逾期状况作为一个重要因素考虑。逾期（含展期后）超过一定期限、其应收利息不再计入当期损益的贷款，至少归为次级类。违反国家有关法律和法规发放的贷款应至少归为关注类。

贷款风险分类法是对贷款分类的最低要求，也是判定商业银行贷款质量的基础。贷款分类是商业银行信贷管理的重要组成部分。在贷款分类过程中，商业银行必须至少做好以下六个方面的工作：① 建立健全内部控制制度，完善信贷规章、制度和办法；② 建立有效的信贷组织管理体制；③ 实行审贷分离；④ 完善信贷档案管理制度，保证贷款档案的连续和完整；⑤ 改进管理信息系统，保证管理层能够及时获得有关贷款状况的重要信息；⑥ 督促借款人提供真实准确的财务信息。

案例 8-1

A 公司主要从事农副产品加工业。A 公司在 B 商业银行有贷款两笔，第一笔为 2008 年 1 月借款 60 万元，截至清分日已逾期 3 个月，用公司的办公楼作抵押，评估值为 100 万元；第二笔是 2009 年 1 月借款 100 万元，到期日为 2010 年 12 月，用公司的生产线作抵押，评估值为 150 万元。两笔贷款均能按季及时结息，抵押品均按法定程序进行了抵押登记。A 公司近三年的主要财务指标和现金流量情况如表 8-3 和表 8-4 所示。

表 8-3　A 公司主要财务指标

项 目	2007 年	2007 年行业平均值	2008 年	2008 年行业平均值	2009 年	2009 年行业平均值
毛利润率	12%	11%	12%	15%	11%	17%
应收账款周转率	3.5	3.2	3.2	3.3	2.8	3.5
存货周转率	4.1	4.1	4.2	4.5	3.9	4.6
资产利润率	4.6%	4.3%	4.5%	4.5%	4.0%	4.6%
资产负债率	60%	65%	65%	63%	70%	60%
流动比率	125%	120%	118%	120%	115%	125%
净利润率	4.5%	4.3%	4.3%	4.8%	4.0%	5.2%

表 8-4　A 公司现金流量简表　　　　　　　　　　　　　　　　单位：万元

项 目	2007 年	2008 年	2009 年
报告期利润总额	50	60	55
经营活动净现金流	150	50	-40
投资活动净现金流	-20	-80	-90
筹资活动净现金流	-70	60	100
其中借款	0	60	100
偿还借款	70	0	0
净现金流	60	30	-30

经查，A 公司用于抵押的办公楼土地使用权为工业用地性质，而设定抵押时按商业用地来评估作价的。据悉，A 公司用于抵押的生产线由于是专用生产设备，且自制部分占比大，变现能力差，处置损失率较高。A 公司于 2008 年至 2009 年连续更换了 3 个财务主管。并且与 B 商业银行的信息沟通不如申请借款时积极，提供有关企业经营资料不如以前配合。

根据以上提供的情况，你认为 A 公司的贷款应划为什么类别？结合财务分析、现金流量分析、非财务因素分析和担保分析谈谈你的分类理由。

分析：

（1）A 公司贷款应至少划为次级类。

（2）财务分析：从表中可看出 A 公司的各项财务指标是呈逐年下降的趋势，而同期同行业的各项财务指标均是逐年上升的，这说明该企业的业务在萎缩，经营状况在逐年恶化，应高度关注。

（3）现金流量分析：该企业虽然利润总额每年维持在 50 万元左右，但近三年的经营活动和投资活动的现金流量呈下降趋势,到 2009 年均为净流出,总现金流也为负数,企业只能通过大量的借款来维持业务经营。说明其现金压力大,偿债能力在逐年变弱。

(4) 非财务因素分析:由于 A 公司连续 2 年更换会计主管 3 人,且信息沟通、提供相关资料不能与 B 商业银行积极配合,出现了明显的预警信号,应高度关注。

(5) 担保分析:由于 A 公司用于抵押的房产被明显高估,而抵押的生产线变现能力差,且预期损失大,一旦企业不能还款时,执行其担保,很可能造成损失。

综合以上分析,认为 A 公司的两笔贷款符合次级类贷款的核心定义和基本特征,至少应划为次级类。

8.4.2 问题贷款处理

问题贷款的处理方式有很多,银行应根据贷款的风险大小及发现问题的早晚程度、借款人的经营和信誉状况及其对债务的态度、银行自身的财务实力及其与借款人的关系等制定出合适的处理方法。如果借款人的偿还能力只是暂时出现问题,只需银行注入新资金即可脱离困境的话,那么银行可谨慎地与借款人达成注入新资金的合同安排。但若追加资金的方案不可取时,银行就应及时地正式启动问题贷款的处理程序。一般来讲,问题贷款的处理有以下三类措施。

1. 贷款重新设计

贷款重新设计是商业银行和借款人友好协商的结果。这种方法一方面可以使借款人在银行帮助下维持日常经营生产活动,为借款人解决存在的问题提供时间和创造条件;另一方面,可以使银行获得重新安排贷款的主动权,增加了贷款偿还的可能性。贷款重新设计包括以下几种措施。

(1) 修改贷款条款。如免除借款人部分贷款本息、延长贷款到期日、减少每日偿付额,重新确定贷款定价方法等。

(2) 强化贷款的安全保障。如果银行发现贷款抵押品已经明显不足,应与借款人商议增加额外的安全措施,如增加抵押品、设置担保人等。

(3) 银行直接介入企业的经营管理过程。银行可以要求借款人削减日常开支及减少固定资产投资以减少借款人的现金流出,甚至可以派代表参加企业的董事会和建议撤销现有的管理层。这样,银行既可以对企业的经营活动给予必要的限制,又可以利用自身的优势,帮助借款人进行财务管理,为借款人渡过难关提供有效的信息服务。

2. 贷款清算

当贷款重新设计无法实施时,银行将不得不采取法律手段强制手段实现贷款偿还,即贷款清算。贷款清算通常包括以下几种措施。

(1) 处理担保品。如果贷款为保证贷款的类型,银行与借款人在第一步不能达成一致时,银行可以将抵押品变现,以偿还贷款。但在处置抵押品时,银行需要花费大量的人力、物力,而且,当借款人意识到将最终失去抵押资产时,他们往往滥用抵押品,因此银行采用这种处理方式,一般只能收回贷款的一部分。

(2) 申请法律裁决。如果贷款是无抵押的,或者抵押品的拍卖价格无法偿还全部贷款,债权银行可以通过法律裁决,要求借款人或担保人承担还贷责任。一旦获得裁决,银行可以通过公开拍卖借款人被扣押的资产、扣押借款人的收入和限制债务人资产转移等各种合理的手段来最大限度地收回贷款。但法律诉讼的费用高、耗时长，并受各种不确定因素的影响较大，因此，在诉讼前，银行应权衡各种成本与收益，选择最好的方式来维护银行债权。

（3）破产清算。破产是债权人和债务人解决债务纠纷的最后手段。借款人可以自愿申请破产以减轻债务负担，银行也可以向法庭申请要求清算借款人的资产。一旦提出破产申请，银行对债务人就应该暂缓采取其他措施，比如，不得继续对借款人提起上诉；不得执行破产前的判决；不得没收债务人的债权等。一般情况下，银行不愿看到借款人破产，因为破产清算需要花费银行大量的费用和时间，而且，即使借款人破产清算后，银行往往也难以收回全部贷款，因此，这是在其他方案都不可行时，银行才会采用的手段。

3. 冲销呆账准备金

贷款呆账准备金是从银行经营收入中提留的准备金，用以弥补银行的贷款损失。在各国银行的实践中，一般计提以下三种呆账准备金。

（1）普通呆账准备金。即按照风险贷款余额的一定比例计提，这和我国现行的按照贷款总余额的一定比例（1%）提取的呆账准备金是相似的。

（2）专项呆账准备金。即按照贷款分类的结果，对各类别的贷款根据其内在损失程度，按照一定的风险权重分别计提。大多数国家要求商业银行同时计提普通呆账准备金和专项准备金，我国计提此种专项准备金。

（3）特别呆账准备金。即针对某个地区、行业或某一类贷款专门计提，为防范国家风险而计提的呆账准备金就属于这一类，我国计提此种准备金。普通准备金是按照贷款余额的既定比例计提的，它针对的是贷款的不确定损失。

银行经营贷款，总会有一定的损失，就要有呆账准备金，普通呆账准备金正是在这个意义上提取的，用于弥补贷款组合的不确定损失的，这就使普通呆账准备金具有了资本的性质，可以计入资本基础。但是，普通呆账准备金无法反映贷款的真实损失程度，它只与贷款的总量有关，而与贷款的实际质量无关。真正的呆账准备金是用来弥补损失的，这要求呆账准备金的数量与贷款的真实质量相一致，贷款质量高，呆账准备金就少。相反，则必须增加呆账准备金的数量。专项准备金由于是按贷款的内在损失程度计提的，反映了评估日贷款的真实质量。因此，专项准备金不计入资本基础。它的变动直接与贷款的质量相关，而与数量无关。银行建立的普通呆账准备金制度、专项准备金制度和特别准备金制度共同构成了银行的呆账准备金体系，保护了银行经营的安全性。

在普通呆账准备金和专项呆账准备金体系下，准备金的计算步骤如下。

（1）计算所需的专项呆账准备。专项呆账准备金的计算要按照贷款的分类结果，不同的贷款分类按不同的比例计提。可参考的比例为：损失类贷款为100%、可疑类贷款为50%、次级类贷款为20%、关注类贷款为5%。

（2）计算普通呆账准备金。贷款即使属于正常类，仍存在损失的可能，因此需计提普通呆账准备金。方法为

普通呆账准备金 =（贷款总额 − 专项呆账准备金贷款总额）× 规定的比例

呆账准备金总量 = 专项呆账准备金 + 普通呆账准备金

当年呆账准备金累计提取额 = 年末贷款余额 × 1% − 呆账准备金上年年末余额

核销的贷款呆账应保留追索权。收回已核销贷款呆账增加呆账准备金，由此使年末呆账准备金余额超过年初贷款余额1%的部分，当年不必冲回超额部分。

银行提取呆账准备金时，应符合以下两个重要原则：① 及时性原则；② 充足性原则。前者是指银行呆账准备金的提取应在估计到贷款可能存在内在损失、贷款的实际价值可能减少时进行，而不应在损失实际实现或需要冲销贷款时进行；后者是指银行应当随时保持足够弥补贷款内在损失的准备金。

由于损失的不可避免性，银行及时、足额提取呆账准备金就成为帮助银行处理问题贷款、保持经营稳健的有效工具。

【阅读材料】

如何核查企业合理的借款金额

A 企业拟向银行申请新增借款 1 000 万元，用于购买原材料。该企业与银行的往来记录良好，企业的有关财务数据如下：

科　目	金额（万元）	科　目	金额（万元）
总资产	8 000	总负债	2 800
流动资产	3 000	流动负债	2 800
银行存款	200	银行借款	2 500
存货	2 000	应付账款	300
固定资产	5 000	所有者权益	5 200

初步分析，该公司资产负债率 35%，有较强的资金实力，但短期偿债能力较低，流动比为 1.07。上年度销售 5 000 万元，存货周转期为 144 天，相对正常。

信贷人员在调查中了解到：该公司当年销售计划增加 10%，各项财务指标保持上年水平，该银行已有贷款 2 500 万元。贷款能否增加？增加多少为宜？信贷人员作了进一步分析。

根据该公司上年度销售收入 5 000 万元以及今年销售收入增长 10% 的计划，不难计算出该公司今年销售收入的理论值为 5 500 万元。假设企业的各项资金周转率不变，今年公司的流动资产和流动负债都可能增加，其中流动资产理论推断可能增为 3 300 万元。如果流动负债也增加，为使增加后的流动比不低于 1，流动负债最多可以增加 500 万元（3 300 - 2 800）。假设企业的其他流动负债保持不变，这 500 万元就是该公司在保持正常的流动比率情况下可以增加的银行贷款的高限。

再用"债务清偿能力"这一指标对前面得出的 500 万元银行贷款高限进行验证。一般认为，一个企业的债务清偿能力（销售收入/银行贷款）以 3 为优，通常不得低于 1。取其中间值 2 验算（该企业目前债务清偿能力为 2）：该企业上年度银行借款 2 500 万元（5 000/2），今年银行借款 2 750 万元（5 500/2），允许增加的贷款为 250 万元（2 750 - 2 500）。如果取 3 验算，则该企业上年度银行借款适宜值为 1 667 万元（5 000/3），今年银行借款 1 833 万元（5 500/3），允许增加的贷款为 166 万元（1 833 - 1 667）。虽然新增银行贷款量按如上的办法测算过于教条，银行在实际工作中不可能如此操作，但它可以给我们提供一个验证新增贷款高限的途径。通过上面的验算，可以认为，该企业在各项资金周转率不变的情况下，新增贷款的高限为 500 万元，企业提出 1 000 万元的新增贷款要求过高。

值得注意的是，在激烈的市场竞争中，企业了为生存，常常主动推出优惠的赊销方式。如果企业改变销售政策，增强赊销的力度，其流动资金占用将增加，流动资金的周转率将发生下降的变化，新增银行贷款需求会大大超过上述推算的数额，这时银行要具体问题具体分析。如果不是企业为占领市场，巩固市场份额而主动改变营销策略，而是由于企业内部管理不善，市场开拓不力，产品跟不上社会需求导致的资金周转率下降，结果挤占银行贷款规模，造成巨额新增银行贷款需求的情况，贷款银行则必须根据测算，严格控制其新增贷款量。

经过上述的分析推断，信贷调查人员深入公司进行调查，并与公司有关人员进行研究。确认在经营和市场尚无根本变化的情况下，银行同意在250万～500万元的幅度内增加贷款，最高限额为3 000万元。

【讨论题】如果你是银行的信贷决策主管，你是否同意上述测算？为什么？

思考题

1. 试叙述商业银行的贷款程序。
2. 按贷款担保方式划分，商业银行贷款可以分为几类？
3. 什么是信用分析的5C分析法？
4. 商业银行财务比率分析所运用的主要指标有哪些？
5. 什么是成本加成贷款定价法？
6. 贷款的五级风险分类是什么？
7. 问题贷款如何处理？

第 9 章

【主要概念的中英文对照】

损益平衡定价法: breakeven pricing
渗透定价法: market penetration pricing
取脂定价法: skim pricing
市场细分定价法: market segmentation pricing
随行就市法: going-rate pricing
支票: check
汇票: bill of exchange, draft
本票: promissory note
准贷记卡: semicredit card
信用卡: credit card
借记卡: debit card
信托存款: trust deposits
电汇: telegraphic transfer, T/T
信汇: mail transfer, M/T
票汇: demand draft, D/D
承兑: acceptance

托收: collection
信用证: letter of credit, L/C
环球银行间金融通信协会 SWIFT: society for worldwide interbank financial telecommunication
清算所支付系统 CHIPS: clearing house interbank payment system
保函: letter of guarantee, L/G
贷款承诺: loan commitment
金融远期: financial forward
金融期货: financial futures
金融期权: financial options
金融互换: financial swaps
保理: factoring
保管箱: safe deposit box

商业银行中间业务

9.1 商业银行中间业务概述

中间业务与商业银行的资产、负债业务一起构成了商业银行业务的三大支柱,是现代商业银行的一个重要标志。中间业务的发展在促进商业银行收入结构多元化、提高综合经营效益、降低银行风险等方面都发挥着重要的作用。

9.1.1 中间业务的概念

中间业务（Intermediary Business），狭义上被理解为中介的或代理的业务，即商业银行较多地以中间人的身份替客户办理收付和其他委托事项，提供各类金融服务并收取手续费的业务。商业银行在办理中间业务的时候不直接作为信用活动的一方出现，即不直接以债权人或债务人的身份参与，它只是银行资产负债业务的衍生，也不直接反映在商业银行的资产负债表上。《商业银行中间业务暂行规定》（中国人民银行，2001年7月）的定义是广义的中间业务，是指不构成商业银行资产负债表表内资产、表内负债，形成非利息收入的业务。显然，该暂行规定将表外业务划归到了中间业务中。

9.1.2 中间业务的基本性质和特点

1. 中间业务的基本性质

办理中间业务时商业银行不直接作为信用活动的一方出现，中间业务主要体现出以下的基本性质。

（1）居间的地位。在传统业务中，无论是吸收存款所形成的负债业务，还是发放贷款所形成的资产业务，银行都是作为信用活动的一方参与的；而在中间业务中，商业银行不再直接作为信用活动的一方，而是扮演中介或代理的角色，实行有偿服务。中间业务通常不运用自己的资金；而且，以接受客户委托的方式开展业务，并不直接以债权人或者债务人的身份参与。

（2）或有资产、或有负债性质。中间业务不是完全孤立的业务，有些中间业务与资产业务和负债业务有着十分紧密的联系，特别是有些中间业务带有或有资产和或有负债性质。在一定条件下，一些中间业务可能会转变为资产业务和负债业务。像商业银行的担保承兑、期权交易、互换等业务，都可能随时转化为现实中的资产负债业务。

（3）以收取手续费的形式获得收益。商业银行在办理中间业务时通常以收取手续费的形式获得收益，这是中间业务的一个本质特征。中间业务手续费的性质比较复杂，其最基本的性质在于它是商业银行办理中间业务时所耗费的各种形式的劳动的补偿。

（4）具有经济效益、社会效益和综合效益。在现代经济生活中，人们不仅要求银行提供存款和贷款服务，而且要求银行能为其提供保管财物、理财、预算开支；要求银行提供信用卡、资产评估、工程审计服务；要求银行代客买卖证券、外汇、黄金；代客安排旅游、子女教育、医疗保险、分期付款。一家银行如果不能适应与反映客户的需求，不能提供多样化的金融服务，客户就会转向其他能够提供全面服务的金融机构。

2. 中间业务的特点

由于中间业务具备上述基本性质，从而决定了中间业务具有以下显著特点。

(1) 提供资金与服务相分离，充分利用非资金资源。商业银行在从事中间业务时，并不运用自身资金，而是通过运用自身的信誉、机构、设备和人员，依靠其特有的场地、人力、金融技术、经营技巧、金融工具，为客户提供服务、给予承诺、提供保证等，并收取一定的手续费，从而实现对其自身非资金资源的充分利用。当然，为客户提供承诺与担保，会给银行带来潜在的义务，但这种义务是否会变成现实，有赖于以后情况的发展，只有在一定的条件下才会有贷款的发放或资金的收付。

(2) 成本低，收益高。由于商业银行在办理中间业务时通常不运用或者不直接运用自己的资金，这就大大降低了商业银行的经营成本。中间业务的收入常常称之为非利息收入，即来自于商业银行存贷款利息之差以外的收入。这部分收入不受存款和贷款规模的影响，如果积极开拓中间业务，增加商业银行收入将具有很大的潜力。

(3) 以接受客户委托的方式开展业务。商业银行办理中间业务，尤其是在办理信用性中间业务（如承兑、承诺、有价证券的买卖等）时，是以接受客户委托的方式开展业务的。

(4) 中间业务的交叉性。中间业务具有交叉性，一种中间业务可能是由两种以上的中间业务组成的。

(5) 透明度低，不易监管。中间业务，特别是其中的表外业务，通常无法直接在资产负债表内进行反映，只有一部分在资产负债表外以脚注的形式列明，许多业务的规模和质量均不能真实地反映在财务报表中，因此，无论是股东、债权人还是监管人员、税收人员都很难充分了解银行的整体经营水平，难以评价其经营成果，降低了银行经营的透明度，从而给银行经营带来了很大的隐患。因此，中间业务的发展，对银行业的监管水平提出了更高的要求。

9.1.3 中间业务的类型

中间业务有很多分类标准，目前国际上常见的也是基本的是以收入来源为分类标准。如美国就从收入来源角度出发，将中间业务分为五类。

(1) 信托业务收入，是信托部门产生的交易和服务收入。

(2) 投资银行和交易收入，是证券承销、从事金融交易活动所产生的收入，如期货、外汇、利率、证券、指数交易等。

(3) 存款账户服务费，是账户维护费、最低金额罚款、无效支票罚款等。

(4) 手续费收入，包括信用卡收费、贷款证券化、抵押贷款再融资服务收费、共同基金和年金的销售、自动提款机收费等。

(5) 其他非手续费收入，包括数据处理服务费、各种资产出售收益等。

另外一个分类标准是巴塞尔委员会按照是否构成商业银行或有资产和或有债务的要求，制定了国际银行业通用的分类标准，将中间业务分为两大类。

(1) 或有债权/债务类中间业务。即在一定的条件下会转化为现实资产和负债的业务，这类业务主要包括承诺类、担保类和金融衍生交易类中间业务等，即狭义的表外业务。

(2) 金融服务类中间业务。即商业银行通过对客户提供金融服务，以收取手续费为目的、不承担任何风险、不构成商业银行或有债权/债务的业务，只能为银行带来各种服务性收入，不会影响银行表内业务质量的业务。这类业务主要包括支付结算、代理、基金托管和第三方存管业务、咨询顾问类和信托类中间业务等。

我国则根据中间业务的经营范围和业务性质，按照《商业银行中间业务暂行规定》和《关于落实〈商业银行中间业务暂行规定〉有关问题的通知》以及附件《商业银行中间业务参考分类及定义》，将中间业务分为九类，即：

（1）支付结算类中间业务，包括国内外结算业务等；

（2）银行卡业务，包括信用卡和借记卡业务等；

（3）代理类中间业务，包括代理证券业务、代理保险业务、代理金融机构委托、代收代付等；

（4）担保类中间业务，包括银行承兑汇票、备用信用证、各类银行保函等；

（5）承诺类中间业务，主要包括贷款承诺业务等；

（6）交易类中间业务，如远期外汇合约、金融期货、互换和期权等；

（7）基金托管业务，如封闭式或开放式投资基金托管业务；

（8）咨询顾问类业务，如信息咨询、财务顾问等；

（9）其他类中间业务，如保管箱业务等。

中间业务产品的分类具有一定的交叉性，即在某些分类方法中，一种中间业务可以划分在两种以上的种类里。造成这种状况往往有以下两种原因：一是有些中间业务的性质比较模糊，所以不太好把它明确地分在一类里；二是有些中间业务是组合型的，本身就是由两种以上的中间业务组合而成，自然会形成分类上的交叉性。如代理理财业务，就可能是由结算、信用卡、代理有价证券买卖等业务组合而成。

在我国，中间业务的发展长期以来一直未受到商业银行的足够重视，其发展规模小且层次较低，商业银行经营仍主要是存贷款业务模式。在计划经济时代，我国的社会成员和社会经济活动相对比较简单，所形成的信用关系也比较单一，往往只局限于银行与客户之间双边的债权债务关系，存款和贷款成为银行传统的、主要的业务。随着我国市场经济的发展和经济金融的对外开放，社会经济活动和信用关系趋于复杂化，原来那种单一的以存贷为主要内容的双边信用关系难以满足社会发展的需要，社会成员对银行中间业务的需求越来越大，这在客观上要求银行通过扩大信用中介服务范围，不断开拓创新中间业务，以满足社会经济活动对多边信用关系更高层次的需求。在金融一体化的趋势下，市场竞争将日趋激烈，而金融竞争的目标之一是市场占有率，由于传统业务受到市场资金规模的限制，市场占有率具有相对稳定性，因此，未来各银行在金融中的位置将主要取决于对新兴业务的开拓能力和市场份额。各银行间的竞争也将更多地体现在中间业务上。加入WTO后，由于外资银行享受国民待遇，我国商业银行不可避免地受到全球金融自由化、国际化和现代化潮流的冲击。外资银行除资本实力雄厚、资产规模大、经营管理方式先进等对我国商业银行造成压力外，最大的冲击是中间业务：一是西方国际银行业通过提供全方位、多样化的中间业务服务，一方面起到服务客户、联系客户、稳定客户的作用，另一方面也促进了其传统资产负债业务的发展，从而可能导致部分优良客户由中资银行向外资银行转移；二是由于中间业务具有成本低、收益高、风险小的特点，可以为银行带来巨大利润，是商业银行更高层次的竞争。因此，外资银行都十分注重新兴市场业务的开拓，而且它们经过长期的快速发展，中间业务品种和经营管理已比较成熟。

我国商业银行中间业务的发展起点低，范围小，品种稀少，产品的种类仅限于结算、代理收费等劳动密集型产品。技术含量高的资信调查、资产评估、个人理财、期货期权以及衍生工具类中间业务在我国刚刚起步,有的基本没有开展,而且大部分中间业务属于无偿服务。近几年来,我国商业银行的中间业务发展加快了步伐,中间业务新产品不断被推出,中间业务已从货币、信贷市场拓展到资本、外汇、黄金等市场,从商品流动服务延伸到资金、资本流动服务领域,初步形成了劳动密集、技术密集和知识密集相结合的中间业务品种体系。

目前,我国已基本形成了种类较为丰富,体系较为完备,服务功能综合,融一般性劳动密集型服务与专业性理财服务、柜面服务与自助服务于一体的商业银行中间业务品种体系。

9.1.4 中间业务与表外业务的关系

为了更好地理解中间业务的含义,有必要分析中间业务与表外业务的关系。表外业务(Off-Balance-Sheet Activity)也有狭义和广义之分,狭义表外业务是指那些不在资产负债表中反映,但同资产负债业务关系密切,在一定条件下会转变为表内资产负债业务,因此需要在表外进行记载,以便对其进行核算和监管的业务。狭义的表外业务是一种或有业务,其经营风险远高于狭义的中间业务。广义的表外业务是指商业银行所从事的所有不在资产负债表中反映的业务,除了狭义的表外业务以外,还包括结算、代理、咨询等低风险的业务经营活动,即广义的表外业务等同于广义的中间业务。由此可见,狭义的中间业务并不能等同于表外业务,但表外业务却属于广义的中间业务。

9.2 中间业务产品的定价

随着中间业务的迅速发展,如何制定合理的中间业务产品定价,以争取更大的市场份额、获取优质的客户以及取得稳定增长的利润,成为商业银行经营管理中的重要一环。

9.2.1 中间业务产品的定价目标

中间业务产品的定价目标是商业银行指导产品营销的原则之一,其必须符合商业银行经营的总目标。

1. 吸引客户、扩大市场份额的目标

中间业务定价作为商业银行市场营销组合的要素之一,对中间业务的市场需求发挥着不容忽视的影响。目前,许多中间业务的价格过低,需要进行矫正;新的中间业务产品还在不断地涌现,需要正确地定价。中间业务定价的首要目标是对现有客户和潜在客户具有吸引力,使之进入银行设定的目标市场,并成为银行忠实的客户。值得注意的是,吸引客户的价格,并不一定是最低的价格,因为"一分钱一分货"、"便宜没好货"已经成为我国老百姓的共识,中间业务的低价政策不一定能够收到扩大市场份额的实效。研究表明,不同类型的客户在认可某一银行提供的产品时,受银行服务吸引的亮点是有很大差异的,将近50%的客户更注重银行服务的质量,而只有30%左右的客户比较关注价格。因此,银行需要对产品的市场细分进行特别分析,只要不损害产品的吸引力,中间业务定价宜高则高,宜低则低,不应该过分强调低价政策。

2. 利润最大化目标

中间业务要成为我国银行新的利润源泉,必须有利可图,而且其利润增长速度、业务规模扩展速度都应该大大超过存贷业务。因此，中间业务的定价要以利润最大化为目标，在客户需求大于供给的情况下定高价；反之，在银行供给大于客户需求的情况下定低价。在具体落实利润最大化目标时，必须克服目标短期化的不利影响，因为按照短期利润最大化目标确定中间业务的价格，很可能是一种竭泽而渔的措施。例如，提供网上银行服务，在客户还未对其有充分的认识、没有发现其高效和成本低廉的好处时，高昂的定价很可能使客户不敢问津网上银行服务，银行的长远利益将受到严重损害。此外，中间业务产品繁多，不可能数百上千种中间业务产品中的每一种都在定价时实现利润最大化目标。一家银行的特色服务、利润往往集中于一部分主要服务和产品上，增强银行的吸引力，就是要在这些主要服务和产品上面捆绑、附加一些低价或免费的中间业务。银行低价或免费提供中间业务，实际上是一种内部的收入转移，给客户的好处必须要从提供客户的主要服务和产品中得到足够的补偿。例如，对于大的集团客户，只要其外币存款、国际融资、保理业务的金额巨大，银行在为其提供国际结算服务时完全可以免费或者半价收费。因此，中间业务定价的利润最大化目标不能绝对化，不适于单独考核每一个中间业务产品，而是需要综合考虑产品组合，力求做到包含中间业务产品的银行产品组合的总的利润最大化。

3. 产品质量市场领导地位目标

如前所述，国内银行界的许多高级管理人员都认识到金融产品取胜的关键在于服务质量，而不是产品的价格，因此，应当确定其中间业务进入市场的服务质量领导地位，并以此为目标确定中间业务的价格。道理很简单，如果一家银行提供了市场上服务最好的中间业务产品，当然就有资格收取市场上最高的费用，不管其他竞争对手对相同的产品收取多低的费用，甚至不收费用，注重质量的客户是不会从这家银行流失的。以高价甚至超额利润来为在市场上具有服务质量领导地位的产品定价，银行可以获得丰厚的利润，然后拿出更多的资金来增强产品的功能，雇用更高素质的员工，进一步完善服务，从而进入银行经营的良性循环轨道。

9.2.2 中间业务产品的定价方法

中间业务定价策略是指商业银行在确定了定价目标，综合考虑了各种影响定价的因素以后，制定出实现定价目标的具体方针和步骤。中间业务的定价策略归纳起来主要有成本导向定价策略、需求导向定价策略和竞争导向定价策略。

1. 成本导向定价策略及其定价方法

成本导向定价策略是指商业银行将如何补偿和收回成本作为中间业务定价的主要依据和方针进行定价的策略。实现成本导向定价策略是因为成本费用是商业银行中间业务定价中影响最大的因素。而且鉴于中间业务产品和服务具备同质性和易于仿效等特点，导致中间业务的产品和服务的成本价格相对稳定和易于计算，因而成本定价策略对商业银行而言，是比较容易接受和实现的。但值得注意的是成本导向定价策略不容易及时反映供求变化，对于需求较为多变、竞争较为激烈的金融市场而言，其反映市场变化的灵敏度有所欠缺。

成本导向定价法主要有成本加成定价法和损益平衡定价法两种。

（1）成本加成定价法。成本加成定价方法是以金融产品成本为主要依据，综合考虑其他因素的制定价格的方法，目前国内商业银行很大一部分中间业务都是采用这种定价方法来确定产品的价格，如下面即将提到的支付结算类和担保类产品，都是采用成本加成的定价方法来定价的,担保类的产品还将风险量化后通过成本的提高来进行风险补偿。中间业务产品的成本大体包括四个部分。

① 固定成本:银行开展中间业务必需的资金投入,包括营业场所与共用设备、专用设备如计算机设备和自助机具、低值易耗品等。

② 变动成本:又称经营成本,主要包括人力成本、财务费用、营销费用等,其中人力成本又包括产品研发人员费用、产品营销人员费用、柜面服务人员费用、产品售后服务人员(或受理投诉人员)的费用、后台支持人员费用、业务管理人员费用等。从构成内容看,中间业务产品的人力成本有职工工资、奖金补贴、福利费、差旅费等项目。

③ 风险补偿:银行对中间业务可能发生的各项风险收取的必要补偿。

④ 目标利润:商业银行对所提供的中间业务的目标收益。

银行成本加成定价法下的中间业务产品价格即为上述四个部分的加总,可以写成公式:

$$中间业务产品价格 = 固定成本 + 变动成本 + 风险补偿 + 目标利润$$

根据成本管理会计的方法,应将上述成本分摊核算到每一个中间业务产品。因此,若采用成本加成定价策略,则产品价格最终由预期收入(利润)、成本、产品销售数量来决定。而分摊到每一个中间业务产品的话,又有下面这一公式:

$$单位中间业务产品价格 = 单位中间业务产品的总成本 \times (1 + 成本加成率)$$

其中,单位中间业务产品的成本是单位中间业务产品的固定成本和变动成本之和。固定成本不随业务量的变化而变化。变动成本却随着单位中间业务产品的业务量变化而变化。成本加成率是指预期利润占商业银行中间业务产品总成本的百分比。在后一种公式中把成本加成的工作分成了两步:一是核算产品的成本;二是确定预期利润在单位中间业务产品的成本中所占的百分比。

成本加成定价法简单易行,可以预测利润,在金融市场较为稳定、竞争不太激烈的情况下可以采用。但此方法灵活性比较差,缺乏弹性,如果在金融市场竞争较为激烈、营销环境不太稳定的情况下,此方法制定的价格很难适应环境的变化。

(2) 损益平衡定价法。在成本加成的定价策略的指导下,还有另一种定价方法,即损益平衡定价法,又称盈亏平衡定价法,这种定价法是根据盈亏平衡点来确定中间业务产品的最低价格,商业银行在业务量一定的条件下,当价格增加到某一水平时,中间业务产品的成本费用恰好为营业收入所补偿,利润为零;如果价格低于这个水平就发生亏损;只有价格高于这个水平才能盈利。最低的价格就是商业银行盈利为零时的价格水平。

损益平衡定价法要求先找出使银行处于不亏不盈临界点时应达到的业务量——盈亏平衡点,再进行保本分析,并加以定价的方法。盈亏平衡分析图(见图9-1)揭示了总收入和总成本在不同业务量下的关系。

由图9-1可知,业务量为 A 时,达到盈亏平衡点,若要获得目标利润,业务量应增加到 B。这种定价法能否获得成功,关键是看市场份额能否增加,如果该中间业务的整个市场在扩大,某一银行即使占有比例不变,那么该银行只能从竞争者手中抢夺市场,竞争的结果可能是降低服务的价格,从而改变总收入线,以前的盈亏均衡分析结果也将随之改变。所以,采用此定价方法,要仔细研究市场份额和竞争者的情况。有以下定价公式:

$$中间业务产品单位价格(保本价格) = \frac{固定成本}{盈亏平衡时产品的业务量} + 单位变动成本$$

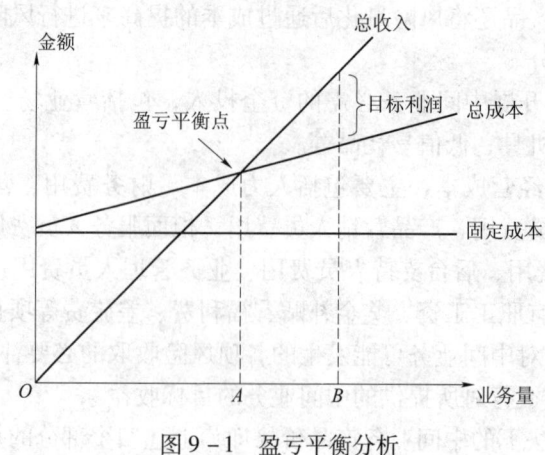

图 9-1 盈亏平衡分析

银行如果按保本价格出售中间业务，它所投入的固定成本正好获得完全补偿，但由于商业银行经营的目的是为了盈利，因此引入预期利润和对风险因素的补偿，对实际价格进行纠正后获得：

$$实际价格 = \frac{固定成本 + 预期利润 + 风险补偿}{盈亏平衡时的业务量} + 单位变动成本$$

上面的公式经过进一步的化简，将得出与成本加成法一样的计算公式：

中间业务产品价格 = 固定成本 + 可变成本 + 风险补偿 + 目标利润

可见，损益平衡法和成本加成法是在成本加成策略指导下，均符合相同的原理。只是损益平衡定价法更侧重于对成本费用补偿的考虑，对金融产品组合深度和广度较大的银行尤为重要。因为在经营多种银行中间业务产品的情况下，不可能保证所有金融产品同时处于高盈利状态，一些产品盈利伴随着另一些金融产品微利甚至亏损的现象时有发生。商业银行的着眼点是利润总水平的提高。因此，定价从保本入手显然是必要的，商业银行在某种金融产品业务量难以扩大时，可采取保本经营的策略，而把重点转向其他盈利高的金融产品，在整体上实现金融产品组合的优化。

损益平衡定价法的优点是简单易行，能为商业银行提供可以接受并能获得目标利润的最低价格。但该方法有一个最大的不足，即根据商业银行盈亏平衡时的业务量来制定相应的价格，这恰好忽略了价格是影响业务量的重要因素这个问题，因为价格是根据估计的业务量计算出来的，而实际操作中，价格的高低反过来会对业务量有很大影响。商业银行的业务量预计是否准确，会对最终市场状况有很大影响。

2. 需求导向定价策略及其定价方法

所谓需求导向定价策略，是指商业银行以中间业务产品和服务的需求弹性作为定价主要依据的定价策略。具体来说，就是商业银行利用能反映需求变动对价格变动的灵敏程度：需求—价格弹性，作为定价的主要依据。

需求导向定价策略的最大优点是充分考虑消费者的承受能力，并努力使本银行的定价符合消费者的价格意识，从而使商业银行获得最大的长期利润。但由于较难准确地确定金融产品的市场需求曲线，所以该策略的实行存在较大困难。需求导向定价法主要有渗透定价法和取脂定价法两种。

（1）渗透定价法。渗透定价法是商业银行对新上市的中间业务产品制定一个相对较低的价格，以此来吸引客户，赢得较大的市场份额，从而使商业银行获得较高利润。同时，由于市场占有率的提高，逐步形成规模经营，有利于降低成本，增强竞争力。

（2）取脂定价法。取脂定价法是商业银行针对金融市场上一大批数量可观、非常迫切的市场需求，对新上市的中间业务产品制定一个相对较高的价格，从而使得商业银行获得较高的利润。当然，该定价方法成功的前提是需求市场应由支付能力较高的优质客户组成，或者银行的优质服务或者品牌形象能减弱市场对价格的敏感性。

3. 竞争导向定价策略及其定价方法

由于金融服务业市场化程度的不断加深，中间业务产品市场竞争日益加剧，在实际定价过程中把竞争因素作为考虑的重点是必要的，竞争因素使定价变得更复杂，更具有难度。但是如果不存在竞争，定价人员可以完全根据客户对价格敏感度的反应来预测调价的影响。在竞争市场中的定价可以看做是一场博弈，因为它除了与价格制定者本身的定价策略紧密相关之外，还把客户以及竞争对手的回应考虑在内。

竞争导向定价策略是指商业银行在对中间业务产品进行定价时，不是根据本商业银行的成本和市场需求来进行定价，而是依照竞争者同类产品的价格来进行的一种定价策略。实行这种定价策略的主要前提条件是：商业银行要充分正确地认识到自身在金融市场竞争中所处的地位，准确地认清市场竞争的程度，然后根据竞争对手和本行业领先者的价格进行定价。本定价策略指导下的几种定价方法主要有市场细分定价法、随行就市定价法和稳定价格定价法等。

（1）市场细分定价法。市场细分定价法是商业银行普遍使用的方法，银行把客户、产品、服务、地点和时间划分等级，进行差别定价，借以优化自己的客户群，实现利润的最大化。

（2）随行就市定价法。本定价方法可以细分为两种情况：一是小银行将定价权让给大银行，然后小银行追随价格领袖定价；二是一家银行进入一个非常成熟、价格早已形成的市场，这家银行只能追随市场价格，随行就市。

（3）稳定价格定价法。稳定价格定价法是指金融业中如果产品的价格波动不定，不仅会损害银行的形象，还会带来监管困难。因此，在银行业举足轻重的大银行往往会带头稳定产品的价格，其他银行跟随大银行定价。

9.3 金融服务类中间业务

金融服务类中间业务主要是指商业银行以代理人的身份为客户办理各种经济事务、提供金融服务并收取手续费的业务。主要包括支付结算类业务、银行卡业务、代理类业务、基金托管和第三方存管业务、咨询顾问类业务和信托类中间业务。

9.3.1 支付结算类中间业务

1. 国内结算

按照经济往来关系中货币资金收付的手段和渠道，银行办理国内结算主要有票据结算、汇兑结算、托收承付结算、委托收款结算等方式。

1）票据结算

票据是具有一定格式、载明确定金额、到期由付款人对持票人或其指定人无条件支付一定金额、经背书可转让的信用凭证，包括支票、汇票和本票。

（1）支票。支票是银行活期存款客户根据协议向银行签发的无条件支付确定的金额给收款人或持票人的支付凭证。支票的当事人包括出票人、付款人和收款人。其中收款人可以是出票人自己，而付款人只能是银行。支票经背书后可以流通转让。出票人签发的支票金额不得超过其在付款银行的存款余额或透支限额，更不得签发空头支票。根据收款人抬头不同，支票可分为记名支票与不记名支票；根据对付款有无限制，有现金支票、转账支票和画线支票之分，其中现金支票仅限于提取现金，转账支票仅限于转账。画线支票是在支票正面画两道平行线的支票。画线支票与一般支票不同，画线支票非由银行不得领取票款，故只能委托银行代收票款入账。使用画线支票的目的是为了在支票遗失或被人冒领时，还有可能通过银行代收的线索追回票款。由银行加注"保付"字样的为保付支票。

（2）汇票。汇票是由出票人签发的委托付款人在见票时或者在指定日期无条件支付确定金额给收款人或持票人的票据。汇票经背书后可以流通转让，但其流动能力受到汇票当事人信用程度的制约。

根据出票人不同，汇票有银行汇票和商业汇票之分。银行汇票是一家银行向另一家银行签发的支付命令，其出票人和付款人都是银行，银行汇票签发后交由汇款人带往或寄往收款人，收款人持汇票向付款银行请求付款。

商业汇票是企业或个人签发的委托付款人在指定日期无条件支付确定的金额给收款人或持票人的票据。出票人可以是收款人或付款人。根据承兑人不同，商业汇票可分为银行承兑汇票和商业承兑汇票。银行承兑汇票是由出票人或持票人向开户银行申请，经银行审查同意后签订承兑协议，承兑银行应在汇票到期后见票支付票款。经银行承兑的汇票的流动性大大提高。商业汇票经付款人承兑则为商业承兑汇票。

（3）本票。本票是由出票人签发的承诺自己在见票时无条件支付确定的金额给收款人或者持票人的票据。根据出票人的不同，有银行本票和商业本票之分，《中华人民共和国票据法》规定，本票仅指银行本票。银行本票适用于单位和个人在同城范围内的商品交易、劳务供应及其他款项的结算。银行本票有定额和不定额之分，不定额本票由经办银行签发和兑付，定额本票由人民银行发行。银行本票一律记名，并允许背书转让。

2）汇兑结算

汇兑是汇款人委托银行将款项汇给收款人的结算方式。汇兑结算按凭证传递方式不同分为信汇和电汇两种。汇兑结算主要用于异地之间款项的划转。汇款人办理汇兑时，应填写信汇或电汇凭证，注明汇入地点、汇入银行名称、汇款人姓名、大小写金额、收款人名称及地址、收款人开户银行及账号等。汇兑结算没有金额起点的限制。

3）托收承付结算

托收承付是根据购销合同由收款人发货后委托银行向异地付款人收取款项，由付款人核对单证或验货后向银行承认付款的结算方式。使用此结算方式的企业必须订立符合合同法规定的购销合同，并在合同上注明采用托收承付结算方式。收款人签发托收承付凭证时，应明确托收金额、收款人与付款人名称、开户银行及账号、托收附寄单据数、购销合同名称、委托日期等事项。付款人在承付期内可验单付款或验货付款。

4）委托收款结算

委托收款是收款人委托银行向付款人收取款项的结算方式。银行委托收款结算不受金额起点限制，可以办理同城或异地结算。收款人办理委托时，必须向其开户银行填写委托收款凭证，并提供有关收款依据，银行审查无误后，将凭证及单据寄往付款人开户行，付款人开户银行接到委托收款凭证并审查无误后，通知付款人付款。

2. 国际结算

国际结算是指在国与国之间办理货币收付以清偿国际债权债务关系的业务活动：汇款、托收、信用证为国际结算的三种基本结算方式。

详细的国际结算放在 9.4 节介绍。

9.3.2 银行卡业务

银行卡业务于 1915 年起源于美国商业界，银行领域的银行卡业务在 20 世纪 50 年代后才随着计算机技术的发展而逐渐发展起来。我国则在 1979 年 10 月，中国银行广东分行与香港东亚银行签订协议，开始代理境外银行卡业务。迄今，各发卡银行都形成了具有各自品牌的银行卡系列产品。

银行卡是由经授权的金融机构（主要指商业银行）向社会发行的具有消费信用、转账结算、存取现金等全部或部分功能的信用支付工具。

1. 银行卡的分类

银行卡的分类方式一般包括以下几种：① 依据清偿方式，银行卡可分为贷记卡、准贷记卡和借记卡，借记卡又可分为转账卡、专用卡和储值卡；② 依据结算的币种不同，银行卡可以分为人民币卡和外币卡；③ 按使用对象不同，可分为单位卡和个人卡；④ 按使用对象的信誉可以分为普通卡、银卡、金卡等；⑤ 按使用范围可以分为国际卡和地区卡；⑥ 其他如联名卡、纪念卡等。

2. 银行卡业务运作的主要环节

（1）新卡推销。新卡推销，争取更多的持卡人，这是商业银行开展银行卡业务的重要基础。商业银行通过广告宣传等方式在争取新开户的同时，积极保留原有持卡人，鼓励持卡人继续用卡。

（2）商户推广。商户推广是发展银行卡业务至关重要的工作环节。商户推广包括宣传与公共关系、商户营业市场的调查、吸引持卡人在会员商业场所用卡、商户签约以及商户服务等工作。

（3）指定和委托代办分行。发卡行指定本行具备条件的机构为银行卡代办机构。委托非发卡行或机构代办银行卡业务，实行业务联营。发卡行和代理行双方签订有关代理协议，明确代理范围、操作规定，以及承担的费用、义务和责任。发卡行还需要委托本行的营业机构为开户行，办理银行卡业务的资金清算。

（4）办理发卡。对收到的办卡申请书逐步审核，并建立档案，对符合发卡条件的客户办理发卡手续。

（5）客户服务。对客户，无论是个人客户还是商户客户，都要完善银行卡服务，建立有效的查询、上门收单、及时送款、便捷结算、拒付退回等服务。

（6）授权。授权是商户与发卡行的特殊约定，是控制超限额购物消费和取现，防止欺诈，向商户提供的一种有效的审批手续。一般的授权方式有电话、电传、传真授权，通过授权终端机授权，直接与主机联系授权等。

（7）资金清算。按用卡范围可以划分为国内清算和国际清算。

（8）信用控制。信用控制是发卡行对持卡人和特约商户的资金、信用、交易等情况进行监督和控制，以保证银行卡信誉和进行防伪反假而采取的一系列措施。

9.3.3 代理类中间业务

代理业务是指商业银行接受客户的委托，以代理人的身份代表委托人办理经双方议定的经济事务的业务。银行在代理过程中，客户的财产所有权不变，银行充分利用自身的信誉、技能、信息等资源优势代客户行使监督管理权，提供各项金融服务。主要包括代收代付、代理证券业务、代理基金业务、代理保险业务、代理保管、代理银行业务等。

（1）代理收付业务。银行利用自身结算便捷的优势，为客户办理指定款项的收付事宜。企业和个人在日常经济生活中，经常面临定期或不定期、金额大小不等的款项收付活动。如工资、退休金、保险金、水电气费等的收付，这些款项收付频繁，涉及面广。银行利用自身支付结算中心及网络覆盖点多面广的优势，为企业、个人代理各种款项的收付业务，既能缓解他们因烦琐收付活动所带来的工作负担，又能为银行带来手续费收益及扩大存款来源。

银行办理代理收付业务应与委托人签订代理协议，明确代理收付款的内容、范围、对象、时间、金额、方式及代理费用等。银行依据协议办理具体的收付款业务，对收付双方的经济纠纷不承担任何责任。

（2）代理证券、基金及保险业务。银行代理证券、基金、保险的发行、买卖、支付清算及其他相关业务。代理证券业务包括国债和企业债券的发行、利息及本金的支付、代理客户买卖证券及资金结算等。代理基金业务包括基金申购、赎回、注册登记和会计核算等业务。代理保险业务主要是为保险公司销售保单和代理支付保险金等业务。

（3）代理保管。银行以自有保管箱或保险库等设备，接受企业或个人的委托，代为保管各种委托物品，并收取保管费。银行保管方式有出租保险箱或密封保管。办理代保管的客户需要与银行签订租约，明确租期、租金、双方承担的责任义务等相关事项。

（4）代理银行业务。代理银行业务包括代理中央银行业务、代理政策性银行业务、代理商业银行业务等。代理中央银行业务是指中央银行受自身业务限制，将财政性存款和国家预算资金的收付委托商业银行代理。代理政策性银行业务是指政策性银行受网点和业务范围的限制，将部分业务委托商业银行办理，如委托代理政策性贷款、代理监督贷款使用、代理贷款本息收付等。代理商业银行业务是指商业银行受机构、业务特点和人力物力条件等的限制，将部分业务委托其他银行代理，包括国内银行间和国际银行间的代理，如委托其他银行办理资金清算等。

9.3.4 基金托管和第三方存管业务

托管业务是指有托管资格的银行接受被托管人委托，保管被托管人的全部资产，为被托管人办理资金清算、款项划拨、会计核算、资产估值和监督被托管人的投资运作等的业务。银行可以为证券投资基金、社会公益基金、企业年金、保险基金和社会保障基金等各种形式的基金充当管理人。目前我国银行的主要托管业务有证券投资基金托管和证券交易结算资金存管业务。

（1）**基金托管**。证券投资基金托管业务是指有托管资格的商业银行接受委托，为所托管的基金办理资金清算和监督管理人的投资活动，并收取托管费的业务。商业银行作为基金托管人，要安全保管所托管的基金资产，并监督基金管理人的投资运作；执行基金管理人的投资指令，负责基金名下的资金往来和保管持有人名册；对基金资产净值和基金价格进行复核、审查，并出具基金业绩报告，复核与基金有关的公开披露信息，按基金资产净值的一定比例提取基金托管费。

（2）**第三方存管**。证券公司将客户证券交易结算资金交由银行等独立的第三方专门存放与管理。2006年新修订的《中华人民共和国证券法》第一百三十九条规定："证券公司客户的交易结算资金应当存放在商业银行，以每个客户的名义单独立户、管理。"实施此项制度后，证券公司不再接触客户证券交易结算资金，从制度上杜绝了证券公司挪用客户证券交易结算资金现象的发生。

实施第三方存管，客户交易结算资金由证券公司委托商业银行代为管理，银行负责客户交易结算资金的明细账户管理和资金存取，证券公司与登记公司之间、证券公司与投资者之间的资金交收，以及接受证券公司的指令划拨佣金、支付投资者利息等。客户交易结算资金始终在商业银行内部封闭运行，商业银行同时核对和监管证券公司的总账户与客户交易结算资金的明细账户。银行实际上控制着每一个投资者的交易结算资金明细账户，证券公司只负责投资者的证券交易、股份管理以及根据交易所的交易结算数据计算投资者的交易买卖差数和投资者证券交易结算资金的存款利息。

银行办理第三方存管业务，吸收客户资金以证券公司同业存款形式存放于银行，不仅可以向券商收取托管费，而且客户来进行股票交易时，还可以将资金划拨至银行结算账户，变成银行储蓄存款。这样既有利于培养客户的忠诚度，更为银行通过第三方存管业务提高中间业务收入提供了新渠道。

9.3.5 咨询顾问类业务

咨询顾问类业务是指银行依靠其在信息、人才、信誉等方面的优势，通过收集整理有关信息和记录分析客户资金运动特点，为客户提供咨询、评估、财务顾问等服务活动，并通过出售信息和提供智力服务收取服务费用。

1. 信息咨询

信息咨询业务是指银行根据委托方的要求，运用其专业人士的知识、经验和技能，采用调查、分析、预测等科学方法，提出解决问题的最佳或可供选择的方案的业务。按照咨询业务项目和内容不同，咨询业务可分为技术贸易中介咨询、资金信用咨询和专项调查咨询等。

（1）**技术贸易中介咨询**。银行接受客户委托，帮助企业或个人把科技成果转化为现实生产力。包括科技成果转让的中介咨询，新产品开发、新材料研制、新技术应用的中介咨询，技术改造、技术协作等的中介咨询。银行在办理业务过程中，应积极收集技术市场的贸易信息，客观评价和介绍技术贸易项目，协助交易双方审定技术内容、交易方式和交易价格，协助签订交易合同，并督促双方履行合同条款。

（2）**资金信用咨询**。这是银行为交易商提供了解对方的资信状况、付款能力或供货能力的一种征信业务。银行根据客户的申请要求，为客户提供被调查对象的基本情况、资金情况、信用等级、经营情况等,包括对方单位全称、详细地址、电话传真、注册资金、现有资金、负债情况、财务报表、履约情况、经营者素质、行业发展前景、市场占有程度、设备的先进程度及配套情况等。如银行接受工商管理部门的委托,对申请登记的企业法人的自有资金数额进行核实和验证。

(3) 专项调查咨询。一些大银行,尤其是实行综合经营的银行拥有很强的研究能力,可以根据客户的特定需求,进行一些专项调查,收集整理相关信息资料,提供专业咨询报告。如某行业的发展情况、产品市场行情变化趋势以及利率、汇率变化预测等。

2. 评估

商业银行评估业务主要有信用评估、项目评估和资产评估三大类。

(1) 信用评估。这是银行对企业资金信用状况进行评级的业务。银行接受企业评估申请或委托后,组织成立评估工作组,通过对企业的实地调查,收集并核实企业经营、财务和管理等方面的资料,将收集的信息资料进行分类整理录入信用评级系统,得出企业信用评估总分。同时,结合被评估企业的具体情况,对被评估企业的经营情况进行更深入的分析,形成综合评估结论,并确定相应的信用等级。

(2) 项目评估。这是指银行根据客户的要求,对拟定投资项目的可行性及其成本、效益的评审与估价,为项目投资决策提供参考。银行接受客户委托后,首先要审查企业承受项目的能力和条件、项目提出的背景和目的、项目投资成本和投资风险等;其次,评估项目的市场前景、技术与建设条件、筹资计划、财务预算成本与效益;最后,根据评估的结果编写评估报告,提出项目是否可行的结论性意见。

(3) 资产评估。这是指银行按照客户委托,对客户指定资产的现有价值进行评定与估算。如对金融资产、土地房屋不动产、机器设备等有形资产和无形资产的价值评估。银行接受企业资产评估委托后,就开始收集待估资产的存量现状资料及相关参考资料,如会计报表、主要资产清册、设备档案、产品价格目录、市场行情、建筑物造价、物价变动指数等。然后,对被估资产的实际数量、质量等进行核实清查,根据评估目的和各类待估资产的情况,选择适当的估价标准和评估方法,逐一计算出其资产价值,经过汇总后撰写评估报告。

3. 财务顾问

财务顾问业务是指银行的专业人员(财务顾问)凭借自身的财务、金融和银行知识以及银行在市场中的信息、技术、资源上的优势,为客户的财务管理、投融资、兼并与收购、资产及债务重组、发展战略等活动提供的咨询、分析、方案设计等服务。财务顾问业务的特点是专业化、个性化。该业务的开展对密切银企关系、提高贷款质量、在竞争激烈的金融市场上取得优势地位和银行自身经营的转型具有重要意义:财务顾问业务无须银行投入大量的资金,产生的经济效益却十分明显,是银行中间业务竞争的重点。

财务顾问业务以给项目理财和融资提供最优可行性方案为工作重心,同时包括证券承销、兼并收购、风险投资、资产证券化的方案设计等业务。财务顾问是一项智力密集型的情报咨询工作,涉及内容相当广泛,既有以顾问咨询为主而处于中介地位的服务,也有在其他业务开展过程中附带提供的财务顾问服务。主要类型如下。

(1) 企业投资财务顾问。银行为企业的投资活动提供投资政策、投资筹划、立项审批等方面的咨询服务。企业投资决策直接影响企业的经营目标、经营利润和经营发展,因此,选择符合企业实际、体现企业投资目标和有利于企业发展的投资方案，对提高企业投资的成功率及经济效益具有重要意义。具体而言，银行可提供境内外特定地区的投资环境及投资机会调查评估报告，并提供相关的行业投资政策、法律法规与审批手续的咨询意见；为客户在境内外推荐合适的投资项目和寻找合作伙伴，担任投资事务顾问；对投资项目的经济可行性进行分析；接受客户委托，为其起草合资建议、公司章程及其他公司管理文件，提供立案审批、注册登记等方面的咨询和协助。

（2）企业及项目融资财务顾问。银行可为企业或大型建设项目的融资结构、融资安排提供专业性方案。即根据不同发展阶段客户的融资需求，给予客户融资方面的指导，帮助客户安排适当的融资方式，节约财务成本。由于筹资方式的多样性，不同渠道的资金来源，其筹资成本、使用期限和风险程度不同，银行应根据企业资金的需求量、使用期限，分析不同来源、不同方式的筹资渠道对企业未来可能产生的潜在影响，选择最经济的筹资渠道和最佳组合方式。

作为融资财务顾问，银行可提供融资政策、融资渠道、金融产品等方面的信息咨询；根据客户财务状况和资金需求，帮助企业设计融资方案；协助企业引入风险投资基金等。作为项目融资顾问，银行可为项目发起人提供产业调查、项目可行性等方面的咨询；协助其进行项目融资方式设计和制定项目融资的担保措施；参与融资谈判，向其他银行或金融机构发出参加项目融资的建议书，牵头组织银团贷款、杠杆租赁等。

（3）企业并购重组财务顾问。银行为企业并购重组提供相关专业服务：银行可为收购方充当财务顾问，包括帮助其物色并购对象，制订并购方案，提出并购价格、时间表和相关财务安排，与目标企业接洽并商谈并购事宜等；银行也可为被收购的目标企业提供服务，提出防范敌意收购的建议，分析收购条件是否公允等；银行还可以帮助客户降低并购成本，优化资本结构与资源配置，获得规模效益。重组财务顾问是通过对客户的资产和债务进行重组，优化其资源配置，提升企业财务实力与运营能力，为客户提供产权、市场、财务、资产、机构、业务和人员等方面的重组操作模式和实施方案。

（4）政府部门财务顾问。各级政府在制定本地区的经济发展政策时，受其专业人才短缺的限制，需要一些经济机构充当地区经济发展的经济顾问或智囊团，商业银行则可以担当这方面的重要角色。商业银行通过对一系列地区宏观经济指标资料的收集、整理和分析，为政府提供宏观经济形势的分析以及预测，这些指标一般包括经济增长率、通货膨胀率、货币发行量、失业率、各大产业增长指标等。在此基础上，商业银行可以为政府提出适合于本地区的经济政策和经济发展战略建议。

9.4 表外业务

9.4.1 担保类业务

担保业务是指银行接受交易活动中一方（委托人）的委托，为委托人向交易活动的另一方出具书面履约保证，承诺当委托人不能履约时，由银行承担责任的行为。担保业务主要包括三方面的基本内容。① 三个当事人。委托人，即申请开立担保的人，如进口商或投标人；收益人，即收到担保并凭此索偿的人，如出口商或招标人；担保人，即担保签证的签发人,如商业银行。②担保金额和期限。③责任条款及赔偿办理等。

1. 担保业务种类

银行开办的担保业务主要包括保函、备用信用证、跟单信用证、票据承兑等,适用范围十分广泛,如资金借贷、商品买卖、货物运输、工程投标等各种经济交易活动。

(1) 保函。保函亦称银行担保书,指银行应某交易(贸易项下、合约关系、经济关系)一方当事人的要求,向交易的另一方担保履行某种责任或义务,并承诺委托人违约时由银行按保函规定条件承担经济赔偿责任的书面保证。保函是一种关于款项支付的信誉承诺,是一种货币支付保证书。其基本作用是保证申请人去履行某种合约义务,并在一旦出现违约情况时,负责对受益人作出赔偿或旨在保证受益人在其履行了合约义务后将肯定能得到其所应得的合同价款的权利。

银行保函的内容因其种类不同,条款也各不相同,但主要内容基本一致。①当事人。保函中应详列申请人、受益人、担保人的名称和地址。②保函开立的依据是交易经济合同,应列明合同或标书等协议的号码、日期;但保函与其所依据的合同或投标条件是两笔不同的交易,担保人的付款责任是独立的,不受合同或投标条件的约束。③担保金额是保函内容的核心,每份保函都必须明确规定一个确定的金额,担保人仅依据保函所规定的金额向受益人负责。④要求付款的条件,保函的任何付款要求均应以书面文字作出。⑤保函失效日期或失效事件。

银行保函可用于任何类型的经济交易行为,为合同的任何一方向另一方提供履约保证,按其担保项目的不同,可以分为许多种类。如担保承包商按合同规定偿还业主预付工程款的银行预付款保函(又称定金保函),担保承包商对完工后的工程缺陷负责维修的银行工程维修保函(也称质量保函),向招标人开具的招标保函及投标人中标后的履约保函,解决海事运输纠纷或其他贸易合同纠纷的海事保函和保释金保函,资金借贷中的借款保函、透支保函,适用于租赁业务的租赁保函等。

(2) 信用签证。企业为进行商品交易或参与投标等活动而订立经济合同时,由银行根据一方当事人(一般为销货方或招标方)的要求,对另一当事人(一般为购货方或投标方)的资金信用等情况开具信用签证书,保证企业履行合同义务。信用签证是一种不可撤销的银行担保行为。根据责任不同,信用签证业务分为担保签证和保付担保签证。担保签证中银行负责监督买卖双方严格履行经济合同,但不承担经济责任。保付担保签证中银行出具信用签证书,保证购货方按期付款,若购货方不能及时付款,可按顺序进行扣款或向其提供临时周转贷款,以支付货款。

(3) 备用信用证。备用信用证是开证行根据开证申请人的请求,向受益人开立的保证在开证人未能履行义务时,承担有条件的偿付责任的一种特殊信用证。受益人只要依据备用信用证的规定向开证行开具汇票,并提交开证申请人未履行义务的声明或证明文件,即可取得开证行的偿付。它是一种具有保函性质的支付承诺。

备用信用证用途广泛、方便灵活,已成为银行保函的一种替代形式,主要种类有履约备用信用证、预付款备用信用证、投标备用信用证、融资备用信用证、保险备用信用证等。

(4) 票据承兑。票据承兑是指银行在汇票上签章,承诺在汇票到期日向指定方支付汇票金额的服务。向银行申请办理汇票承兑的是商业汇票的出票人,即签发汇票的企业或其他组织。经过银行承兑的商业汇票就成为银行承兑汇票,银行对汇票的付款责任用自己的名义进行担保，以银行信用取代了商业信用。收款人或贴现银行在汇票到期时，凭汇票要求承兑银行付款。

2. 担保业务风险

担保业务是指银行以自身资信为被保证人履约承担保证责任，并从中获取相应的手续费。担保虽然不占用银行资金，但一经开出即形成银行的或有负债，当申请人不能履行义务时，银行必须代行其职责，因此会给银行经营带来一定的风险。为控制相关风险，银行拓展担保类业务应注意以下几点。

（1）根据对融资类担保业务的担保金额、担保期限、担保对象等风险情况的总体评价，要求提供反担保等措施以缓解风险，并制定与风险相匹配的担保费率。

（2）应有效监控所担保融资产品的资金投向，确保在担保期内可持续获得相关信息，分析所担保融资产品的风险状况。同时规定资金用途，并约定如被担保方违反规定使用融资资金，商业银行有权解除担保合同。

（3）对申请人风险管理和内部控制的能力进行调查和评估，明确融资主体的融资目的和融资用途，确保所担保的融资主要限于弥补流动性需求。

9.4.2 承诺类业务

承诺业务是指银行允诺在未来一定时期按约定条件向客户提供约定信用额度的业务。承诺在法律上是一种契约，是银行对经济主体（客户）的一种带有经济行为的诺言。根据契约的规定，银行应该在承诺有效期内，按照双方事先约定的条件（包括贷款的金额、利率、期限与用途等），随时准备根据客户的要求向其提供信贷服务。

1. 贷款承诺

贷款承诺是指银行向客户许诺在未来一定时期按约定条件提供一定金额的贷款，按是否可撤销，贷款承诺分为可撤销贷款承诺和不可撤销贷款承诺。前者是在事先约定的条件中规定客户取得信用前必须履行特定条款的承诺。如果客户不符合或不能履行特定条款，银行可以撤销承诺。后者是指银行的承诺具有法律约束力，未经客户同意，银行不得擅自撤销承诺。按客户使用信用额度的灵活程度，贷款承诺可分为以下类型。

（1）信用额度。这是最常见的贷款承诺之一，是指银行与客户达成可撤销的承诺协议，同时规定银行应该在承诺有效期限内按照双方事先约定的条件向客户提供授信额度以内的贷款。这种贷款承诺一般还可以进一步划分为定期贷款承诺和不定期贷款承诺。前者是指客户可以在承诺有效期内全部或部分兑现授信额度，但只能兑现一次。后者是指客户可以在承诺有效期内不定期地多次兑现授信额度，直到授信额度用完为止。

（2）备用信用额度。银行与客户达成不可撤销的承诺协议，同时规定银行应该在承诺有效期内按照双方事先约定的条件向客户提供授信额度以内的贷款。在备用承诺下，借款人可多次提用，一次提用部分贷款并不能失去对剩余承诺在有效期内的使用权利。然而，一旦借款人开始偿还贷款，尽管偿还发生在承诺到期之前，已偿还的部分就不能被再次提用。

（3）循环信用额度。银行与客户达成不可撤销的承诺协议，同时规定银行应该在承诺有效期内按照双方事先约定的条件向客户提供授信额度以内的贷款。它与备用信用额度的不同是：客户只要在某一时点兑现的授信额度不超过信用额度的总额，就可以多次、反复地兑现授信额度（归还银行贷款后不减信用额度总额）。

2. 循环融资承诺

循环融资承诺的实质是一种借款安排,又称票据发行便利。即银行允许票据发行人在一定时期内循环发行短期票据,并承诺包销其未销售完的全部票据或提供备用信用。客户发行的票据多为短期票据,一般为3~6个月,但银行对客户所作的循环融资承诺的期限通常为3~7年。这种表外业务,客户可按短期利率获得银行中长期贷款担保承诺,所支付的借款成本低于备用信用证的融资利率。银行承办循环融资承诺业务也具有一定的信用风险,但是风险低于直接贷款。因为该项贷款安排仅在客户票据无法全部售出时,银行才需筹措资金进行包销。

3. 其他承诺业务

银行承诺类中间业务非常多,只要市场需要某种承诺服务,银行就能开发出相应的承诺业务。如资产销售和回购协议,银行根据协议向第三者出售信贷资产,并承诺在某一时间里或在某一可能发生的情况下,购回上述资产。远期资产购买,是指商业银行承诺在未来某确定的日期购买某项贷款、有价证券或其他资产的业务。

9.4.3 其他中间业务

其他中间业务包括很多,比如代保管业务、保理业务(Factoring)、理财业务等。此处,重点介绍保理业务和代保管业务。

1. 保理业务

保理业务是一项以债权人转让其应收账款为前提,集融资、应收账款催收、管理及坏账担保于一体的综合性金融服务。债权人将其应收账款转让给商业银行,不论是否融资,由银行向其提供下列服务中的至少一项。

(1) 应收账款催收:银行根据应收账款账期,主动或应债权人要求,采取电话、函件、上门催款直至法律手段等对债务人进行催收。

(2) 应收账款管理:银行根据债权人的要求,定期或不定期向其提供关于应收账款的回收情况、逾期账款情况、对账单等各种财务和统计报表,协助其进行应收账款管理。

(3) 坏账担保:债权人与银行签订保理协议后,由银行为债务人核定信用额度,并在核准额度内,对债权人无商业纠纷的应收账款,提供约定的付款担保。

保理业务具备以下特点:

(1) 银行通过受让债权,取得对债务人的直接请求权;

(2) 保理融资的第一还款来源为债务人对应收账款的支付;

(3) 银行通过对债务人的还款行为、还款记录持续性的跟踪、评估和检查等,及时发现风险,采取措施,达到风险缓释的作用;

(4) 商业银行对债务人的坏账担保属于有条件的付款责任。

保理业务有以下分类。

(1) 国际、国内保理。按照基础交易的性质和债权人、债务人所在地,可分为国际保理和国内保理。债权人和债务人均在境内的,称为国内保理;债权人和债务人中至少有一方在境外的,称为国际保理。

(2) 有、无追索权保理。按照银行在债务人破产、无理拖欠或无法偿付应收账款时,是否可以向债权人反转让应收账款,或要求债权人回购应收账款或归还融资,可分为有追索权保理和无追索权保理。

有追索权保理是指在应收账款到期无法从债务人处收回时，银行可以向债权人反转让应收账款，或要求债权人回购应收账款或归还融资。有追索权保理又称回购型保理。

无追索权保理是指应收账款在无商业纠纷等情况下无法得到清偿的，由银行承担应收账款的坏账风险。无追索权保理又称买断型保理。

(3) 公开、隐蔽型保理。按照是否将应收账款转让的事实通知债务人，可分为公开型保理和隐蔽型保理。

公开型保理应将应收账款转让的事实通知债务人，通知方式包括但不限于：向债务人提交银行规定格式的通知书，在发票上加注银行规定格式的转让条款。

隐蔽型保理中应收账款转让的事实暂不通知债务人，但银行保留一定条件下通知的权利。

2. 代保管业务

代保管业务是指商业银行设置保管箱库，接受单位和个人的委托，代理保管各种贵重物品和单证，并按照代保管物品的种类、数量和期限收取手续费的业务。

代保管物品主要包括：金银珠宝、珍贵文物、各种货币、有价证券、合同、契约、文件、单证、存折、图纸、遗嘱及客户认为必须代保管并且符合国家法律规定的其他重要物品。

代保管业务主要分为露封代保管、密封代保管和保管箱保管。

(1) 露封代保管。即保管物品不予加封，以显露的包装形式寄存，委托银行可以了解保管物品的内容，并对保管物品的质量负一定的责任。这种保管形式主要适用于保管有价单证。代理人和委托人应签订代保管契约，契约上应明确代保管物品的名称、种类、数量、保管期限、费用、双方责任等。

(2) 密封代保管。又叫原封保管，是由客户自己将保管物品外加包装并封闭，入库寄存保管，届时凭封包原样归还物主。在代保管期间，代理人不得开启密封物品，保管期满后，原件原封交还客户。

(3) 保管箱保管。这是商业银行接受客户委托，按照有关规定和约定的条件，以出租保管箱的形式代客保管贵重物品、有价证券及文物等。

【阅读材料】

银行中间业务成为亮点

2009年，在银行利差大幅收窄的背景下，单一依赖信贷的传统盈利模式的缺陷进一步凸显，加快中间业务发展步伐成为银行的迫切选择。2009年年报显示，7家股份制上市银行的中间业务收入全部实现了不同程度的增长，手续费及佣金收入在营业收入中的占比也都有不同程度的提高，银行收入结构持续改善。

1. 中间业务普遍增长

据年报数据，2009年，除民生银行外，其他6家银行的中间业务的增幅均在10%以上。其中，深发展2009年实现手续费及佣金净收入增幅明显，达到11.81亿元，增幅为38.69%，为7家银行之首；华夏银行手续费及佣金净收入达10.24亿元，同比增长约24%，增幅排名第二；浦发银行手续费及佣金收入27.20亿元，增幅达16.49%；招商银行为79.93亿元，同比增长2.49亿元；中信银行为42.20亿元人民币,比上年增加5亿元,增长13.44%;兴业银行为31.16亿元,同比增长3.92亿元,增幅约12.4%;民生银行为46.64亿元,同比增加2.03亿元,增幅4.6%。

从手续费及佣金收入在营业收入中的占比看,多家银行也都有所提高,反映出银行收入结构持续改善。其中,招商银行手续费及佣金收入占营业收入比例为15.54%;民生银行为11.1%;兴业银行近10%;深发展约为7.8%;浦发银行约为5.99%;华夏银行约为5.98%。

从已披露2010年1季报的银行看,中间业务占比增长的势头得到了延续,中间业务收入甚至已成为部分商业银行收入及利润增长的主要力量,如招商银行今年一季度手续费及佣金净收入占营业收入继续保持了高于15%的水平。有专家也表示,从去年延续至今的信贷调整和今年业绩考核的压力,使得今年银行中间业务继续得到银行的重视。

2. 利差下降反成中间业务增长动力

面对银行贷款利差收窄,上市银行去年加大了对中间业务的投入力度,希望以中间业务推动经营结构改革。利差下降对传统信贷业务的利息收入造成的不利影响,反成各家银行"下决心"加快"转型"的重要原因。

招商银行和民生银行都明确提出了要进行"二次转型"或"二次腾飞",目标都是要深入推进经营战略调整,转变依赖存贷利差的经营模式,优化业务结构,提高零售业务、中小企业业务占比,积极拓展中间业务盈利增长点。其他各家银行也都有不同提法的改革目标。虽然具体表述不同,但7家中小银行大多数的改革着眼点非常明确:一是中小企业融资业务;二是中间业务。

比较起来看,中间业务具有成本低、收益高、风险比较小的特点,能够弥补资产负债业务的不足。在当前信贷调控以及政策变化性突出的时期,中间业务更重要的意义是可以改善利润结构,降低经营成本,这才是中间业务去年"发力"的主要原因。

从各银行去年中间业务增长的构成看,各银行选择的中间业务突破点不尽相同。招商银行在年报中表示,中间业务收入增长主要是代理服务手续费、结算与清算手续费、信贷承诺及贷款业务佣金增加。其中,代理服务手续费比上年增长52.15%;信贷承诺及贷款业务佣金收入比上年增长18.52%;承兑汇票收入得到增长;而结算与清算手续费也比上年增长9.67%,主要得益于业务规模和客户群稳步扩大,零售账户管理费收入和网上业务收入稳步增长。深发展则表示中间业务增长主要得益于业务规模及客户量增加带来的结算业务手续费收入增加。去年深发展理财业务手续费收入同比增长812%;信用卡业务手续费收入同比增长27%,主要是有效卡量增加,交易量增加所致。

3. 投行等新兴业务成为新亮点

2009年,以投行和托管业务为代表的新兴中间业务增长势头强劲,成为银行中间业务增长新的亮点。而从国际银行业收入构成看,该类批发型中间业务有望成为商业银行新的重要盈利增长点。

投资银行业务方面,中信银行、招商银行等都报告了该业务的可观增长。以中信银行为例,截至报告期末,中信银行投资银行非利息净收入达9.92亿元人民币,比上年增长17.24%,占对公非利息净收入的35.76%。其中,债券承销费收入和结构融资手续费收入分别比上年增长253.91%和45.14%。2009年招商银行的投资银行业务也实现了较快发展。截至年末,共实现投资银行业务收入5.84亿元,同比增长108.57%。此外,招商银行去年重点拓展并购贷款、企业发债顾问、政府财务顾问、私募股权投资等特色财务顾问业务,共实现专项财务顾问业务收入3.24亿元。

此外,去年多家银行的托管业务也表现不俗,个别银行的托管业务规模甚至实现了翻番。民生银行去年的托管(含保管)资产规模折合人民币1 292.83亿元,比去年同期增长150%;实现托管业务收入折合人民币1.13亿元,比去年同期增长25.9%。招商银行2009年实现托管业务利润4.79亿元、托管费收入2.07亿元,托管资产余额2 081.25亿元,较年初增长51.07%;托管存款余额247.51亿元,较年初增长55.97%;托管产品数量、托管资产规模和托管费收入稳居股份制银行第一。

企业年金业务也成为多家银行在年报中着重提及的增长业务。招商银行2009年企业年金新增签约客户个人账户27.94万户，新增签约受托资产包括辅助受托为167.42亿元，新增托管资产77.85亿元。民生银行去年托管的企业年金规模也在15.02亿元。浦发银行也报告该行企业年金签约账户数累计突破了33万户。

资料来源：金融时报，2010年11月5日，http://bank.zgjrw.com/News/2010115/bankchina/348353853600.shtml

【讨论题】为什么银行纷纷提出"二次转型"或"二次腾飞"战略？

思考题

1. 试阐述中间业务的性质和特点。
2. 中间业务有哪些类型？
3. 中间业务和表外业务的关系如何？
4. 什么是中间业务的成本加成定价法？
5. 什么是中间业务的损益平衡定价法？
6. 结合信用证流程图，阐述信用证的基本业务流程。
7. 金融远期、金融期货、金融期权和金融互换交易的特点是什么？

第 10 章

【主要概念的中英文对照】

资产管理理论：asset management theory
商业贷款理论：commercial-loan theory
资产转移理论：the shift ability theory
预期收入理论：the anticipated-income theory
超货币供给理论：super money supply theory
一级储备：primary capital
二级储备：secondary capital
负债管理理论：the liability management theory
存款理论：deposit theory
购买理论：buying theory
销售理论：bring to market theory

利率敏感性缺口模型：rate-sensitive gap
久期匹配模型：duration matching
现金流量匹配模型：cash flow matching
多重限制决策模型：multicriteria decision models
随机规划与随机控制 ALM 模型：stochastic programming or stochastic control ALM model
动态财务分析模型：dynamic financial analysis
资产负债管理：asset-liability management
长期证券：long-term bond
各类贷款：loan of all kinds

商业银行资产负债管理

商业银行的资产负债管理有广义和狭义之分。广义的资产负债管理指商业银行按一定的策略进行资金配置，来实现银行安全性、流动性和盈利性（即"三性原则"）的目标组合。它既不单纯站在资金运用，如信贷、证券投资等角度，也不单纯站在资金来源，如资本金、存款、借款等角度，而是考虑银行整体资金的配置状态，以实现银行的经营目标。广义的资产负债管理按其经历的过程，可划分为资产管理阶段、负债管理阶段和资产负债综合管理阶段。狭义的资产负债管理主要指在利率波动的环境中，通过策略性改变利率敏感资金的配置状况，来实现银行的目标净利息收入，或者通过调整总体资产和负债的持续期，来维持银行正的净值。

10.1 资产管理理论与方法

20世纪60年代以前，由于资金来源渠道比较固定和狭窄（大多是吸收的活期存款），工商企业资金需求比较单一，加之金融市场发达程度的限制，银行经营管理的重点主要放在资产方面，即通过对资产结构的恰当安排来满足银行安全性、流动性和盈利性的需要。它产生于银行经营管理目标即利润最大化和资产流动性的相互矛盾性。商业银行所强调的都是单纯的资产管理理论，该理论是与当时银行所处的经营环境相适应的。在资产管理理论的发展过程中，先后出现了四种不同的主要理论思想：商业贷款理论（Commercial-loan Theory）、资产转移理论（The Shift ability Theory）、预期收入理论（The Anticipated-income Theory）和超货币供给理论（Super Money Supply Theory）以及三种主要的资产管理方法——资金总库法、资金分配法和线性规划法。

10.1.1 资产管理理论

资产管理理论（Asset Management Theory）是以商业银行资产的流动性为重点的传统管理方法。在20世纪60年代以前，资产管理理论认为商业银行的负债主要取决于客户的存款意愿，只能被动地接受负债；而银行的利润主要来源于资产业务，而资产的主动权却掌握在银行手中，因此，商业银行经营管理的重点应是资产业务，以保持资产的流动性，达到盈利性、安全性、流动性的统一。资产管理理论产生于商业银行经营的初级阶段，是在经历了商业贷款理论、资产转移理论、预期收入理论和超货币供给理论几个不同发展阶段逐渐形成的。

1. 商业性贷款理论（Commercial-loan Theory）

商业贷款理论也称真实票据理论。这一理论是在18世纪英国银行管理经验的基础上发展起来的。其主要内容为：银行资金来源主要是吸收流动性很强的活期存款，为满足客户兑现的要求，商业银行必须保持资产的高流动性才能避免因流动性不足而给银行带来的经营风险。银行的贷款应以真实的、有商品买卖内容的票据为担保发放，在借款人出售商品取得货款后就能按期收回贷款。一般认为这一做法最符合银行资产流动性原则的要求，具有自偿性。

所谓自偿性，就是借款人在购买货物或生产产品时所取得的贷款可以用生产出来的商品或商品销售收入来偿还。根据这一理论要求，商业银行只能发放与生产、商品联系的短期流动贷款，一般不能发放购买证券、不动产、消费品或长期农业贷款。对于确有稳妥的长期资产来源才能发放有针对性的长期贷款。

然而随着历史的发展，这种理论已不再适用，其主要不足表现在以下几个方面。一是忽视了经济发展对贷款需求的多样化。因为随着经济的发展，工商业不仅需要短期自偿性贷款，而且还需要长期贷款和其他贷款。因此，已不能再固守这一理论了。二是短期自偿性贷款也并非绝对安全，如果在经济发生严重危机时，银行仍坚持借款人按期偿还贷款，可能造成借款人因无力还款而破产。因此，近几十年来，各国商业银行的业务范围已在不断发展，多数国家都有向综合银行模式发展的趋势，短期自偿性放款只占放款总额的一小部分，其他放款分属中期和长期性质。三是没有认识到活期存款的相对稳定性。因为一般来说，尽管商业银行的活期存款会随时被提取，但也随时有新的存入，并且提取并不都发生在同一时刻，因此银行存款总能形成一个稳定的余额。如果银行运用这个稳定余额发放长期贷款，就不会影响银行资产的流动性。由于商业贷款理论存在着上述缺陷，适应不了银行流动性管理的需要，因而逐渐被新的流动性管理理论代替。

2. 资产转移理论（The Shift Ability Theory）

资产转移理论是关于保持商业银行资产流动性的理论。资产转移理论是 20 世纪初在美国银行界流行的理论。该理论认为，商业银行能保持其资产的流动性，关键在于它持有的资产能不能随时在市场上变成现金。只要银行手中持有的第二准备金（政府债券和其他短期债券）能在市场上变成现金，银行资产就有较大的流动性。同样，只要中央银行随时准备购买商业银行提出贴现的资产，银行体系也就能保持流动性。因此，保持银行资产流动性的最好办法是购买那些急需时可以立即出售的资产。这类资产的债务人必须具有下列特点：① 信誉高，即资产的债务人要有很高的信誉，到期能还本付息，如国家发行的债券、大公司发行的债券都具有这一特点；② 期限短，资产的到期日越近，其流动性越强；③ 易于出售，即在变现时，比较容易，不会遇到麻烦和损失。如目前美国财政部发行的短期国库券就符合这种要求。

作为流动准备的资产以多长的期限为宜，没有一个明确的标准。一般说来，期限越短越好。一个更加实际的说法是作为流动准备的资产，它的期限应该使购买它时所承担的利率风险无足轻重。现在很多银行家认为这个期限应为一年或者一年以下。但是，作为一种经验之谈，它是可以改变的。如果货币市场利率是稳定的或者是下降的，更长一点的期限也是可以接受的。而一旦利率有很大的波动或上升趋势，更短一点的期限就是必要的。

至于质量和可买卖性方面的要求，很多不同种类的有价证券都可以满足。一般地说，政府债券有很高的信誉和非常广泛的市场交易。在美国，国库券是最常用作第二准备的有价证券。此外，银行还持有联邦政府及其所属机构发行的其他有价证券，如果离到期日很近，政府公债可以当做第二准备，它的市场利率风险随着期限的缩短，已经变得微不足道了。

一些高质量的短期企业有价证券作为第二准备也是可以的。这些有价证券包括银行承兑汇票、市面流通的商业票据等。银行承兑汇票是经过银行承诺到期后付款的汇票，期限一般在 180 天以内。这一信用工具主要是在国际贸易中发展起来的，它可以非常活跃地在市场上进行买卖，而且还可以向中央银行进行再贴现。

市面流通的商业票据也经常被银行购买，作为它们的第二准备资产。这些票据主要是企业开出的短期期票，期限一般不超过 4～6 个月。企业从市场上借入资金必须要有非常高的信用等级，期票面额一般都很大，无需背书检验，因而，作为不记名票据可以不经背书，自由转手买卖，只要在 90 天内到期，并在其他方面不符合贴现条件，商业票据也可以在中央银行进行再贴现。

这种理论是第二次世界大战以后发展起来的，它与短期证券市场的发展有密切关系。高度市场化的有价证券，特别是短期国库券，为银行提供了新的流动性资产，也为这一理论的应用和推广奠定了基础。由于应用这种理论，使得银行找到了保持资金流动性的新方法，减轻了短期贷款保持流动性的压力，增加了长期贷款，也使银行减少了不能带来利润的现金资产，通过证券投资，增加了银行的收益。因此，这种理论有一定局限性，不可完全解决银行资产流动性问题。

3. **预期收入理论**（The Expected Income Theory）

预期收入理论是关于资产选择的理论。它是在第二次世界大战后，美国学者普鲁克诺于 1949 年在《定期贷款与银行流动性理论》（Term Loans and Theories of Banking Liquidity）一书中提出的，它是在商业贷款理论和资产转移理论的基础上发展起来的，但又与这两种理论不同。这种理论认为，如果贷款的归还期是根据借款人的未来收入制定的，那么银行就可以事先安排它的流动性，即银行的安全性和流动性取决于借款者的到期收入。这种理论并不否定商业性贷款理论和转换理论，它只不过是把强调贷款的归还与借款人的收入联系起来，并非完全依靠抵押品。因此，这一理论认为，只要资金需要者经营活动正常，其未来经营收入和现金流量就可以预先估算出来，并以此为基础制订出分期还款计划，银行就可以筹措资金发放中长期贷款。无论贷款期限长短，只要借款人具有可靠的预期收入，资产的流动性就可得到保证。这种理论强调的是借款人是否确有用于还款的预期收入，而不是贷款能否自偿，担保品能否及时变现。基于这一理论，银行可以发放中长期设备贷款、个人消费贷款、房屋抵押贷款、设备租赁贷款等，使银行贷款结构发生变化，成为支持经济增长的重要因素。

这种理论的产生与第二次世界大战后经济的高速发展有密切关系。经济的发展既寻到了资金的多种需求，也加剧了金融业的竞争，同时又有很多借款人都有可预期的固定收入，这就为这种理论的运用提供了客观基础。这种理论的提出和运用，一方面深化了对贷款清偿的认识，促进了货币形式多样化；另一方面，也促进了生产的发展和消费的扩大，加深了银行对经济的控制和渗透。

预期收入理论比前两种理论又前进了一大步，它深化了对贷款清偿的认识，没有固守商业性贷款理论只重视流动性的教条；它在以盈利性为前提的情况下，开辟了多种资产业务，这不仅增强了商业银行自身竞争实力，而且为整个社会经济的发展扩大了资金来源。但是，预期收入理论也存在着一定的缺陷，主要是把预期收入作为资产经营的标准，而预期收入是难以把握、不好预测的。由于客观经济条件变化或突发事件发生，借款人未来收入的情况往往与银行预期有一定差距，有时甚至相距甚远。这种情形在长期贷款中表现尤为突出。因此，按这种理论来操作会增加银行的信贷风险。当然，如果银行提高预测能力，这种缺陷也不是不可克服的。

4. **超货币供给理论**（Super Money Supply Theory）

这一新理论产生于 20 世纪 60 年代末。该理论认为随着货币形式的多样化，不仅商业银行能够利用贷款方式提供货币，而且其他许许多多的非银行金融机构也可以提供货币，金融竞争加剧。这要求银行管理应该改变观念，不仅单纯提供货币，而且还应该提供各方面的服务。根据这种理论，银行在发放贷款和购买证券提供货币的同时，还应积极开展投资咨询、项目评估、市场调查、委托代理等多种服务，使银行资产管理更加深化。其缺陷是银行在广泛扩展业务之后，增加了经营的风险，如果处理不当容易遭受损失。

以上理论的产生是适应当时各阶段经济发展情况的，但是这些理论又随着经济的发展，其缺陷越来越突出而难以满足社会经济发展对银行的要求。

10.1.2 资产管理方法

商业银行的资产管理方法，是指在资金来源一定的条件下，按适当的比例将资金分配于不同的资产，从而满足流动性、安全性和盈利性均衡的要求。商业银行资产管理的方法主要有资金总库法、资金分配法和线性规划法。

1. 资金总库法

银行的资金来源是多种多样的，有活期存款、定期存款、储蓄存款、自有资本，这些资金来源自身有不同的特性。资金集中法则不管这些特性，而将所有资金集中起来，再按银行投资贷款的需要放到不同资产上去，只要这种配置符合银行的总体管理目标就行。这种方法要求银行首先确定其流动性和盈利性目标，然后将资金配置到最能满足这个目标的资产上去。由于流动性和盈利性是相互矛盾的，流动性高的资产（如第一准备）收益低，甚至完全没有收益（如现金），因此，配置资金时要有优先顺序。优先权按一定比例分配到第一准备、第二准备、贷款、证券投资上。在土地、建筑物及其他固定资产上的投资通常另行考虑。银行资金管理的目标，要使其流动性、盈利性和安全性三者有机结合，虽然三者同时达到是很困难的。

（1）资金总库方法的操作程序：由银行将各种渠道的资金集中起来，形成资金池，将资金池中的资金视为同质的单一来源，将其按照资产流动性大小进行梯次分配（见图10-1）。

① 首先，保证一级储备（Primary Capital）。
② 其次，保证二级储备（Secondary Capital）。
③ 再次，各类贷款（Loan of All Kinds）。
④ 最后，长期证券（Long-Term Bond）。

（2）按流动性优先程度分配资产。

① 一级储备：库存现金、在中央银行存款、同业存款和托收中的现金等。主要用于满足法定存款准备金需求、日常营业中的付款、支票清算需求、意外提存和意外贷款需求。
② 二级储备：短期国库券、地方政府债券、金融债券等安全性较高、流动性和市场性较强的证券。主要用于满足意外提存和意外贷款需求。
③ 各类贷款：主要用于盈利。
④ 其他有价证券：用于盈利和改善资产组合状况。

（3）资金总库方法的优点：不考虑资金来源，在资金运用时，在保证资产流动性的前提下再考虑其盈利性。

（4）资金总库方法的缺陷：① 资金分配主要靠管理人员主观判断，导致保留较多流动性资产的情况，降低了盈利水平；② 在决定资金分配的顺序中，对每一优先权应占的资金数量缺乏具体的指导；③ 在假定每一单位资金按比例投放在各优先权上时，没有分析各种资金来源的边际收益率和流动性的具体情况。

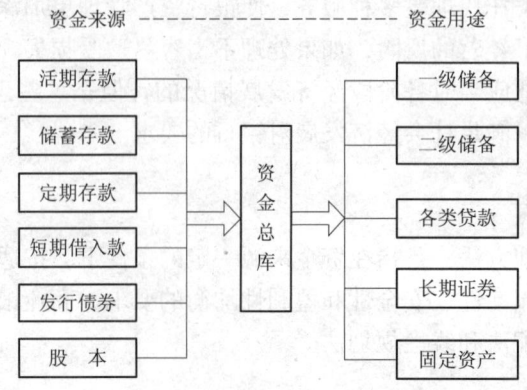

图 10-1 资金总库法的示意图①

2. 资金分配法

又叫资金转换法,认为一家银行所需的流动性资金数量与其获得的资金来源有关。资金集中法过分强调对资产流动性的管理,而没有区分活期存款、储蓄存款、定期存款和资本金等不同资金来源对流动性的不同要求,这种缺陷引起商业银行利润的极大流失。20世纪60年代以来,储蓄存款和定期存款比活期存款增长要快,而前二者对流动的要求比后者要低。因而,资产分配法就被用来弥补这种缺陷。资产分配法试图根据资金来源的流动速度或周转量和对法定准备金的不同要求,来区分不同资金来源。比如,活期存款比储蓄存款、定期存款有更高的流动速度或周转率,要缴纳更多的法定准备金。所以,每单位活期存款中,应将更大比例放在第一、第二准备金上,而放在贷款或长期债券上的比例则要小些。具体运用这种方法时,常在一家银行内设立几个"流动性—利润性中心"来分配它所获得的各种资金,因此,就可能有"活期存款银行"、"资本金银行"等存在于商业银行之中。一旦确立了这些中心,管理人员就每一中心所获资金的配置问题制定出政策。如活期存款中心就应把中心吸收资金的较大比率放在第一准备上,然后,剩下的大量资金主要投在短期政府证券上作为第二准备,而把相当小的一部分放到贷款上,而且主要是放在短期商业贷款上。资产配置法的主要优点是减少了流动资产,把剩余的资金配置到贷款和投资上,这就增加了利润。盈利性的改善是由于消除了定期储蓄存款和资本金账户上的超额流动性而获得的。

1) 资金分配法的操作程序

银行按照不同的资金来源的流动性和法定准备金要求,决定资产的分配方法和分配比例,建立资产项目与负债项目的对应关系,把各种资金来源按照周转速度和法定准备金的要求,分别按照不同的比重分配到不同的资产形式中(见图10-2)。

2) 按资金来源和流动性分配资产

(1) 活期存款:一级储备和二级储备。

(2) 定期存款:二级储备、贷款和长期证券投资。

(3) 股本:发放长期贷款和公开市场长期证券投资。

3) 资金分配法的特点

(1) 通过流动性和资金周转速度将资产和负债联系起来,使二者在规模和结构上保持

---

① 资料来源:李志辉. 商业银行管理学. 北京:中国金融出版社,2006:97.

一致。

(2) 减少了流动性资产数量，相应增加了投资于长期资产的资金规模，提高了银行盈利水平。

(3) 将流动性的取得完全局限于负债方面，在资金运作方面不考虑资产的流动性，束缚了商业银行经营的主动性。

把现有的资金分配到各类资产上时，应使各种资金来源的流通速度或周转率与相应的资产期限相适应，即银行资产与负债的偿还期应保持高度的对称关系。

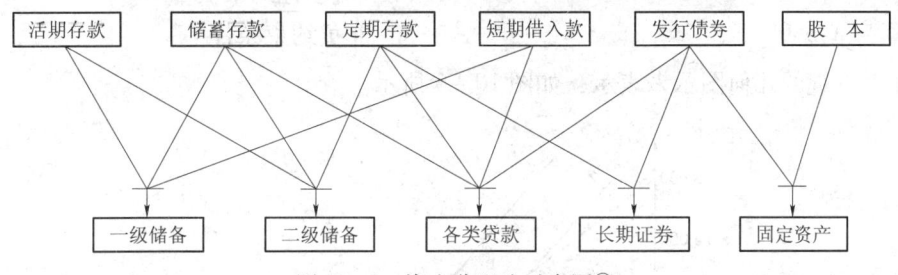

图 10-2 资金分配法示意图①

3. 线性规划法

线性规划法从 20 世纪 70 年代开始用于银行资产管理，主要是通过建立线性规划模型来解决银行的资产分配。在运用这种方法时，一般采取三个步骤：建立目标函数、确定约束条件和求解线性规划模型（图 10-3）。

1) 线性规划法的操作程序

(1) 建立目标函数：选定目标变量；确定目标变量的系数。

商业银行通常把利润作为该模型的目标，然后根据资产的收益率来选择不同的资产组合，以实现利润目标的最大值。

(2) 确定约束条件：在建立目标函数的基础上，附加下列约束条件，主要包括可贷资金总量限制、贷款需求限制、其他限制。主要是：政策法规的约束；流动性约束；安全性约束；其他方面的约束，如银行章程的有关规定、贷款需求的不确定因素等。

(3) 求解线性规划模型：借助图解法或计算机求解。

求解各种资产的具体数值。在利润最大的前提下，根据各种资产约束条件的具体限制便可找出一组最佳的资产组合。与资金总库法、资产分配法相比，线性规划法具有很多优点，这是商业银行使用得最多的方法。如可以使银行确定具体的经营目标，比较分析各种决策的结果，并根据约束条件的变动来调动资金的分配，从而使资产流动性管理更趋向科学化。

2) 线性规划法的特点

(1) 是一种定量分析，更具有科学性和可操作性。

(2) 现实情况比较复杂，线性规划模型会变得更加复杂。

例 10-1 假设某银行有 5 000 万美元的资金来源，这些资金可用作贷款 (X_1) 和二级储备即短期债券 (X_2)，贷款收益率为 12%，短期证券收益率为 8%，存款成本忽略不计。再假设银行管理短期资产的流动性标准为投资资产的 25%，即短期证券与总贷款的比例至

---

① 资料来源：李志辉. 商业银行管理学. 北京：中国金融出版社，2006：98.

少为25%。用线性规划法，求解银行的最佳资产组合。

解：首先确定目标函数及约束条件：

目标函数 定义
max（Y） = 0.12X_1 + 0.08X_2 利润目标

约束条件：
$X_1 + X_2 \leq 5\,000$ 万美元 总资产负债约束
$X_2 \geq 0.25 X_1$ 流动性约束
$X_1 \geq 0$ 与 $X_2 \geq 0$ 非负约束条件

下面以直观的几何图示来表示，如图 10-3 所示。

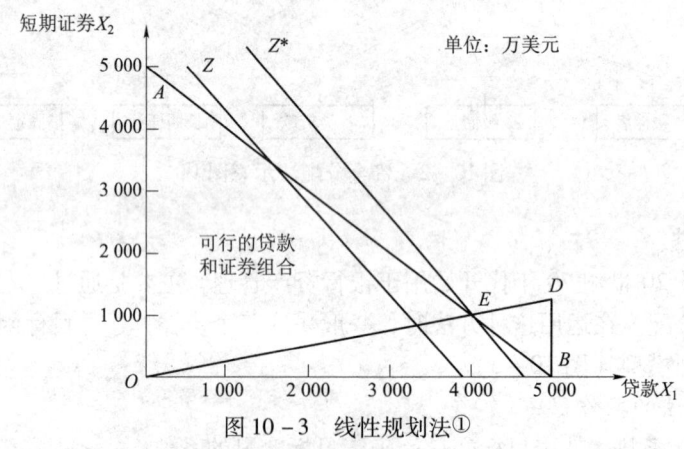

图 10-3 线性规划法①

目标函数表示了各种盈利性资产对银行总盈利的贡献。图中，目标函数表现为一条常数利润线，给定 Z 函数上的每一点都代表产生同样收益的贷款和短期证券的不同组合点。

第一个约束条件 $X_1 + X_2 \leq 5\,000$ 万美元，表明银行的贷款与短期证券的组合受资金来源总量的制约，可行的资产选择必须在 AB 线及其下。

第二个约束条件 $X_2 \geq 0.25 X_1$ 表明，用来作为二级储备的短期证券必须等于或大于总贷款的 25%，以符合流动性标准，因此可行的资产组合应在 OD 线及其上。

第三个约束条件 $X_1 \geq 0$ 与 $X_2 \geq 0$ 表明，贷款和短期证券不可能为负数。三角形 AOE 区域表示满足三个约束条件的所有组合点。

为了确定最佳资产组合，通过反复验证，利润函数 Z 向右上方移动代表更高的总利润水平。只有在 E 点，所选择的贷款和二级储备金组合同时满足了三个约束条件，才能使银行利润最大化，这个点被称为最佳资产组合点。在这一点上，银行资金管理者在短期证券上投资 1 000 万美元，贷款 4 000 万美元，目标函数 Z* 代表总的收益为 560 万美元。

以上假定的是银行在一组约束条件下单独使用一个目标函数达到最大值，而实际中的情况要复杂得多，银行往往要求实现多重目标最优。因此，运用线性规划模型的资产管理方法要求银行拥有一批专业技术人员。该方法只在一些大银行中获得成功，而一些小银行因缺乏专业技术人才，其运用的效果并不令人满意。

---

① 资料来源：李志辉. 商业银行管理学. 北京：中国金融出版社，2006：100.

10.2 负债管理理论与方法

10.2.1 负债管理理论

负债管理理论（The Liability Management Theory）。商业银行的负债管理出现于1961年，为了使存单更具流动性并使之对投资者更具吸引力，花旗银行（Citibank）发行了第一张大额（10万美元以上）可在二级市场上转卖的可转让存单，以负债为经营重点来保证流动性和盈利性的经营管理理论。它是指商业银行以借入资金的方式来保持银行流动性，从而增加资产，增加银行的收益。在负债管理出现之前，只要银行的借款市场扩大，它的流动性就有一定的保证。这就没有必要保持大量高流动性资产，而应将它们投入高盈利的贷款或投资中。在必要时，银行甚至可以通过借款来支持贷款规模的扩大。20世纪60年代，大额可转让存单的出现、银行竞争的激烈和利率管制严格化等变化，构成了负债管理出现的客观条件。

进入20世纪60年代，各国经济迅速发展，迫切需要银行提供更多的资金，因而促使银行不断寻求新的资金来源，满足客户借款的需要，此外，由于银行业竞争的加剧、实施存款利率的最高限制，迫使商业银行必须开拓新的负债业务，不断增加资金来源。除传统的存款业务以外，美国商业银行还积极向中央银行借款，发展同业拆借，向欧洲货币市场借款，发行大额可转让定期存单，签订"再回购协议"借款等。

负债管理理论是以负债为经营重点，即以借入资金的方式来保证流动性，以积极创造负债的方式来调整负债结构，从而增加资产和收益。这一理论认为银行资金流动性不仅可以通过强化资产管理获得，还可以通过灵活地调剂负债实现，通过发展主动型负债的形式，扩大筹集资金的渠道和途径，也能够满足多样化的资金需求，以向外借款的方式也能够保持银行资金的流动性。负债管理理论的缺陷在于提高了银行的融资成本，加大了经营风险，不利于银行稳健经营。

负债管理理论历史上依次经历了由存款理论向购买理论和销售理论发展等三个阶段。

1. 存款理论（Deposit Theory）

该理论曾经是商业银行负债的主要正统理论。其主要特征是它的稳健性和保守性。存款理论的逻辑结论就是强调按客户的意愿组织存款，遵循安全性原则管理存款，根据存款的总量和结构来安排贷款，参考贷款收益来支付存款利息，不主张盲目发展存贷业务，不赞成盲目冒险的获利经营。

存款理论的基本观点如下：① 存款是商业银行最主要的资金来源，是其资产业务的基础；② 银行在吸收存款过程中是被动的，为保证银行经营的安全性和稳定性，银行的资金运用必须以其吸收存款沉淀的余额为限；③ 存款应当支付利息，作为对存款者放弃流动性的报酬，付出的利息构成银行的成本。

存款理论的局限性在于：① 没认识到银行在扩大存款或其他负债方面的能动性；② 没认识到负债结构、资产结构以及资产负债综合关系的改善在保证银行资产的流动性、提高银行盈利性等方面的作用。

2. 购买理论（Buying Theory）

购买理论产生于西方发达国家经济滞胀年代，该理论是继存款理论之后出现的另一种负债理论，它对存款理论作了很大的否定，认为银行对负债并非消极被动、无能为力的，而完全可以主动出击；银行购买外界资金的目的是保持流动性，银行在负债方面有广泛的购买对象，如一般公众、同业金融机构、中央银行、财政机构等。还有众多的购买手段可以运用，最主要的手段是直接或间接提高资金价格，如高利息、隐蔽补贴、免费服务等高于一般利息的价格。一般在通货膨胀条件下，存在着实际的低利率或负利率，或实物资产投资不景气，而此时金融资产投资较为繁荣时，购买行为较为可行。它对于促进商业银行更加主动地吸收资金、刺激信用扩张和经济增长，以及增强商业银行的竞争能力，具有积极的意义。

购买理论的观点：① 商业银行对存款不是消极被动的，而是可以主动出击，购买外界资金；② 商业银行购买资金的基本目的是为了增强其流动性；③ 商业银行吸收资金的适宜时机是在通货膨胀的情况下，直接或间接抬高资金价格，这是实现购买行为的主要手段。

购买理论的局限性在于：助长商业银行片面扩大负债，加深债务危机，导致银行业恶性竞争，加重通货膨胀负担。

3. 销售理论（Bring to Market Theory）

销售理论出现在 20 世纪 80 年代，在金融改革和金融创新风起云涌，金融竞争和金融危机日益加深的条件下，现代企业营销思想注入银行负债经营中，标志着负债管理理论发展的时代属性和新趋势。

销售理论的最主要特征是推销金融产品和金融服务的营销策略。认为银行是金融产品的制造企业，银行负债管理的中心任务就是适应客户的需要，营销这些金融产品，以扩大银行资金来源和收益水平。为此，银行应做到：客户至上，竭诚为客户提供金融服务；善于利用服务手段达到吸收资金的目的，这就是要做到围绕着客户的需要来设计服务，通过改进销售方式来完善服务。最为重要的是，销售观念要贯穿负债和资产两个方面，将资产与负债联系起来进行营销活动的筹划。

该理论给银行负债管理注入了现代企业的营销观念，即围绕客户的需要来设计资产类或负债类产品及金融服务，并通过不断改善金融产品的销售方式来完善服务。它反映了 20 世纪 80 年代以来金融业和非金融业相互竞争和渗透的情况，标志着金融机构正朝着多元化和综合化发展。但是它也有一定的局限性，即未能很好地解决如何使银行盈利性、流动性和安全性统一的问题。

10.2.2 负债管理方法

银行通过从市场借入资金，调整负债流动性来满足资产的需要，以此扩大负债与资产的规模。银行负债管理的方法，主要有储备头寸负债管理方法和贷款头寸负债管理方法。

1. 储备头寸负债管理方法

与资产管理的各种方法相比较，储备头寸的负债管理方法使银行可以持有较高比例的收入资产。银行借入资金补足一级储备，以满足存款提取和贷款需求，通过运作头寸调度来保持高收益、低流动性的资产。因此，银行预期收入提高了，但也增加了两个风险：一是借入资金的成本不能确定；二是有时可能借不到资金。例如，在美国，储备头寸负债管理的主要工具是购买期限为一天的联储资金，或使用回购协议。这样，当一家银行的储备由于存款人提款或增加了对有收益的资产投放而暂时不足时，购买联储资金来补充；而当储备有暂时盈余时，就售出联储资金。从这一点来说，这种负债管理方法提高了资金的运用效率，也减缓了银行体系由于储备的突然减少带来的震动性影响。

储备头寸负债管理方法是用增加短期负债向银行有计划地提供流动性资金的管理方式，它购入资金以补充银行的流动性资金需要。储备头寸负债管理方法意味着用借入资金满足短期流动性需要，也就是说，用借入资金补充一级准备，以满足存款的提取和增加的贷款需求。

但切不可把这种短期借入作为长期资金来源，因为一旦这些银行管理上出现问题并被公众知道时，它们就不可能在联储资金市场上再借到资金，结果面临破产。

2. 贷款头寸负债管理方法

贷款头寸负债管理又称为全面负债管理方法，也叫纯负债管理。它是被用来持续扩大银行资产负债规模的方法。这种方法首先是通过不同利率来取得购入资金，以扩大银行贷款；其次，通过增加银行负债的平均期限，减少存款的可变性，从而降低银行负债的不确定性。银行发行大额可转让定期存单就是使用此种管理方法。这种方法提高资金使用效率，缓解流动性不足，同时也造成了一定的借入风险。

10.3 资产负债管理理论与方法

20 世纪 70 年代中期起，由于市场利率大幅上升，负债管理在负债成本及经营风险上的压力越来越大，商业银行迫切需要一种新的更为有效的经营管理指导理论。而此时，电脑技术有了很大的发展，在银行业务与管理上的运用越来越广泛，银行经营管理的观念逐渐改变，由负债管理转向更高层次的系统管理——资产负债综合管理。

10.3.1 资产负债管理理论

资产负债管理（Asset-Liability Management，ALM）是要求商业银行对资产和负债进行全面管理，而不能只偏重于资产或负债某一方的一种新的管理理论，20 世纪 80 年代初，金融市场利率大幅度上升，存款管制的放松导致存款利率的上升，从而使银行吸收资金成本提高，这就要求商业银行必须合理安排资产和负债结构，在保证流动性的前提下，实现最大限度盈利。

资产负债管理理论认为单靠资产管理或单靠负债管理都难以形成商业银行安全性、流动性和盈利性的均衡，通过资产和负债的共同调整，协调资产和负债项目在期限、利率、风险和流动性方面的搭配，尽可能使资产、负债达到均衡，以实现安全性、流动性和盈利性的完美统一。由于资产负债管理理论是从资产和负债之间相互联系、相互制约的整体出发来研究管理方法，因而被认为是现代商业银行最为科学、合理的经营管理理论。

1. 资产负债管理的组成部分

（1）具体的评价目标或者财务目标，比如最大法定盈余、最小剩余风险、最大的股东回报等。

（2）各种限制条件，如状态模拟时的状态、随机模拟时给定的分布等。这些条件以各种形式表达，如时序模型、随机差分方程等。

（3）解决方法与计算结果。这些方法包括决定性分析、随机规划、随机控制等。

2. 资产负债管理的原则

资产负债管理是以资产负债表各科目之间的"对称原则"为基础，来缓解流动性、盈利性和安全性之间的矛盾，达到三性的协调平衡。所谓对称原则，主要是指资产与负债科目之间期限和利率要对称，以期限对称和利率对称的要求来不断调整其资产结构和负债结构，以实现经营上风险最小化和收益最大化。其基本原则主要有以下几个。

1）规模对称原则

规模对称原则，即资产规模与负债规模在总量上要对称平衡。由于资产和负债是相互联系、相互依赖和相互制约的辩证统一关系，资产规模过大，会造成头寸不足，虽然可以暂时增加盈利，但却失去了流动性和安全性；相反，资产规模过小，就会造成资金闲置，虽然流动性强，比较安全，但却降低了盈利性。因此，资产负债管理要求两者规模对称，既要保持较高的资金运用率，又要防止过度运用资金。

2）结构对称原则

又称偿还期对称原则。它是指银行资金的分配不仅要考虑静态期限结构，而且要考虑负债的动态期限结构、成本结构等，以保证资产负债结构的对称平衡。资产和负债各项目的期限、利率、用途等方面都客观存在一定的内在联系，表现为一定的对称关系，按照这种对称关系，不同的负债应用于不同的资产。例如，在银行资产负债表的负债方，有资本和负债，负债中又有存款和其他负债，它们在性质上是不同的，银行对其的支配权和控制度也不一样，因此将其用于资产的占用形态和内容也不一样。资产方的固定资产是银行经营不可缺少的条件，但不能用存款负债来购置固定资产。再如利率高的负债一般应与利率高的资产项目对称，这就是效益结构对称平衡的内容；负债的同业拆入只能用于头寸的平衡，而不能用于其他资产项目，这就是资产和负债项目在性质上和用途上对称的内容。

银行资金的分配应该依据资金来源的流通速度来决定，即银行资产和负债的偿还期应该保持一定程度的对称关系，其相应的计算方法是平均流动率法，也就是说，用资产的平均到期日和负债的平均到期日相比，得出平均流动率。如果平均流动率大于1，则说明资产运用过度；相反，如果平均流动率小于1，则说明资产运用不足。

3）目标互补原则

这一原则认为三性的均衡不是绝对的，可以相互补充。比如说，在一定的经济条件和经营环境中，流动性和安全性的降低，可通过盈利性的提高来补偿。所以在实际工作中，不能固守某一目标，单纯根据某一个目标来决定资产分配。而应该将安全性、流动性和盈利性综合起来考虑以全面保证银行目标的实现，达到总效用的最大化。

4）资产分散化原则

分散资产原理是指在负债结构已定的情况下，银行可以通过将资金分散于不同区域、不同行业、不同币种和不同种类的资产来分散风险，同时实现安全性、流动性和盈利性的目标。这一原理运用了经济活动的相关性，实现风险损失的互相抵消或风险损失与风险收入的互补，具体体现在资产负债管理中对贷款集中度的控制等方面。

3. 资产负债管理的典型模型

大多数早期的资产负债管理模型只能解决短期问题或能以公式明确表示的多阶段问题。但随着实际的需要，人们越来越多地提出多阶段模型。Kusy 和 Ziemba 提出了一个 5 年规划的多阶段随机规划线性模型，他们的工作表明，该模型优于 5 年期的决定性模型。还有很多成功的多阶段随机 ALM 模型。在所有文献中提及的 ALM 模型中，数学规划是多数模型中主要的方法，Brennan 等在他们的文章中建议以随机优化控制模型代替以数学规划为基础的模型。

传统的 ALM 模型因为在估价时用的是账面价值而不是市场价值，因而被 JP 摩根的 Risk metrics 所批判。而且，JP 摩根建议以 VaR 作为 ALM 的替代方法。但是，一方面，目前的 ALM 模型可以同时考虑账面价值与市场价值。另一方面，一般说来，VaR 一般只用于短期（一般不超过 10 天）市场风险的管理。与 VaR 不同，ALM 除市场风险外，还可以管理流动风险、信用风险等，在管理相应的风险时，ALM 模型考虑到法律与政策限制，来决定公司资产的分配。对 ALM 的另一个批评是其在长期预测中的可靠性。然而现代 ALM 模型以场景设置或模拟来代表未来的各种可能性，其产生结果可以是各种状况出现的概率而不再是单一的预测结果。

现在 ALM 有许多方法都在应用，其中最主要的常用方法包括效率前沿模拟、久期匹配（或称免疫）、现金流量匹配等。其中用到的数学方法主要集中于优化、随机控制等。

1）利率敏感性缺口模型（Rate-sensitive GAP）

利率敏感性缺口是指在一定时期（如距分析日一个月或 3 个月）以内将要到期或重新确定利率的资产和负债之间的差额，如果资产大于负债，为正缺口；反之，如果资产小于负债，则为负缺口。净利息收入是利率敏感性缺口模型的核心参数。在利率敏感性缺口模型中，商业银行资产根据在一定时期内（即敏感性分析区间）是否重新定价或者是否到期以及其利息收入与利息支出是否会随着利率水平的变化而变化，被分成利率敏感性资产和利率不敏感资产。同理，负债也被划分为利率敏感性负债和利率不敏感性负债。

2）久期匹配模型（Duration Matching）

久期也称持续期，最初由美国经济学家 F. R. 麦克莱（Frederick R. Macaulay）于 1936 年提出。久期指的是一种把到期日按时间和价值进行加权的衡量方式，它考虑了所有盈利性资产的现金流入和所有负债现金流出的时间控制。久期匹配法就是要在资产组合中将资产与负债的利率风险相匹配。该方法传统的模型假定利率期限结构平缓且平行变动。当然目前很多模型得到了扩展，用以管理利率期限结构曲线形状变动等引起的现金流量的波动风险、流动性风险及信用风险。在 Macaulay 久期模型研究中存在一个重要假设，即随着利率的波动，债券的现金流不会发生变化。然而这一假设对于具有隐含期权的金融工具，如按揭贷款、可赎回（或可卖出）债券等而言则很难成立。因此，Macaulay 久期模型不应被用来衡量现金流易受到利率变动影响的金融工具的利率风险。针对 Macaulay 久期模型这一局限，Frank Fabozzi 提出了有效久期的思想。所谓有效久期，是指在利率水平发生特定变化的情况下债券价格变动的百分比。它直接运用不同收益率变动为基础的债券价格进行计算，这些价格反映了隐含期权价值的变动。

3）现金流量匹配模型（Cash Flow Matching）

Elton 和 Gruber（1992）重新检验了各公司在负债不同的情况下的资产组合管理问题。他们发现，负债不同的公司，其管理者一般是将其资产分成几个部分，一部分是日常运营账户，一部分是免疫账户，还有一部分是现金流量匹配账户。在重新考察了 CAPM 的期望方差方法后，他们认为，"有一点必须特别注意，不同的投资者可能面临不同的效率前沿，不仅仅是因为他们有不同的理念，而且，与传统分析结果不同，还因为他们有着不同的负债"。"当资产是均衡定价时,一个企业精确的资产负债匹配的特定效率前沿将退化为一个点"。

Elton 和 Gruber(1992)得出结论,"如果所有的资产都是均衡定价的,则没有投资者愿意采用免疫(即久期匹配)策略,除非是现金流量匹配的资产组合。另一方面,如果有一些资产不是均衡定价的,那么以现金流量匹配法匹配一部分资产与负债,同时以免疫法投资一部分资产组合但现金流量并不匹配,这种方法总是有利的。"

据此,Elton 和 Gruber(1992)认为最优 ALM 策略应该是在现金流量匹配限制下的最优化,他们说"既然现金流量匹配是唯一能免除负债的剩余风险的办法,我们当然应该这样做"。最好的解决办法就是对所有意义的资产/负债路径都进行精确的现金流量匹配。

值得注意的是,现金流量匹配是久期匹配的充分条件,现金流量匹配的资产组合一定是久期匹配的,但很多久期匹配的资产组合期现金流量并不匹配。

4)多重限制决策模型(Multicriteria Decision Models)

以上模型都是单一目标模型,但在实际管理中可能会要求考虑一些互相冲突的目标。比如银行的目标可能会考虑到期望收益、风险、流动性、资本充足率、增长性、市场份额等。如果一一考虑这些目标并寻求最终解决的办法,模型将极为复杂而且解决的方法可能会有很多,决策者要进行有效分析将非常麻烦,因此就发展出多限制决策模型。

以目标规划模型为例。该模型是最常用的多限制决策模型之一,其主要优点在于它的灵活性,它可以允许决策者同时考虑众多的限制和目标。

5)随机规划与随机控制 ALM 模型(Stochastic Programming or Stochastic Control ALM Model)

目前的 ALM 模型越来越多地运用到随机规划或随机控制的方法。随机规划 ALM 模型实际上是一类模型,它提供了模拟一般目标的方法。这些目标可以包括交易费用、税费、法律、政策限制等方面的要求。由于考虑了众多因素,模型的变量越来越多,从而导致大量的优化问题,其计算成本相当高,因而实用性令人怀疑。以"机会限制模型(Chance Constrained Model)"为例,机会限制模型最早由 Charnes 和 Kirby 提出。在他们的论文里,将未来的存款与贷款支出看做是联合分布的随机变量,以资本充足率公式作为机会限制。该模型的缺点是,违背约束的情况并没有根据其数量给予惩罚。

10.3.2 资产负债管理方法

商业银行的资产负债管理产生于 20 世纪 70 年代中期。这种理论认为:单靠资产管理或单靠负债管理都难以形成商业银行安全性、流动性和盈利性的均衡,只有根据经济金融情况的变化,通过资产结构和负债结构的共同调整,才能达到银行经营管理的目标要求。资产负债管理的目标就是要在股东、金融管制等条件的约束下,使银行利差最大化(从而收益最大)、其波动幅度(风险)最小,即保持利差高水平的稳定。为实现这一目标,银行管理者采取两种手段:一是根据预测利率的变化积极调整银行的资产负债结构,即运用利率敏感性差额管理法;二是运用金融市场上转移利率风险的工具,如期限管理法、金融期货、期权、利率调换等保值工具,作为差额管理法的补充。

商业银行的资产负债管理是银行经营方式上的一次重大变革,它对商业银行、金融界和经济运行都产生了深远影响。对商业银行本身来讲:① 它增加了银行抵御外界经济动荡的能力,资产负债管理运用现代化的管理方法及技术手段,从资产负债的总体上协调资产与负债的矛盾，并围绕解决这一矛盾关键因素——利率，建立了一整套的防御体系，形成了一个"安全网"，使得银行在调整资产负债结构方面具有极大的灵活性和应变力，从而增加了银行对抗风险的能力；② 资产负债管理有助于减轻银行"借短放长"的矛盾。利率自由化引起筹资成本的提高，迫使商业银行减少冒险性、放弃进攻性的放款和投资策略，采取更为谨慎的态度对待放款和投资。对国民经济而言，为顾客提供日益多样化的金融工具、服务与融资方式，通过提高放款利率，以保持存贷款合理的利差，这在一定程度上能缓和通货膨胀的压力。

资产负债管理也存在一些缺陷。① 资产负债管理促使竞争更加剧烈，银行倒闭数量增加。② 不利于货币监督机构对银行的监控。金融放松管制、技术进步促成新金融工具的涌现，使得银行业务日益多样化、复杂化。尤其是表外业务的迅速发展，使得货币监督机构在风险测定方面面临更多的困难。这一切都加大了货币监督机构的管理难度，提高了社会管理成本。③ 商业银行存款利率自由化而引起的放款利率提高，使企业的投资成本提高，阻碍经济的全面高涨。

商业银行通过对资产负债进行组合而获取相当收益，并承担一定风险的管理方法。商业银行资产负债管理的方法主要有：资产负债利差管理法、资产负债差额管理法和资产负债期限管理法。

1. 资产负债利差管理法

利差管理主要从理论上分析商业银行的利差及影响利差的因素，从追求最大利润这一目标出发，利用利差和资产负债之间的内在关系来管理资产负债业务的一种方法，从而为银行实施资产负债管理、降低风险、提高收益创造条件。利差又称净利息收入，是银行利息收入与利息支出的差额。利差有两种表示方法：绝对数利差和相对数利差（即利差率）。绝对利差能帮助银行估价净利息收入能否抵消其他开支，估计银行的盈利状况；相对数利差（即利差率）用于银行估计利差的变化与发展趋势，也用于银行间经营的比较。

利差是银行利润的主要来源，而利差的敏感性或波动性，则构成了银行的风险，利差的大小及其变化决定了银行总的风险—收益状况。利差受内、外部因素的共同影响和制约，内部因素包括银行资产负债的结构、贷款的质量及偿还期、吸收存款及借入款的成本和偿还期，等等。外部因素指总的经济情况，市场利率水平、区域和全国范围内金融机构的竞争状况，等等。西方银行运用利差的"差异分析法"（即分别分析利率、资产负债总量及其组合对利差的影响程度的方法）分析利率、资产负债总量及其组合对银行利差的影响。具体分析时，首先要假设其中两个因素不变，改变第三个因素，然后观察第三个因素对利差的影响，依此类推。除此之外，利率周期也对利差产生周期性的影响。银行管理就是要根据利率的周期性变化，不断地调整资产负债结构，从而使利差最大化并保持相对稳定。

2. 资产负债差额管理法

差额管理法产生于20世纪70年代，是目前商业银行资产负债管理中应用广泛的管理利率风险的方法之一。资产负债差额管理法是指银行管理者根据利率变化预测，积极调整资产负债结构，扩大或缩小利率敏感性差额，从而保证银行收益的稳定或增长。银行调整资产负债结构所运用的工具主要是银行在短期内在主动控制权的资产和负债，如联储资金、回购协议、大额定期存单、可变利率放款等。

差额管理法分两种：① 保守型的，即努力使银行的利率敏感性资产和利率敏感性负债的差额接近于零，从而把利率风险降至最低限，保持银行收益的稳定；② 主动型的，即银行根据利率预测,在利率的周期性变化中积极调整资产负债结构,扩大或缩小利率敏感性差额,从而获得更高的收益。主动型差额管理的结果不仅取决于利率变化的方向,同时也取决于未来利率的不确定程度。

差额管理法不同于其他管理方法,它认为决定资产负债内在联系的关键因素是利率,主张把管理的重点放在根据不同利率特点确定的差额上,并根据利率周期的变化,及时地调整各种利率类型的资产和负债的规模组合,从而使差额管理具有更大的灵活性和应变力。从这个角度讲,差额管理可谓是银行经营管理领域内的一场变革。它的难点和缺陷在于以下几个方面。① 在确定利率敏感性资产和负债的时间标准问题时,银行选取多长时间作为规定利率敏感性的标准,这在银行实际业务经营中十分重要,但也很难确定。② 银行能否预测利率变化的方向、大小及时间,值得怀疑。③ 银行能否灵活地调整资产负债结构受许多因素(如市场、制度因素等)的限制:资源的限制,如小的区域性银行,其资金来源有限,因而不具备灵活调节的条件;差额管理与顾客心理的矛盾,因为银行和顾客对利率预期的心理是完全相反的;调节差额必须有足够的时间,如果利率周期短,那么银行就无法改变差额。④ 银行的利率风险与信用风险很难权衡,利率风险的降低可能招致更大的信用风险。⑤ 差额管理法忽略了利率变化对固定利率资产和负债价值的影响。一般认为,利率风险有两方面:一是再投资利率的变化;二是现有资产负债价值(价格)的变化。差额管理法只集中分析资金流量的变化,强调了再投资风险,而未注意到利率变化对银行长期固定利率资产和负债价值的影响,忽略了利率变化对银行净值(股东产权)的影响,因而具有极大的片面性。⑥ 差额管理法使得银行成本提高。

综上所述,差额管理法虽非十全十美,但却更接近商业银行资产负债结构的实际,它能够抓住沟通资产与负债之间联系的关键因素——利率,以部分带动全体,根据市场情况的变化,采取积极有效的经营措施,使差额管理法更富有灵活性、准备性和严密性。

3. 资产负债期限管理法

资产负债期限管理法产生于 20 世纪 80 年代后期,是商业银行资产负债管理中运用的降低利率风险的又一种方法,它是期限差额管理和期限搭配法。"期限"是近年来金融市场上对债券保值时常用的一个概念。它是指一种有价证券的寿命或距到期日(重新定价日)的实际时间,是衡量利率风险的指标,即金融资产的现值对利率变化的敏感性反映。"期限"的概念可用于商业银行的资产负债管理,因为银行是信用中介机构,包含了一系列的现金流入和流出,构成了银行的负债和资产。银行的净值为某资产现值与负债现值之差。由于期限能直接反映市场利率变化对银行资产和负债价值的影响程度,同时包括了价格风险和再投资风险,因此,许多专家主张在进行差额管理时,不应以资产负债的到期日做尺度,而应以资产负债的期限作为标准,此时的差额即期限差额应等于资产的加权平均期限减去负债的加权平均。各银行就是根据预测利率的变化,不断调整银行的资产和负债的期限,以期达到理想目标。如当资产期限比负债期限长时,利率上升将导致银行净值下降,此时应缩短银行资产的期限,扩大负债的期限。期限差额管理法的原理类似于利率敏感性差额法,只是两者在具体计算上略有差异。期限差额管理法比利率敏感性差额法能够提供更多的产品,满足顾客的需要。同时,期限差额随市场利率的变化而不断变化,因而难以掌握。正因为如此,管理者往往只运用其中的一部分,即期限搭配法来消除一部分利率风险。

期限搭配法又称风险免疫法,是金融市场上消除利率风险常用的一种方法。它是指持有这样一组有价证券,使投资者在持有这组有价证券的时期内,在再投资率和证券价格变化的情况下,投资期满时实际获得的年收益率不低于设计时的预期收益率。即如果这组证券的期限等于持有期,则此组证券就消除了利率风险。商业银行的资产负债管理同样可用期限搭配法部分地消除资产负债表中的风险。即令部分存款及资产的期限相等,则此部分资产负债表消除了利率风险,从而可以固定住某一特定的资产负债的利差。比如,15 年期固定利率抵押放款,若期限为 4 年,则银行中发行 4 年期贴水大额定期存单(中间无利息支付)。这样,这部分资产和负债就不受利率变化的影响,为银行管理者进行其他决策创造了方便条件。

期限管理法的真正价值在于它把投资负债管理的重点集中在更加广泛的利率风险上,使银行管理者同时注重利率风险的两个方面:再投资风险和价格风险,并能准确估计利率变化对银行资产负债价值及银行净值的影响程度。因此,它比利率敏感性差额管理法在管理利率方面更具有精确性。此外,期限管理法能将不同利率特点的各种金融工具进行比较,从而提供计算上的便利,降低成本。因此,以期限为基础的期限差额管理法确定了资产负债管理的发展趋势。

尽管期限管理法更具优越性,但它也明显地存在许多缺欠。① 需要银行信息系统提供大量的有关现金流量的数据,预测银行未来所有的现金流量。然而,现金流量信息对大多数银行是有限的,期限差额管理法目前仍不是银行的常规决策。② 期限概念上的错误同样不容忽视。因为期限的假设前提是:当利率变化时,收益曲线平行移动,在信用风险一定的条件下,不同期限的利率发生同种程度的变化。而研究表明,收益曲线的平行移动是罕见的。收益率及期限的变化,同样影响资产的价格。但是,期限管理法的优越性随着银行信息系统的完善而不断显示出来,使银行的资产负债管理建立在更加科学、准确的基础上。

【阅读材料】

中国商业银行的资产负债管理

1. 中国商业银行资产负债管理模式的演变

中国商业银行资产负债管理模式演变的过程可以简要概括为三个阶段:1994 年前的简单资产负债管理阶段、1994—2004 年资产负债管理比例阶段和 2004 年之后的资产负债管理相对成熟阶段(见表 10-1)。2004 年年初,银监会先后发布了《股份制商业银行风险评级体系(暂行)》和《商业银行资本充足率管理办法》。风险评级指标和资本充足率指标从监管的角度成为商业银行资产负债管理的重要基准目标。

表 10-1 中国商业银行资产负债管理体制演变进程简表

时期	资产负债管理内容
1979 年以前	信贷计划和储蓄计划单列,账户管理
1979—1985	流动资金贷款开始区别对待,信贷供应面向企业实际需求
1985—1994	信贷资金实行"统一计划、划分资金、实贷实存、相互融通"的政策,支持银行广泛发行金融债;个别股份制银行上市成功
1994—1998	要求进行资产负债比例管理,实行贷款规模总量控制
1998—2002	取消对国有商业银行的贷款规模控制,实行全面资产负债比例管理
2002—2004	逐步强化风险加权资产和资本充足率管理,继续实行全面资产负债比例管理
2004 至今	缺口管理和经济资本逐步推行,全面推行风险加权资产和资本充足率管理

2. 现行资产负债管理模式的主要特点与不足

目前，我国商业银行的资产负债管理属于资产负债比例管理和资本充足率管理并存的模式，本质上仍属于资产负债比例管理的框架。这一模式在推动银行业发展方面发挥了重要作用。但随着业务实践的不断推进，其缺陷也日渐显现，表现为：

一是难以有效处理安全性、流动性与盈利性的关系。主要原因是目前商业银行资产负债管理被动适应监管要求的意味较为明显。资产负债比例管理和资本充足率约束体现的是宏观管理思维，是对商业银行的监管手段之一，将适合监管需要的资产负债比例管理体系作为银行的资产负债管理标准，难以适应银行风险管理和战略规划的需要。

二是资产负债比例管理和资本充足率管理本质上属于静态指标管理。无论是2004年中国人民银行主导的资产负债比例管理，还是2004年以后银监会实施的新的资产负债比例管理指标体系，都是按照事先制定的指标体系进行相关业务的规划、日常管理和监管。指标体系的制定中虽然已综合考虑了监管要求、自身业务发展需要等因素，但经济环境剧烈变化时，商业银行无法适时调整这些指标进行应对。

三是资产负债比例管理脱胎于信贷资金管理，管理内容上虽有一定的变化和扩充，但与经营业务直接相关的仍然是存贷款业务管理。反映在资产负债比例指标体系和组织结构上，主要是围绕存款、贷款、票据业务展开的，对于中间业务、国际业务以及日益丰富的表外业务等虽有涉及，但重视程度仍不够。而这恰恰是未来商业银行发展的重要方面。

3. 资产负债管理模式转型的必然性

在新的经济金融形势下实现持续健康发展，商业银行不仅需要有效的战略转型、丰富的产品创新、较快的业务增长，更为基础和重要的是提高资产负债管理水平，充分发挥其在风险控制和价值创造方面的作用，以解决业务发展中风险范围扩大、风险类别更加复杂以及不同业务领域风险交织、风险管理难度不断提高的难题，并满足更高的资产收益率和加强市值管理的要求。因而资产负债管理需要更灵活的手段、更丰富的内容以及更主动的策略。然而，现行资产负债管理模式的上述缺陷使其难以满足上述要求。因此，适应经济形势变化，资产负债管理体系应积极转型，借此推动资产负债管理水平提高。

转型应使资产负债管理可以同时管理多业务领域和多个市场的风险，同时必须实现理想的短期收益与优异的长期价值。从管理目标来看，资产负债管理既要达到银行净利息收入的预期水平，也要达到银行市场价值的预期水平，更好地实现银行的短期盈利目标与长期市值目标。从管理内容来看，现代商业银行资产负债管理要能够对商业银行资产负债表内和表外项目进行全面管理和全过程管理。

4. 中国商业银行资产负债管理模式转型的目标与路径

（1）目标是建立现代资产负债管理体系

所谓现代资产负债管理体系，是针对传统的资产负债比例管理而言的，可视为西方主流银行 ALM 体系的一个缩影。其基本要素可以概括为"二、三、三、二"。

首先，现代资产负债管理有两个基本内涵。第一，它是风险限额下的一种协调式管理。其主要工作是对资产负债组合进行全面协调，在风险限额范围内追求业务利润的最大化和企业价值的最大化，实现风险与收益的最优平衡。第二，它是一种前瞻性的策略选择管理。资产负债管理应通过科学测算每一种金融产品的风险和收益，将风险量化为成本，战略性、前瞻性地引导各条业务线的收缩和扩张。

其次，现代资产负债管理有"三大"管理内容。一是计量和管理各类市场风险。过度承担市场风险或风险管理不善，有可能给商业银行带来灭顶之灾。资产负债管理的首要任务就是对市场风险进行准确计量和科学管理。二是实现科学的预期获利。在判断市场利率走势的基础上，寻求短期盈利和长期目标之间的平衡。三是优化经济资本配置。既要保证有充足的资本覆盖风险，又要保证经济资本用在最能为银行带来收益且风险相对较小的业务领域。

再次，现代资产负债管理有"三大"管理技术，即缺口分析、久期分析和情景模拟。缺口分析的主要优点是易于解释和理解，但它属于短期分析和静态分析，具有一定的局限性。商业银行如果能将资产和负债的久期匹配起来，就可以较好地实现利率风险免疫。情景模拟在银行现有数据的基础上，结合对未来业务量和利率变化的预测，以及对客户行为的分析和假设，进行多种不同情景的动态分析，为最优策略选择提供依据。

最后，现代资产负债管理有两个主要管理工具：内部资金转移定价 FTP (fund transfer pricing) 和风险调整资本收益率 RAROC。FTP 是目前国际上将风险管理、产品定价、策略选择、盈利计量与绩效考核结合起来的最好方法。其基本功能在于分离业务经营中的市场风险和信用风险、引导产品合理定价、准确切分不同业务单位的利润贡献。RAROC 将风险带来的未来可预计损失量化为当期成本，并据此对银行当期盈利进行调整。它贯穿于银行的各类风险、各个层面和各种业务。

(2) 合理选择资产负债管理模式转型的路径

根据 MM 定理，在满足一系列条件下，公司价值与融资结构无关，从而投资决策与融资决策可以相互独立。在 MM 场景下，投资决策可以更大程度上摆脱融资的束缚从而更有效率。如果商业银行可以在一定条件下满足 MM 定理的某些要求，比如资产账户对负债账户的依赖较小，那么在运用资产时就可以在较大程度上摆脱负债的限制，并拥有更大的风险与收益权衡空间。研究表明，无论资产规模的大小如何，各层次商业银行资产负债之间均具有较强的相关性，资产账户对负债业务的依赖性仍然很强。中国商业银行资产负债账户关系的特征决定了资产负债管理转型必须立足于负债与资产账户的改善。

扩大主动负债比重，提高负债管理的主动性是转型的基础性工作。对商业银行来说，盈利和公司价值最终来源于资产，负债主要是为资产形成提供资金支持，因而形成具有足够主动性和可调控性的负债结构是实现商业银行资产负债管理转型的基础条件。我国商业银行应加强负债管理的力度，形成具有可自主确定的资金来源，实现负债与资产的主动匹配。

着力提高资产的多样性，强化资产配置的能力是转型的重要保证。目前我国商业银行的资产结构仍较为单一，投资和交易类资产收益率偏低，非利息收入占比较低。这种业务结构的单一集中体现在分支机构的业务抉择和资源配置上，并直接导致了资产业务，尤其是贷款业务的快速扩张，进一步增加了收益的脆弱性。这种情形客观上制约了我国商业银行资产负债管理水平的提高和战略转型的实施。从根本上来说，造成这种局面的主要原因是分业经营制度以及金融市场的不完善。目前上述因素已出现松动。商业银行应积极把握市场机遇，在控制风险的前提下，努力改善资产结构，增强资产配置能力。

构建内部资金转移定价机制，实行资金全额集中管理是推动资产负债管理转型、提高资产负债管理水平的基本要求。目前，我国大部分商业银行仍实施差额管理模式，不利于强化资产负债管理和加强利率风险管理，制约着商业银行资产负债管理方法的现代化。因此，作为资产负债管理转型的基础环节，我国商业银行应着力构建内部资金转移定价体系，实施资金全额管理，提高资产负债管理的专业化水平，发挥规模效应。但 FTP 的大规模应用是有前提条件的，在我国很明显地受到二元金融结构的制约，并遭遇到半市场化金融环境、以城市为主体的资金清算及监管体制、以条块为主体的银行管理模式、分散的银行风险管理体制的四重约束。目前最为基础的就是设定内部资金的定价依据。比较而言，以负债成本与资产收益兼顾为基础的转让定价可以作为初始阶段内部资金转移的定价依据，并根据实施情况进行改进和优化。

资料来源：连平，周昆平等. 2009—2010 中国银行业发展报告. 交通银行金融研究中心，2009.11

【思考题】为什么内部资金转移定价机制对我国商业银行资产负债管理模式的转型至关重要？

思考题

1. 资产管理的核心内容是什么？
2. 负债管理的核心内容是什么？主动负债的途径有哪些？
3. 试述预期收入理论的内容及其在银行实际业务中的体现。
4. 评价资产负债综合管理理论。
5. 商业银行管理理论中，资产管理思想与负债管理思想，各自强调的管理重心和所处环境差异是什么？

第11章

【主要概念的中英文对照】

公认会计准则：GAAP, generally accepted accounting principles
核心资本或一级资本：core capital or primary capital
普通股：common stock
非累积永久性优先股：non-cumulative perpetual preferred stock
公开储备：disclosed reserve
资本盈余：capital surplus
少数股东权益：minority interest
权益资本：equity capital
辅助资本或二级资本：supplementary capital or secondary capital
未公开或隐蔽的储备：undisclosed reserves
重估储备：revaluation reserves
普通准备金：general provision
普通贷款损失准备金：general loan loss reserves
混合债务资本工具：hybrid debt capital instrument
次级长期债务：subordinated term debt
优先股：preferred stock
留存盈余：undivided profits
长期资本性票据或资本性债券：long-tern capital note and capital debenture
资本准备金：capital reserves
损失准备金：reserves for losses
经济资本：economic capital

商业银行资本管理

11.1 商业银行资本的构成及功能

11.1.1 商业银行资本的内涵

商业银行资本是指商业银行的所有者提供的资金,通常由股票、储备和留在银行的未分配收益构成。单从会计意义上讲,资本等于企业总资产和总负债的差额,它反映了所有者对资产的权益,根据公认会计准则(GAAP),资本和股东权益两词是同义的。股东权益被定义为股东对银行拥有的全部股权。由于存款人的债权人权利在法律上是第一位的,所以股东权益反映的也是对银行剩余资产的权益。商业银行自身的企业属性决定了其资本含义与一般工商企业是一致的,但是商业银行是经营特殊商品的企业,其经营对象为货币,而且权益资本占其资金来源的比例很低,因此其资本也具有特殊性。这种特殊性主要表现为商业银行资本除了一般意义上的实收资本或股权资本外,还涉及长期次级债券及风险准备等。

银行资本这一概念与资产不同。资产是针对银行的资金运用而言的,而资本则是资金来源中自有的一部分。商业银行的资本从数额上看仅占资产的一小部分,远低于一般工商企业自有资本占总资产的比重。一定数额的达到法定要求的资本不仅是商业银行得以建立、开业的基础,而且是其生存、发展、壮大的前提条件。鉴于商业银行在国民经济中的特殊地位,各国金融管理当局往往采取各种手段对其进行规范和控制,其中资本要求就是对商业银行宏观管理的重要一环。一般来说,金融管理当局资本要求的内容有最低资本限额、最低资本资产比率、银行间并购时的资本要求等。

11.1.2 商业银行资本的功能

银行业作为经营特殊商品的信用机构,其资本率一直较低。但商业银行资本在树立客户信心、维护银行经营安全等方面却有着十分重要的意义。其功能主要表现在以下几方面。

1. 资本是商业银行开展业务的基础

包括两方面的含义。一是指商业银行的设立、开业离不开资本。商业银行要从事经营活动,必须具有一定的物质条件,即要有营业场所、办公设备、办公用品,以及开展经营活动所必需的货币资金等,这些条件只能由投资者提供。因为银行在开始经营之前,是不能以负债方式筹集资金的,因此,银行在开业之前必须拥有足够的资金,为其经营准备必要的条件。同时,商业银行是一种信用机构,信用业务开办的前提是除了具备必要的物质条件外,还需要拥有较高的信誉。商业银行在建立初期,资本金的多少标志着资金实力是否雄厚,反映了承担风险能力的大小。资本金充足,就会赢得社会的信任,业务也能得以顺利地开展。由此可见,一家银行要想生存和发展,首先要拥有一定数额的资本金。一般来说,西方国家都通过法律规定商业银行的最低资本金。资本金达不到法律所规定的最低额度,则根本谈不上商业银行的设立和开业。二是指商业银行的业务规模要受资本数额制约。很多国家的金融监管机构都规定了资本同存款、贷款、投资、负债、资产等多个指标的比例关系。例如,在美国,长期以来都认为商业银行资本同存款的比率应在10%左右。如果一家商业银行的资本与存款比率小于10%,就会被认为资本不足,可能面临不能应付顾客提存的风险;关于贷款,美国规定对单个客户的贷款不得超过商业银行资本的15%;我国人民银行在其下发的《关于对商业银行实行资产负债比例管理的通知》中,也规定:"对同一借款客户的贷款余额与银行资本余额的比例不得超过 15%;对最大家客户发放的贷款总额不得超过银行资本总额的 50%。"又如,巴塞尔协议 II 规定了资本同资产的比例关系,该协议要求资本总额同权重风险资产总额之比要大于或等于 8%,其中核心资本在总资本中的比例要占 50% 以上。如果一家商业银行达不到这一比例,则说明该银行资本不足,或者资产质量差,属不合格银行。由此可见,商业银行的业务规模同资本是成比例的。无论是想增加存款、增加贷款、增加投资,还是想吸引大客户,都需要相应的资本来支持,因此,资本制约着商业银行的业务规模。

2. 资本是商业银行债权者利益的保障

银行作为信用机构,它主要是靠负债(吸收存款和借入资金)来增加其资产。也就是说,商业银行的经营特点是负债经营,它的自有资本比重都很低,一般都为资产总额的 5%~6%,最高不超过 10%。而商业银行经营的另一个特点是风险大,在经营中面临着信用风险、利率风险、汇率风险、贷款集中风险、国家风险等多种风险。因此,在经营中,难免出现损失。如果因贷款不能及时收回、证券投资失误或其他原因的资金损失,而使银行资产遭受损失,在这种情况下,能够用来承担损失的只能是银行资本,而不能是客户的存款借款。否则,如果危害客户的利益,会使客户产生反感,将款项全部提走。这无疑会使银行业务活动的开展受到损害,甚至导致银行倒闭。因而,为了避免此种情况的发生,银行一般都保持一定量的资本,用于应付资产的意外损失,维护存款者的利益。另外,在银行破产倒闭时,清理出来的资金首先要偿还客户的存款和借款,最后有剩余时才留给银行股东,从这种意义上来说,银行自有资本起到了保障债权者利益的作用。

3. 资本是商业银行信誉的标志

一般来说,在西方国家人们普遍用资本来衡量商业银行的规模和实力,资本的数额及构成对维持公众对银行的信心十分重要。当一家银行资本数量充足、结构合理时,客户就会认为该银行实力雄厚,承担的风险较少,愿意将款项存在该银行中,同时,也愿意同该行发生其他业务往来。银行的监督检查部门也会由此而感到满意,从而为银行的经营提供便利条件。相反,如果一家银行资本数量不足,公众便会对该银行产生不信任,且不愿在该行存款和与其发生其他业务往来,使该行业务活动难以开展。银行的监督检查部门也会因为该行资本不足和构成不合理而以种种方式阻止其开展业务活动。

4. 资本是商业银行的重要资金来源

一般来说,资本作为一种资金来源,主要用于购买固定资产及设备,其中一小部分也可用于投资和发放贷款。20 世纪 70 年代后期,由于市场收益一般都高于固定资产收益,因此,许多商业银行都把它们的大楼及设备卖给保险公司,或者特别成立一些附属机构,而后将这些资产再回租给银行。这样会使被冻结的资金释放出去,以便进行更盈利的投资和贷款。

11.1.3 商业银行资本的构成

虽然资本管理在商业银行管理中占有十分重要的地位,但是,世界各国金融管理当局对商业银行资本构成的规定和计算不尽相同。目前对资本构成的分类主要有两种:按巴塞尔协议 II 的规定分类,以及按商业银行经营的状况分类。

1. 按巴塞尔协议Ⅱ的规定分类

按《巴塞尔协议Ⅱ》的规定，银行资本由核心资本和辅助资本（或附属资本）两个部分组成。

1）核心资本

核心资本或一级资本（Core Capital or Primary Capital）是银行资本中最重要的组成部分，是银行在经受金融困难时最可靠的缓冲器。其具有以下几个特点：资本的价值相对比较稳定，在公开账目中可以找到；它是市场判断资本充足比率的基础，并与银行的盈利差别和竞争能力关系极大。《巴塞尔协议Ⅱ》要求核心资本在总资本中的比例不得低于50%。银行的核心资本主要包括以下项目。

（1）永久的股东权益。包括按账面价值计算的普通股（Common Stock）和非累积永久性优先股（Non-cumulative Perpetual Preferred Stock）。

（2）公开储备（Disclosed Reserve）。它是以公开形式反映在资产负债表上的储备，包括资本盈余（Capital Surplus，即股票的溢价）、留存盈余或未分配利润（Retained Surplus or Undivided Profits）和其他公开储备。

（3）少数股东权益（Minority Interest）。对于合并列账的银行持股公司来说，核心资本成分中还包括附属银行公司的少数股东权益。

资本盈余、未分配利润及各种公开储备实际上均可被视为普通股股东对银行的再投资，核心资本作为银行资本的主要部分，又被称为权益资本（Equity Capital）。

2）辅助资本

辅助资本又称为附属资本或二级资本（Supplementary Capital or Secondary Capital）是用于补充和加强产权资本的，作为辅助性资本，其总额必须小于核心资本。辅助资本主要由以下项目组成。

（1）未公开或隐蔽的储备（Undisclosed Reserves）。它是已反映在损益表上但不公开在资产负债表上表明的储备，可以自由而及时地用于应付不可预料的损失。因缺乏透明度，许多国家不承认其作为可接受的会计概念，也不承认其为资本的合法成分，故不列入核心资本项目中。只有在监管机构接受的情况下，它才有资格被包括在附属资本之内。

（2）重估储备（Revaluation Reserves）。有些国家根据本国的监管和会计条例，允许银行和其他商业公司经常对某些资产进行价值重估，以便反映它们的真实市价，并把经过重估的储备包括在资本基础中引入资产负债表。

（3）普通准备金（General Provision）或普通贷款损失准备金（General Loan Loss Reserves）。这是指用于防备目前尚不能确定的损失的准备金或呆账准备金，在损失一旦出现时可随时用于弥补，因此可以列入附属资本成分。但是对于某项价值明显下降的特定资产或已经确认的损失而设立的准备金则必须被排除在外。

（4）混合债务资本工具（Hybrid Debt Capital Instrument）。包括一系列具有股本资本特性和债务资本特性的金融工具。由于它们与股本极为相似，特别是它们能够在不必清偿的情况下承担损失、维持经营，因而可列为附属资本。

（5）次级长期债务（Subordinated Term Debt）。银行的债务型资本，这类资本工具通常包括普通的、无担保的、初始期限至少5年以上的次级债务工具和不可购回的优先股。它们有固定的期限，到期要还本付息，对风险的吸收能力有限。这种债券之所以被称为"次级",是因为持有人对其所享有的索还权仅次于存款人。

《巴塞尔协议Ⅱ》要求附属资本不得超过全部资本的50%,其中一般准备金最多不能超过风险资产的1.25%,特殊情况下可临时达到2%。在核定银行资本实力时,要从核心资本中扣除商誉,从资本总额中扣除对非并表的银行和财务附属公司的投资以及对其他银行和金融机构的资本投资。

2. 按商业银行经营的状况分类

综观世界各国商业银行经营的状况,还可以将商业银行的资本大致地分做优先股、普通股、资本盈余、留存盈余、长期资本性票据和资本性债券、资本准备金、损失准备金等几类。

1) 优先股

世界上大多数严格意义上的商业银行均是股份制银行,一般商业银行的股本即资本股票有两种:一种是优先股(Preferred Stock);一种是普通股。优先股和普通股均是商业银行所有权的凭证,在性质上是相同的,但是,优先股股东比普通股股东享有更为优越的待遇,即享有优先支付的固定比率的股息;在公司发生兼并、重组、倒闭、解散、破产等情况下,优先股股东比普通股股东优先收回本金;在股息收入纳税时,优先股股东往往可获得部分股息免税的优待。因此,在很多方面,优先股与债券更相像,是介于债券和股票之间的一种证券。

通过发行优先股来筹集资本,商业银行可获得以下好处。① 由于优先股的股息固定,因此发行优先股,商业银行可以获得杠杆收益。因为对于普通股股东来说,当商业银行总资本盈利率增加时,不必增加优先股股息,因此,普通股收益率的增长幅度就会超过银行总资本盈利率的上升幅度。这样无疑增加了普通股股东的权益,使商业银行的普通股更具吸引力。② 发行优先股,商业银行的控制权不会变更,因为优先股股东不享有在股东大会上的投票权,不会影响商业银行规定的经营策略。③ 如果在发行时没有规定赎回条款,优先股票便不具偿还期,商业银行不必考虑其还本问题,可以永久地获得资金的使用权。④ 优先股的股息不同于债券或借款的利息,它不是固定的债务,一旦商业银行经营状况不佳、没有盈利或资金匮乏时,可以不支付或推迟支付优先股股息,因而不会给商业银行带来债务危机。

但是,优先股也有不足之处,具体表现在以下几个方面。① 优先股的股息必须在税后支付,即在税后利润中扣除,而不像债券的利息可以计入成本,在税前支付。这样,无疑增加了商业银行税后资金成本,加重了经营负担。② 优先股的股息固定,当商业银行的总资本收益率下降时,又会发生杠杆作用,使普通股收益率的下降幅度超过总资本收益率的下降幅度,影响普通股股东的权益。③ 优先股股东可以在市场行情变动时对优先股进行有利于自己的转化,如转变为普通股等,增大了商业银行经营的不确定性。

优先股有许多具体的种类,商业银行在发行优先股时应比较分析各个种类的优劣差异,选择最有利的优先股品种。一般地,根据不同的标准,可以将优先股分为不同的种类。

(1) 按可否转换来分,具有可以转换成普通股特性的优先股称作可转换优先股,否则,便称作不可转换优先股。可转换优先股既具有本金安全和收入稳定的特点,又可使股东获得商业银行普通股未来价值增长的实惠,因此对投资者来说较具吸引力。而对于商业银行来说,则可达到在不利条件下暂不发行普通股而发行易于推销的优先股,但最终仍等于发行普通股的作用，因而很受商业银行的欢迎。

（2）按是否可赎回划分，优先股可分为可赎回优先股与不可赎回优先股两类。可赎回优先股通常在发行时便规定商业银行可以按某一价格（往往略高于优先股本金）将优先股全部或部分收回。这样，在市场利率很低时，商业银行可买回优先股，从而可以更低的利率获得资金来源。因此，可赎回优先股对商业银行很有利。

（3）按获取股息后可否参与红利的分配来划分，优先股还可以分为参与性优先股与非参与性优先股。参与性优先股对优先股股东有利，对普通股股东则不利。

（4）按股利可否累积划分，优先股分做累积性优先股与非累积性优先股。累积性优先股是指股利可以逐年累积后一并发放的优先股，使商业银行免去了年年支付股息之虞，比较灵活方便。

2）普通股

普通股（Common Stock）是商业银行资本的主体和基础。普通股股东作为商业银行的所有者，有权参与股东大会，对银行的重大事务进行投票表决。同时，普通股股东有权分享商业银行业务经营的成果，获取股息、红利，并通过银行规模的壮大、利润的上升和资本总额的提高而获得股东权益的增加。另一方面，普通股股东又有责任和义务同商业银行共担风险，在银行遭受损失时承担股东权益的下降。而且，一旦银行破产、倒闭，普通股股东对银行资产的要求权排在存款人、债权人及优先股股东之后，因而是最不利的。

一般来说，发行普通股会给商业银行带来如下好处。① 普通股没有偿还期，商业银行不必考虑本金的偿付，因而可以获得永久使用的资金。同时，普通股股息不是固定的，商业银行可以根据经营状况和发展目标确定普通股的股息，相当灵活，不至于使商业银行出现严重的债务危机。② 普通股是股票市场的主体，投资者众多且交易方便，出售比较容易，而且普通股的收益率一般要高于优先股和债券的收益率，因而比较容易被市场接受。③ 发行普通股使商业银行拥有众多的股东，一方面有利于提高商业银行的知名度与信誉，另一方面又为商业银行获取了一部分顾客基础。同时，大量股东参与银行的决策，还可使商业银行集众人智慧，谋求发展。④ 一般来说，银行的普通股股本越大，其对债权人的保障程度越高，该商业银行也就越容易以较低的成本获取资金。

当然，发行普通股筹集资本对商业银行来说也有一些不利影响。① 普通股发行成本比较高，这是因为各国金融管理部门对普通股的发行和上市往往有相当严格的要求，而且手续繁多，费用较高。上市以后，仍必须达到股东人数、利润水平等规定的要求，否则将失去上市资格，极大地影响了商业银行的信誉。作为上市公司，商业银行每年还要向证券交易所缴纳管理费用，向会计师事务所支付佣金，因而成本比较高。② 新增发行普通股会使原有普通股股东对商业银行的控制决策权下降，从而有可能影响老股东的利益，并可能妨碍银行既定方针政策的执行。③ 新增发行普通股会对商业银行的股东权益产生稀释作用，造成每股净资产下降，从而引起股票行市的下跌。当然，如果新发行普通股所获得的资本进行贷款或投资后能获取很高的收益率，则有助于商业银行每股收益率与股东权益的提高。④ 由于普通股股息是在税后支付的，因此普通股的资金成本也比较高，一般来讲，其资金成本总要高于优先股和债券，加大了商业银行的负担。

影响股票价格的因素很多，其中，商业银行的经营管理状况、盈利水平、发展前景和分红付息政策等是决定股票价格的基本因素。商业银行应当尽量改善经营，促进银行股票价格的提高,因为较高的银行股票价格是社会公众对该商业银行信心的反映,是银行信誉的标志之一;较高的股价也便于商业银行发行新股或向老股东配售股票,以扩大资本额,增加经营实力。

3)资本盈余

资本盈余(Capital Surplus)是指普通股发行的实际价格高于银行财务上用于记账的票面价值的部分,即平常所说的股票的发行溢价部分。这种资本盈利并非商业银行的利润,而是普通股股东投资股本的一部分,因而应列入股本总额中。

当然,商业银行股票发行价格亦有可能低于其票面价值,这时,资本盈余变为负数,在计算银行资本总额时要扣除。不过,由于通常股票的面值很低,实际价格不太可能低于票面价值,而且有的国家法律规定禁止股票的发行价格低于面值,以防止发行股票的银行将股票以低于面值的价格售与银行内部人员,从而损害债权人和其他股东的利益。

4)留存盈余

留存盈余(Undivided Profits)是指商业银行税后利润中扣除优先股股息、普通股股息之后的余额,是商业银行普通股股东权益的重要组成部分。商业银行在进行年终结算时,一般不会把全部利润作为投资收益分给股东,总是会留下一部分作为留存盈余,用于商业银行扩大经营、增强流动性和偿还债款,或者为营业中可能发生的损失预先做准备等。商业银行的留存盈余实际上是由每年未分配利润积累而成的,是其进行资本内部筹集最便捷的方式。

商业银行通过增加留存盈余可以非常方便地增加资本总量,只需进行会计上的处理便可,比其他一切资本筹集方式都要容易。同时,这种方法不仅有益于银行未来的发展,而且不会削弱银行原有股东的控制权。最后,由于收取股息要缴纳所得税,因此,将盈余以留存盈余的形式留在银行中可使股东免交所得税,不过,通过留存盈余来增加资本毕竟是有限的,因为留存盈余的金额往往不能满足商业银行对资本增加的需要。同时,进行利润留存还涉及银行股东利益和管理人员利益、短期利益与长期利益的平衡与选择的问题。

5)长期资本性票据和资本性债券

商业银行亦可以通过发行长期资本性票据和资本性债券(Long-tern Capital Note and Capital Debenture)来筹集资金。长期资本性票据与资本性债券从本质上看与一般债券没有什么差别,都是有固定利息率与期限的金融工具,不过,前者期限一般很长,往往在10年以上。为了便于讲述,可以把长期资本性票据和资本性债券通称为资本债券。资本债券从性质上来讲只是商业银行的债务,由于期限很长,而且如果商业银行经营状况不佳,还可以拖延对其本息的偿还,因而与存款、借款等一般银行债务又有所不同。正因为这样,许多国家的金融管理机构将资本债券也列入商业银行的资本构成;同时,又由于其要求还本付息的债务性质,有些国家规定应对其打一定折扣后方可计入商业银行的资本之中。

通过发行资本债券进行筹资,对商业银行有以下好处。① 发行成本比较低。一般来说,金融管理当局对发行债券的要求要低于对发行股票的要求,而且债券发行时手续较简单,费用较低。② 由于债券的利息是固定的,因而与优先股相似,在银行盈利率上升时,能带来杠杆效应。③ 购买银行债券的投资者仅仅是商业银行的债权人,而不是商业银行的股东,因而其没有权利参与商业银行的经营决策,不会影响原来股东对商业银行的控制权,亦不会妨碍银行既定方针政策的贯彻执行。④ 债券的利息是在税前支付的,因而可以计入商业银行的成本,这样,资本债券的税后资金成本就要比优先股和普通股都低。⑤ 如果发行资本债券时规定其可转换为普通股，则一方面增大了投资者的选择余地，使该债券更受欢迎，另一方面如果其转化为普通股，又为商业银行消除了还本之虞。如果发行资本债券规定其可以赎回，那么，当市场利率很低、债券价格上涨时，商业银行可以按事先规定的价格赎回该债券，采用成本更低的筹资方式获取资金。⑥债券投资者在收回利息时往往能享受免税的待遇，因而增加了这种债券的吸引力，利于银行发行。

当然，任何事物都具有两面性，商业银行以发行资本债券的方式筹集资本亦有许多不利影响。①许多国家对发行资本债券可否算入银行资本有限制性规定，一般都要打一定折扣后方可计入，有些国家甚至完全禁止这种资本债券计入商业银行的资本。这样便增加了商业银行达到最低资本要求的难度。②债券利息是固定的，对商业银行来讲负担不小。而且当银行收益率下降时，其还会因杠杆作用造成普通股收益率的加速下降，从而严重影响商业银行的股票市价。③发行了一定量的债券之后，商业银行往往难以再发行新的债券以满足本身的资金需要。而且，银行的负债比例过高，说明其承担着较大的经营风险，从而影响商业银行的信誉，增加其筹资成本。因此，商业银行不可能大量发行资本债券来获取足够的满足最低资本要求的资本额。

6）资本准备金

资本准备金（Capital Reserves）又可称作资本储备，指商业银行从留存盈余中专门划出来用于应付即将发生的有关股本的重大事件的基金。例如，商业银行为了赎回优先股或可赎回资本债券，或者为了偿还债券本息，往往建立偿债基金。在证券发行条款中常常要求商业银行每年或每半年提出一部分资金建立偿债基金，以保护投资者的利益。有时，商业银行也根据本身的经营目标划转资本准备金。资本准备金逐年累积，一次或分多次使用，是商业银行资本的组成部分。

7）损失准备金

损失准备金（Reserves for Losses）指商业银行为了应付意外事件给商业银行带来的损失而建立的基金。一般来说，损失准备金主要有两类，即贷款损失准备金和证券损失准备金，它们是从商业银行的税前利润中提取出来，用于弥补可能发生的贷款呆账损失和证券投资损失的基金。由于这种准备金是从税前利润而不是从留存盈余中提留的，其具有降低银行应税利润从而降低所得税的功效。不过，提取比例往往受到金融管理当局的严格控制，而且，过分提留还会降低商业银行的利润水平，产生一系列的连锁后果。

如果损失准备金在抵偿贷款及证券投资损失之后还有余额，那么这一余额便可以按金融监管当局所规定的方式计入到银行资本之中。

除了以上所述的七种商业银行的资本构成部分之外，有些国家可能还规定银行持股公司债务、售后回租、金融机构间互相持有股份等可以一定的方式计入商业银行的资本。

11.2 巴塞尔资本协议：资本的充足性及监管

国际清算银行于1974年9月发起，美国、英国、法国、德国、意大利、日本、荷兰、加拿大、比利时、瑞典十国集团及其中央银行监督官员在巴塞尔开会，讨论跨国银行的国际监督与管理问题，并形成了一系列的文件。其中关于银行资本充足度标准的重要文件主要有两个：一个是1988年正式通过的《统一资本计量和资本标准的国际协议》，即通常所说的

《巴塞尔资本协议》（简称巴塞尔协议Ⅰ）；另一个是 2004 年通过的《统一资本计量和资本标准的国际协议：修订框架》，即《巴塞尔新资本协议》（简称巴塞尔协议Ⅱ）。

1. 1988 年的巴塞尔协议Ⅰ

1987 年，来自 12 个主要工业国家的银行监管部门的代表在瑞士的巴塞尔达成了国际银行业资本标准的协议，即《巴塞尔资本协议》，这项协议统一适用于各国管辖范围内的所有银行机构。1988 年 7 月，该协议得到正式批准并生效。按协议规定，把银行资产负债表内和表外具有信用性质的资产分为五大类，每类资产的风险权重分别为 0、10%、20%、50%、100%，按不同的风险权重计算出银行的风险资产总额，要求银行的核心资本占风险资产的比重至少应达到 4%，核心资本与辅助资本之和占风险资产的比重至少应占 8%。

风险权重为 0 的资产包括现金、对中央政府和中央银行的债权、以现金或经济合作与发展组织（OECD）国家中央政府证券作抵押或中央政府担保的债权。对国内政府公共事业单位及由其担保的债权的风险权重，视各国情况，可核定为 10%、20% 或 50%。风险权重为 20% 的项目主要包括对多国发展银行及由其担保或以其证券作抵押的债权、对 OECD 国家的银行或由其担保的债权、对非 OECD 国家政府公共部门或由其担保的债权、对非 OECD 国家银行期限在 1 年内的贷款和托收中的现金。风险权重为 50% 的项目包括以居住用途的住房抵押的贷款。风险权重为 100% 的项目主要包括对所有私人部门的债权，对非 OECD 国家银行期限在 1 年以上的贷款，对公共部门所属商业性公司的债权，房屋、设备等固定资产，不动产和其他投资等。

表外科目中具有信用性质的项目必须按一定比例换算成表内资产的信用对等额。期限在 1 年以内、能随时取消的信贷额度的换算系数为 0；短期的与贸易有关的债权，如有担保的信用证，其换算系数为 20%；履约担保书、即期信用证、票据发行便利等期限在 1 年以上的信贷承诺，其换算系数为 50%；担保、银行承兑、回购协议、有追索权的资产销售和远期存款购买等直接信贷的替代工具，其换算系数为 100%。

表外业务中，与利率、汇率相关的衍生金融工具交易合约，首先按一定系数换算成信用对等额，再乘以规定的风险权重。利率合约中，期限在 1 年以内的换算系数为零，期限在 1 年以上的换算系数为 0.5%；货币合约中，期限在 1 年以内的换算系数为 1%，期限在 1 年以上的换算系数为 5%；风险权重通常为 50%。

银行资本充足率计算过程如下：

（1）根据协议的合格资本定义和分类分别算出银行的核心资本、附属资本和总资本的账面价值；

（2）表内风险加权资产总和 = $\sum$（表内资产额 × 对应的风险权重）；

（3）表外风险加权资产总和 = $\sum$（表外项目金额 × 信用换算系数 × 表内性质相似资产的风险权重）；

（4）风险加权资产总和 = 表内风险加权资产总和 + 表外风险加权资产总和；

（5）计算资本充足率。

1988 年的巴塞尔协议Ⅰ首次提出以资本充足率为核心的国际银行监管标准，建立了基于风险之上的资本充足率衡量方法，明确了分阶段实施计划，要求至 1992 年底，所有从事跨国业务的国际银行应达到规定的资本最低标准。到 2003 年，全球已经有 107 个国家不同程度地采用了 1988 年巴塞尔协议Ⅰ所确定的银行监管框架。

1988年的巴塞尔协议Ⅰ经过10余年的实践，在信用风险监测技术及实际应用中日益显现出其局限性，如对风险资产类别和主权国家的风险权重分类过于简化，没有考虑银行信用风险管理水平的提升和其他类型的银行风险（如操作风险）等问题。因此，根据各种风险权重计算出来的风险资产不能完全反映银行经营所面临的真实风险状况。

2. 2004年的巴塞尔协议Ⅱ

2004年6月26日巴塞尔银行监管委员会通过了巴塞尔协议Ⅱ。作为一个完整的银行业资本充足率监管框架，巴塞尔新资本协议由三大支柱组成：一是最低资本要求；二是监管当局对资本充足率的监督检查；三是银行业必须满足的信息披露要求。这三点也通常概括为最低资本要求、监督检查和市场纪律。

三大支柱的首要组成部分是第一点，即最低资本要求，其他两项是对第一支柱的辅助和支持。资本充足率仍将是国际银行业监管的重要角色。新协议进一步明确了资本金的重要地位，称为第一支柱。巴塞尔委员会认为"压倒一切的目标是促进国际金融体系的安全与稳健"，而充足的资本水平被认为是服务于这一目标的中心因素。巴塞尔新资本协议对此增加了两个方面的要求。第一是要求大银行建立自己的内部风险评估机制，运用自己的内部评级系统，决定自己对资本的需求。但这一定要在严格的监管之下进行。另外，委员会提出了一个统一的方案，即"标准化方案"，建议各银行借用外部评级机构特别是专业评级机构对贷款企业进行评级，根据评级决定银行面临的风险有多大，并为此需要准备多少的风险准备金。一些企业在贷款时，由于没有经过担保和抵押，在发生财务危机时会在还款方面发生困难。通过评级银行可以降低自己的风险，事先预备相应的准备金。

第二个支柱即加大对银行监管的力度，监管者通过监测决定银行内部能否合理运行，并对其提出改进的方案。监管约束第一次被纳入资本框架之中。基本原则是要求监管机构应该根据银行的风险状况和外部经营环境，保持高于最低水平的资本充足率，对银行的资本充足率有严格的控制，确保银行有严格的内部体制，有效管理自己的资本需求。银行应参照其承担风险的大小，建立起关于资本充足整体状况的内部评价机制，并制定维持资本充足水平的战略；同时监管者有责任为银行提供每个单独项目的监管。

第三支柱是市场对银行业的约束，要求银行提高信息的透明度，使外界对它的财务、管理等有更好的了解。巴塞尔新资本协议第一次引入了市场约束机制，让市场力量来促使银行稳健、高效地经营以及保持充足的资本水平。稳健的、经营良好的银行可以更为有利的价格和条件从投资者、债权人、存款人及其他交易对手那里获得资金，而风险程度高的银行在市场中则处于不利地位，它们必须支付更高的风险溢价、提供额外的担保或采取其他安全措施。市场的奖惩机制有利于促使银行更有效地分配资金和控制风险。巴塞尔新资本协议要求市场对金融体系的安全进行监管，也就是要求银行提供及时、可靠、全面、准确的信息，以便市场参与者据此作出判断。根据巴塞尔新资本协议，银行应及时公开披露包括资本结构、风险敞口、资本充足比率、对资本的内部评价机制以及风险管理战略等在内的信息。

11.2.1 最佳资本需要量原理

银行与一般企业不同，它主要依靠吸收存款增加负债，扩大资产额。因此，银行资本占整个资本额的比例偏低，只能在低限度内对其经营的业务起保证作用。一些发达国家银行资本占总资本额的2%~8%，其中日本多为2%左右，瑞士的平均比例大约在8%以上。

最佳资本需要量原理认为,银行拥有的资本额必须适度。资本保留过多,会影响平均利润率;保留过少,又经不起风浪袭击,会影响银行的信誉。银行股东希望以少量投资(资本)取得最大的利润,但金融主管当局和存款人,则希望银行的资本额多多益善。因此,银行资本最佳需要量是资本管理中的核心问题。银行资本管理的出发点,一是要维护存户利益和保障银行的安全经营;二是保证达到一定的盈利水平。下面借助一些图例简要说明这一原理。

如图 11-1 所示,为了剔除银行规模大小对资本量的影响,采用资本资产比率 r 做横轴,表示商业银行资本量的大小;同时用银行经营成本 c 作为纵轴,为简便起见,把商业银行由资本过多而带来的机会成本计入经营成本 c 中,这样便可以得出商业银行资本资产比率 r 与经营成本 c 之间的 U 形关系图。当商业银行的资本很少,即资本资产比率很低时,因为其信誉下降,筹资能力很低,资金成本较高,并且由于其亏损、倒闭的概率较大,因此反映出商业银行的经营成本很高。当商业银行的资本很多时,由于其必须承担大量的资本成本与机会成本,因而此时的经营成本亦很高。所以,在以上两种情况之间存在着某一点,这一点对应的商业银行经营成本 c 最小,该点所表示的资本量 r 便是商业银行的最佳资本需要量。获得并保有最佳资本需要量是商业银行家们梦寐以求的目标,但是,在实践中,最佳资本需要量受到多种客观和主观因素的影响,不可能准确无误地求出。因此,许多商业银行简单地将一定程度上高于金融管理当局所规定的最低限额的资本,作为自己的最佳资本需要量。

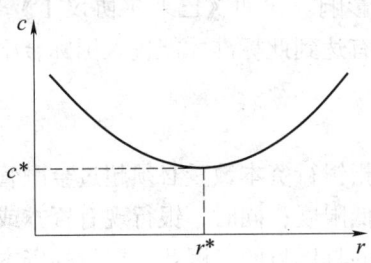

图 11-1 最佳资本需要量原理图①

11.2.2 影响银行资本需要量的主要因素

为适应业务的扩展与规模的壮大,商业银行应当逐步适度增加资本量。每家商业银行在理论上均有其最佳的资本需要量,维持这种最佳资本需要量对商业银行来讲是最经济、最有效的。然而,在实践中,影响商业银行资本需要量的因素很多,概括起来有以下几类。

1. 银行的资产规模

显然,资产为 1 亿元的银行不必拥有资产为 100 亿元的银行所需拥有的那么多资本。银行的规模越大,所需资本当然也就越大。但是,资产为 100 亿元的银行也不必拥有资产为 1 亿元的银行所拥有资本的 100 倍。大银行分散的、多样化的资产结构以及相对完善的管理使其破产的可能性相对减少。

2. 银行的资产风险

银行资本需要量的最佳化,既是银行自身利益所在,也是社会公众利益的保障。银行资

---

① 资料来源:李志辉. 商业银行管理学. 北京:中国金融出版社,2006.

产风险直接影响着其资本量。如商业银行负债中活期存款、短期借款等流动性强,不确定性较高的负债比重较大,那么就需要有较多的资本来保障资金来源的稳定性。银行如果主要持有政府债券,它所需要的资本对资产的比率就会比主要持有风险企业贷款时低得多。

3. 宏观经济发展状况

在经济繁荣期,商业银行可以很顺畅地获取资金,因而有稳定可靠的资金来源,此时,不需要太多的资本;在经济萧条期,由于资金来源枯竭,并且银行贷款呆账的可能性呈上升趋势,因此需要较多的资本。

4. 银行所服务地区的经济状况

如果商业银行所服务地区经济发达、资金来源较充裕、金融体系发达、人民收入水平高,则银行业务量很大,也无须有太高的资本对资产比重。相反,如果地区经济发展水平低下,则需要商业银行维持较多的资本。

5. 银行在竞争中所处的地位

一般来说,在竞争中占优势的银行资金来源的质量较好,并且能方便地争取到较优的贷款与投资业务,因此只需保留较少的资本;在竞争中处于劣势的银行,则需要保留较多的资本,以防患和控制风险。

6. 有关法规制度

在市场经济条件下,有关银行的法规制度以及其他一些法规制度、公约协议等都对银行资本需要量有着直接或间接的影响。比如《巴塞尔协议Ⅰ》对商业银行的资本充足率就作出了严格的规定,商业银行只有达到此标准才能进入国际金融市场参与竞争。

11.2.3 资本充足性的衡量

所谓银行资本充足性,是指银行资本数量必须超过金融管理当局所规定的能够保障正常营业并足以维持充分信誉的最低限度;同时,银行现有资本或新增资本的构成,应该符合银行总体经营目标或所需增资本的具体目的。因此,银行的资本充足性应包含数量的充足性和结构的合理性两个层面的内容。

由于银行资本充足性评价标准的多样化,因此,银行资本充足性的测定是一个非常复杂的工作。随着银行经营、理财目标的变化以及银行资本管理理论和实践的发展,银行资本充足性的测定指标和方法更趋合理、科学。目前,最常见的用于测定银行资本充足性的指标及其测定方法有以下几种。

1. 测定指标

(1) 资本与存款比率。这是最传统的用来衡量银行资本的指标。它表明银行资本对存款的耐力程度,为防止银行出现流动性风险,银行应保持一定的比率。第二次世界大战前,各国银行普遍要求资本对存款比率保持在10%左右。但是,银行的流动性风险来自贷款和投资的变现能力不足,于是,逐渐改用资本与总资产比率来测定银行资本的充足性。

(2) 资本与总资产比率。由于银行的损失主要来自资产,因此,该比率使银行资本抵御意外损失的能力在一定程度上得到了发挥,并且,由于这一比率计算比较方便,直到现在还常常被人们用来作为迅速测试资本需要量的一种方法。这一比率把资本金需求量与银行的全部资产包括现金资产、同业存款、放款、投资资产等相联系。该比率一般要求在8%左右。但是,该指标未能考虑到资产结构对资本需要量的影响。

(3) 资本与风险资产比率。随着银行资产结构的变化，银行的风险资产增加，原先的资本与资产比率越来越显示其不足。于是，商业银行家及金融专家设计了资本与风险资产比率，以此来说明商业银行的资本是否充足。一般认为，该比率至少要达到15%以上。比率中的风险资产是指不包括商业银行第一、第二级准备金在内的资产。只有这些资产才有必要考虑其保障程度。这一指标将不必把给予保障的资产排除在外，较多地体现了资本抵御资产以外损失的功能，比前两个指标更具有科学性。

资本与风险资产比率并没有考虑不同类资产的风险差异，不同风险的资产对资本的需要量不同。因此，如能对不同资产规定出就不同的资本要求比率，就会大大提高资本与风险资产这一简化指标的科学性。

2. 测定方法

1) 分类比率法

在考虑了不同资产对资本的要求不同后，人们提出了分类比率法。这一方法也称为纽约公式。1952年，由美国纽约联邦储备银行设计。该方法根据商业银行资产风险程度的差异，将银行资产分为6类，并分别对每类资产规定了各自的资本要求比率。将银行资本需要与资产风险程度挂钩，是资本与风险资产比率的深化。

（1）无风险资产。包括现金、存放同业、短期国债等第一、第二级准备金等流动性很强的资产。这类资产流动性高，风险极低，不需要资本作担保，即资本要求比率为0。

（2）风险较小资产。包括5年以上政府债券、政府机构债券、安全性较好的信用担保贷款等风险小于一般资产的贷款和投资。这些资产的流动性较高，风险较小，风险权数为5%，即要求5%的资本保障。

（3）普通风险资产。包括除政府公债之外的证券投资和证券贷款，故也称为有价证券资产。其风险较大，流动性也较差，故风险权数定为12%。

（4）风险较高资产。包括那些对财务状况较差、信用水平较低和担保不起的债务人的贷款。这类资产的风险权数为20%。

（5）有问题资产。包括超过偿付期限的贷款、可疑贷款。银行持有的此类资产遭损失的概率很大，故其风险权数为50%。

（6）亏损资产和固定资产。亏损资产是银行投入资本因损失而收不回来的资产；固定资产是购置的进行生存、发展、开展业务的物质条件，是被固化了的资本。这类资产应由银行资本金抵偿，因而其风险权数为100%。

银行在以上分类基础上，利用加权平均法将上述资产额分别乘以各自的资本资产比率要求，并进行加总，即可求得银行最低资本量。

2) 综合分析法

单一比率法是从某一个角度对银行资本金需求量提出要求。但一家银行资本需要量受到多种因素的影响，如存款数量、资产数量和结构、银行经营管理水平、经营者能力、资产的流动性等。在其他条件相同的情况下，经营管理水平高、经营能力强的银行只需要较少的资本就能抵御所面临的风险。20世纪70年代，美国出现了综合分析法。该方法认为影响资本充足度的数量与非数量因素主要有8个：① 银行的经营管理水平；② 资产的流动性；③ 收益及留存盈余；④ 存款结构的潜在变化；⑤ 银行股东的特点和信誉；⑥ 营业费用的数量；⑦ 营业活动的有效性；⑧ 银行满足本地区现在与将来竞争需要的能力。

因此，各国开始普遍采用综合分析法来确定商业银行的资本需要量。综合分析法虽然全面，但在某些方面的判断上不可避免地带有一定的主观性，因而常常影响分析结论的准确性。因此，在实际工作中，人们常常将综合分析法和资本与风险资产比率法结合起来运用。

11.3 资本的筹集与管理

从银行营运角度而言，资本管理包括筹资方式的选择、筹资规模计划、资本结构安排、风险资本配置以及股利分配等丰富的内容。商业银行的资本筹措是满足银行对其资本金需求量的重要环节。商业银行在进行资本筹措前，应通过对银行经营环境、活动及各种要素条件进行分析，制订经营计划，然后根据经营计划及具体情况确定资本金需求量，最后通过对各种资本筹措渠道的比较、选择，决定如何筹措所需资本。

11.3.1 影响银行资本管理的主要因素

银行在进行具体的资本管理活动时，会受到多个方面背景因素的影响与制约。某一特定时期资本管理的主要内容也会由这些因素的综合作用而决定。

1. 银行监管部门对银行资本充足性的监管要求

满足外部资本监管需要是银行资本管理的起点和生存需要。监管要求对银行核心资本、附属资本等资本构成的约束条件，会直接影响银行的资本规模及其结构安排，也会影响银行对增资扩股或债券发行等筹措方式的选择。

2. 实现股东权益最大化目标

从追求股东权益最大化的银行经营目的考虑，资本是昂贵的资源；与银行业务经营所需承担的风险相比，资本是银行稀缺的资源。资本过高会使银行的杠杆比率下降，降低普通股的每股净收益；资本过低则会使银行增加对存款、借款等资本来源的需求，使负债的成本上升，不仅会降低资本缓释风险的能力，而且会增加银行的风险，影响银行的竞争实力及在社会公众中的形象。银行经营需要保留多少资本才能实现抵御风险的安全性与股东权益最大化的收益性统一，是商业银行资本管理永恒不变的主题。

3. 银行自身业务经营所承担的各种风险

银行经营自身业务承担的各种风险才是银行资本管理本质属性的体现，这也是现阶段商业银行实施经济资本管理的基本内容，构建经济资本管理体系的基本动因。银行实施监管资本管理，所实现的满足外部的资本充足率要求，并不代表该银行稳健经营的实现。因为每一特定银行自身所面临的经营风险并不相同，8%的统一的资本充足率并不一定适合每一银行的最安全资本比率，只有满足自身风险管理需要的资本量才是最安全的资本量。因而，只有基于银行自身风险管理需要的资本管理才是最有意义的资本管理，才能有效实现资本抵御风险的管理目的。

11.3.2 资本的规模与结构管理

《巴塞尔协议Ⅱ》为了确保银行资本与银行总体风险一致制定的资本充足性衡量方法对银行内部资本管理产生了深刻的影响。具体来说，银行现阶段进行的内部资本管理，根据外部监管和内部风险资本管理要求，主要采取综合运用分子策略和分母策略。资本的规模与结构是指根据《巴塞尔协议Ⅱ》中的资本计算方法,运用分子策略,增加核心资本和附属资本以提高资本金总额,优化资本结构,银行的资本计划应建立在其管理目标所需的银行资本金数额以及金融当局所规定的银行最低限额要求之上,俗称分子策略。分子策略又分为内源资本策略和外源资本策略。

1. 资本计划

最佳资本结构是商业银行所追求的理想目标,但在实际操作中,银行通常面临的情况只有两种:资本不足和资本过多。针对不同的情况,商业银行应该审时度势,采取不同的资本计划,以促使银行的资本比率不断向最佳目标趋近。银行的资本计划可以分为四个阶段:第一阶段是提出银行的总体财务目标,管理者必须根据银行的规模、服务范围以及利润目标来制订相应的计划;第二阶段是在第一阶段的基础上,确定银行资本的需要量,包括对银行资产年度增长目标和利润的预测,使之成为确定资本结构的基础;第三阶段是确定多少资本可以通过银行利润留成从内部产生;第四阶段是为最低的筹资成本选择相应的筹资手段。如果银行必须发行股票或债券,就要考虑市场条件以及现有股东的权益。图11-2描述了银行筹资计划的四个阶段。

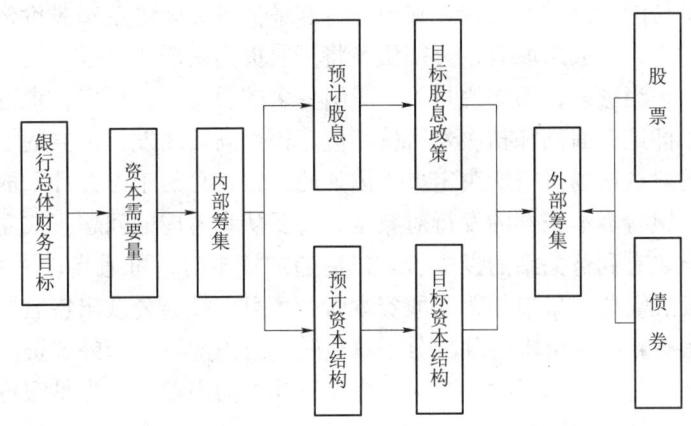

图11-2 筹资计划的四个阶段

2. 资本的筹集

资本的筹集方式按照资本来源渠道与商业银行之间的关系,可以具体分为内源资本策略和外源资本策略。两者各有优劣,在作出决策之前必须谨慎地综合分析。

1)内源资本策略

所谓内源资本,主要是指商业银行通过留存盈余的方式从银行内部筹措的资本。从银行内部筹集资本的主要渠道是留存盈余,这是商业银行充实资本最方便、最廉价的一条捷径。商业银行只需将银行的税后净利转入留存盈余账户即可增加银行资本,节省了筹资费用,简便易行。留存盈余是将未分配利润保留在银行,其权益仍归普通股股东,可以视为银行股东在收到股息以后又将其投入银行。对这部分收入可免交所得税,同时又没有增发普通股股票,普通股股东的权利不会被削弱,所以,以此方式筹集资本对普通股股东特别有利。但同时,实施内源资本管理策略也要充分考虑银行收益状况、留存盈余的成本、商业银行采取的分红政策等制约因素。

2) 外源资本策略

所谓外源资本，是指商业银行通过发行股票和债券等方式，从银行外部筹措资本。实施外源资本管理策略应着重处理好以下两方面问题。

（1）不同形式资本的选择。

商业银行从其外部筹措资本包括权益性资本（股票）和债务性资本（次级债券）两部分，到底应采取哪种方式筹措，是发行优先股、普通股，还是发行长期性债券，需根据情况分析确定。考虑的主要因素包括：资本成本、投资需求分析、追加资本的灵活性、不同形式资本的融资效果等。

（2）把握好资本证券发行的时机和价格。

对资本证券发行时机的选择极为重要。比较有利的时机通常选在经济形势看好、银行本身经营状况及其社会影响良好、竞争对手正处于不利状况的时候。重大政策或法律的出台，政治、经济、社会或自然的突发性事件乃至谣言等，对发行时机都有着微妙而又重要的影响。时机选择恰当与否，直接关系到银行资本证券能否成功发行。确定合理的证券价格是最为核心的问题。应该将银行账面价值的估价、盈利能力及分红水平等，同规模基本相似的其他银行正在进行交易的股票进行比较，在最高价和最低价之间确定每股价格。如果银行以前发行的股票价格过高，一般采取股票分割法，将一股拆为两股或多股。发行定价与其说是为了维护银行当前的正当盈利，不如说是为了吸引更多的投资者。所以，银行在最初发行定价时不宜急功近利，即证券面额和初次发行价不应定得过高。新发行证券的上市交易价格通常主要由以往发行的股票市场价格所决定。正因如此，银行总是千方百计采取措施，提高本行股票的市场价格。银行资本证券的发行对象也是需要认真考虑的问题。成立新银行时，其股票通常是出售给与之有利益关系的投资者。以后追加资本时，可适当扩大股票的出售范围。只有当银行迅速发展需要大量追加普通股资本时，才可向社会公众出售股票。

另外，商业银行在实施资本管理的分子策略时，对内源资本和外源资本的选择也是资本管理策略中的重要问题。在选择时主要应考虑以下几方面因素。首先是银行所在地经济发展状况。如处在经济发展比较缓慢地区的商业银行，由于社会公众投资增长数量有限，对银行资本证券需求不大，同时，银行业务扩展较慢，不需增加太多的资本，因此这类地区的商业银行在筹措资本时主要靠留存盈余，内源资本成为主要途径；相反，经济发展迅速地区的商业银行，其业务发展较快，相对资本需求量也大，同时，公众投资增长迅速，对银行资本证券需求加大，因此，外源资本就成为这类地区的商业银行增加资本的主要渠道。其次是银行的规模。一般而言，规模小的银行发行的股票在资本市场上的吸引力不大，发行困难，价格偏低，同时，小银行对资本追加要求有限，所以倾向于内源资本策略，倾向持有较多的留存盈余资本成为其筹集资本的主要途径；相反，大银行的声望较高，公众对其熟悉和信赖，它发行的资本证券容易销售，且价格对银行有利，因而大银行一般都倾向于发行股票筹集资本。从另一方面讲，大银行的资本需求量较大，内源资本不能满足需要，所以必须发行资本证券，并以此类外源资本为主。再次是内源资本数量对银行股票市价的影响。如果内源资本对银行股票价格影响不大，银行就会较多地持有内源资本；反之，银行就会以发行股票的方式筹措更多的外源资本。最后是所得税税率的高低。若普通股股东的所得税税率较高，特别是超额累进税率过高，银行股东就会倾向于内源资本；反之，则倾向于外源资本。

11.3.3 风险资产的规模与结构管理

巴塞尔协议Ⅱ规定的资本比率计算公式中，分母是进行了风险加权的表内资产与进行了信用转换和风险加权的表外资产之和。因此，按照巴塞尔协议Ⅱ的要求，进行资产的规模与结构管理（俗称分母对策）的原理在于：尽量降低风险权数高的资产在总资产中的比重，提高风险权数低的资产在总资产中的比重，优化资产结构，同时还要加强表外业务项目的管理，尽量选择转换系数较小与相应风险权数较小的表外资产。这样必然会降低商业银行的风险资产额，从而提高资本与风险资产的比重。

1. 压缩银行的资产规模

银行的资产规模越大，对资本的要求也就越高。对于一些资本不足的银行则可以通过销售一部分高风险、有问题或市价水平较高的金融资产，减少银行资产规模，这相应提高了资本对资产的比率。银行资产构成有其自身的特点：第一是现金存量较高；第二是金融债权比例较高；第三是房产等固化了的资产相对较少。因此，压缩银行资产规模应在银行资产管理的要求下从现金存量和金融债权着手。

2. 调整资产结构

银行可以在总资本额和总资产额不变的情况下，通过调整资产结构，提高资本充足率。资产结构调整空间较大的部分在于证券投资与贷款投资。银行证券投资的对象多为信誉等级很高的金融证券，而且银行证券投资并不是投资单一金融证券，而是投资于不同种类、不同期限的证券，既可以投资于货币市场和资本市场的融资工具，也可以投资于创新的金融工具，其目的是通过这样的投资组合来降低投资风险，降低风险资产数量及权数达到流动性和盈利性的均衡。贷款是银行持有的变现能力较差的资产，从贷款管理的要求看，银行为减少贷款风险进行贷款组合，通过减少高风险贷款和相应增加低风险的资产的办法，来减少风险资产总量。

20世纪80年代后，随着贷款总体风险的加大，银行的资产组合不再局限于贷款内部或证券投资内部，而是将贷款与证券投资打通。比如，许多大银行通过购买债券和票据等证券投资来合理处置因贷款组合减少而剩余的资金。

11.3.4 经济资本配置管理

1. 经济资本配置管理的概述

实施经济资本的配置是商业银行实施资本管理的重要内容，是银行主动运用经济资本进行指导战略和业务决策的体现。经济资本配置是指在理论上或形式上计算支持一项业务所需要的资本额（即经济资本额），再对全行经济资本的总体水平进行评估，综合考虑信用评级、监管当局规定、股东收益和经营中承担的风险等因素，在资本充足率的总体规划之下，制定经济资本目标，将经济资本在各个机构、各项业务中进行合理配置，使业务发展与银行的资本充足水平相适应。

主要包括两方面的内容：一是根据银行资本实力、股东目标与偏好、监管要求，确定整个机构的总体风险水平以及相应的抵御风险损失的风险资本限额；二是根据银行内各业务部门的风险调整的绩效测量，在各部门间进行风险资本限额分配，并根据风险调整后的绩效评估对经济资本分配进行动态调整。经济资本配置的目的在于构建一个与银行的总体风险战略和股东目标相一致的业务风险组合。

资本配置并非完全等同于资本的实际投入,由于经济资本量表现的是风险量,因此在银行内部各部门以及各业务之间的资本配置实质上是风险限额的分配,是确定与风险限额相当的业务或资产总量,但在银行整体层面上需要实在的资本投入,这是考虑到风险分散化效应产生之后银行对总风险的反映。

关于如何进行经济资本的配置,西方现代商业银行主要采用的有系数法、收入变动法和资本变动法。我国商业银行目前主要采用的是系数法,其基本思路是对于银行的每一种资产,都给予配置一定的经济资本(Economic Capital),即经济资本是资产属性(指余额、期限、资产质量等)的函数,用公式表示为

$$经济资本 = f(资产属性) = f(余额,期限,质量)$$

同时给每一类资产确定一个经济资本分配系数,即经济资本 = 资产余额 × 经济资本分配系数。根据资产对象的不同,系数分别可在交易基础上以及资产组合基础上测算得到。

2. 经济资源配置管理在我国商业银行的实践

2004年我国《商业银行资本充足率管理办法》颁布以来,各商业银行在建立风险资产扩张的资本约束机制、以资本为基础的绩效考核制度等方面取得了积极的进展,有效地促进了商业银行经营理念和增长方式的转变。目前国内许多商业银行已尝试建立以经济资本回报率为核心的经济资本管理体系。

如中国建设银行的经济资本计量范围涵盖了信用风险、市场风险、操作风险和资本性占用四个方面,其经济资本配置和计量结果是以经济增加值为核心的绩效评价体系和激励约束机制的重要组成部分。中国银行2004年引入了经济资本的概念,2005年发布《中国银行经济资本配置管理办法(2005年版)》,对其各分行经济资本计量对象仅涵盖信用风险,经济资本管理已经纳入了信贷管理流程;经济资本指标考核由指导性过渡到指令性,并成为绩效考核评价的重要组成部分。中国农业银行于2005年制定并下发《中国农业银行经济资本管理暂行办法》,力图以此加大业务调整力度。中国工商银行也在研究向业务单位分配经济资本的方法。在股份制商业银行中,以招商银行、光大银行为代表的一些股份制银行也开始意识到转变传统的战略管理手段的必要性,并试图建立经济资本管理体系。光大银行于2004年下达了各分支机构风险加权资产总量计划。对信用风险经济资本占用量进行度量。综上所述,可见当前经济资本管理的理念已经得到了各商业银行的高度重视。

实践中经济资本的配置区分为对存量风险资产的经济资本配置和对增量风险资产的经济资本配置。前者考虑的是对资产组合所面临的未预期风险的抵御,后者则是通过对不同的产品、部门和区域设定不同的经济资本系数来传导总行的经营发展战略。商业银行在制订经济资本预算计划时,重点是对增量经济资本的配置。经过实践,各商业银行已经逐步认识到,经济资本配置应当在资产组合基础上,充分了解风险分布状况,并据此分配经济资本。具体而言,科学分配经济资本需要具备三个前提:其一,了解各种风险的概率分布;其二,了解并估计各种风险来源的银行敞口的额度,以及这些敞口的相关性;其三,确定银行对风险的容忍程度。在三大前提具备的条件下,采取自上而下的原则对经济资本加以分配。

3. 经济资本配置管理与商业银行业务发展

商业银行需要经济资本是为了确保其即使在最坏状态下也能够维持清偿能力和持续运转,而为业务单位配置经济资本则是为了确保资本的最佳运用,确保每一个业务单位都能持

续创造价值。经济资本配置、业绩衡量和业务决策之间存在着一种动态循环关系,即根据经济资本确定业绩,根据业绩决定业务,根据业务决策配置经济资本。在这个系统中,经济资本居于中心地位,它是业务决策的手段,而不是最终目的。总的说来经济资本配置管理对银行业务的发展有着重大的影响。

(1) 强化资本约束意识,推动业务规模发展。经济资本配置管理强调了资本的稀缺性和高成本性,具有效益约束和风险约束的双效应。一方面,通过经济资本重新配置程序,将经济资本从低效率使用者转向高效率使用者,提高银行整体经济资本利用效率。另一方面,在尽量增加经营收益的同时,尽量少占用经济资本,以推动业务规模的合理发展。比如由于中间业务不分配经济资本,个人银行业务因风险较低而分配少量经济资本,所以这些业务价值创造能力相对较高,已经成为当前许多银行致力发展的亮点,并实现了快速增长。

(2) 调整业务结构,提高经济资本回报率。经济资本约束意识的增强也会有力地扭转我国商业银行传统的重规模轻管理的经营思想,促使商业银行将经营管理的重心转变为优化资产结构和业务结构,提高经营效益。实施经济资本配置管理之后,商业银行可以根据各机构、部门和业务的经济资本回报率水平决定业务发展的方向。对回报率水平和价值创造较高的机构、部门和业务,给予更多的扶持政策,而对回报率很低甚至是负贡献的,则采取限制和收缩政策,以避免价值损失。比如,如果根据历史数据判断某项业务的经济资本回报率较高,在编制经营计划和经济资本预算时,可以通过资源配置、系数设定等方式,传达总行对于此类业务倾斜支持的导向。

(3) 加快业务发展与风险控制的平衡。随着外部监管部门对资本充足率监管力度的加强和银行对资本回报要求的提高,商业银行在经营决策时,不仅要考虑到资产扩张的速度、业务发展的规模以及所带来的收益,还要充分考虑由此带来的风险及资本占用,将收益与风险和成本相统一。为提高资本的使用效率,确保占用的经济资本能够达到最低回报要求或高回报水平,银行必须要将有限的经济资本配置到风险较低而回报率较高的业务上,重点支持和发展这类业务。

(4) 准确计量各项业务的成本,完善绩效考核评价体系。长期以来,我国商业银行的绩效考核评价体系存在突出的制度性缺陷:一是以利润、资产规模的绝对量考核为主,忽视资本占用的成本,在一定程度上鼓励了片面追求账面利润和资产规模而忽视潜在风险的短期行为;二是绩效考核评级体系没有充分考虑到风险因素,经营收益未经风险调整;三是绩效考核评价体系以横向为主,无法具体量化具体产品和业务链条的经营绩效。

实行经济资本配置管理可以克服上述缺陷:它强调的是经过风险调整后的资本回报,并扣除了为预期风险所计提的专项准备金,更真实地反映了利润和资本回报率。同时,还可以衡量具体的交易和账户,有助于真实反映各项业务为银行创造的价值。基于经济资本配置管理来衡量业务单位业绩,并将报酬和业绩挂钩,可以给各业务单位最大的制约力,约束其只为增加收入而不顾及风险地扩大资产和业务的行为,同时给予业务单位动力去设法采用对冲、转移、出售等方式消除或降低风险,以减少经济资本占用。

(5) 优化业务战略规划,增强对业务发展的引导。由于经济资本管理相对清晰地揭示了不同类型业务的风险,有利于银行选择风险相对较低而收益相对较高的业务作为战略性业务,也就是说将经济资本优先配置到经济资本系数低、有较高经济资本回报率的业务上,如大力发展票据贴现、承兑、个人消费贷款和国际贸易融资等低风险业务,促进业务品种结构的调整。同时,通过对具体产品、业务和区域的经济资本回报率的量化,可以为商业银行在制定经营发展战略时提供有力支持。

【阅读材料】

巴塞尔协议Ⅲ

全球金融监管机构于2010年9月12日就《巴塞尔协议Ⅲ》达成共识,将迫使银行业把一级资本(即其必须持有的准备金比率)提高逾两倍至7%,此举旨在避免国际金融危机重演。这将是数十年来全球银行业监管方面发生的最大变化。根据现行规则,银行必须持有的核心一级资本比率只有2%。新规则要求银行业在未来10年筹集数以千亿美元计的新资本。德国银行业协会估计,该国最大的10家银行将可能需要1 050亿欧元(约合1 410亿美元)的额外资本。

但为了缓解银行和金融市场的负担,监管机构给予银行相当长的过渡期以遵循新规定。该过渡期在某些情况下可以延长至2019年1月或更晚,在时间上长于许多银行家的初始预期。

欧洲央行(ECB)行长特里谢(Jean-Claude Trichet)表示:"此次协议在根本上强化了全球资本标准,这将为长期金融稳定和可持续增长作出重大贡献。"监管机构希望新规将推动银行采用较低风险的业务策略,确保其具备充足准备金,在不需要纳税人救助的情况下经受住金融冲击。但银行方面表示,新规可能会削减银行可用于向公司放贷的资金规模,这将放慢欧洲和美国经济增长的脚步。

《巴塞尔协议Ⅲ》规定,银行持有的核心一级资本比例至少为总资产的4.5%,这部分资本为最高品质的资本,包含股本或保留盈余。另外银行业也必须建立新的普通股权缓冲资本,该资本需占总资产的2.5%。从而使得整体最优质资本达到总资产的7%。若银行提用这部分的缓冲资金,其所能发放的奖金及股利将受到限制。

《巴塞尔协议Ⅲ》还要求银行在信贷市场景气扩张时另外建立一项逆周期缓冲资本,需占总资产的0~2.5%。各国监管机构将会自行决定何时为进入"整体信贷成长过度扩张"时期。他们期望这项缓冲资本将会在信贷市场存在过热威胁时减缓放款速度,避免危险的泡沫成形。然而该条款受到一些银行的强烈抵制。尽管抵制未见效果,但银行似乎成功地说服监管机构给予更为宽限的过渡期。

《巴塞尔协议Ⅲ》规定,一级资本规定将在2015年全面实行,缓冲资本规定则将在2016年1月至2019年1月间逐步落实。部分分析师表示,这显示监管当局已对银行业者有所退让。

太平洋投资管理公司(PIMCO)投资主管埃利安(Mohamed El-Erian)表示:"新资本规定的过渡期出人意料的长,这将会使人怀疑银行资本强化行动的稳健程度。"

《巴塞尔协议Ⅲ》已由27国央行行长及高阶监管机构主管达成共识,并在银行业及各国政府间历经了一年的协商及游说,从而充分保护各国的利益。

二十国集团(G20)领袖在2009年要求各国监管机构共同合作,提出更为严格的银行资本规定,他们先前将全球信贷危机的成因部分归咎于银行业的高风险交易。对于巴塞尔协议Ⅲ,银行方面纷纷表示,7%的一级资本比率已然低于其之前的预期,加上相当长时期的过渡期限,银行业普遍认为此次巴塞尔Ⅲ新规严厉程度不如预期那样地强烈。

米兰投资银行(Mediobanca)分析师Chris Wheeler表示:"在低迷经济环境的背景下,很显然巴塞尔委员会试图在更为严格的监管以及对银行推动复苏的支持之间取得平衡,因此大幅滞后了执行期限。"

纽约资本市场(Louis Capital Markets)证券研究主管Robbert Van Batenburg表示:"新规未能如预期般严苛的消息预计将是市场的利好因素。最重要的是,新规的公布消除了笼罩市场的不确定性。"

分析师指出，多数国际性大型银行在金融危机过后已经大致完成了财务体质的修复，预计将无需为了应对巴塞尔协议Ⅲ规定而赶忙筹资。如美国大型银行已在近年来筹资逾2 000亿美元，将一般资本适足率提高至平均9%。

分析师表示，尽管诸如五三银行（Fifth Third Bank）等需要偿还不良资产救助计划资金的银行最有可能需要筹资，但美国银行业大多情况良好，甚至有强健的银行已可通过恢复发放股利来释放多余的资金，这些银行可能包括摩根大通（JP Morgan）和富国银行（Wells Fargo）。

比林斯拉姆齐投资银行（FBR）资本市场分析师Paul Miller表示："美国银行业预计不会受到多少影响。"但他同时指出，新规定将迫使许多美国地区银行将部分以混合型证券筹措的资本替换成普通股本。

也有许多银行显示出额外的资本需求，德意志银行（Deutsche Bank）上周末宣布计划至少筹资98亿欧元，以买下其余的德国邮政银行股权。该行这项筹资行动被视为赶在其他银行应对巴塞尔协议Ⅲ规定筹资之前进场吸金。希腊国民银行（National Bank of Greece）也公布了发股筹资计划，分析师表示，法国农业信贷银行（Credit Agricole）、法国兴业银行（Societe Generale），以及爱尔兰、希腊、葡萄牙和未上市的西班牙银行也可能都会到市场上筹资。另外亚洲方面最受关注的日本银行业，基于其较低的资本水准，对于全球经济的不安情绪也可能让这些银行考虑迅速增加资本缓冲。

一名欧洲资深投资银行家预期，一旦宏观经济前景更加明朗，2011年初将会有众多规模适度的筹资活动。他表示，虽然投资者握有现金，但在二次衰退的威胁排除前，他们会对筹资股票保持谨慎态度。

分析师亦警告称，尽管银行业避免了一次严重冲击，但这项包含大幅改革流动性和筹资规则的新标准，仍会在未来许多年内压制银行的获利。

【讨论题】巴塞尔协议Ⅲ将对国际金融监管和商业银行的经营带来哪些影响？

思考题

1. 一般来说，商业银行资本的构成是怎样的？
2. 商业银行如何确定其资本需求量？
3. 如何理解商业银行资本的功能？
4. 简述银行资本管理的主要因素。
5. 联系我国商业银行实际，谈谈提高我国商业银行资本充足率的途径。

第 12 章

【主要概念的中英文对照】

市场风险：market risk
利率风险：interest rate risk
汇率风险：exchange rate risk
重新定价风险：repricing risk
收益率曲线风险：yield curve risk
基准风险：basis risk
期权性风险：optionality
利率敏感性缺口：interest sensitive gap
利率敏感性资产：interest rate sensitive asset
利率敏感性负债：interest rate sensitive liability
利率敏感性系数：interest sensitive coefficient
久期分析：duration analysis
外汇敞口分析：foreign currency exposure analysis
标准法：standardised approach
风险价值：value at risk

远期利率协议：forward rate agreement
利率期货：interest rate futures
利率期权：interest rate option
利率上限：interest rate cap
利率下限：interest rate floor
利率双限：interest rate collar
利率互换：interest rate swap
交易限额：limits on net and gross positions
止损限额：stop-loss limits
远期外汇合约：forward exchange contract
外汇期货合约：foreign exchange future contracts
外汇期权：foreign exchange options
货币互换：currency swap
外汇互换交易：foreign exchange swap transaction

市场风险管理

12.1 市场风险概述

12.1.1 市场风险的定义

按照巴塞尔银行监管委员会的定义，市场风险是指由于市场价格波动而导致金融机构表内和表外头寸遭受损失的风险，其风险源主要可分为利率风险、汇率风险、股票风险以及商品风险四类。

我国银监会在 2004 年 12 月 29 日公布的《商业银行市场风险管理指引》中，将市场风险定义为由于市场价格（利率、汇率、股票价格和商品价格）的不利变动而使银行表内和表外业务发生损失的风险，可以分为利率风险、汇率风险（包括黄金）、股票价格风险和商品价格风险。

利率风险是指利率的不利变动给银行财务状况带来的风险。在以存贷款业务为主的商业银行中，其资产和负债的期限结构上通常是不匹配的，这就意味着利率的上升或下降会带来银行价值和收益的巨大变动。通常银行吸收存款的期限较短而提供贷款的期限较长，如果利率上升，对其负债来说，总体价值下降的并不多；而对资产来说，会有一个比较大的价值的下降，因而银行的价值就会减少。一些特殊业务，如住房信贷对利率的变化尤其敏感，当利率下降时，借款人通常会选择提前还款，这样也带来了银行再投资的风险从而影响这类资产的价值。

汇率风险一般是指在社会经济、金融活动中以外币定制或衡量的资产与负债、收入与支出和未来的经营活动可产生的现金流量以本币表现的价值，因为货币汇率的变动而发生损失的可能性。巴塞尔委员会在《银行外汇头寸的监管》中指出，商业银行外汇业务中唯一独特的风险就是汇率风险，即当银行以现汇及远期形式或两者兼而有之的形式持有某种外汇的敞口头寸时，它可能因持有期内汇率的不利变动而遭受损失。汇率风险的大小与货币制度密切相关，在固定汇率制度下，汇率只在一定幅度内波动，因此造成风险损失的可能性要小得多；而在浮动汇率制度下，汇率波动的空间增大，表现为波动频繁以及波动幅度大，由此产生的汇率风险也较大。

股票价格风险主要指商业银行由于商业银行交易账户中股票及股票衍生工具头寸的不利变动所带来的风险。与利率和汇率的变动相比，股票价格的波动不仅仅受到国家宏观经济因素的影响，也受到行业因素和个别企业经营状况等微观因素的影响，其预测的难度更大。所以，商业银行交易账户中股票及股票衍生工具价格的变动不可避免地会给银行带来意外的损失或收获。

商品价格风险指持有的标准化商品头寸因商品合约价格可能出现的不利变动造成损失的可能性。这些实物产品主要指农产品、石油、天然气、贵金属（不包括黄金）等有组织的市场交易的有形商品。它们的价格受到供求变化等诸多因素的影响，所以，商业银行在持有标准化商品头寸时也承担了由此带来的直接价格风险、基差风险、期权性风险等，带有造成损失的可能性。

目前，我国实行的是分业经营制度，银行不得从事证券、信托、保险等业务，其市场风险主要来源于利率风险和汇率风险。

12.1.2 利率风险及其表现形式

一般地,按照风险来源的不同,利率风险可以分为重新定价风险、收益率曲线风险、基准风险和期权性风险四类。

重新定价风险也称为期限错配风险,是利率风险最主要和最常见的表现形式。重新定价风险是指由于银行资产、负债到期日不同或重新定价的时间不同所产生的风险,来源于银行资产、负债和表外业务到期期限或重新定价期限所存在的差异。这种重新定价的不对称性会使银行的收益或内在经济价值随着利率的变动而变化。例如,如果银行以存款利率为 2.8% 的一年期存款作为贷款利率为 6.8% 三年期贷款的融资来源,若一年之后利率上调,贷款的利息收入是固定的,但存款的利息支出却会随着利率的上升而增加,从而使银行的未来收益减少和经济价值降低。

重新定价的不对称性也会使收益率曲线斜率、形态发生变化,即收益率曲线的非平行移动,对银行的收益或内在经济价值产生不利影响,从而形成收益率曲线风险,也称为利率期限结构变化风险。例如,若以五年期政府债券的空头头寸为 10 年期政府债券的多头头寸进行保值,当收益率曲线变陡的时候,虽然上述安排已经对收益率曲线的平行移动进行了保值,但该 10 年期债券多头头寸的经济价值还是会下降。

基准风险也称为利率定价基础风险,是另一种重要的利率风险来源。在利息收入和利息支出所依据的基准利率变动不一致的情况下,虽然资产、负债和表外业务的重新定价特征相似,但因其现金流和收益的利差发生了变化,也会对银行的收益或内在经济价值产生不利影响。例如,一家银行可能用一年期存款作为一年期贷款的融资来源,贷款按照美国国库券利率每月重新定价一次,而存款则按照伦敦同业拆借市场利率每月重新定价一次。虽然用一年期的存款为来源发放一年期的贷款,由于利率敏感性负债与利率敏感性资产的重新定价期限完全相同而不存在重新定价风险,但因为其基准利率的变化可能不完全相关,变化不同步,仍然会使该银行面临着因基准利率的利差发生变化而带来的基准风险。

期权性风险(Optionality)是一种越来越重要的利率风险,来源于银行资产、负债和表外业务中所隐含的期权。期权赋予了其持有者买入、卖出或以其他方式改变某一金融工具或金融合同的现金流量的权利,而非义务。它可以是单独的金融工具,如场内(交易所)交易期权和场外期权合同,也可以隐含于其他的标准化金融工具之中,如债券或存款的提前兑付、贷款的提前偿还等选择性条款。一般而言,期权和期权性条款都是在对买方有利而对卖方不利时执行。因此,此类期权性工具具有的不对称性支付特征会给卖方带来风险。比如,若利率变动对存款人或借款人有利,存款人就可能选择重新安排存款,借款人可能选择重新安排贷款,从而对银行产生不利影响。如今,越来越多的期权品种因具有较高的杠杆效应,还会进一步增大期权头寸可能会对银行财务状况产生的不利影响。

12.1.3 汇率风险与表现形式

汇率风险的成因可简单地归纳为两个方面:一是商业银行在经营外汇业务的过程中,由于负债、收入与支出之间的币种不匹配所产生的风险;二是市场汇率的意外波动,导致商业银行资产负债价值出现的变化。具体地,按风险产生的时段,可以将汇率风险划分为三类:交易风险、经济风险和折算风险。

交易风险是商业银行面对的主要汇率风险,它是指商业银行在运用外币进行计价收付的交易中,因外汇汇率的变动而蒙受损失的可能性。商业银行在进行外币资金借贷、外汇买卖以及商品劳务进口和出口交易活动中均可能存在结算和交易发生不同时的情况。而如果结算时的汇率与交易发生时即签订合同时的汇率不相同,就可能会造成银行收益的损失。例如,商业银行在发放的一年期美元贷款期间内,如果人民币对美元汇率上升,商业银行的收益就会受到汇率波动的影响。

经济风险又称经营风险,指的是商业银行在未来一定时期内的盈利能力和现金流量受到未预料到的汇率变动而造成意外的损失。在商业银行的经营过程中,汇率波动可能引起利率、价格、进出口、市场总需求等经济情况的变化,这些因素又将直接或间接地影响商业银行的资产负债规模、结构、结售汇、国际结算业务量等,增大发生损失的可能性。值得注意的是,造成经济风险的是未预料到的汇率变动,并不包括可预期的汇率变动造成的结果。因为对于已经预料到的汇率变动,商业银行在经营决策时已经把它对未来收益的影响考虑进去,就不构成风险。

折算风险也称会计风险,是指由于外汇汇率的变动而引起的资产负债表中以外汇表示的项目金额变动的可能性,其产生是因为进行会计处理时需要将外币折算为本国货币计算,但由于不同时期使用的汇率不一致,所以可能出现会计核算上的损益。与交易风险不同的是,会计风险的损益只是会计账面上的,属于未实现的损益,并不是公司真实的价值。目前我国商业银行折算风险的一种重要的、特殊的表现形式是外汇资本金面临的汇率风险,当人民币升值幅度较大时,资产负债表中外币计价的项目就会发生波动,产生账面损失。

12.2 市场风险的度量

12.2.1 静态计量法

1. 利率敏感性缺口分析

利率敏感性缺口分析是以利率敏感性缺口为基础衡量利率变动对银行当期收益的影响的一种方法。其中,利率敏感性缺口(Interest Sensitive Gap,ISG)是指一定时期内利率敏感性资产(Interest Rate Sensitive Asset,IRSA)与利率敏感性负债(Interest Rate Sensitive Liability,IRSL)之间的差额,即

$$ISG = IRSA - IRSL \qquad (12-1)$$

如果利率敏感性资产大于利率敏感性负债,称之为正缺口;反之则为负缺口。

利率敏感性缺口分析总体思路是首先将银行的所有生息资产和付息负债按照重新定价的期限划分到不同的时间段。在每个时间段内,将利率敏感性资产减去利率敏感性负债就可以得到该时间段内的重新定价"缺口"。然后以该缺口乘以假定的利率变动,就能够得出这一利率变动对净利息收入变动的大致影响。

当某一时段内银行处于正缺口的情况下,表明银行当时需重新定价的资产多于需要重新定价的负债。若此时市场利率下降,资产的收益和负债的成本会同时下降,但由于资产多于负债,也就是说收益下降会大于成本的下降,导致银行的净利息收入减少;反之,若此时利率上升,收益的增加会多于成本的增加,使得银行的净利息收入增加,且银行收益增加或减

少的程度和利率敏感性缺口呈比例关系。同样的,在银行处于负缺口状态时,利率上升会对银行产生负面影响,利率下降则会对银行产生正面的影响。

另外,利率敏感性缺口模型还可以用利率敏感性系数(Interest Sensitive Coefficient, ISC)来表示,其计算公式为

$$\text{ISC} = \frac{\text{IRSA}}{\text{IRSL}} \tag{12-2}$$

利率敏感性系数和利率敏感性缺口有三种相对应的基本关系:当利率敏感性缺口为零时,利率敏感性系数为1;当利率敏感性缺口为正数时,利率敏感性系数大于1;当利率敏感性缺口为负数时,利率敏感性系数小于1。

缺口分析是对利率变动进行敏感性分析的方法之一,是银行业较早采用的利率风险计量方法。因为其计算简便、清晰易懂,目前仍然被广泛使用。但是,缺口分析也存在一定的局限性。第一,缺口分析假定同一时间段内的所有头寸到期时间或重新定价时间相同,因此忽略了同一时段内不同头寸的到期时间或利率重新定价期限的差异。在同一时间段内的加总程度越高,对计量结果精确性的影响就越大。第二,缺口分析只考虑了由重新定价期限的不同而带来的利率风险,即重新定价风险,未考虑当利率水平变化时,因各种金融产品基准利率的调整幅度不同而带来的利率风险,即基准风险。同时,缺口分析也未考虑因利率环境改变而引起的支付时间的变化,即忽略了与期权有关的头寸在收入敏感性方面的差异。第三,非利息收入和费用是银行当期收益的重要来源,但大多数缺口分析未能反映利率变动对非利息收入和费用的影响。第四,缺口分析主要衡量利率变动对银行当期收益的影响,未考虑利率变动对银行经济价值的影响,所以只能反映利率变动的短期影响。因此,缺口分析只是一种初级的、粗略的利率风险计量方法。

2. 久期分析

久期也称为持续期,最早是由 Macaulay 为研究固定收益债券的期限结构于1938年提出来的。Macaulay 把久期定义为债券支付的加权到期日,每次支付的权重是该次支付现金流现值的一定比例。因为固定收益债券现金流支付是固定的,其价值主要随利率波动而变化,债券期限越长,其价格受利率变化影响越大,而久期不仅反映了到期日的本金偿还,还考虑了到期前票面利息支付的金额和时间,所以债券的久期比债券距到期日的时间更适合测算时间特性。久期 D 的计算公式为

$$D = \sum_{t=1}^{T} tw_t = \sum t \times \frac{C_t/(1+y)^t}{\sum C_t/(1+y)^t} \tag{12-3}$$

式中,w_t 为 t 时期的权重,C_t 为 t 时期产生的现金流,y 为每次现金流的折现率。

如果用债券久期与价格关系衡量债券价格利率敏感性,债券价格对利率或收益率变化敏感性可以看做债券价格 P 对收益率 y 的导数:

$$\frac{dP}{dy} = \sum_{t=1}^{T} \frac{-tR_t}{(1+y)^{t+1}} = -\frac{1}{(1+y)} \sum_{t=1}^{T} \frac{tR_t}{(1+y)^t} \tag{12-4}$$

根据式(12-3)和式(12-4),债券价格对利率的变化可以表示为

$$-\frac{D}{1+y} = \frac{1}{P} \frac{dP}{dy} \tag{12-5}$$

当收益率很小时,$1+y$ 可以简化为1,令 $D^* = \frac{D}{1+y}$。可以发现,久期实际上是债券价

格利率敏感性的线性衡量：

$$D^* = -\frac{1}{P}\frac{dP}{dy} = \frac{D}{1+y} \tag{12-6}$$

或者变形为

$$\frac{dP}{P} = -D^* dy \tag{12-7}$$

其中，D^* 为修正久期，度量了给定到期收益率变化水平时债券价格变动的百分比。

商业银行的久期分析就是根据久期理论衡量利率变动对银行经济价值影响的一种方法。具体而言，就是对各时段的缺口赋予相应的敏感性权重，得到加权缺口，然后对所有时段的加权缺口进行汇总，以此估算某一给定的小幅利率变动可能会对银行经济价值产生的影响。各个时段的敏感性权重通常是由假定的利率变动乘以该时段头寸的假定平均存续期来确定。一般而言，金融工具的到期日或距下一次重新定价日的时间越长，并且在到期日之前支付的金额越小，则存续期的绝对值越高，表明利率变动将会对银行的经济价值产生较大的影响。

利用久期分析衡量利率风险的第一步是计算每笔资产和负债的存续期 D_i，利用公式（12-8）有

$$D_i = \sum_{t=1}^{n}\frac{C_{t,i} \times t_i}{(1+r)^{t_i}} \Big/ \sum_{t=1}^{n}\frac{C_{t,i}}{(1+r)^{t_i}} \tag{12-8}$$

式中，t_i 表示资产或债券 i 现金流所发生时间，$C_{t,i}$ 表示资产或债券 i 的第 t 期现金流，r 表示市场利率。

第二步，以每笔资产和负债占总资产和总负债的比重作为权数，计算出银行总资产和总负债的加权平均存续期。假设 $D_1, D_2, \cdots, D_j$ 为计算出的各资产项的存续期，$D_{j+1}, D_{j+2}, \cdots, D_n$ 为个负债项的存续期，那么银行总资产的加权平均存续期为

$$\overline{D}_A = \sum_{i=1}^{j}\left(\frac{a_i}{a} \times D_i\right) \tag{12-9}$$

其中，a_i 表示资产 i 的市场价值，a 表示银行总资产。同样的，银行总负债的加权平均存续期为

$$\overline{D}_D = \sum_{i=j+1}^{n}\left(\frac{d_i}{d} \times D_i\right) \tag{12-10}$$

其中，d_i 表示负债 i 的市场价值，d 表示银行总负债。

第三步是计算存续期缺口。存续期缺口的含义与前面所述的利率缺口相同，其计算公式为

$$存续期缺口 = 总资产的加权平均存续期 - \frac{总负债}{总资产} \times 负债的加权平均存续期 \tag{12-11}$$

在得到存续期缺口后，采取和利率敏感性缺口分析同样的分析方法。若存续期缺口的值为正，说明资产的平均续存期大于负债的平均续存期，当利率上升时，资产和负债的价值都会减少，但是资产的减少幅度会大于负债的减少幅度，造成银行市值或经济价值的下跌；当利率下降时，资产和负债的价值都会增加，但是资产的增加幅度大于负债的增加幅度，造成银行市值或经济价值的上涨。若存续期缺口的值为负，则出现相反的状况。

我国银监会在《商业银行市场风险管理指引》中指出，商业银行可以对以上的标准久期分析法进行演变，如可以不采用对每一时段头寸使用平均久期的做法，而是通过计算每项资产、负债和表外头寸的精确久期来计量市场利率变化所产生的影响，从而消除加总头寸/现金流量时可能产生的误差。另外，银行还可以采用有效久期分析法，即对不同的时段运用不同的权重，根据在特定的利率变化情况下，假想金融工具市场价值的实际百分比变化，来设计各时段风险权重，从而更好地反映市场利率的显著变动所导致的价格的非线性变化。

与缺口分析相比较，久期分析是一种更为先进的利率风险计量方法。缺口分析侧重于计量利率变动对银行短期收益的影响，而久期分析则能计量利率风险对银行经济价值的影响，即估算利率变动对所有头寸的未来现金流现值的潜在影响，从而能够对利率变动的长期影响进行评估，更为准确地估算利率风险对银行的影响。但是，久期分析仍然存在一定的局限性：第一，如果在计算敏感性权重时对每一时段使用平均久期，即采用标准久期分析法，久期分析仍然只能反映重新定价风险，不能反映基准风险，以及因利率和支付时间的不同而导致的头寸的实际利率敏感性差异，也不能很好地反映期权性风险；第二，对于利率的大幅变动（大于1%），由于头寸价格的变化与利率的变动无法近似为线性关系，因此，久期分析的结果就不再准确。

3. 外汇敞口分析（Foreign Currency Exposure Analysis）

外汇敞口分析是衡量汇率变动对银行当期收益影响的一种方法。外汇敞口主要来源于银行表内外业务中的货币错配。如果某一时段内银行某一币种的多头头寸与空头头寸不一致，此时汇率的变动就可能会给银行的当期收益或经济价值带来损失，从而形成汇率风险。

按照我国银监会的要求，商业银行在进行敞口分析时应当包含两部分工作。一是分析每种币种的外汇敞口。在分析单一币种的外汇敞口时，商业银行应当分析该币种的即期外汇敞口、远期外汇敞口和即期、远期加总轧差后的外汇敞口。二是外汇总敞口。出于统一的需要，商业银行在对每种币种进行外汇敞口分析后，应将该币种的外汇敞口折算成报告货币并进行加总轧差，得到该银行的外汇总敞口。

外汇敞口分析是银行业较早采用的汇率风险计量方法，具有计算简便、清晰易懂的优点。但是，外汇敞口分析也存在一定的局限性，主要是忽略了各币种汇率变动的相关性，难以揭示由于各币种汇率变动的相关性所带来的汇率风险。

12.2.2 标准法

标准法是巴塞尔银行监管委员会提供的两种市场风险计量方法之一。标准法的基本思路是将每一个风险模块的资本要求进行简单相加，其结果就是银行整体的市场风险资本要求。按照巴塞尔银行监管委员会的要求，每一种风险的资本要求都是由特定风险和一般市场风险两部分组成，每一部分的风险都必须分别进行计算。

在此基础上，我国银监会对商业银行采用标准法进行市场风险计量规定了统一的口径。

银监会在《商业银行市场风险资本计量内部模型法监管指引（第4次征求意见稿）》（以下简称《意见稿》）中指出，市场风险包含的风险模块有利率风险、股票风险、外汇风险、商品风险和期权风险。同时，《意见稿》还对每一种风险的特定风险和一般市场风险的计量都作出了相应的规定。

以利率风险为例，《意见稿》规定：利率风险包括交易账户中的债券、利率及债券衍生工具头寸的风险。利率风险的资本要求包括特定风险和一般市场风险的资本要求两部分。对于特定风险，商业银行拥有的政府证券的资本要求为0；剩余期限为不超过6个月的合格证券的资本要求为0.25%；剩余期限为6个月至24个月的合格证券的资本要求为1.00%；剩余期限为24个月以上的合格证券的资本要求为1.60%；其他证券的资本要求为8.00%。

对于一般市场风险，其资本要求由以下三部分组成：

（1）每时段内加权多头和空头头寸可相互对冲的部分所对应的垂直资本要求；

（2）不同时段间加权多头和空头头寸可相互对冲的部分所对应的横向资本要求；

（3）交易账户的加权净多头或净空头头寸所对应的资本要求。

一般市场风险资本要求的计算采用到期日法。时段的划分和各时段的风险权重见表12-1，时区的划分和匹配的风险权重见表12-2。

第一，各时段的头寸乘以相应的风险权重计算各时段的加权头寸；

第二，各时段的加权多、空头头寸可相互对冲的部分乘以10%得出垂直资本要求；

第三，各时段的加权多头头寸和加权空头头寸进行抵消得出各个时段的加权头寸净额；将在各时区内各时段的加权头寸净额之间的可相互对冲的部分乘以表12-2所列的第一组权重得出各个时区内的横向资本要求；

第四，各时区内各时段的加权头寸净额进行抵消，得出各时区加权头寸净额；每两个时区加权头寸净额之间可相互对冲的部分乘以表12-2所列的第二组权重得出时区间的横向资本要求；

第五，各时期加权头寸净额进行抵消，得出整个交易账户的加权净多头或空头头寸所对应的资本要求。

表12-1 时段和权重

息票利率不小于3%	息票利率小于3%	风险权重	假定的收益变化
不长于1个月	不长于1个月	0.00%	1.00
1至3个月	1至3个月	0.20%	1.00
3至6个月	3至6个月	0.40%	1.00
6至12个月	6至12个月	0.70%	1.00
1至2年	1.0至1.9年	1.25%	0.90
2至3年	1.9至2.8年	1.75%	0.80
3至4年	2.8至3.6年	2.25%	0.75
4至5年	3.6至4.3年	2.75%	0.75
5至7年	4.3至5.7年	3.25%	0.70
7至10年	5.7至7.3年	3.75%	0.65
10至15年	7.3至9.3年	4.50%	0.60
15至20年	9.3至10.6年	5.25%	0.60
20年以上	10.6至12年	6.00%	0.60
	12至20年	8.00%	0.60
	20年以上	12.50%	0.60

表 12－2 时区和权重

时区	时 段		同一区内	相邻区之间	1 区和 3 区之间
	息票利率不小于3%	息票利率小于3%			
1 区	0 至 1 个月	0 至 1 个月	40%	40%	100%
	1 至 3 个月	1 至 3 个月			
	3 至 6 个月	3 至 6 个月			
	6 至 12 个月	6 至 12 个月			
2 区	1 至 2 年	1.0 至 1.9 年	30%		
	2 至 3 年	1.9 至 2.8 年			
	3 至 4 年	2.8 至 3.6 年			
3 区	4 至 5 年	3.6 至 4.3 年	30%		
	5 至 7 年	4.3 至 5.7 年			
	7 至 10 年	5.7 至 7.3 年			
	10 至 15 年	7.3 至 9.3 年			
	15 至 20 年	9.3 至 10.6 年			
	20 年以上	10.6 至 12 年			

12.2.3 内部模型法

内部模型法是巴塞尔银行监管委员会提出的另外一种市场风险计量方法，它主要是通过计量市场风险资本的风险价值（VaR）来衡量市场风险水平。与标准法相比，巴塞尔银行监管委员会更鼓励业务复杂程度和市场风险水平较高的商业银行开发和使用内部模型计量风险价值，对所承担的市场风险水平进行量化估计。

VaR（Value at Risk）按字面的解释就是"处于风险状态的价值"，即市场正常情况下在一定置信水平下和一定期间内某一金融工具或投资组合在未来资产价格波动下所面临的最大潜在损失值。我国银监会将风险价值定义为：在一定的持有期和给定的置信水平下，利率、汇率等市场风险要素发生变化时可能对某项资金头寸、资产组合或机构造成的潜在最大损失。具体地，对某一价值服从概率分布 $f(\omega)$ 的投资组合而言，在置信水平 c 下，其最小价值 W^* 可以通过下式得到：

$$c = \int_{W^*}^{+\infty} f(\omega) \mathrm{d}\omega \qquad (12-12)$$

假设该组合期初价值为 W^0，且该组合收益率为 R，则该组合的期末价值 $W = W^0(1+R)$，令：

$$\mathrm{VaR} = E(W) - W^* \qquad (12-13)$$

那么计算得到的 VaR 就是该资产组合的风险价值。

如果计算出某投资组合的 VaR 值为 1 万元，且该投资组合持有期为 30 天、置信水平为 99%，那么则认为该资产组合在期末仅有 1% 的可能性出现损失大于 1 万元的情况。

目前，常用的风险价值计算方法主要有两种：参数法和非参数法。方差—协方差法（Variance-Covariance Method）属于参数法中一种比较常用的方法，而历史模拟法（Historical

Simulation Method)和蒙特卡洛法(Monte Carlo Simulation Method)则是非参数方法中最为典型的两种方法。

1. 方差—协方差法

方差—协方差法是计算 VaR 的常用方法之一,其基本思路为:首先,利用历史数据计算资产组合的收益的分布参数,如方差、标准差、协方差等;其次,假定风险因子收益的变化服从特定的分布(通常是正态分布),求出在一定置信水平下反映了分布偏离均值程度的临界值;最后建立与风险损失的联系,推导 VaR 值。

如果根据历史数据得到某资产组合均值为 μ,标准差为 σ。设资产组合收益 $R \sim N(\mu, \sigma)$,又设 α 为置信水平 c 下的临界值。根据正态分布的性质,在置信水平 c 下的收益 R^* 满足条件:

$$1 - c = \int_{-\infty}^{-R^*} f(\omega) d\omega = \int_{-\infty}^{-\alpha} f(\varepsilon) d\varepsilon \tag{12-14}$$

且

$$R^* = -\alpha\sigma + \mu \tag{12-15}$$

假设持有期为 Δt,则均值和数准差分别为 $\mu\Delta t$ 和 $\sigma\sqrt{\Delta t}$,这时风险价值可以表示为

$$VaR = W_0(\mu - R^*) = W_0\sigma\alpha\sqrt{\Delta t} \tag{12-16}$$

因此,只要能计算出某种组合的标准差 σ,则可求出其 VaR 的值。

方差—协方差法原理简单、计算快捷,但是由于现实情况中许多金融资产的收益率分布并不符合正态分布,而是存在厚尾现象,所以基于正态近似的模型往往会低估实际的风险值。同时,方差—协方差法是基于历史数据来估计未来,其成立的假设条件是过去事件会在未来得到重现,而这种假设也受到了广泛的质疑。

2. 历史模拟法

"历史模拟法"与"方差—协方差法"同样是运用历史资料,计算资产组合的 VaR 值。两者的不同之处在于对极值确定的方式不同。"历史模拟法"是通过现有的有限样本实际存在的值,顺序或逆序排列后取置信水平比例的实际值,确定极值,此极值为样本中实际存在的;而"方差—协方差法"则是根据有限样本,通过统计推断得出一定的置信区间,从而计算 VaR 值。

历史模拟法同样假定历史变化可以在未来得到重现,银行能够使用资产组合的市场收益频率历史分布数据表示风险因素的未来变化,并通过预测的信息计算资产组合的 VaR。例如,为了计算某一资产在置信水平为 96% 下的日 VaR 值,只需要把该资产在过去一段时间的每日收益的历史数值按照从小到大的顺序进行排列。然后,把这个序列分为 100 等份,从最低收益的一方起第四份对应的数值即为该资产在置信水平为 96% 下的日 VaR 值。

历史分布法对资产的收益预测完全建立在历史数据之上,不需要对其分布进行任何的假设,因而可以较好地处理非正态分布。同时,该方法是一种全值模拟,可有效地处理包括期权组合在内的非线性组合。

但是,与方差—协方差法一样,历史模拟法的首要缺点在于"风险因素的未来分布与历史分布一致"的假设。若选取的历史资料期间包括极端数据,且这种数据占全体数据的比重大,则模型会有高估正常市场应有的波动性现象,以至于高估应有的风险值。相反地,若选取的历史资料期间不包括这种极端数据,历史模拟法又不能反映市场的突然变化和极端

事件，影响预测的可靠性。其次，在选取投资组合历史数据样本时，如果时间长短选取不同，可能会出现不同的预测结果。如果选取的样本时间跨度太短，根据统计学原理，就会造成风险值估计的可信度不高，预测不准确。但如果样本数据时间太长，远期的历史分布数据并不能很好地反映风险因素的未来变化。所以，在采用历史模拟法时需要综合考虑各种因素，才能选择出一个相对合理的历史数据时间跨度。

3. 蒙特卡洛法

蒙特卡洛法与历史模拟法一样，都是通过对资产组合收益未来分布的模拟来实现对资产组合市场风险水平的计量。不同点在于，历史模拟法是直接根据历史数据来模拟风险因素未来的变化，而蒙特卡洛法则需要对历史数据进行统计分析，从中得到风险因素的各种参数，并通过这些参数进行风险因素未来变化的模拟，获得资产组合的 VaR 值。

采用蒙特卡洛法计量市场风险水平包括三个步骤。第一步，确定由市场因素表示的投资组合盯市价值的表达式，用该表达式模拟价格的时间路径。第二步，选定市场风险因素所服从的特征分布，估计分布参数。与前面两种方法不同的是，描述市场因素可能变化的统计分布可以是任何合理的分布，可以是正态分布，也可以是带跳的扩散分布、t 分布等。第三步，根据第一步确定的市场价格与风险因子的数量关系，利用第二步产生的风险因子随机数，生成一系列的投资组合价值，并按照历史模拟法的过程，对盯市组合价值进行排序、分组，得到投资组合收益率的概率分布，测定组合的 VaR。

蒙特卡罗模拟法被认为是迄今为止最有效的计算 VaR 的方法。它通过情景的随机模拟，能产生大量数据，尤其是产生在历史上没有发生的事件的数据。因此，它更符合实际情况，比历史模拟方法更为精确和可靠。另外，与历史模拟法一样，蒙特卡洛模拟法是一种全值估计方法，可以处理非线性、大幅波动及"厚尾"问题。而蒙特卡洛模拟法主要缺点在于：第一，该方法的理论基础是基础风险因素的随机模型和证券的定价模型，存在一定的模型风险；第二，模型需要进行大量的计算，尤其是在随机数的生成过程中，如果随机循环过程太短会导致随机序列相关，影响 VaR 的计算。所以，一个好的随机数循环过程需要数十亿次的计算。

12.3 市场风险的管理

12.3.1 市场风险的管理体系

银监会在《商业银行市场风险管理指引》中指出，市场风险管理是识别、计量、监测和控制市场风险的全过程。市场风险管理的目标是通过将市场风险控制在商业银行可以承受的合理范围内，实现经风险调整的收益率的最大化。

为了实现对市场风险的有效管理，确保在合理的市场风险水平之下安全、稳健经营，商业银行需要建立与本行的业务性质、规模和复杂程度相适应的、完善的、可靠的市场风险管理体系。一个完整市场风险管理体系包括董事会和高级管理层的有效监控、市场风险管理政策和程序、市场风险识别、计量、监测和控制程序、内部控制和独立的外部审计以及市场风险资本分配机制等基本要素。

在市场风险管理的组织体系中，由商业银行的董事会承担对市场风险管理实施监控的最终责任，确保商业银行有效地识别、计量、监测和控制各项业务所承担的各类市场风险。董事会下设的专门委员会可以依据董事会授权履行日常决策职能,并定期向董事会提交有关报告。由商业银行的高级管理层负责制定、定期审查和监督执行市场风险管理的政策、程序以及具体的操作规程,及时了解市场风险水平及其管理状况,并确保银行具备足够的人力、物力以及恰当的组织结构、管理信息系统和技术水平来有效地识别、计量、监测和控制各项业务所承担的各类市场风险。同时,商业银行应当指定专门的部门负责贯彻已批准的风险管理战略,并根据搜集的市场风险信息制定各种风险管理战术性策略。

市场风险管理政策和程序的主要内容包括:① 可以开展的业务,可以交易或投资的金融工具,可以采取的投资、保值和风险缓解策略和方法;② 商业银行能够承担的市场风险水平;③ 分工明确的市场风险管理组织结构、权限结构和责任机制;④ 市场风险的识别、计量、监测和控制程序;⑤ 市场风险的报告体系;⑥ 市场风险管理信息系统;⑦ 市场风险的内部控制;⑧ 市场风险管理的外部审计;⑨ 市场风险资本的分配;⑩ 对重大市场风险情况的应急处理方案。商业银行制定的这些政策和程序,应当与银行的业务性质、规模、复杂程度和风险特征相适应,与其总体业务发展战略、管理能力、资本实力和能够承担的总体风险水平相一致,并对不同类别的市场风险和不同业务种类的市场风险制定更详细和有针对性的风险管理政策和程序,并保持相互之间的一致性。

风险的识别、计量、监测和控制是市场风险管理的核心。其中,风险识别是进行风险计量、监测和控制的基础,商业银行只有在对每项业务和产品中的市场风险因素进行分解和分析,在及时、准确地识别所有交易和非交易业务中市场风险的类别和性质的基础上才能正确地选择合适的风险计量工具和控制策略。风险的计量是将风险水平定性和定量的过程,商业银行应当根据本行的业务性质、规模和复杂程度,对银行账户和交易账户中不同类别的市场风险选择适当的、普遍接受的计量方法,尽可能准确地计算可以量化的市场风险和评估难以量化的市场风险。由于风险计量可以采取的计量方式包括缺口分析、久期分析、外汇敞口分析、敏感性分析、情景分析和运用内部模型计算风险价值等,所以商业银行应当充分认识到市场风险不同计量方法的优势和局限性,选择合适的计量工具,并采用压力测试等其他分析手段进行补充。对市场风险的状况,商业银行应定期、及时向董事会、高级管理层和其他管理人员提供有关市场风险情况的报告。向董事会提交的市场风险报告通常包括银行的总体市场风险头寸、风险水平、盈亏状况和对市场风险限额及市场风险控制的其他政策和程序的遵守情况等内容。向高级管理层和其他管理人员提交的市场风险报告通常包括按地区、业务经营部门、资产组合、金融工具和风险类别分解后的详细信息,并具有更高的报告频率。在此基础上,商业银行可以采用适当的措施,选择合适的工具对市场风险进行控制,并对市场风险有重大影响的情形制订应急处理方案,包括采取对冲、减少风险暴露等措施降低市场风险水平,以及建立针对自然灾害、银行系统故障和其他突发事件的应急处理或者备用系统、程序和措施,以减少银行可能发生的损失和银行声誉可能受到的损害。

商业银行内部控制体系是商业银行为实现经营管理目标,通过制定并实施系统化的政策、程序和方案,对风险进行有效识别、评估、控制、监视和改进的动态过程和机制。市场风险管理内部控制体系是银行整体内部控制体系的有机组成部分,它可以促进有效的业务运作,提供可靠的财务和监管报告,促使银行严格遵守相关法律、行政法规、部门规章和内部的制度、程序,确保市场风险管理体系的有效运行。按照我国银监会的要求,商业银行的内部审计部门应当定期(至少每年一次)对市场风险管理体系各个组成部分和环节的准确、可靠、充分和有效性进行独立的审查和评价。内部审计报告应当直接提交给董事会。董事会应当督促高级管理层对内部审计所发现的问题提出改进方案并采取改进措施。同时，内部审计部门应当跟踪检查改进措施的实施情况，并向董事会提交有关报告。对于那些内部审计力量不足的商业银行，则应当委托社会中介机构对其市场风险的性质、水平及市场风险管理体系进行外部审计。

12.3.2 利率风险管理

商业银行在准确识别和度量利率风险之后，就必须采取适当的管理策略对利率风险进行管理，达到隔离风险或减少损失的目的。目前，利率风险控制的管理策略主要有两大类：一类是表内管理策略，即通过增加或减少资产或负债的头寸，或者改变资产或负债的内部结构，达到控制利率风险的目的；另一类是表外管理策略，即利用金融衍生工具对银行利率风险进行控制。

1. 表内管理策略

前面说过，当银行的利率敏感性资产与利率敏感性负债不匹配时，利率变动就会对银行的净利差收入产生影响。具体地，在银行存在正缺口和资产敏感的情况下，若利率上升，由于资产收入的增加多于资金成本的增加，银行的净利息差扩大，则银行的净利息收入增加；若利率下降，由于资产收入的下降多于资金成本的下降，银行的净利息差缩小，则银行的净利息收入减少；相反地，在银行存在负缺口和负债敏感的情况下，利率上升会使得银行的收益减少，利率下降会造成银行的收益增加。所以，通过调整资产负债表的结构，控制利率敏感性缺口的大小，使银行的利率敏感性资产与利率敏感性负债相匹配，可以实现对利率风险的有效控制。目前，缺口管理有两种基本的策略：主动型策略和被动型策略。

主动型策略就是商业银行在把握利率走势的基础上，采取适当的行动，相应地扩大正缺口或负缺口，以谋求更大的净利息收入。当预测利率会上升时，商业银行应该通过增加利率敏感性资产或减少利率敏感性负债，以扩大正缺口的值。具体的措施可以包括增加长期固定利率存款、限制固定利率贷款、出售长期固定利率债券、购买短期固定利率债券或长期浮动利率债券等。这样，一旦利率上升，增加的资产利率收入将超过增加的负债利息支出，从而增加净利息收入。反之，当预测利率会下降时，银行可采取相反的做法，以扩大负缺口，保证利率下降后的收益。

被动型策略就是及时调整利率敏感性资产和负债头寸，始终保持缺口为零或者很小，以规避利率风险。由于主动型策略的有效性是建立在银行对未来利率的准确预测之上，所以对于那些不具有准确预测能力的商业银行而言，被动型策略更符合其控制利率风险的需要。被动型策略的核心在于确保利率敏感性资产和利率敏感性负债之间的平衡，使得资产和负债所受的因利率变动而产生的影响能够相互抵消，保证整个资产组合的价值稳定。但被动型策略并不是商业银行对利率风险的无为而治。实际上，银行的资产负债每天都在发生变动，这就要求商业银行采取大量的补偿操作，以保证利率敏感性资产和利率敏感性负债之间的平衡。常用的被动策略包含一种久期免疫策略，即根据久期分析的原理构造一个久期免疫资产组合使商业银行的资产和负债摆脱利率风险。一般地，对于债券投资者而言，当利率发生变化时，投资者面临两种方向相反的风险，一是利率风险。即从短期来看，如果利率下降，债券价格将上涨，债券的短期投资者将会从利率的下降中获取收益，反之就会遭受损失。二是再投资风险。即从长期投资看，因为债券到期时，它的价格一定等于票面值，而利率下降会导致债券息票付款的再投资收益率下降，所以债券投资者在长期内的全部收益将会下降。相同的利率变动在长期和短期使投资者收益出现相反的结果，意味着它们之间存在一个"中期"。从"中期"看，投资者的收益将不会受利率变动的影响，这就相当于投资一个期限与这个"中期"相等的贴现债券，在持有的"中期"内，投资收益不受利率变动的影响。如果投资者建立的债券组合的久期等于这个"中期"，就可以实现投资收益不受利率变动影响。假设某银行希望目前拥有的 100 万元资产 3 年后的收益率可以达到 7%。而现在银行有种固定利率债券可供选择，一种是面值为 1 000 元、票面利率为 8% 的 3 年期债券 A 和面值为 1 000 元、票面利率为 8% 的 5 年期债券 B。若单独购买债券 A，在利率维持在 8% 的情况下，3 年后债券价格仍为 1 000 元，那么对每一份债券而言，银行的利息收益和再投资收益之和为

$$R_1 = 80 \times 1.08^2 + 80 \times 1.08^1 + 80 = 259.71$$

每份债券的总收入为

$$R = 259.71 + 1\ 000 = 1259.71$$

所以，单独购买债券 A 时银行 3 年后的总收入为 125.97 万元，总收益率为

$$r = \sqrt[3]{\frac{125.97}{100}} - 1 = 0.08 = 8\%$$

但是，若利率马上下降为 4%，那么 3 年后证券的价格也为 1 000 元。按照上面同样的计算，3 年后总收入为 124.97 万元；若利率马上上升为 12%，此时的总收入为 127 万元。所以，若单独购买债券 A，银行的收益会随着利率的变动而发生变化，存在利率风险。同样的道理，单独购买债券 B 也会出现相同的状况。所以，银行决定根据久期理论构造一个债券组合，排除利率变化对收益的影响。首先，根据式（12-3），可以计算出债券 A 的久期为 2.78 年，债券 B 的久期为 4.31 年。用债券 A 和 B 来构造一个资产组合，令购买 A 和 B 的资产比例分别为 w_1 和 w_2，联立方程组有

$$\begin{cases} w_1 \times 2.78 + w_2 \times 4.31 = 3 \\ w_1 + w_2 = 1 \end{cases}$$

求解得出：$w_1 = 85.6\%$，$w_2 = 14.4\%$，即购买 A 债券 856 份，购买 B 债券 144 份。当利率不发生变动时，3 年后债券 A 价格为 1 000 元，银行可由债券 A 获得收入 107.83 万元。债券 B 价格为 1 000 元，银行可由债券 B 获得收入 18.14 万元，债券组合总收益 125.97 万元；如果利率马上下降为 4%，3 年后债券 A 价格为 1 000 元，银行可由债券 A 获得收入 106.98 万元。但 3 年后债券 B 的价格会由于利率下降而上升为 1 075.44 元，所以银行由债券 B 获得的收入为 19.08 万元，债券组合总收益 126 万元；如果利率马上上升为 12%，3 年后债券 A 价格为 1 000 元，银行可由债券 A 获得收入 108.71 万元。但 3 年后债券 B 的价格会由于利率上升而下降为 932.4 元，所以银行由债券 B 获得的收入为 17.31 万元，债券组合总收益 126 万元。通过 3 个数据的对比可以看出，无论利率如何变化，该债券组合的收益总可以保持在 126 万元。因此，商业银行通过构建以久期理论为基础的久期免疫资产组合来很好地规避利率风险。

2. 表外管理策略

利率风险的表外管理方法是在不改变资产或负债规模的前提下，通过金融衍生工具等表

外科目的安排来实现套期保值的效果。商业银行通过利率衍生工具可以建立衍生工具头寸，在利率变动时产生一个与资产负债净损益方向相反、数量相等的损益量，从而达到套期保值，规避利率风险的目的。目前，商业银行用以规避利率风险的常用的衍生工具有远期利率协议、利率期货、利率期权以及利率互换等，商业银行可以根据缺口的现金流特点，或者具体金融资产负债的现金流特点来选择不同的衍生工具实现套期保值和对冲，以规避利率风险。

1）远期利率协议（Forward Rate Agreement）

远期利率协议是一种典型的金融衍生品，是指交易双方在签订协议时商定，在未来某一特定时期，按照规定的货币、金额、期限和利率进行交割的一种协议。这种交易的一个主要特点是并不涉及实际的贷款收付，而只是在清算日，按规定的限期和本金额，由一方向另一方支付根据协议利率和协议规定的参考利率计算出来的利息差额的贴现。这里的交易双方分别为名义上的借款人和贷款人。在实际中，借款人有避免利率上升所带来的风险的需要，而贷款人则有避免利率下跌的风险的需要。也就是说，借款人希望现在就确定未来的利率，以便固定在未来的借款成本，而贷款人则希望自己的资产不要因为利率下跌而遭受损失。具体地，如果银行希望将未来的借款成本固定在一定水平上，它可以购买一个远期利率协议。在未来的利率上升的情况下，银行按照协议利率进行融资借款就可以降低借款成本；如果商业银行希望固定未来贷款的收益，它可以出售一个远期利率协议。在未来的利率下降的情况下，银行可以按照协议利率进行贷款，从而保证更高的利息收入。这样，不管出现哪种情况，银行都可以保证未来时期以固定的利率借出资金或发放资金，降低了利率风险。但作为回报，银行同时也放弃了利率沿有利方向变动时所能带来的高收益。

在运用远期利率协议工具时，先由借贷双方共同商定一个协议利率，如果清算日的市场利率高于这个协议利率，则由贷款人向借款人支付这笔利差；如果清算日的市场利率低于这个名义利率，则借款人就应将利差支付给贷款人。令 D 为协议期限，P 为远期利率协议中的本金，B 为一年中的天数（以美元计一年为 360 天，英镑计为 365 天），i_c 表示协议利率，i_r 为参考利率，通常为 LIBOR（伦敦银行同业拆放利率）。若 $i_c < i_r$，则由贷款人向借款人支付这笔利差；若 $i_c > i_r$，由借款人向贷款人支付这笔利差，所要支付的金额 A 为

$$A = \frac{(i_r - i_c) \times P \times \frac{D}{B}}{1 + i_r \times \frac{D}{B}} \qquad (12-17)$$

例如，甲银行有一笔金额为 100 万美元的 3 个月贷款，而乙银行有一笔金额为 100 万美元的 3 个月存款。3 个月后，若利率上升，甲银行可以获得额外收益，但乙银行却要支付额外的贷款成本；若利率下降，甲银行的收益则会减少，乙银行却可以降低借款的成本。从风险角度考虑，如果甲银行愿意放弃获得额外收益的机会而固定其收益，而乙银行也同样愿意放弃减少成本支出的机会而固定其贷款成本，双方便可以达成一份名义本金为 100 万美元的收入固定利率/支付浮动利率的 6 个月远期利率协议。经双方协商，浮动利率是 3 个月期LIBOR，协议利率是 6.5%。如果 3 个月后 3 个月期的 LIBOR 是 7%，在这种情况下，甲银行则要向乙银行支付金额 A'：

$$A' = (0.07 - 0.065) \times (90/360) \times 1\,000\,000 = 1\,250$$

考虑到这笔利息的实际支付发生在 3 个月后的协议到期日，甲银行实际支付的金额 A 为

$$A = 1\,250/[1 + (90/360) \times 0.07] = 1\,229$$

所以在利率上升的情况下,乙银行虽然增加了借款成本,但同时获得了因购买远期利率协议的收益 1 229 美元,从一定程度上弥补了由于利率上升所带来的损失,降低了其风险水平。

远期利率协议作为一种场外交易的金融工具,从复杂性上来说,它是最简单的利率衍生产品,具有灵活、简便、不需支付保证金等优点。但相对于期货、期权等,其风险性相对较高,尤其是交易对手违约的风险较大。

2)利率期货(Interest Rate Futures)

一般地,商业银行都持有大量的债券等有息资产,而这些债务凭证对利率极其敏感,利率的少许波动都会引起它们的价格大幅波动,给商业银行带来巨大的风险。为了控制利率风险,减少利率波动的影响,固定商业银行未来的贷款利率和借款利率,芝加哥期货交易所于 1975 年 10 月推出了利率期货。

利率期货是买卖双方在未来某一时间按照事先约定的价格在期货交易所买进或卖出某种有息资产,并在未来某一时间进行交割的一种金融期货。按照合约标的的期限,利率期货可以分为短期利率期货和长期利率期货。短期利率期货是指期货合约标的的期限在一年以内的各种利率期货,包括各种期限的商业票据期货、国库券期货及欧洲美元定期存款期货等各种以货币市场的各类债务凭证为标的的利率期货;而长期利率期货则是指期货合约标的的期限在一年以上的各种利率期货,包括各种期限的中长期国库券期货和市政公债指数期货等各种以资本市场的各类债务凭证为标的的利率期货。

具体地,投资者在运用利率期货工具时,可以有两种不同的策略:空头利率套期保值和多头利率套期保值。空头利率套期保值是指先卖出期货合约后再买入合约,它可以避免因将来利率上升而引起的持有债券的价值下跌或预定的借款费用上升的风险。对某一利率敏感性缺口为负值的银行而言,未来的利率上升会使得其资产收益的增加少于利息支出的增加,银行的净利差将缩小。此时,该银行可以在期货市场上采取空头套期保值,先在期货市场上卖出利率期货合约。当利率上升时,银行的净利差将缩小,但由于利率期货的价格走向和利率变动的方向相反,商业银行可以低价买入利率期货合约,实现期货市场上的收益,并用此收益弥补现货市场上的损失。当利率下降时,虽然银行会在期货市场上出现损失,但同样可以用现货市场上的收益进行抵补。

与空头利率套期保值相反,多头利率套期保值是指先买入期货合约后再卖出合约。当银行的利率敏感性缺口为正值时,利率下降会导致银行资产收益的下降大于利息支出的下降,使得银行净利差缩小。此时商业银行可以考虑采取多头利率套期保值的策略,先在期货市场上买入利率期货合约。如果利率下降,商业银行可以高价卖出合约,用期货市场的盈利来弥补利率下降带来的现货市场损失;如果利率上升,现货市场的收益同样可以弥补期货市场的损失,银行只是失去了赚取额外收益的机会。

假设某利率敏感性缺口为正值是银行预计 3 个月内美元利率将会下降 100 个基本点,这会使得银行的净利息收入减少 20 万美元。面对这一状况,银行决定采用多头利率套期保值的策略,先在期货市场上购买了 100 份名义本金为 100 万美元的 91 天期美国财政部短期债券期货合同。假定利率下降 100 个基本点会使一笔名义本金为 100 万美元的 91 天期的美国财政部短期债券期货合同价格增加 2 000 美元。如果利率在 3 个月内上升 100 个基点,银行在期货市场上亏损20万美元,但在现货市场上却可以收益20万美元;如果利率在3个月内下降100个基点,银行在现货市场上亏损20万美元,但在期货市场上可以获得收益20万美元。因此无论未来3个月的利率变动方向如何都能保证银行的收益维持在目前水平。

3）利率期权（Interest Rate Option）

利率期权是一项规避短期利率风险的有效工具。借款人通过买入一项利率期权获得一项权利,即在到期日或期满前按照预先确定的利率和期限借入或贷出一定金额的货币,其标的物通常是政府短期、中期、长期债券,欧洲美元债券,大面额可转让存单等利率工具。利率期权的特点在于,如果执行该项交易有利,则期权购买人会选择履行合同,如果执行该交易不利,则期权购买人可以放弃该权利,选择不履行合同。利率期权可以分为看涨期权和看跌期权。看涨期权,又称买入期权,指的是作为期权合同的买方有权利但没有义务在未来某一时间按照事先商定的期权价格,从期权的卖方手中购入某一金融票据。看跌期权,又称卖出期权,指的是作为期权合同的买方有权利但没有义务在未来某一时间按照事先商定的期权价格将某一金融票据出售给期权的卖方。

由于利率期权是在未来一定时间以一定价格买入或卖出一定证券的权利,所以当利率上升,证券价格下降时,如果银行持有卖出期权将会从中获利,但如果银行持有买入期权将会放弃此权利;当利率下降,证券价格上升时,如果银行持有买入期权,可以协议价格购进规定的金融资产,也可以卖掉买入期权获利,若银行持有卖出期权,则可以选择不履行合同。所以,无论是利率上升还是下降,银行都可以通过利率期权在一定程度上规避利率风险。

在实际运用中,商业银行还可以将一系列的利率期权进行合成,得到利率期权的衍生产品:利率上限、利率下限和利率双限等金融工具。

利率上限（Interest Rate Cap）,又称利率帽子,指的是买卖双方就未来某一时段内的某一交易确定一个参考利率和一个利率上限。当参考利率超过利率上限时,则由卖方向买方支付协议中名义本金乘以超过上限利率得出的金额。利率上限可以看成由一系列不同有效期限的借款人利率期权合成的。通过买入利率上限,投资者可以避免未来一段时间内每一期的利率风险。

与利率上限相反,利率下限（Interest Rate Floor）,又称利率地板,指的是买卖双方就未来某一时段内的某一交易确定一个参考利率和一个利率下限。当参考利率低于利率下限时,则由卖方向买方支付协议中名义本金乘以低于下限利率得出的金额。利率下限可以看成是由一系列不同有效期限的贷款人利率期权合成的。通过买入利率下限,投资者可以避免过低利率带来的风险。

将利率上限和利率下限合成,就可以得到利率双限（Interest Rate Collar）。具体地,银行在买入一项利率上限或利率下限的同时卖出一项利率下限或利率上限,就可以得到利率双限。利率上限可以将未来一段时间的利率变动幅度限定在一定的范围之内。比如说,如果买方是资金需求者,通过买入利率上限,可以固定其利率。同时,买方又可以卖出利率下限,以获得的收益来对冲其购买利率上限的费用;同样的,如果买方是资金供给者,通过卖出利率上限,买入利率下限,也可以帮助其对冲风险。

4) 利率互换（Interest Rate Swap）

利率互换是一种双方承诺在一定期限内进行款项支付的互换合约。在互换交易中，双方互换的并非是本金，而仅是利息，其支付额取决于名义本金量。

利率互换主要有六种类型：普通利率互换、远期利率互换、可赎回利率互换、可退卖利率互换、可延期利率互换以及零息互换，其中以普通利率互换最为常见。普通利率互换是指固定利率与浮动利率支付之间的定期互换。假设一家银行的负债利率敏感性要大于其资产利率敏感性，且银行预测利率上升。为了控制利率风险，银行可以选择在一定时期内用固定利率支付交换浮动利率支付。此时，若利率上升，银行可以从利率互换中获得收益，且其支出是固定的，获得的收益就可以抵消因利率上升对银行利差的不利影响。

12.3.3 汇率风险管理

对于存在外汇业务的商业银行，汇率风险是不可避免的，关键在于银行如何利用有效的技术手段对汇率风险加以控制。一般地，与利率风险控制手段的分类相似，商业银行对汇率风险的控制手段也可以分为表内的资产负债管理和表外的套期保值两类。

1. 表内管理策略

商业银行汇率风险管理的表内管理是指在商业银行汇率风险形成之前采取相应的措施，通过外汇资产负债或外汇交易相互配置使净受险头寸接近或等于零，从而规避汇率风险，其主要的控制方法包括货币选择以及限额管理。

1) 货币选择

交易双方在签订合同时，选择的计价货币不同，给双方带来的汇率风险水平也就不同。所以，在签订合同的过程中，经济主体应该选择有利的计价结算货币来消除或转化外汇风险。

首先，在国际贸易结算中尽量使用优势货币作为计价货币。一般来讲，商业银行在国际业务中的交易货币可以选择本国货币、交易对方国家货币和第三国货币。如果选择本国货币，清偿时不会发生本币与外币之间的兑换，则可以将可能出现的汇率风险转嫁给对手，消除汇率风险的影响。但是，国际贸易结算的计算货币一般要求是可自由兑换币种，而我国的人民币还不能完全自由兑换，所以，我国的商业银行只能选择交易对方国货币或第三国可自由兑换货币。在这种情况下，商业银行在选择交易货币时，应尽可能地选择与原有债权债务相同的货币，这样可使自身资产负债在货币上相互匹配。即便货币不能完全相匹配，也应尽可能地选择交易最频繁的货币，最终减少资产负债货币不匹配的汇率风险。

其次，理论上而言，交易货币有软硬之分。前者是指该货币汇率不稳定而且有下浮的趋势；后者则是指该货币汇率较稳定，且有上浮的趋势。在引起未来外汇收入的交易中选择硬货币，在引起未来外汇支出的交易中选择软货币。这种选择同样可以将汇率风险转嫁给交易对手，避免汇率风险的冲击，甚至从汇率变动中获得额外的收益。

再次，加列货币保值条款，即在结算或清偿时，选择某种与合同货币不一致但价值稳定的货币，按该种货币表示的金额以合同货币来完成收付。经常采用的货币保值条款主要是"一揽子"货币保值条款，即以多种货币加权确定币值的账面货币。

2) 限额管理

限额管理是商业银行防范汇率风险的有力工具，通过限额管理可以将商业银行所承担的市场风险控制在可以承受的合理范围内,使市场风险水平与其风险管理能力和资本实力相匹配。

市场风险限额可以分配到不同的地区、业务单元和交易员,还可以按资产组合、金融工具和风险类别进行分解。商业银行应当根据本身业务的性质、规模、复杂程度和风险承受能力以及所采用的市场风险计量方法选择限额体系和设定额度。常用的市场风险限额包括交易限额、风险限额和止损限额等。

交易限额(Limits on Net and Gross Positions)是指对总交易头寸或净交易头寸设定的限额。总头寸限额对特定交易工具的多头头寸或空头头寸给予限制,净头寸限额对多头头寸和空头头寸相抵后的净额加以限制。在实践中,银行通常将这两种交易限额结合使用。

风险限额是指对按照一定的计量方法所计量的市场风险设定的限额,如对内部模型计量的风险价值设定的限额(Value-at-Risk Limits)和对期权性头寸设定的期权性头寸限额(Limits on Options Positions)等。期权性头寸限额是指对反映期权价值的敏感性参数设定的限额,通常包括:对衡量期权价值对基准资产价格变动率的 Delta、衡量 Delta 对基准资产价格变动率的 Gamma、衡量期权价值对市场预期的基准资产价格波动性的敏感度的 Vega、衡量期权临近到期日时价值变化的 Theta 以及衡量期权价值对短期利率变动率的 Rho 设定的限额。

止损限额(Stop-Loss Limits)即允许的最大损失额。通常,当某项头寸的累计损失达到或接近止损限额时,就必须对该头寸进行对冲交易或将其变现。典型的止损限额具有追溯力,即止损限额适用于一日、一周或一个月内等一段时间内的累计损失。

2. 表外管理策略

商业银行汇率风险的表外管理,也主要是通过衍生工具建立外汇衍生交易头寸,使其方向与表内风险因素相反、规模相等,从而在汇率变动时,利用表外项目的盈利抵补表内项目的损失。常用于汇率风险表外管理的衍生工具有远期外汇合约、外汇期货合约、外汇期权合约、货币互换协议、掉期外汇交易等。

远期外汇合约(Forward Exchange Contract),是指合约双方约定将来某一天或某一期限内,按照事先规定的汇率买入或卖出一定数量外汇的协议。借助于远期外汇合约,商业银行可以在即期外汇头寸为多头的情况下,在市场上卖出与多头金额相等的远期外汇;在即期外汇头寸为空头的情况下,买进与空头金额相等的远期外汇。通过这种远期外汇的买卖,商业银行可以创造出与未来的外汇流量相反的头寸,固定未来实际收益或实际成本,达到转移风险、降低损失的目的。假设 2008 年 5 月 7 日,中国银行的纽约分支机构因经营需要向国外某银行借款,双方约定借款期限为 1 年,借款到期后需还款 1 000 万美元。但该分支机构估计借款到期日,即 2009 年 5 月 7 日,其美元资产不足,需要用人民币兑换 600 万美元用于还款。已知,2008 年 5 月 7 日人民币对美元汇率为 698.48。如果人民币持续走弱,美元不断升值,一年后中国银行需要更多的人民币来偿还这笔借款。此时,该行就可以签订一份远期外汇合约,将汇率锁定在某一固定值。若还款日的即期汇率低于这个值,中国银行就可以按照这个固定汇率购买美元,从而规避美元升值的风险。

外汇期货合约(Foreign Exchange Future Contracts),又称货币期货合约(Currency Future contracts),是一种交易所制定的标准化的法律契约。该合约规定交易双方各自支付一定的保证金和佣金,并按照交易币种、数量、交割月份与地点等买卖一定数量的外汇。

交易双方在签订外汇期货合约后,合同买方便有义务在将来的某一天或之前按照事前约定的价格向卖方购买一定数量的外币。利用外汇期货合约规避汇率风险的原理与远期外汇合约基本类似,银行通过在期货市场上购买或出售外汇期货合约达到外币价值上升或下降后在期货交易中获利的目的,并以期货市场盈利来抵冲现货市场上的亏损。同样是针对前面所述的中国银行,在面对美元升值的压力时,银行决定利用外汇期货合约来规避汇率风险。该行现货市场上卖出600万美元,同时在外汇期货市场上买入600万美元的期货合约进行保值。借款到期日,该行购买回600万美元用于还款。若此时美元升值,该行会在这笔现货交易中出现亏损,但这笔亏损可以由期货市场上的赢利弥补一部分。相对于没有购买外汇期货合约时的状况,该行会多损失掉期货市场上赢利的金额。

外汇期权(Foreign Exchange Options)是一种权利,是指合约的买方具有在到期日或到期前某日,按约定汇价买入或卖出一定数量的某种外汇,但也可不履行合同的权利。相对于远期外汇合同和外汇期货合约,外汇期权具有更大的灵活性,它为期权的买方提供了双保险。期权的买方有执行合同的权利而没有执行合同的义务,因而可以在实际汇率变动对其有利时才履行合约,而当实际汇率变动对其不利时,则可不履行合约,只损失期权费。这样,期权的买方就将汇率风险限制在一定范围内,同时又获得了在有利时候赚取外汇汇率变动带来的额外收益的机会。

外汇互换交易(Foreign Exchange Swap Transaction),即币种相同、金额相同但方向相反、交割期限不同的两笔或两笔以上的交易结合在一起进行。也就是说,在买进或卖出某种货币的同时,卖出或买进同种货币,但两者的交割日期不同。互换交易有三种形式:即期对远期交易、即期对即期交易、远期对远期交易。由于商业银行业务中常涉及外币收支,并且收支的日期大多不相匹配,在这种情况下可运用掉期外汇业务对汇率风险进行控制,通过运用远期汇率预先固定实际收益或实际成本,规避因时间不同造成的汇率变动的风险。但是,运用互换交易并不能从根本上减小净受险头寸,也不能产生与净受险头寸方向相反、价值相等的风险损益,所以运用互换交易难以完全冲销汇率风险。

货币互换(Currency Swap)是在买入某日交割的甲货币,卖出乙货币的同时,卖出在另一个交割日的甲货币,买回乙货币。货币互换既可以是浮动利率对浮动利率的不同货币互换、固定利率对固定利率的货币互换,也可以是固定利率对浮动利率的货币互换,但是必须要求这两笔外汇买卖的货币数额相等、方向相反、交割日相异。借助货币互换,商业银行可将对自己不利的货币互换出去,在到期日再按照事先约定的汇率将不利的货币互换回来,使自身的实际收益或实际成本通过约定的汇率固定下来,降低所需货币的负债成本,从而控制汇率风险。

【阅读材料】

汇率风险导致全球500强公司百富勤倒闭

百富勤投资集团有限公司(Peregrine Investments Holdings Limited)成立于1988年底,由集团主席杜辉廉和董事兼总经理梁伯韬在香港创办。百富勤集团在短短的几年间,其业务已遍及亚太各地,建立了广泛的亚洲业务伙伴及商业联系,以及公认的环境配售力。在其业务重点的亚洲市场,该集团主要为客户提供各类型的综合投资银行及证券经纪服务。该公司创立不到十年就跻身《财富》杂志全球500强之列。

然而就在百富勤正欲振翅高翔，去拓展国际资本市场之时，适逢东南亚金融危机徘徊于港岛，1998年1月12日下午5时，传来令人震惊的消息：百富勤投资集团公司发出公告："百富勤已委托罗兵逊会计师事务所作为清盘人，进入法律程序进行清盘。"——这意味亚洲（除日本外）最大的独立上市投资银行——百富勤已宣告破产。

震惊之余，人们自会将目光投向源于1997年下半年的一场涤荡全球的金融风暴，这场在泰国爆发并迅速波及东南亚乃至全球的金融危机。1997年7月2日，泰国中央银行宣布放弃实施了14年的钉住美元的汇率制度安排，改成有管理的浮动汇率制，从而宣告在与货币投机者持续两个多月的短兵相接的较量中，泰国中央银行失利，同时，这也宣告一场货币危机在泰国全面爆发。泰铢在外汇市场上当天大泻17%，危机迅速波及东南亚及整个亚洲地区。七八月间，菲律宾比索、马来西亚林吉特、印尼盾和新加坡元兑美元的汇率屡创历史新低。与此同时，这些国家的股市发生大幅波动，雅加达、马尼拉、新加坡股市分别下跌了6.9%、9.3%、6%。东南亚金融危机进一步向全球其他新兴市场和发达国家扩散，而且还从外汇市场波及其他市场如股票市场，由一国货币危机发展成为影响更为广泛的全球性金融动荡。

这次改写世界经济发展史的金融风暴的序幕，是由以乔治·索罗斯为首的一些国际货币投机商掀起的。他们操纵的"对冲基金"（Hedge Fund）是一种专门从事高风险套利活动的投资基金，其主要手段是运用外汇、期货及金融衍生工具在金融市场进行套利交易。据估计，"对冲基金"在这场投机中共投入100亿~150亿美元，具体获利数难以估算。但仅泰国和马来西亚中央银行为维持本国货币的稳定，至少损失了数十亿美元。随之而来的是，东南亚其他国家的货币相继大幅贬值，股市和房地产价格大幅下调，香港也不能幸免，在1997年10月底出现了严重的股灾。

此次风暴使东南亚投资银行界受到相当大的冲击和损失。由于百富勤大量投资于东南亚市场，此番东南亚货币及股市狂泻给它造成了无法弥补的损失。1997年7月，当东南亚国家货币接二连三贬值时（7月2日泰国宣布放弃捍卫泰铢，当日泰铢贬值20%；7月11日菲律宾让比索自由浮动；3天后马来西亚放弃保卫林吉特；8月14日印度尼西亚让印尼盾自由浮动，印尼盾狂泻不止。这一天泰国390亿外汇储备只剩下11亿，被迫向IMF求救），由于百富勤是区内最大的亚洲货币债券商，货币突然贬值，使一些由百富勤安排发行债券的东南亚公司可能无法履行如期还款责任，百富勤因此在8月及10月共拨出6 000万美元做呆账准备。另外，欠百富勤庞大款项的印尼计程车公司SS本计划以配股筹集资金，偿还百富勤的巨额债务，但由于印尼盾连创新低，汇率从1美元兑换2 400印尼盾跌至3 900印尼盾。于是SS决定再度延迟配股计划，这一决定使百富勤能否收回SS公司债项成为悬念。尽管百富勤一直未曾透露其与SS之间的债务关系，但实际上百富勤手上持有一笔多达2.65亿美元的SS短期票据，而此笔票据将在1998年2月4日到期，以当时印尼在金融危机中的局势，不仅遭受巨大的汇率风险（损失近半，至1998年1月百富勤宣布破产，印尼盾已跌破6 000），而且连这笔贷款是否能够顺利回收都成为问题，机会甚为渺茫。而百富勤在东南亚其他国家的业务也在这场危机中遭受不同程度的损失，特别是在泰国的业务受损最为严重。

1997年10月初，东南亚金融市场又刮起一股轮跌风。10月17日，台湾当局突然宣布放弃一直坚守的28.48新台币兑换1美元的汇率水平，让新台币自由浮动，10月21日新台币跌至30.7新台币兑换1美元的10年来最低点。新台币贬值成了国际炒家苦苦盼望的东风，金融风暴祸水东移。以10月22日晚伦敦外汇市场上一笔30亿港元的沽盘为标志，国际炒家全线出击，对香港开始了新一轮的阻击战。由于投机者大举沽空港股和港汇，共抛售港币1 000亿港元，致使长线投资者对香港的联系汇率制的信心发生动摇。为了避免损失，他们也加入了抛售港股和港汇的行列，承盘银行也被迫卖出港元进行对冲。由于投机者、承盘银行和长线投资者都在抛售港元，港币汇率在即期和远期市场受到强大压力。港币汇率直逼7.75港元兑换1美元的底线，1年期远期汇率则下跌到8.02港元兑换1美元的水平。

由于国际炒家运用声东击西的方法，一手抛港币，一手攻股市，外汇市场上港币抛售压力剧增，香港金融管理局所采取的紧缩银根措施使香港银行间拆借市场利率急剧上升，招致香港股市的暴跌。10月20日（周一）恒生指数开市13 600点，一路下挫。10月23日对于香港股民来说是一个不幸的日子，恒生指数由11 700点暴跌至10 426点，跌幅达到10.4%。若以点数计超过了1987年10月26日"黑色星期一"的跌幅1 120点。10月24日，恒生指数略有反弹，但在10月28日恒再次暴跌1 438点，创历史纪录，收报9 059点。从10月20日到28日，恒生指数在短短的几天里跌去4 541点，跌幅达33.4%。若以香港股市7月3日的3 000亿美元的市值计算，到10月28日已损失约1 400多亿美元。红筹股市值在同一时期内由450亿美元跌至190亿美元，损失260亿美元。

香港股票持续暴跌亦使百富勤内伤加剧，百富勤持有20多支上市的认股权证，所需作对冲的认股数目估计在30亿港元以上，恒生指数暴跌令持股量较多的百富勤损失惨重。百富勤在1997年7月至10月的股票损失至少在数亿港元以上（估计近10亿港币）。在遭到外汇风险、股市下跌的双重打击下，百富勤决定以裁员方式"止血"，宣布全球裁员275名，占百富勤当时总员工数目的一成半，其中香港雇员47人，但节省回来的成本与百富勤在金融风暴中的损失相比，可谓"杯水车薪"，无济于事。

由于业务和财务上发生严重困难，百富勤开始准备引入新股东以自救。相关机构也与百富勤洽谈对其收购一事，但由于市场形势不断恶化，终未有进展。百富勤集团的两大主要往来银行（即债权人）汇丰银行和中银集团明确表示，不会收购百富勤；虽然当时市场一直寄希望于中银集团会出于政治因素出手挽救百富勤，但中银集团明确声称"既无此计划，也无此必要"。另外，香港长江实业主席李嘉诚和中信泰富主席荣智健作为百富勤的股东，也表示不会对其伸出援手。

就是在这般重重压力下，又传来原协议认购股份的瑞士苏黎世集团打退堂鼓和又有一笔6 000万美元贷款到期的不幸消息，这时百富勤内部流动资金早已枯竭，至此，百富勤再无任何回转余地，终于被迫申请破产清盘。

受百富勤事件的影响，香港恒生指数1998年1月12日一度跌破8 000点大关，市场极为恐慌。香港特别行政区前行政长官董建华呼吁市民"面对股市的涨落要作冷静和明智的决定"，"百富勤集团不是银行，而是一家主要经营证券业务的投资公司，其问题对香港银行体系不会有大的影响"，同时表示"最重要的是百富勤要保证通过百富勤投资的投资者的资金能够得到保障"，他认为百富勤能做到这点。的确，百富勤也强调，客户与公司的账户是相互独立的，客户可通过电话或传真热线取回账户上的股票及现金，百富勤免费办理过户手续，由此可见百富勤日常管理还是比较完善和规范的，并没有因为本身投资失败、财政困难而出现账目混乱。

十年创业，扶摇直上，一朝受挫，雏鹰折翼。百富勤的领袖们凭借他们在财经界的关系、经验及财产，迅速成长起来，百富勤由最初3亿港元的资本发展成为拥有240亿港元总资产的跨国投资银行，在东南亚及欧美共设有28家分行，业务遍及证券、期货经纪、基金管理、投资融资、包销上市等。在中国内地国企改革之中，百富勤洞烛先机、及早部署，成为多个国企及红筹公司上市的主要财务顾问。但显赫一时的金融巨子，却为这次金融风暴所淹没。在感慨国际资本市场风云突变之时，百富勤的兴与衰更值得全世界的投资银行界人士深思——外汇风险需时刻提防，不能有丝毫懈怠。

【讨论题】百富勤是如何被击倒的？假如没有东南亚金融危机，百富勤应该如何管理外汇资产？

思考题

1. 什么是利率敏感性资产和利率敏感性负债？当市场利率发生变动时，商业银行应该如何通过改变利率敏感性资产和利率敏感性负债的结构来规避利率风险？

2. 目前还有哪些市场风险的度量方法和模型？与本书中介绍的方法相比较它们的优点和缺点分别在哪里？

3. 我国采用的是哪种汇率制度？在这种汇率制度下，我国商业银行的汇率风险有什么特点？

4. 控制利率风险的衍生工具有哪些？试比较各种工具的异同。

5. 控制汇率风险的衍生工具有哪些？试比较各种工具的异同。

6. 讨论我国商业银行市场风险管理的现状。

第 13 章

【主要概念的中英文对照】

信用风险：credit risk

不良资产率：non-performing assets rate

违约概率：probability of default

违约损失率：loss given default

违约风险暴露：exposure at default

有效期限：maturity

预期损失：excepted loss

非预期损失：unexcepted loss

信用风险管理

13.1 信用风险概述

信用风险（Credit Risk）又称违约风险，是指债务人或交易对手未能履行合同所规定的义务，从而给债权人或金融产品持有人造成经济损失的风险。在现代市场经济条件下，债权、债务关系是最普遍的社会关系之一，任何的企业和个人在其经济活动中一旦与他人或企业确立了经济合约就会承担交易对手不履行合约的风险，这些风险都叫做信用风险。

对商业银行而言，传统观点认为商业银行面对的信用风险就是贷款对象在贷款到期时未能履行合同所规定的义务，从而给商业银行造成经济损失的风险，即信贷风险。但应该认识到，虽然信贷风险是商业银行信用风险的主要形式，但它并不是银行信用风险的全部内容。尤其是随着现代风险环境的变化和风险管理技术的发展，这种传统定义已经不能充分地反映现代信用风险及其管理的特点。

现代意义上的商业银行信用风险应该包含三个方面的含义。一是前面所讲的信贷风险。二是由于商业银行资产现金流量与其负债现金流量期限不匹配等问题造成的流动性风险。商业银行吸收存款的过程也就是商业银行与储户达成合同的过程。在存款到期或合同约定的时刻，银行有向储户还本付息的义务。但是，如果银行存在资产现金流量与其负债现金流量期限不匹配等问题，不能按照合同约定向储户还本付息，就会造成储户的经济损失。三是商业银行投资的信用风险。商业银行将资产投资于各种债券、证券，承担了证券发行人不能按期还本的投资风险，面临证券发行人不能按期还本付息而使银行资产遭受损失的可能性。

为了正确地认识商业银行面对的信用风险，还应该从以下三个方面加强理解。首先，信用风险是债务人或交易对手未能履行合同所规定的义务而造成的。就实际情况而言，借款人或交易对手"未能"履行义务既可能是由于经营效益不佳、负债过高、流动资金比重过低等情况下失去履行义务的客观能力，也有可能是在经济环境发生变化等情况下借款人或交易对手失去了履行义务的主观意愿。其次，债权人或金融产品持有人遭受的经济损失既包含借款人或交易对手没有履行协议造成商业银行全部或部分直接损失，也包括借款人或交易对手信用质量降低、投资失败、盈利能力下降等，造成其违约概率增加而带来的间接损失。最后，信用风险是一种可能性，这种可能性多大程度上能够转化为现实的损失，取决于多种因素，这也是银行进行信用风险管理研究的最主要的方面。信用风险管理的目的就是通过对风险的分析，研究如何通过各种措施，降低甚至隔离风险，减少银行的损失。

与市场风险相比较，商业银行面临的信用风险有以下几个特点。

（1）信用风险概率分布的有偏性。一般说来，市场价格波动以其期望值为中心，主要集中于相近的两侧，而且大致是呈钟形对称的，所以尽管存在一些厚尾现象，但通常我们仍然可以认为市场风险概率是呈正态分布的。而信用风险的分布不是对称的，其分布曲线的一端向左下倾斜，并在左侧出现厚尾现象。这是由于在贷款安全收回的情况下，商业银行仅仅能够获得正常利息收益，但一旦借款人不能履行合约，商业银行所遭受的损失要比利息收益大很多。

（2）信用风险呈现系统性风险和非系统性风险交织的特征。在交易中，借款人的还款能力和还款意愿既取决于借款人自身的财务状况、投资策略和经营能力等非系统性因素，也受到宏观经济环境、国家经济政策等系统性因素的影响。这种系统性风险和非系统性风险交织的特征增加了信用风险的复杂性和多变性,也为银行进行信用风险管理增加了难度。而商业银行面对的市场风险,尤其是利率风险和汇率风险受到宏观因素的影响,表现出很强的系统性特征。

(3) 信用风险存在道德风险问题。在商业银行的贷款活动中,交易双方所掌握的信息是不一致的。一般地,借款人掌握更多的交易信息而处于信息优势地位,商业银行拥有的信息较少而处于信息弱势地位。在这种信息不对称的情况下,借款人为了实现自身的利益最大化,道德风险发生的可能性就会变大,即产生违约倾向,最终形成信用风险。而对于市场风险,交易双方的信息地位是相同的,不存在道德风险问题。

(4) 信用风险样本数据少且不易获取。由于信用资产的流动性较差造成信用交易缺乏二级市场,使信用风险不能像市场风险那样获得大量历史数据。此外,由于信息不对称,给商业银行或者第三方取得数据增加了难度,因此授信对象的信用状况及变化只能通过长期业务关系所掌握的有关信息或信用评级机构公布的评级信息来获得。

13.2 信用风险监测

信用风险监测是风险管理流程中的重要环节,是指信用风险管理者通过各种监控条件,动态捕捉信用风险指标的异常变动,判断其是否已经达到引起关注的水平或已经超过阈值。

由于影响信用风险水平的多种因素是随着时间在不断改变的,这就要求风险管理者也要不断地更新相关信息,所以信用风险监测是一个动态、连续的过程。而在这个过程中,风险评估人员需要重点关注的就是信用风险预警信号和信用风险指标。

13.2.1 信用风险预警信号

信用风险预警信号从某一角度反映了银行的信用风险水平和变化趋势,信贷人员通过对信用风险预警信号的辨识和分析,能够为银行的信用风险状况进行动态监测和早期预警。在出现信用风险预警信号的情况下,银行可以在风险发生之前对潜在风险采取控制措施,避免或减少风险事件带来的损失。所以,信用风险预警信号是信用风险监测的主要内容之一。信用风险预警信号可以来自许多方面,按照来源的不同,可以分为客户风险预警信号、行业风险预警信号以及宏观环境预警信号。

1. 客户风险预警信号

贷款企业的信用状况是银行在信贷过程中的信用风险主要来源,因此对银行的信用风险的评估在一定程度上可转换成对贷款企业的信用风险状况的评估。商业银行为了掌握贷款企业的信用状况,需要从企业财务状况、企业经营管理状况、与债权人关系、企业贷款方式等方面对企业的信用状况进行分析。

企业财务风险预警信号主要包括反映资产负债结构变化的企业资产流动性下降、负债结构不合理、或有负债异常变化、流动资产在总资产中所占比例下降等;反映销售、利润和现金流量方面的存货周转率放慢、企业销售额下降或非正常扩大、经营成本增幅远远超过销售增幅、净现金流量为负值或大幅下降,出现支付困难等。

企业经营管理方面的预警信号主要包括信用等级或贷款风险分类下降、企业经营体制、生产经营状况、管理层的行业经验和管理能力以及管理层的人事重大变动等。

与债权人关系指贷款客户与银行之间的关系，主要包括借款人在银行有欠款等行为、被金融机构宣布为信用不良企业、企业在银行存款余额下降或应付票据展期过多、与银行态度发生变化、挪用或变相挪用信贷资金等。

企业贷款方式一般有信用、保证和抵押三种形式。其中，信用的保障程度最低，保证较高，抵押最高。在风险评估过程中，银行必须根据放款形式的不同进行分别评估。如果出现保证人信用等级下降、保证人的经营状况恶化、抵押物价值下降、抵押物所有权发生争议、抵押物保险过期、担保人不按时提供或拒不提供财务报表等事件时，信贷评估人员就应该向决策层反映相关信息，以便银行采取相应的措施。

2. 行业风险预警信号

企业在生产经营活动中不仅受到宏观经济环境的影响，也会受到行业因素的影响。作为处于同一行业的企业都面临着相同的市场结构、供求关系等。所以，行业因素对企业的影响具有系统性的特征。评估人员在进行行业分析时应该要注意到市场结构、市场供求关系、行业的成熟度、产品替代性、对上下游行业的依赖性等。

3. 宏观环境预警信号

宏观经济的发展快慢及稳定性对每一个行业和企业造成不同程度的影响，进而引起信用风险的变化，所以信贷人员在辨识信用风险预警信号时必须随时关注宏观环境的变化。贷款企业的宏观运行环境包括宏观经济运行周期性波动、国家经济政策、利率波动以及严重自然灾害或社会灾害等其他方面。

宏观经济运行波动的周期性是银行面临的一大风险。在宏观经济处于上升通道时，市场交易活动旺盛，企业资金收益高，债务偿还有保证，信用风险降低；当经济处于下降通道时，市场萧条，企业的收益减少，银行贷款本息难以收回，信用风险加大。

经济政策包括国家的货币、财税以及产业政策等，它是国家进行经济宏观调控的一部分。国家通过对经济政策的改变，能够达到调整经济结构、改善社会经济的分配关系、引导经济发展等目的，进而影响企业的经营效益和银行信贷的风险水平。例如，当房地产行业过热的情况下，国家可以通过提高土地出让金首次缴纳比例来增加房地产企业的经营成本，由此影响房地产企业的效益，提高其信用风险水平。

利率作为企业资金的使用价格，其变化不仅仅通过影响资金供求关系改变债权人与债务人的资金融通，也通过影响筹资成本而影响当事人的收益。

严重自然灾害或社会灾害等也是影响企业经营的重要因素。虽然它们发生的频率较低，但一旦发生，其造成的损失往往是比较大的。信贷评估人员在进行信贷评估时必须要考虑到这些因素对信用风险水平的影响。

13.2.2 贷款风险指标

信用风险指标是评价、监测和预警商业银行风险的参照体系，它从一定的角度反映了商业银行风险的大小，为商业银行实施风险监管提供了一定的基准。

从理论上讲，可以衡量商业银行信用风险的指标有很多，包括一系列的财务数据和非财务数据等。仅仅以财务数据而言，有研究表明，在常用的财务科目中就有100多个指标能够直接或间接地反映商业银行的信用风险水平。但不论是在商业银行进行借款人的信用风险评价过程中，还是研究学者进行信用风险的建模活动中，选择的风险指标并不是越多越好。这是因为很多指标包含的信息是重复的,过多的指标会在增加计算量的同时提高数据收集的成本。所以在现实生活中,对信用风险指标的选择是有取舍的。在我国银监会 2006 年颁布的《商业银行风险监管核心指标(试行)》中,银监会为我国商业银行设置了三大类共 16 个一级指标、8 个二级指标的风险监管体系。其中,涉及信用风险的有反映信用风险水平的不良资产率、单一集团客户授信集中度、全部关联度三类指标以及反映信用风险迁徙的正常贷款迁徙率和不良贷款迁徙率两类指标。

1. 不良资产率

不良资产率为不良资产与资产总额之比。该项指标为一级指标,包括不良贷款率一个二级指标。不良贷款率为不良贷款与贷款总额之比。按照银监会的相关规定,我国商业银行的不良资产率不应高于 4%,不良贷款率不应高于 5%。不良资产率和不良贷款率的计算公式为

$$\text{不良资产率} = \frac{\text{不良信用风险资产}}{\text{信用风险资产}} \times 100\% \qquad (13-1)$$

$$\text{不良贷款率} = \frac{\text{次级类贷款} + \text{可疑类贷款} + \text{损失类贷款}}{\text{各项贷款总额}} \times 100\% \qquad (13-2)$$

2. 单一集团客户授信集中度

单一集团客户授信集中度为最大一家集团客户授信总额与资本净额之比,其值不应高于 15%。该项指标为一级指标,包括单一客户贷款集中度一个二级指标;单一客户贷款集中度为最大一家客户贷款总额与资本净额之比,不应高于 10%。

$$\text{单一集团客户授信集中度} = \frac{\text{最大一家集团客户授信总额}}{\text{资本净额}} \times 100\% \qquad (13-3)$$

$$\text{单一客户贷款集中度} = \frac{\text{最大一家客户贷款总额}}{\text{资本净额}} \times 100\% \qquad (13-4)$$

3. 全部关联度

全部关联度为全部关联方[①]授信总额与资本净额之比,即商业银行全部关联方的授信余额在扣除授信时关联方提供的保证金存款以及质押的银行存单和国债金额之后与资本净额之比,其值不应高于 50%。

$$\text{全部关联度} = \frac{\text{全部关联方授信总额}}{\text{资本净额}} \times 100\% \qquad (13-5)$$

4. 正常贷款迁徙率

正常贷款迁徙率为正常贷款中变为不良贷款的金额与正常贷款之比,正常贷款包括正常类和关注类贷款。该项指标为一级指标,包括正常类贷款迁徙率和关注类贷款迁徙率两个二级指标。正常类贷款迁徙率为正常类贷款中变为后四类贷款的金额与正常类贷款之比,关注类贷款迁徙率为关注类贷款中变为不良贷款的金额与关注类贷款之比。

$$\text{正常类贷款迁徙率} = \frac{\text{期初正常类贷款向下迁徙金额}}{\text{期初正常类贷款余额} - \text{期初正常类贷款期间减少金额}} \times 100\%$$

$$(13-6)$$

---

① 关联方定义可以参照中国银行业监督管理委员会 2004 年第 3 号令《商业银行与内部人和股东关联交易管理办法》第 7 条和第 8 条。

$$\text{关注类贷款迁徙率} = \frac{\text{期初关注类贷款向下迁徙金额}}{\text{期初关注类贷款余额} - \text{期初关注类贷款期间减少金额}} \times 100\%$$
(13-7)

5. 不良贷款迁徙率

不良贷款迁徙率包括次级类贷款迁徙率和可疑类贷款迁徙率。次级类贷款迁徙率为次级类贷款中变为可疑类贷款和损失类贷款的金额与次级类贷款之比，可疑类贷款迁徙率为可疑类贷款中变为损失类贷款的金额与可疑类贷款之比。

$$\text{次级类贷款迁徙率} = \frac{\text{期初次级类贷款向下迁徙金额}}{\text{期初次级类贷款余额} - \text{期初次级类贷款期间减少金额}} \times 100\%$$
(13-8)

$$\text{可疑类贷款迁徙率} = \frac{\text{期初可疑类贷款向下迁徙金额}}{\text{期初可疑类贷款余额} - \text{期初可疑类贷款期间减少金额}} \times 100\%$$
(13-9)

13.3 信用风险因子计量

为了准确反映客户的信用风险，需要计量违约概率、违约损失率、违约风险敞口和有效期限等风险参数。在巴塞尔协议Ⅱ中，巴塞尔银行监管委员会对各个参数都进行了详细的描述，本节将以此为基础重点介绍违约概率、违约损失率、违约风险敞口和有效期限四个参数以及预期损失和非预期损失这一核心变量。

13.3.1 违约概率

违约概率（Probability of Default，PD）是指债务人在未来一段时间内出现还款违约的可能性。在巴塞尔协议Ⅱ中，违约概率被具体定义为：对公司和银行暴露，违约概率是借款人内部评级一年期违约概率和0.03%中较大的数值。对主权暴露，违约概率就是借款人内部评级一年期的违约概率。在实际中，银行通常只估计各个级别的违约概率，然后对属于同一级别的借款人采用同一个违约概率，而不是对每个借款人的违约概率进行分别的计量。

商业银行计量违约概率的关键是银行必须拥有样本容量足够大的信用评级数据库，这些数据应该包括客户的历年信用评级、债务违约状况等。此外，巴塞尔协议Ⅱ还对数据长度提出了要求：商业银行在估计违约概率时，无论是使用外部数据、内部数据、汇集数据，还是三种数据来源的结合，每一数据源的历史观察期至少要用5年。如果某种数据来源有较长的观察期，且数据有异议，则必须采用更长的观察期。

在拥有了足够的数据后，商业银行可以采用经验方法、经济计量方法以及期权方法等对违约概率进行计量。其中，经验方法是比较主流的方法，它是以违约历史数据来推断不同信用等级的违约概率和信用等级迁移概率。目前，采用这种方法的包括标准普尔、穆迪等大型的信用评级公司。以标准普尔公司的违约历史数据库为例，该公司将截至1981年1月1日所有评级在册的公司的评级变化、债务违约、违约回收率等数据作为整个数据库的基期（1981）数据。次年（1982）1月1日，若这些公司仍然存在，则将其评级结果添加至数据库。同时，把首次参加评级的公司数据添加至已有的数据库中。此后每年，标准普尔公司都将会按照同样地方法更新数据库。有了这样一个数据库后，标准普尔公司只需要用某一年内每一信用评级中发生违约的个数除以该项评级的债项总数就能够得到每个信用等级的年度违约概率。同时，也可以利用该数据库得到累积违约概率和信用评级转移率。

13.3.2 违约损失率

违约损失率（Loss Given Default，LGD）指某一债务人违约后导致的损失金额占风险敞口总额的百分比。巴塞尔协议Ⅱ中强调，估计违约损失率的损失是经济损失，在计量经济损失时，应该考虑所有的相关因素。这包括重要的折扣效应，以及贷款清收过程中较大的直接和间接成本。并且，由于银行自身处置和清收能力对清偿率产生重大影响，所以银行在估计违约损失率的过程中，必须根据自身处置和清收的能力对违约损失率作出保守的调整，直到银行有足够的内部经验数据证明其处置和清收能力对估计违约损失率的影响。

银行必须估计每笔贷款的长期平均违约损失率，因为在经济困难时期，违约可能大批发生，而违约损失率和违约率具有相关性，对每笔贷款的长期平均违约损失率的估计必须建立在所有违约贷款的平均经济损失基础上，而不应该是平均年损失率的平均数。并且，对于在经济周期内违约损失率不稳定的贷款，如果在经济低迷时期的违约损失率比长期平均违约损失率更保守，银行就应该使用经济低迷时期的违约损失率，以此保证商业银行的稳健经营。

估计违约损失率的常用方法有两种：经验统计法和清收金额贴现法。经验统计法指在违约事件发生以后，以债务的二级市场价格或者是实际的还款情况确定回收率，再计算违约损失率。清收金额贴现法则是根据清收过程中的预期现金流现值来计算违约损失率，其计算公式为

$$\text{违约损失率} = 1 - \frac{\text{违约后累计回收的现金流}}{\text{违约时点的债务价值}} \qquad (13-10)$$

13.3.3 违约风险暴露

违约风险暴露（Exposure at Default，EAD），也称违约敞口，是指债务人违约时预期表内和表外项目的风险暴露总额。由于违约发生的时间是不确定的，因此未来的受险金额也是不确定的，这种不确定性即产生了暴露风险。

值得注意的是，违约风险暴露是未来的敞口，即在将来面临信用风险的头寸规模。由于提款和还款的方式不同，加上存在其他不确定性因素，商业银行信用敞口在贷款到期之前会经常随着时间的推移而改变。同时，由于各种信贷工具的暴露风险是不一样的，有的工具几乎不存在暴露风险，而有的业务则存在或大或小的暴露风险。所以商业银行有必要对违约风险暴露进行合理评估。

在巴塞尔协议Ⅱ中，要求风险暴露的总额都以法律意义上借款人欠银行的数量来计量，不考虑专项准备或部分冲销。这一规则也适用于以和法律上所欠数量不同的价格从外部购买的资产。对购入资产暴露和记录在银行资产负债表上的净额之间的差异，如果风险暴露大于净额，则计作减值。如果风险暴露小于净额，则计作增值。表内项目的风险暴露中，对于未来没有提取的风险暴露，如固定本金贷款，违约风险暴露包括债项账面价值、应收未收利息等。对于未来有提取的风险暴露，如贷款承诺、循环授信，违约风险暴露包括已经使用的贷款余额、应收未收利息、未使用授信额度的预期提取数量，以及可能发生的相关费用等。表外项目暴露的计量按照已承诺但未提数量乘以信用风险转换系数来计算。委员会提出了初级

法和高级的 IRB 法，来估算对表外项目的风险暴露。初级法采用标准法提供的信用转换系数来估算 EAD（未提款的承诺例外），其风险暴露为承诺名义金额的 75%。高级法则可采用内部测定的承诺项目的估计值。

13.3.4 有效期限

有效期限（Maturity，M），是指当前与贷款或债券到期偿还日的最长剩余时间间隔。向企业放贷对银行来说是一种投资行为，与其他形式的投资一样，银行这一投资的收益来源于投资的时间价值和投资期内的不确定因素。在其他风险因素相同的情形下，贷款的期限越长，债务在到期之前面临的不确定性越大，信用风险就越高。相比于长期贷款，短期贷款可以让银行更加灵活地采取措施以减少信用风险，因此短期贷款使银行蒙受的损失要少于长期贷款的损失。

鉴于有效期限的重要性，巴塞尔协议 Ⅱ 明确地提到了期限的处理问题：采用初级法的银行，除了回购类型交易有效期限是 6 个月外，公司暴露的有效期限是 2.5 年，对于采用 IRB 高级法的银行，则应该按照不同的定义计量每项工具的有效期限，并与 PD、LGD 一起计算出该项风险暴露的风险权重及风险加权资产。

13.3.5 预期损失和非预期损失

前面在介绍市场风险的经济风险时，强调了经济风险是由银行未预料到的汇率变动，而不是已预测到的变动造成的。同样，在理解信用风险模型时也以此为标准，需要注意两个重要的概念：预期损失（EL）和非预期损失（UL）。

预期损失指的是银行在风险发生前预测到的或者期望的违约损失。影响银行预期损失的因素包括违约概率、违约损失率以及违约风险暴露。具体地，对单项资产而言，其预期损失就等于违约概率、违约损失率和违约风险暴露的乘积，即

$$\text{预期损失(EL)} = \text{违约概率(PD)} \times \text{违约损失率(LGD)} \times \text{违约风险暴露(EAD)}$$

(13-11)

对于资产组合，由于每笔资产的平均损失之间是相互独立的，可以将资产组合所包含的各个单笔资产的预期损失相加得到资产组合的预期损失。例如，对由 n 笔资产构成的资产组合，其预期损失 EL 的计算公式为

$$\text{EL} = \sum_{i=1}^{n} \text{EL}_i = \sum_{i=1}^{n} (\text{PD}_i \times \text{LGD}_i \times \text{EAD}_i) \qquad (13-12)$$

与预期损失相反，非预期损失是偏离预期损失的损失，反映了潜在损失围绕其预期损失的波动。所以，非预期损失不仅仅取决于违约概率、违约损失率和违约风险暴露，还和违约概率以及违约损失率的方差 σ_{EDF}^2、σ_{LGD}^2 有关。如果 $\sigma_{\text{EDF}}^2 = 0$、$\sigma_{\text{LGD}}^2 = 0$，则表明该资产或资产组合不存在违约和违约损失的不确定性，此时非预期损失为 0。对于单项资产，其非预期损失的计算公式为

$$\text{UL} = \text{EAD} \times \sqrt{\text{EDF} \times \sigma_{\text{LGD}}^2 + \text{LGD}^2 \times \sigma_{\text{EDF}}^2} \qquad (13-13)$$

但是，由于资产组合内部的资产之间存在相关性，所以资产组合的非预期损失不能像计算资产组合的预期损失那样进行简单的相加。一般而言，资产之间的相关性越高，则资产组合的价值波动越大，非预期损失也就大；反之，则资产组合的非预期损失就越小。但是资产

组合的违约相关系数的计算过程比较复杂,本书不做详细介绍。在确定了违约相关系数 ρ 之后,银行就可以度量资产组合的非预期损失了。如对一个由资产 A 和资产 B 构成的资产组合,其非预期损失的计算公式为

$$UL = \sqrt{UL_A^2 + UL_B^2 + 2\rho \cdot UL_A \cdot UL_B} \qquad (13-14)$$

区分预期损失和非预期损失的意义在于通过对预期损失和非预期损失的辨认,为银行选择合适的风险规避措施提供依据。预期损失反映的是实际损失的均值,表现为银行的业务成本,在银行管理中通过计提贷款损失准备金的方式进行抵补;而非预期损失反映的是损失的波动情况,银行需要通过经济资本来加以缓释。

13.4 古典信用风险计量方法

13.4.1 信用风险计量方法的发展

以 20 世纪 80 年代中期为界,商业银行信用风险计量方法可以分为古典分析方法与现代分析方法两种。古典分析方法包括阿特曼 Z-score 模型、ZETA 信用风险模型、特征分析模型以及贷款评级分类模型等。这些方法的操作性强,效果较好,在提高商业银行信用风险方面起到了积极的作用。时至今日,这些方法仍然被许多商业银行采用。但是,这些古典分析方法在使用中也产生了一些问题。首先,古典方法都是一些定性分析方法,与定量分析的现代分析方法相比具有先天的弱势。其次,古典模型都只是盯住财务报表的账面数据,这就可能削弱模型预测结果的可靠性。再次,由于古典分析方法是依赖于专家的主观判断,那么在某些特定时期或者是特定的经济环境下,专家们会共同地看好某些行业、某个企业或者是某个地区的公司,银行贷款会优先投放于这些行业或地区。如果这些行业或地区出现了不可预料的变化,这种行为就会导致银行风险过度集中,足以损害商业银行的核心运营能力。所以,商业银行在发放贷款的过程中必须以资产组合的方式解决风险过度集中的问题。但资产组合的办法要求银行在不同行业或地区进行分散投资,而各个银行所熟悉的行业是不一样的。对某一家银行而言,其熟悉的行业和地区是有限的,在不擅长的领域进行投资不能保证银行的收益。一方面是商业银行需要在自己熟悉的行业投放多数资金以保证自己的盈利;另一方面是需要投资多样化以避免风险的过度集中。这种专业化与分散化的矛盾促进了 20 世纪 80 年代后期现代信用风险分析方法的产生。最后,随着现代组合投资管理理念的盛行,尤其是国际投资组合的发展,信用风险得以在更加广泛的范围内被分散。同时,组合投资的有效实行又要求投资者对每一具体投资以及整体投资组合的风险进行合理的衡量,进而为实际投资决策提出意见。古典方法不能适应资产组合风险度量的要求,而现代分析方法的产生和发展就充分体现了组合投资原理在风险管理实践中对具体信用风险计量模型的要求。

20 世纪 90 年代,以 VaR 为代表的现代市场风险管理模型开始出现并得到了迅速的发展,促进了信用风险计量的现代方法的出现,推动了整个风险管理的现代化进程。现代信用风险度量模型主要是运用特定的数理统计方法,从历史数据中推测出该风险引起损失的概率密度函数,进而为未来可能的损失进行科学推测的一种控制信用风险方法。与传统信用风险度量模型比较,现代信用风险分析方法比古典方法复杂得多,它将定性分析发展为定量分析,从指标形式向模型化形式转变,从盯住账面价值转向盯住市场价值,将单一资产分析发

展为资产组合分析,因而具有更好的适用性。当今在国际上有重大影响的四大信用风险量化度量模型包括 Credit Metrics 模型、KMV 公司的 KMV 模型、基于保险精算的 Credit Risk + 模型以及以宏观模拟为基础的 Credit Portfolio View（CPV）模型。这些模型也是巴塞尔银行管理委员会建议使用的信用风险管理模型，而且在巴塞尔协议Ⅱ中，关于资本金或经济资本计算公式的设计和相关参数的确定与校订所依据的正是 Credit Metrics 模型、KMV 公司的 KMV 模型和 Credit Risk + 模型等的思想方法。它们对银行业信用风险的度量产生了不可估量的影响，极大地提高了商业银行的信用风险管理水平。但值得说明的是，古典方法与现代方法的划分仅仅是一种计量方法的划分，并不存在一定的优劣关系。即使是在现在的国际银行界，也没有表现出完全摒弃古典方法的趋势。相反，随着科技的不断进步和对风险认识的不断加深，经济学者发展了古典方法，提出了诸如基于人工智能科学的神经网络等方法，这些方法为信用风险的度量提供了新的思路，但是它们仍然属于古典方法的范畴。

13.4.2 专家制度

专家制度是最古老的信用风险评估方法之一。在很长的一段时间内，专家制度在提高商业银行的信用风险评估和管理水平方面起到了积极的作用。即使是在今天，专家制度仍然在很多银行的信用风险评估体系中发挥着重要作用。世界著名的两大评级公司标准普尔和穆迪投资公司多年来也一直在使用专家评级法，并且各自具有一套严格的评级程序，以保证信用风险度量和信用评级的准确性。

专家制度的最大特征是：商业银行信贷决策依赖于机构中信贷人员对该笔贷款信用风险水平的个人判断。这些信贷人员在其职业生涯中，经过了长期训练，积累了丰富的信贷经验，在行业内具有一定的威望和权威。所以，他们的个人判断能够得到其他员工的认可。因此，在专家制度的信贷决策过程中，信贷员工的专业知识、主观判断以及某些要考虑的关键要素及其权重均为衡量信用风险的重要因素。

在专家制度法下，各个银行对贷款进行分析的内容和重点不尽相同。但在多年的实践中，业内逐渐形成了各种各样的分析模板，比较常见的有"3C"评价原则、"5C"评价原则以及"5W"评价原则和"5P"评价原则。"3C"评价原则要求分析借款申请人的品德（Character）、能力（Capacity）和担保（Collateral）；"5C"评价原则是在"3C"原则的基础上加进了申请人的经营条件或商业周期（Condition）和资本（Capital or Cash）。"5W"评价原则的分析内容包括借款人（Who）、借款用途（Why）、还款期限（When）、担保物（What）和如何还款（How）；而"5P"评价原则需要考虑的是个人因素（Personal）、目的因素（Purpose）、偿还因素（Payment）、保障因素（Protection）和前景因素（Perspective）。按照不同的评价原则，专家将每一影响因素逐一进行评分，就可以确定借款人的信用等级，以作为银行是否贷款、贷款标准的确定和随后贷款跟踪监测期间的政策调整依据。

专家制度法实质上是一种针对企业财务比率的主观分析法，其核心是利用企业财务报表等，借助优秀的分析师的经验和判断，对某一经济实体或金融产品的信用质量作出评估。

专家制度法的评估过程类似于标准普尔公司的专家评级法：接到评级申请后，由标准普尔公司指派分析人员结合企业宏观经济环境对企业财务报表进行认真的分析和评估，并对企业的未来经营前景进行预测，然后将结果提交给评级委员会进行审议。最后由评级委员会将评级对象划入某一能够反映评级对象的信用质量的信用等级。

显然，专家制度过度依赖于风险评估人员的个人判断和个人经验，掺杂了太多的主观因素，造成信用评估的主观性、随意性和不一致性；其次，具有发言权的风险评估人员往往是银行机构中资深员工而身兼评估人员和管理层的双重身份。他们的评估结果会因为手中的权力而缺少审核和监督。同时，这种体制会滋生官僚主义，降低了商业银行应对市场变化的能力；最后，专家制度要求银行拥有相当数量的高素质专业人员，提高了商业银行信用风险管理的成本。所以，专家制度并不能很好地符合现代银行对信用风险评估的要求，需要与其他方法相结合，才能准确地评估信用风险水平；最后，如前面所述，专家制度加剧了银行在贷款组合方面过度集中的问题，使银行面临风险。

13.4.2 ZETA 信用评分模型

ZETA 信用评分模型是在 Z 评分模型的基础上发展来的一种多变量的分辨模型。1968 年，美国人爱德华·阿尔特曼利用数理统计中的分辨分析技术对银行的贷款案例历史数据进行了统计分析，从中选取了五个最能够反映借款人的财务状况、对贷款质量影响最大、最具有预测或分析价值的指标，作为因变量建立了 Z 评分模型，其基本形式为

$$Z = 1.2X_1 + 1.4X_2 + 3.3X_3 + 0.6X_4 + 0.999X_5 \qquad (13-15)$$

其中，X_1 为流动资产/总资产，X_2 为留存收益/总资产，X_3 为利息和税收之前的收益/总资产，X_4 为股权市值/总负债账面值，X_5 为销售收入/总资产。一般来说，Z 值越低，表明借款人的财务状况越差，存在较大的破产危险；而 Z 值越高，表明借款人的财务状况越好，发生破产的可能性较小。同时，阿尔特曼通过统计分析，为模型确定了一个信用水平的临界值 $Z_0 = 2.675$，如果 $Z < Z_0$，则认为借款人的违约可能性较大，应该拒绝为其提供贷款；反之，如果 $Z \geq Z_0$，则认为借款人的违约可能性较小，可以考虑为其提供贷款。当 $1.81 < Z \leq 2.99$ 时，则使用 Z 评分模型的判断失误较大，应该考虑选择其他方法来判断。

1977 年，阿尔特曼又在 Z 评分模型五个影响因素的基础上新增了两个指标，建立了 ZETA 评分模型，其形式为

$$Z = aX_1 + bX_2 + cX_3 + dX_4 + eX_5 + fX_6 + gX_7 \qquad (13-16)$$

其中的 7 个变量分别是：① 资产报酬率，采用税息前收益/总资产衡量；② 收入的稳定性指标，采用企业的资产报酬率在 5～10 年估计值的标准误差指标作为这个变量的度量；③ 债务偿还能力指标，用利息保障倍数即利税前收益/总利息偿付来度量；④ 积累盈利能力指标，可以用公司的留存收益（资产减负债/总资产）来度量；⑤ 流动性指标，即流动比率，一般采用流动资产和流动负债比率来衡量；⑥ 资本化程度指标，等于普通股权益/总资本；⑦ 规模指标，用公司总资产的对数形式来度量。

ZETA 评分模型与原模型相比，对信用风险水平的度量适应范围更宽，结果也更加准确有效。

Z 和 ZETA 评分模型与其他模型相比，其使用简单，操作性强，既不需要进行复杂的计算，也可以用一个评分直观地表示模型的结果，在相同的评判模板下具有一定的标准性。同时，由于 Z 和 ZETA 评分模型所选择的指标是非常灵活的，评估人员可以根据实际情况选择适当的指标从不同的角度来全面反映借款人的综合信用状况的变化。

Z 和 ZETA 评分模型的缺点主要表现在：

（1）两个模型都过度依赖于财务报表的账面数据，而忽视日益重要的各项资本市场指

标,这就必然削弱预测结果的可靠性和及时性;

(2)两个模型都假设在解释变量中存在着线性关系,但现实中的经济现象并不一定存在这种线性关系,因而也使得模型的计量结果会出现一定的偏差;

(3)两个模型均无法计量企业的表外信用风险,另外对某些特定行业的企业,如公用事业单位、财务公司、新公司以及资源企业等不适用,因此,其适用范围有一定的局限性;

(4)缺乏对违约和违约风险的认识,理论基础较为薄弱;

(5)忽略了一些难以量化的因素,难以发现借款者经营过程中更细微的变化。

13.5 现代信用风险计量方法

进入20世纪90年代以来,西方若干商业银行开始探索运用现代金融理论、数学工具来定量评估信用风险和管理信用风险,并且取得了若干突破,建立了以风险价值为基础、以违约概率、预期损失为核心指标的度量模型,如 Credit Metrics 模型、KMV 模型、Credit Risk + 模型以及 CPV 模型等。

13.5.1 Credit Metrics 模型

由 JP 摩根公司以及瑞士联合银行共同开发的 Credit Metrics 模型是银行业最早使用的信用风险模型之一,也是迄今为止最负盛名的信用风险度量模型。与传统信用风险计量强调个体风险不同的是,Credit Metrics 模型以期权理论为理论基础,利用通过分析贷款和债券类金融产品等资产组合的价值变化的远期分布得到的信贷资金的在险价值(VaR)来反映贷款或贷款组合的信贷风险的大小。

Credit Metrics 模型对任一债券或贷款组合的价值建立了完全分布模型,认为信贷资产价值的变化不仅要受到违约的影响,而且资产等级的变化也对其价值产生影响,债券或贷款组合价值变化与债务人信用质量的最终转移相联系,这种转移既包括升级也包括降级和违约。因此,信用风险不仅由债务人的违约风险引起,也会因债务人的信用等级降级而引起潜在的市场价值损失。所以,该模型的关键在于估算信贷资产质量潜在变化。为此,Credit Metrics 模型构造了一个模拟信贷资产质量潜在变化的计算框架,如图13-1所示。该框架包含三个关键环节:风险暴露或内部头寸的计量、计算敞口的信用风险价值以及相关性的计算。其中的每一个环节又可以分解为多个步骤,由此得到 Credit Metrics 模型计量信用风险的基本步骤。

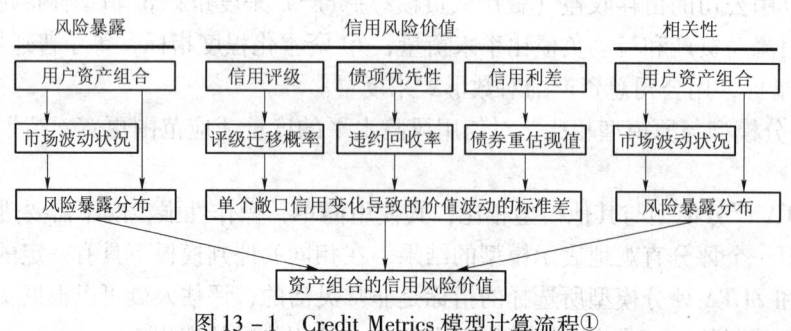

图13-1 Credit Metrics 模型计算流程①

---

① 资料来源:J. P. Morgan. Credit Metrics Technical Document, April 1995.

(1) 设定风险期的长度。一般地，将风险期设定为 1 年，但对于长期非现金金融工具，也可以根据实际情况的需要设定不同的时间长度。

(2) 确定信用评级系统。确定风险期长度后，需要把每一个债务人都赋予一个信用评级。信用评级的来源既可以是权威评级机构，如标准普尔、穆迪投资等的外部评级结果，也可以是银行内部通过对债务人进行财务分析、行业分析等得到的内部评级结果。

(3) 确定债务人信用评级转移矩阵。通过债务人的信用评级转移矩阵可以得到风险期内债务人信用评级由当前评级移至其他所有评级状态的概率。

(4) 计算信用风险利差，以计算贷款或债券在不同评级上的现值。信用风险利差等于当前债券的到期收益率与相同期限无风险利率之间的差额。计算出所有信用评级级别债券的信用风险利差后，以对应的远期利率为折现率，进一步计算出债券在不同评级上的现值。

(5) 确定不同评级级别贷款或债券的违约回收率。

(6) 估计资产之间变化的相关性。在实际中，资产的实际价值是无法直接观察到的，所以 Credit Metrics 模型用上市公司的股票价格作为实际价值的近似值，用以估计估计资产之间变化的相关性。但对于包含一个很多债务人的大规模的债券与债务组合来说，则需要计算一个相当大的相关系数矩阵。

(7) 估计资产之间的联合违约概率和联合转移概率。Credit Metrics 模型是通过资产相关性来估计违约相关性的。在已知资产相关性的条件下，就能够通过资产相关性计算出资产之间的联合违约概率和联合转移概率，进而得到违约相关性。

(8) 最后一步，计算贷款或债券投资组合的信用风险价值。

Credit Metrics 模型将 VaR 方法引入到信用风险管理中来，通过计算信用工具在不同信用等级上的市场价值，达到用传统的期望和标准差来度量资产信用风险的目的，可以广泛地运用到全球范围内所有承担信用风险的机构。模型最主要的不足在于对信用迁移概率的依赖，只有在假设信用等级的变迁和信用水平的变化是一样的基础上，Credit Metrics 模型才能成立。但是事实并非如此，后来的研究证明历史平均的违约率和信用迁移可能与现实有很大的偏离。因此，运用 Credit Metrics 模型计算出来的结果和实际状况是有一定偏差的。

13.5.2 KMV 模型

KMV 模型又称为预期违约率模型（Expected Default Frequency，EDF）。它是由美国 KMV 公司根据 Black—Scholes 期权定价理论以及 Merton 期权思想得到的信贷监控模型。模型认为信用风险在本质上是由债务人资产价值变化驱动的，而公司股权可以视为对公司资产价值的一种看涨期权，而公司债务则可以视为对公司资产价值的一种或有要求权，实际上是公司资产价值减去一个看涨期权。在借款到期日，如果公司的资产大于负债，股东则会偿还债务，企业股东权益的价值为偿还债务后的剩余；如果公司资产小于负债，公司则无法偿还贷款，股东则会选择使公司破产，将公司资产出售给债权的持有人。所以，与 Credit Metrics 模型相比，KMV 模型不需要对信用评级及其转移做任何的假设，只需要通过对公司的资产结构、资产回报波动率以及公司资产当前现值分析就可以得到公司的预期违约率 EDF。

KMV 模型假设在某个给定的未来时期，公司资产价值服从某个分布，该分布的特征可以由资产价值的期望值与标准差描述。未来资产价值的均值到所需清偿公司负债的账面价值之间的距离为违约距离。根据违约距离与预期违约率的对应性，即可算出一定时期内的预期违约率。所以，EDF 的度量可以分三步进行（见图 13-2）：首先估计公司资产价值和公司资产波动率；其次计算违约距离 DD；最后使用 KMV 违约数据库将 DD 转化为 EDF。

图 13-2　KMV 模型计算 EDF 流程

1. 估计公司的资产价值及其波动率

如前所述，KMV 模型将公司股权视为对公司资产价值的一种看涨期权，其执行价格是公司债务的值。根据 Black—Scholes 的假设，公司资产价值的变动过程为

$$\frac{dS}{S} = uSdt + \sigma_A dW \tag{13-17}$$

其中，S 为公司资产的市场价格，u 和 σ_A 分别表示 S 的均值和波动率，而 dW 是一个标准维纳过程。令 C 表示公司股权的市场价值，则根据伊藤引理[①]有：

$$\partial f = \left(\frac{\partial C}{\partial t} \times \frac{\partial C}{\partial S} \times uS + \frac{1}{2} \times \frac{\partial^2 C}{\partial S^2} \times \sigma_A^2 S^2 \right) dt + \frac{\partial C}{\partial S} \times \sigma_A dW \tag{13-18}$$

而已经知道，如果用 r 表示无风险利率，那么存在：

$$\frac{\partial C}{\partial t} + \frac{\partial C}{\partial S} \times rS + \frac{1}{2} \times \frac{\partial^2 C}{\partial S^2} \times \sigma_A^2 S^2 - rC = 0 \tag{13-19}$$

同时，对任意期权，在到期日 T，其价值 C 是：

$$C = \max\{S_T - X, 0\} \tag{13-20}$$

该方程构成了式（13-19）的边界条件。其中，S_T 为期权执行时公司资产价值，X 为期权执行价格即公司负债的账面价值。Black 和 Scholes（1973）解出了式（13-19），得到在当前时刻 t 时的买权价格，即 Black—Scholes 期权定价公式：

$$C(S,t) = SN(d_1) - Xe^{-r(T-t)} N(d_2) \tag{13-21}$$

其中

$$d_1 = \frac{\ln\left(\frac{S}{X}\right) + \left(r + \frac{\sigma_A^2}{2}\right)(T-t)}{\sigma_A \sqrt{T-t}} \tag{13-22}$$

$$d_2 = d_1 - \sigma_A \sqrt{T-t} \tag{13-23}$$

而 $N(d)$ 是标准正态累积分布函数：

$$N(d) = \int_{-\infty}^{d} \frac{1}{\sqrt{2\pi}} e^{-x^2/2} dx \tag{13-24}$$

由式（13-18）和式（13-21）有

[①] 伊藤引理是日本数学家伊藤在 1951 年提出来的一条数学引理，它证明了如果 $F[S(t),t]$ 是一个对变量 S 和 t 的二阶可微函数，$S(t)$ 是一个扩散过程：$dS(t) = a[S(t),t]dt + \sigma[S(t),t]dW(t)$，则在随机等价意义上，有：$dS(t) = \left[\frac{\partial F}{\partial S} a + \frac{\partial F}{\partial t} + \frac{1}{2} \frac{\partial^2 F}{\partial S^2} \sigma^2 \right] dt + \frac{\partial F}{\partial S} \sigma dW(t)$。

$$\text{var}(df) = (\frac{\partial f}{\partial S} \times \sigma_A^2 S)^2 dt = \sigma_f^2 f^2 dt$$

$$\Rightarrow \frac{\partial C}{\partial S} \times \sigma_A S = \sigma_f C \tag{13-25}$$

$$\Rightarrow \sigma_f = \frac{S}{C} \times \frac{\partial C}{\partial S} \times \sigma_A$$

而 $\frac{\partial C}{\partial S} = N(d_1)$，所以得到公司股权价值的波动率与资产价值的波动率存在如下关系：

$$\sigma_E = \frac{S}{C} N(d_1) \sigma_A \tag{13-26}$$

式中，σ_E 表示公司股票价值波动率，可以从历史数据中获得；联立式（13-21）、式（13-22）、式（13-23）、式（13-26）就可以得到公司资产价值及其波动率。

2. 计算公司违约距离 DD

违约距离 DD 指公司资产的未来预期价值 $E(S)$ 和违约点 DPT 之间的距离相对于未来资产收益的标准差。KMV 模型将公司的资产价值正好能够抵偿其债务的点称为违约点。而根据大量违约的实证分析发现，公司违约发生最频繁的临界点在公司资产价值大于等于短期负债加 50% 的长期负债处，即：

$$\text{DPT} = \text{STD} + 0.5\text{LTD} \tag{13-27}$$

式中，STD 表示公司的短期负债，LTD 表示公司的长期负债。那么违约距离就等于：

$$\text{DD} = \frac{E(S_T) - \text{DPT}}{E(S_T)\sigma_A} \tag{13-28}$$

其中，$E(S_T)$ 表示债务到期时公司的预期价值，以 S_t 表示当前公司资产价值，R 为公司资产预期年上升率，$E(S_T)$ 的计算公式为

$$E(S_T) = S_t(1+R)^n \tag{13-29}$$

3. 确定 EDF 值

违约距离是用来衡量负债企业违约风险的指标，但它仍然不够直观，需要进行进一步的处理，转化为企业的预期违约率。EDF 的具体值有两种方法可以得出，一种是理论值，一种是经验值。

若假定公司资产价值 S 服从对数正态分布，可以得到理论 EDF 值的计算公式：

$$\text{EDF} = 1 - N(\text{DD}) \tag{13-30}$$

但是，上述假设未必合理，所以 KMV 公司根据公式（13-26）建立了一个基于经验的大型数据库，将违约距离和预期违约概率之间的关系映射起来，从而构建了以经验 EDF 为基础的信用风险评价体系。在这个数据库中可以方便地查询到违约距离 DD 与期望违约率 EDF 之间的映射关系。

$$\text{EDF} = \frac{\text{年初资产价值距离 DPT 有 } 2\sigma_A \text{ 之远而在一年内违约的企业数}}{\text{年初资产价值距离 DPT 有 } 2\sigma_A \text{ 之远的企业数}} \tag{13-31}$$

与 Credit Metrics 模型相比，两者最根本的区别在于 Credit Metrics 模型是根据对该企业信用评级变化及其概率的历史数据的分析，但是信用等级在相当长一段时间内是静态的，使得该模型的分析结果不能及时反映贷款的在险价值。而 KMV 模型对企业信用风险的衡量指标主要是通过对该企业股票市场价格变化的有关数据的分析，而这种变化是随时的。所以

KMV 模型能够连续、迅速、有效地进行违约概率的计算和信用等级评定，这一点是任何基于财务报表的模型所无法比拟的。另外，KMV 模型假定市场有效，所有有关公司的信息都会及时反映在公司股票价格中。因为股票市场可以反映市场未来的预期，所以 KMV 模型的违约预测更具有前瞻性，这也是该模型的亮点之一。而其他许多模型都是依据历史信息，是向后看的。

KMV 模型的主要问题在于：

（1）KMV 模型利用企业股票市场价格进行违约概率的计算虽然提高了模型的反应速度，但同时也限制了模型的使用范围，只能运用在对上市企业的信用风险度量。如果需要对非上市公司的预期违约频率进行计算时，按照 KMV 公司的私人企业解决方案，则需要借助很多会计资料，同时还要通过对比分析手段最终得出企业的预期违约频率。因而，这一过程复杂且不能保证计算出的预期违约频率的准确性。

（2）理论上的 EDF 依赖于资产正态收益的假定，但在实际中，信用风险收益并不符合正态分布，其分布是有偏和厚尾的。信用风险收益的非对称性表明有很大的可能性获取相对性较小的利息收入，同时有很小的可能性遭受较大的损失。所以 KMV 模型关于资产收益服从正态分布的硬性假设可能会使计算结果出现偏差。

（3）没有根据资历、抵押品、合约条件或可转换性区别不同类型的长期债券。但实际上，长期债务可以依据其优先偿还顺序，有无担保、有无契约、能否转换等来区别不同的长期债务，因而可能会造成在违约点的确定不准确，使模型的产出变量不准。

（4）该模型是"静态的"，因为 Merton 模型假设，一旦管理人员采用了合适的债务结构，即使企业资产价值发生倍增，它也不会变化。

13.5.3 Credit Risk + 模型

Credit Risk + 模型是由瑞士信贷银行金融产品部开发的一个信贷风险度量模型，其核心思想来自保险精算理论。保险精算理论认为保险公司为投保人提供的损失补偿反映了两个方面的内容：① 房屋被烧毁的可能性（保险公司称之为事件发生的概率）；② 若房屋被烧毁，则可能的损失是多少（保险公司称之为损失）。Credit Risk + 模型将这种观点应用于信贷风险度量上，仅仅从违约概率和违约后的损失程度两方面来衡量信用风险水平，而不分析违约的原因，不考虑评级下调风险。模型认为违约事件的发生时间和发生次数都是很难预测的，所以只把违约事件看做是一个纯粹的统计现象，假设贷款组合中单项贷款的违约概率分布服从泊松（Possion）分布，把每一笔贷款的违约都视作小概率事件，其违约概率都独立于其他贷款，债务人是否违约是完全随机的。基于这样的假设，在模型建立的方法上，Credit Risk + 模型不像 Credit Metrics 模型那样依赖于统计分析，也没有涉及 KMV 模型所用到的期权定价模型，而是采用精算分析框架来推导贷款组合的损失分布。

Credit Risk + 模型对违约概率进行了三个假设：① 违约事件发生与否是随机的，任何给定时期内发生的违约事件数量与其他时期发生的违约数量不相关；② 违约事件发生的概率在时间上是彼此独立的，对于一笔贷款，任何给定时期内发生的违约概率与其他时期的违约概率完全相同；③ 债务人数目很多时，任何单个的违约事件的发生概率都很小。在此基础上，Credit Risk + 模型引入了"概率产生函数"，用以分析资产组合的损失分布，概率产生函数的形式为

$$F(z) = \sum_{n=0}^{\infty} p(n)z^n \qquad (13-32)$$

其中，z 是一个辅助变量，n 表示违约事件数量，$p(n)$ 表示发生 n 个违约事件的概率。对单个贷款而言，它只有两种状态：$n=1$ 和 $n=0$，$p(1)$ 就表示贷款的违约概率。

根据上式，可以得到信贷组合一年内发生 n 个违约事件的概率：

$$p(n) = \frac{u^n \cdot e^{-u}}{n!} \qquad (13-33)$$

式中，u 表示一年内信贷组合发生违约事件数量的均值，可以由银行的历史数据得到。

进一步发现，公式（13-33）就是人们熟知的泊松分布公式。所以，Credit Risk + 模型本质上认为贷款组合中单项贷款的违约概率分布服从泊松分布，而一年内信贷组合发生违约事件数量的均值 u 是影响信贷组合违约概率分布的唯一因素。

Credit Risk + 模型认为信用风险的损失取决于违约概率和违约后的损失程度两方面。通过前面的计算，能够得到一年内信贷组合中发生任一数量违约事件的概率。接下来，就是分析损失事件的分布状况。

为了得到一个比较好的信贷组合损失分布，Credit Risk + 模型采用区间划分的方法，按照信贷组合中各笔贷款违约敞口的大小将整个贷款组合分成具有共同风险敞口的次级组合。具体方法是首先要确定好一个敞口的基准单位 L 等于一定的金额，然后将风险敞口值在 iL 到 $(i+1)L$ 的贷款都分到次级组合 i，并按照基准单位的近似整数倍数选择 v_i 作为这一组合的公共违约敞口。

例如，对贷款人 A，其风险敞口为 L_A，预期损失为 λ_A，敞口的基准单位为 L。如果 $3L \leq L_A < 4L$，那么可以将贷款人 A 划分到次级组合 4 中，且以 L 的近似整数倍形式 v_4 和 ε_4 表示 A 的敞口大小和预期损失大小，同时，L_A，λ_A，L，v_4，ε_4 满足以下条件：

$$L_A = L \times v_4 \qquad (13-34)$$
$$\lambda_A = L \times \varepsilon_4 \qquad (13-35)$$

对于信贷组合，按照上述方法将信贷组合中的每笔贷款都分到对应的次级组合之后，以 v_i 作为这一组合的公共违约敞口，以 ε_i 表示这一组合的预期损失，以 u_i 表示这一组合的预期违约事件个数，则有

$$\varepsilon_i = v_i \times u_i \qquad (13-36)$$

因此有

$$u_i = \frac{\varepsilon_i}{v_i} \qquad (13-37)$$

假设共有 m 个次级组合，那么对于信贷组合一年内发生的违约事件发生总次数 u 为

$$u = \sum_{i=1}^{m} u_i = \sum_{i=1}^{m} \frac{\varepsilon_i}{v_i} \qquad (13-38)$$

将所有贷款都划分到相应的次级组合后，就可以计算整个信贷组合的的损失分布了。首先，仍然从概率产生函数开始。令 $G(z)$ 表示信贷组合的损失概率产生函数，其基本形式为

$$G(z) = \sum_{n=0}^{\infty} p(n \times L)z^n \qquad (13-39)$$

其中，$n \times L$ 为以基准单位 L 的整数倍表示的加总损失。

若把每个次级组合都视为一个独立的风险暴露组合，则次级组合 i 的概率生成函数可以写成：

$$G_i(z) = \sum_{n=0}^{\infty} p(n \times L) z^n = \sum_{n=0}^{\infty} p(n) z^{nv_i} \quad (13-40)$$

其中，$p(n \times L)$ 表示损失等于 $n \times L$ 时的概率，$p(n)$ 表示信贷组合一年内发生 n 个违约事件的概率。再根据式（13-33）、式（13-40）可以变形为

$$G_i(z) = e^{-u_i + u_i z^{v_i}} \quad (13-41)$$

由于每一个次级组合都是独立的，同样假设共有 m 个次级组合，那么整个资产组合的概率产生函数可以表示为各个次级组合概率产生函数的乘积：

$$G(z) = \prod_{i=1}^{m} G_i(z) = \prod_{i=1}^{m} e^{-u_i + u_i z^{v_i}} = \exp\left(-\sum_{i=1}^{m} u_i + \sum_{i=1}^{m} u_i z^{v_i}\right) \quad (13-42)$$

这里，Credit Risk + 模型又定义了一个损失程度多项式 $P(z)$。利用 $P(z)$ 可以推导出损失 $n \times L$ 的概率 A_n：

$$p(nL) = \frac{1}{n!} \times \left.\frac{d^n G(z)}{dz^n}\right|_{z=0} = A_n \quad (13-43)$$

进一步，有

$$A_n = \sum_{i: v_i \leq n} \frac{\varepsilon_i}{n} A_{n-v_i} \quad (13-44)$$

$$A_0 = G(0) = e^{-u} = e^{-\sum_{i=1}^{m} \frac{\varepsilon_i}{v_i}} \quad (13-45)$$

利用式（13-44）和式（13-45），可以递推出整个信贷损失的分布。

Credit Risk + 模型的优势主要在于：① Credit Risk + 模型假定违约率是随机的，并且违约事件本身是风险的唯一驱动因素，同时模型只考虑了违约风险，只需要敞口数据和违约概率，使得模型对数据的要求很低；② 模型借鉴了保险业中的思想，直接推算出了违约损失之间的递推公式，计算过程简单，操作性较强；（3）Credit Risk + 模型可以扩展到多期，而传统的模型一般都是单期、单因素模型。

Credit Risk + 模型的主要不足表现在：① 仅仅考虑贷款的历史违约率、违约波动率及每笔贷款的风险暴露，使得 Credit Risk + 模型忽略了现实中贷款的信用等级的变化，使得每一债务人的风险是固定的，且不依赖于信用质量的最终变化以及未来利率的变动性，影响了计算结果的精确性；② 在处理非线性信用风险的产品，如期权、货币互换等时，Credit Risk + 模型不能得到一个令人满意的结果；③ Credit Risk + 模型假设每笔贷款的违约概率是相互独立的，忽略了由于市场因素导致的借款人的系统性变化。

13.5.4　CPV 模型

根据历史经验，在经济衰退时期，违约率要比经济繁荣期高出很多，尤其是低质量信贷资产的违约率对于商业周期所处阶段尤其敏感。但是，在前面介绍的各种度量方法中，人们假定信用等级的转换概率在不同的借款人之间，以及在经济周期的不同阶段之间都是稳定的。所以，运用前面所介绍的模型对这种信用风险随着经济周期变化而变化的现象不能进行

很好的解释。1998年，麦肯锡公司开发了一种离散化的多时期经济计量模型——信贷组合模型（CPV模型），也称麦肯锡模型。与其他模型不同的是，CPV模型在度量信用风险时从宏观经济状态出发，认为决定违约概率的不是资产价格或者经验参数，而是失业率、利率、经济增长率、政府支出、汇率等一系列的宏观经济因素。系统性信用风险最终来源于经济状态，当宏观经济环境恶化时，企业信用降级和违约的数量就会增加，当宏观经济环境好转时，情况会相反。

CPV模型假定违约概率是以投机级指数为因变量的一个函数。如果用 $P_{j,t}$ 表示在 t 时刻，处于国家或行业 j 的债务人的条件违约概率，那么 $P_{j,t}$ 就可以表示为

$$P_{j,t} = \frac{1}{1 + e^{y_{j,t}}} \quad (13-46)$$

其中，$y_{j,t}$ 是由式（13-47）计算出来的宏观经济指数，代表了债务人所处国家或行业的宏观经济状况。

$$y_{j,t} = \beta_{j,0} + \beta_{j,1} X_{j,1} + \beta_{j,2} X_{j,2} + \cdots + \beta_{j,m} X_{j,m} + v_{j,t} \quad (13-47)$$

在式（13-47）中，$X_{j,t} = (X_{j,1}, X_{j,2}, \cdots, X_{j,m})$ 是国家或行业 j 在 t 时刻的宏观经济变量，可以是失业率、利率、经济增长率、政府支出、汇率等。商业银行可以针对不同的国家或者行业选择不同的解释变量，以使得到的违约概率能够适合特定的国家或部门；$\beta_j = (\beta_{j,0}, \beta_{j,1}, \cdots, \beta_{j,m})$ 表示其回归参数；$v_{j,t}$ 是独立同分布的正态误差项。

同时，假定各个宏观经济变量的时间序列服从一个二阶自回归过程：

$$X_{j,i,t} = \alpha_{j,i,0} + \alpha_{j,i,1} X_{j,i,t-1} + \alpha_{j,i,2} X_{j,i,t-2} + e_{j,i,t} \quad (13-48)$$

其中，$X_{j,i,t}$ 表示国家或行业 j 在 t 时刻的第 i 个宏观变量，$X_{j,i,t-1}$、$X_{j,i,t-2}$ 是 $X_{j,i,t}$ 的滞后项，$e_{j,i,t}$ 为独立同分布的误差项。

由式（13-46）、式（13-47）、式（13-48）得到的信息可以用来调整评级机构的信用评级转移矩阵，得到信用评级转移的概率分布情况。最后，用 SDP_t 表示每个行业在 t 时刻的违约概率，ϕSDP 表示无条件违约概率，根据 SDP_t 和 ϕSDP 间的大小关系，可以作出判断：

如果 $\frac{SDP_t}{\phi SDP} > 1$，则意味着行业在 t 时刻的违约概率大于历史均值，经济处于衰退期，降级变动增加；

如果 $\frac{SDP_t}{\phi SDP} < 1$，则意味着行业在 t 时刻的违约概率小于历史均值，经济处于扩张期，升级变动增加。

以上述比例关系作为调整因子，可以获得任何时间长度的积累条件转移概率矩阵 M_t：

$$M_t = \prod_{t=1}^{T} M(p_{j,t}/\phi SDP) \quad (13-49)$$

然后，通过蒙特卡洛方法就可以获得针对任何时间范围和信用级别债务人的转移概率分布，由此得到任何信用风险价值度测。

实际上，CPV模型是基于Credit Metrics模型的思路，以历史的宏观经济变量数据及平均违约率的时间序列数据，对不同的国家和行业板块构建了一个多因素模型。但它突破了Credit Metrics模型的假设，认为信用等级转移概率在不同借款人类型之间，以及不同商业周期之间不是稳定的，而应受到诸多宏观因素的影响，并认为这些宏观变量服从二阶自相关过

程。通过这种处理方法，CPV 模型首先能够通过条件违约概率以及条件转移概率充分考虑了贷款的信用风险评级，全面评估了信用风险。CPV 模型将宏观经济变量引入银行贷款业务信用风险管理，能够更加准确地计算 VaR 值。

但是，模型的系数有赖于每个国家甚至国家内部每个行业的大量长期数据，并且这种数据信息是很难得到的，这就造成模型在实际运用中的障碍。再者，模型需要使用经调整后的信用等级转换矩阵的特殊程序，而这种调整是基于银行信贷部门积累的经验和对信贷周期的主观判断，使模型计量的准确度降低。

【阅读材料】

信贷过于集中导致信用风险

1. 华联三鑫陷危机，引爆 44.56 亿银行贷款风险

浙江华联三鑫石化有限公司创立于 2003 年 3 月，是由华联控股股份有限公司、浙江展望控股集团和浙江加佰利控股集团等合资组建的特大型石化企业。公司一成立即成为我国最大的 PTA（精对二甲苯）生产企业，被认为"不仅改善了我国 PTA 大量依赖进口的局面，而且大大优化了国内 PTA 生产力布局"，公司发展前景一片光明。但就是这样一个企业目前却面临资金链断裂，濒临破产的境地。

华联三鑫陷入困境，给相关银行贷款带来重大风险隐患。截至 2008 年 10 月 8 日，来自福建、深圳、浙江、北京等地的多家银行给华联三鑫提供了 70 笔贷款，合计金额高达 44.56 亿元，其中美元贷款 13 笔，涉及金额 7 599 万美元，人民币贷款 57 笔，涉及金额 39.36 亿元。在 44.56 亿元贷款中，绝大部分属于 2 年之内的短期贷款，只有两笔是 5 年期的长期贷款，金额共计 15.75 亿元，到期日均为 2011 年 4 月。

除银行贷款外，华联三鑫还开具大量信用证，共计 40.4 亿元。2008 年 9 月份的开证数量为 14 份。银行承兑汇票是华联三鑫的另外一种负债方式。截至 2008 年 10 月 8 日，尚未到期的银票共 114 笔，涉及金额 11.5 亿元。仅 9 月份 4 天，华联三鑫就签发银票 55 笔，其中 9 月 19 日 8 笔、16 日 19 笔、12 日 19 笔、11 日 9 笔，频率之高超乎想象。此外，华联三鑫还以贸易融资形式负债 8.36 亿元。

另外，华联三鑫还涉及大量的担保业务。截至 2008 年 10 月 8 日，包括华联控股在内的多家企业为华联三鑫提供了 93 笔保证担保，涉及金额 45.3 亿元，其中人民币担保 75 笔、美元担保 17 笔、欧元担保 1 笔。

华联三鑫被担保事项还包括质押担保及抵押担保，其中质押担保 72 笔共计 26.7 亿元，单笔担保金额从数十万元至 3.48 亿元不等；抵押担保 7 笔共计 10.9 亿元，单笔担保金额从 4 080 万元至 6.75 亿元不等。

也就是说，如果华联三鑫重组无法突破，则不仅将引爆巨额银行信贷风险，而且为其提供 83 亿元担保的企业也将面临巨大的风险和或有损失。

2. 信贷集中风险的类型

（1）单个客户或关联客户的大额信贷集中风险。其中，关联客户不仅指存在股权关系的公司或集团，还包括经济上存在关联关系（如互相担保、垄断的购销关系等）的客户。

（2）地区或国家信贷集中风险。地区或国家的政治、经济发展情况会对借款人还款能力产生直接影响。当一个地区或国家危机发生时，对该地区或国家的贷款集中将带来巨大损失。

（3）行业信贷集中风险。行业信贷集中是指贷款集中发放给某一行业或相关行业内还款能力依赖相同产品或服务的客户。一旦该行业出现危机，将导致其与相关行业违约率大幅提高。

（4）外币信贷集中风险。对于外币贷款或以外币收入作为主要还款来源的贷款，汇率风险严重影响客户还款能力，促使违约率大幅上升。

(5) 信贷风险缓释手段集中风险。此类风险主要来自于信贷业务中对某一担保方式使用的集中，如主要以商用房地产作为抵押或大部分贷款为同一担保人等。

3. 防范信贷集中风险的策略建议

(1) 夯实信贷集中风险管理基础

无论使用何种先进方法和工具，都需先夯实信贷集中风险管理的基础，即科学定义信贷集中的相关维度，并积累高质量数据。我国商业银行不应简单照搬官方统计分类或外部分类标准，而要根据自身需要，从风险驱动因素相关性出发，界定并划分客户、行业、区域信贷集中。例如，不应仅依据股权关系，而应从存在高度相关违约因素角度定义关联客户，如高度依赖单一客户或单一供应商。对地区或国家分类，也不应只关注行政区划，还应从更广视角，按地区或国家特有的风险驱动因素对借款人影响界定，如产品需求地、经营地点或主要投资地等。而对行业分类，也应更多考虑系统性风险因素对借款人的影响。比如，按国家统计分类，造纸机械制造行业属于专用设备制造业，但其与造纸及纸制品业违约相关性更强。

此外，还应在贷款发起阶段就逐户识别客户对关联方、行业、地理等因素的敏感性，并将相关数据保存于信贷管理信息系统中，为更好地识别、监测、度量信贷集中风险奠定基础。

(2) 提高信贷集中风险度量水平

中国商业银行应借鉴国际先进经验，开发内部信贷组合模型，努力提高信贷集中风险度量水平。通过计量不同维度信贷集中的经济资本消耗情况，从边际风险贡献角度识别并度量信贷集中风险大小，为进而采取针对性风险管理措施提供科学依据。同时，高度重视压力测试在信贷集中风险度量中的重要作用。

具体步骤为：先设定具体的压力情景，将情景转换为模型中系统性因素的压力值，再模拟组合损失分布，计算非预期损失、经济资本等参数，确定压力情景对信贷集中的影响。

目前房地产、交通、能源等行业信贷集中现象突出，且抵押物也集中于房地产，商业银行应将房地产等行业作为定期压力测试重点。具体地，分析、预测房地产市场规律，设定不利市场条件下系统性风险因素变量，然后结合房地产行业一个周期的信贷损失历史数据，模拟不利环境下信贷损失分布，评估危机发生时损失大小。

(3) 建立健全信贷集中限额体系

商业银行应根据自身情况，采取以下步骤逐步建立健全信贷集中限额体系。

首先，建立简单的绝对额或比例限额，如单一客户敞口上限为10亿元，行业敞口上限为400亿元或建筑业贷款敞口不超过全部敞口15%等。该限额简单直观，易于理解、监测和执行，但未经风险调整。

其次，考虑借款人或行业风险特征，以风险等级为基准设定限额。例如，某一基准客户敞口上限为2%，对于低风险客户，适当上调限额，而对高风险客户，则下调该限额。对行业，其限额根据行业加权平均风险等级高低分别确定。

最终，应该以经济资本为基准设定信贷集中限额，从而将限额与实际的风险来源、风险大小挂钩。通过综合考虑贷款的规模、违约风险、违约损失率、期限等因素，得到信贷集中要求的经济资本量，据此设定限额，如单一行业经济资本消耗不超过全部信贷业务经济资本消耗的10%。

(4) 综合运用各种风险管理手段

当前，商业银行应积极通过银团贷款、贷款出售方式分散或转移大额（如大型集团）、行业（如房地产、能源）、区域等信贷集中风险；尝试对热点行业的中长期贷款实施信贷资产证券化；参与境外信用衍生品交易市场对冲涉外借款人或信贷业务的集中风险。

在定价过程中考虑信贷集中风险成本、根据信贷集中风险大小配置经济资本以影响绩效评价，以有助于信贷集中风险管理目标的实现。此外，对于区域性中小银行，还可以通过购并、增设分支机构等途径降低信贷集中风险。

资料来源：北京银联信信息咨询中心. 中国金融风险案例每月精解，2008（10）.

【讨论题】为什么要防止银行信贷过分集中？如何防范？

1. 目前还有哪些信用风险的计量模型？
2. 试比较 Credit Metrics 模型、KMV 模型、Credit Risk + 模型以及 CPV 模型有哪些异同？
3. 商业银行面对的信用风险与市场风险相比，有什么特点？由此会给信用风险的计量带来什么困难？
4. 以银监会的《商业银行风险监管核心指标（试行）》为基础，设计一套衡量商业银行信用风险状况的指标体系。
5. 我国商业银行信用风险管理现状如何？

第 14 章

【主要概念的中英文对照】
操作风险：operational risk
基本指标法：basic indicator approach
标准法：standardised approach
高级计量法：advanced measurement approaches，AMA
内部衡量法：internal measurement approaches，IMA
损失分布法：loss distribution approaches，LDA
极值法：extreme value theory，EVT

操作风险管理

14.1 操作风险的定义与分类

14.1.1 操作风险的定义

1995年2月,巴林银行驻新加坡的衍生证券交易员尼克·里森违规买进大量期货合同并隐瞒累积亏损,使得该银行损失11亿美元,最终导致这家"百年老店"破产;2002年2月,由于交易员约翰·鲁斯南克把他3年来外汇交易中的损失一直隐藏在该行的一个分支机构里,使得爱尔兰联合银行损失6.91亿美元;2008年1月,法国兴业银行爆出丑闻,该行的交易员违规进行期指买卖,导致该银行损失高达71.4亿美元;更有甚者,德国国家发展银行在2008年9月15日,也就是雷曼兄弟公司提交破产申请的同一天,通过自动付款系统向雷曼兄弟公司转入3亿欧元,使得德国国家发展银行在金融危机的原有损失基础上,增加了3亿欧元(约合4.35亿美元)的损失。

可见,操作风险一直以来都在银行业中大量发生。但是长期以来,操作风险作为"其他风险"的一种,未能受到如同信用风险、市场风险一般的重视,学术界对操作风险的定义也没有定论。

英国银行家协会最早给出了操作风险的定义,他们认为:操作风险与人为失误、不完备的程序控制、欺诈和犯罪活动相联系,它是由技术缺陷和系统崩溃引起的。

德意志银行认为:操作风险是因员工、契约条款和文件、技术、基础设施故障和灾难、外部影响和客户关系等招致损失的潜在可能。

还有学者认为,操作风险是各公司业务和支持活动中内生的一种风险,这类风险表现为各种形式的错误、中断或停止,可能导致财务损失或给公司带来其他方面的损害。

1998年,在IBM公司发起的操作风险论坛上,将操作风险的定义为:"操作风险是遭受潜在损失的可能,是指由于客户、设计不当的控制体系、控制系统失灵以及不可控事件导致的各类风险。损失可能来自于内部或外部事件、宏观趋势以及不能为公司决策机构和内部控制体系、信息系统、行政机构组织、道德准则或其他主要控制手段和标准所洞悉并组织的变动。它不包括已经存在的其他风险种类如市场风险、信用风险及决策风险。"

全球风险专业人员协会则把操作风险定义为与业务操作相联系的风险,包括两个部分:一是由于人为因素、流程和技术失败、外部因素等使得业务操作失败所造成的操作失败风险;二是由于银行竞争对手业务流程更新、相关政治和监管制度发生变化等环境因素造成银行发生损失而引起的操作战略风险。

在众多的定义中,被广泛公认的是巴塞尔协议Ⅱ的定义:"操作风险是由不完善或有问题的内部程序、人员及系统或外部事件所造成损失的风险,其中包括法律风险,但不包括策略风险和声誉风险。"巴塞尔银行监管委员会的定义基于因果关系,将引发操作风险的原因类型(内部程序、人员、系统以及外部事件)罗列出来,同时加以"包括法律风险,但不包括策略风险和声誉风险"的补充,旨在将操作风险与信用风险、国家和转移风险、市场风险、利率风险、流动性风险、法律风险以及声誉风险区别开来。这一定义的侧重点在于操作风险的形成原因,从银行内部原因和外部因素两个方面进行界定,涵盖了银行所面对的大多数风险。

我国银监会对操作风险的定义出现在 2007 年发布的《商业银行操作风险管理指引》中。该指引将操作风险定义为："操作风险是由不完善或有问题的内部程序、员工和信息科技系统，以及外部事件所造成损失的风险，其中包括法律风险，但不包括策略风险和声誉风险。"

从上述的不同定义中，不难发现操作风险具有以下一些特征。

（1）风险来源以内生为主。绝大部分的操作风险都来自于银行的内部业务操作失误、内部系统失灵、内部人员控制和制度失效等，只有很少一部分来源于外部的欺诈、自然灾害等。与信用风险和市场风险相比，信用风险是由借款人的主客观情况所决定的违约风险，市场风险则与市场价格波动相联系，都主要产生于银行的外部。

（2）操作风险包括的范围广泛，具有普遍性。商业银行中的每一个人、每一个操作环节都可能产生一些类型的失败，因此操作风险发生可能性遍布银行的所有业务环节，涵盖所有部门，既包括发生频率高、损失相对较低的日常业务流程处理上的小纰漏，也包括发生频率低、一旦发生就会造成极大损失，甚至危及银行存亡的自然灾害、大规模舞弊等。而信用风险和市场风险发生的环节仅限于与之相关的部分业务环节，如发放贷款、吸收存款，主要涵盖业务发展部门和业务管理部门。

（3）风险与收益的不对称性。对于信用风险与市场风险来说，存在风险越大收益越高、风险越小收益越低的对应关系。而操作风险产生于企业内部控制行为，是一种纯粹的风险，损失与收益之间没有必然的联系，商业银行承担这种风险并不一定能给银行产生任何收益。

（4）操作风险损失数据呈现厚尾特征。由于大部分操作风险事件属于高频率—低损失类型，只有极少数属于低频率—高损失类型，所以在损失数据的统计结果中，操作风险的损失分布明显不同于正态分布，大部分损失观测值接近零。

14.1.2 操作风险的分类

根据巴塞尔银行监管委员会对操作风险的定义中关于造成操作风险损失来源的表述，可以把操作风险分为人员因素导致的操作风险、内部程序因素导致的操作风险、系统因素导致的操作风险以及外部因素导致的操作风险四类。其中，前三种操作风险是由商业银行内部原因所导致的，包括未授权交易、泄露秘密、头寸计价错误等。第四种为商业银行外部因素所导致的，包括黑客攻击、盗窃、抢劫以及台风、地震等自然灾害。

对操作风险进行分类，其目的在于加强对操作风险的认识，为商业银行的风险管理提供信息。但是由于操作风险往往是由多种因素造成的，在实际情况中一个损失事件往往要归咎于多个原因，也就是说某个具体的损失事件会同时属于几个风险类型，难以达到分类的目的。所以按照上述方法进行操作风险的分类很难达到区分风险类型的要求。为此，巴塞尔银行监管委员会在巴塞尔协议Ⅱ中采用了一种二维分类方式。首先，按照事件类型，巴塞尔银行监管委员将损失事件分为内部欺诈和外部欺诈，就业政策和工作场所安全性，客户、产品及业务操作，实体资产损坏，业务中断和系统失败，执行、交割及流程管理七类，并进一步把七类事件划分了二级目录和三级目录（见表 14-1）。同时，巴塞尔银行监管委员会还根据发生操作风险的业务环节，将商业银行的业务分为八个类型：公司金融、交易和销售、零售银行业务、商业银行业务、支付和清算业务、代理服务、资产管理业务以及零售经纪业务（见表 14-2）。通过事件类型和产品线两个维度的划分，对任意的操作风险损失事件都可以在事件类型和产品线构成的 7×8 矩阵中找到唯一对应的位置。

除了上述分类方法,学术界还存在一些其他的分类方法。

一种常见的分类方式是按照操作风险发生的频率以及损失的程度将操作风险进行划分。

操作风险发生的频率指一定时间内操作风险损失事件发生的数目,操作风险的损失程度指操作风险事件发生时导致的影响。按照这种思路,可以把操作风险分为低频率、低损失,低频率、高损失,高频率、低损失,高频率、高损失四种类型(见图 14-1)。

表 14-1 损失事件分类详表

事件类型 (1级目录)	定义	2级目录	3级目录(举例)
内部欺诈	故意骗取、盗用财产或违反监管规章、法律或公司政策导致的损失,此类事件至少涉及内部一方,但不包括性别/种族歧视事件	未经授权的活动	交易不报告(故意) 交易品种未经授权(存在资金损失)
		盗窃和欺诈	欺诈/信贷欺诈/假存款 盗窃/勒索/挪用公款/抢劫 盗用资产 恶意损毁资产
外部欺诈	第三方故意骗取、盗用财产或逃避法律导致的损失	盗窃和欺诈	盗窃/抢劫 伪造 多户头支票欺诈
		系统安全性	黑客攻击损失 盗窃信息(存在资金损失)
就业政策和工作场所安全性	违反就业、健康或安全方面的法律或协议,个人工伤赔付或者因性别/种族歧视事件导致的损失	劳资关系	薪酬,福利,雇用合同终止后安排 有组织的劳工行动
		安全性环境	一般责任(滑倒和坠落,等等) 违反员工健康及安全规定事件 工人的劳保开支
		性别及种族歧视事件	所有涉及歧视的事件
客户,产品及业务操作	因疏忽未对特定客户履行分内义务(如信托责任和适当性要求)或产品性质或设计缺陷导致的损失	适当性,披露和信托责任	违背信托责任/违反规章制度 适当性/披露问题 违规披露零售客户信息
		不良的业务或市场行为	反垄断 不良交易/市场行为
		产品瑕疵	产品缺陷(未经授权等) 模型误差
		客户选择,业务提起和风险暴露	未按规定审查客户 超过客户的风险限额
		咨询业务	咨询业务产生的纠纷

续表

事件类型（1级目录）	定义	2级目录	3级目录（举例）
实体资产损坏	实体资产因自然灾害或其他事件丢失或毁坏导致的损失	灾害和其他事件	自然灾害损失 外部原因（恐怖袭击、故意破坏）造成的人员伤亡
业务中断和系统失败	业务中断或系统失败导致的损失	系统	硬件、软件、电信 动力输送损耗/中断
执行，交割及流程管理	交易处理或流程管理失败和因交易对手方及外部销售商关系导致的损失	交易认定，执行和维持	错误传达信息 数据录入、维护或登载错误
		监控和报告	未履行强制报告职责 外部报告失准（导致损失）
		招揽客户和文件记录	客户许可/免则声明缺失 法律文件缺失/不完备
		个人/企业客户账户管理	未经批准登录账户 客户记录错误（导致损失）
		交易对手方	非客户对手方的失误 与非客户对手方的纠纷
		外部销售商和供应商	外包 与外部销售商的纠纷

资料来源：巴塞尔委员会《统一资本计量和资本标准的国际协议：修订框架》，2004.6

表 14-2 产品线对应表

1级目录	2级目录	业务群组
公司金融	公司金融	兼并与收购，承销、私有化，证券化，研究，债务（政府、高收益），股本，银团，首次公开发行上市，配股
	市政/政府金融	
	商人银行	
	咨询服务	
交易和销售	销售	固定收入，股权，外汇，商品，信贷，融资，自营证券头寸，贷款和回购，经纪，债务，经纪人业务
	做市	
	自营头寸	
	资金业务	
零售银行业务	零售银行业务	零售贷款和存款，银行服务，信托和不动产
	私人银行业务	私人贷款和存款，银行服务，信托和不动产，投资咨询
	银行卡服务	商户/商业/公司卡，零售店品牌（private labels）和零售业务
商业银行业务	商业银行业务	项目融资，不动产，出口融资，贸易融资，保理，租赁，贷款，担保，汇票
支付和结算	外部客户	支付和托收，资金转账，清算和结算

续表

1级目录	2级目录	业务群组
代理服务	托管	第三方账户托管,存托凭证,证券贷出(消费者),公司行为(corporate actions)
	公司代理	发行和支付代理
	公司信托	
资产管理	可支配基金管理	集合,分散,零售,机构,封闭式,开放式,私募基金
	非可支配基金管理	集合,分散,零售,机构,封闭式,开放式
零售经纪	零售经纪业务	执行指令等全套服务

资料来源:巴塞尔委员会《统一资本计量和资本标准的国际协议:修订框架》,2004.6

同样的,还可以把频率分为低频率、中频率、高频率三类,把损失分为低损失、中损失、高损失三类,由此得到一种九类的分类方法。这种分类方法从发生频率和损失程度两个方面反映了不同类型操作风险的性质,因此在对操作风险的分析中常常会用到。

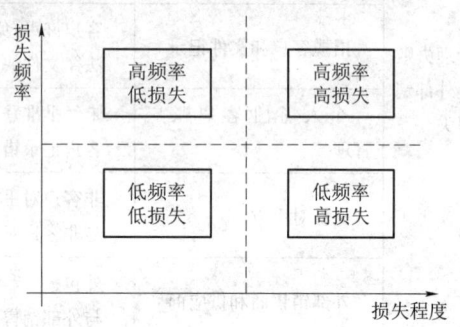

图14-1 按发生频率和损失程度的操作风险分类

14.2 操作风险的度量

14.2.1 定性分析

目前,各种定量分析操作风险的模型已在各国商业银行中得到了运用,对提高商业银行操作风险管理水平起到了积极的作用。但经验表明,单纯利用定量方法度量操作风险对商业银行而言并不是很好的选择。对于某些操作风险,尤其是低频率、高损失的操作风险,其可获得的数据是有限的。而大多数的计量模型都是建立在大量损失数据和历史数据基础之上的。如果数据缺乏,可能会使模型计量的准确性受到影响。一般说来,定量的方法通常过于严格,而定性的方法过于模糊。所以,对操作风险度量总的趋势是由以定性分析为主的传统操作风险度量方式向以定量方式为基础的定量与定性相结合的现代操作风险度量模式过渡。

定性分析常采用的方法有自我评估法、关键风险指标法以及积分卡法等。

1. 自我评估法

自我风险评估是商业银行识别和评估潜在操作风险以及自身业务活动的控制措施、适当程度及有效性的操作风险管理工具。操作风险自我评估法涵盖了商业银行的所有业务部门,在产品线层次上展开，包括每个产品线的每个流程中的固有风险、控制风险和剩余风险。其中，固有风险是指在没有任何管理控制措施的情况下，经营管理过程本身所具有的风险；控制风险是指对操作风险没有良好的内部控制或内部控制无效，致使经营活动中的操作风险不能被及时发现而造成损失；剩余风险是指在实施了旨在改变风险可能性和影响强度的管理控制活动仍然保留的风险。

自我评估的内容包括银行的组织管理、人力资源、风险操作流程、信息系统等内在因素，以及社会环境变化、产业结构、市场环境和科技发展等外部因素对操作风险发生的可能性和损失程度两个方面的影响。可能性是指每一种潜在风险识别出的风险暴露或每一类主要的风险事件类型在未来一定时期内转化为实际损失的概率大小；损失程度是指某一特定操作风险事件发生的情况。即如果不对潜在风险实施任何控制措施，风险实际发生可能对机构造成的影响。

自我评估通常的做法是通过调查问卷、系统性检查或公开讨论的方式，利用银行内部人员以及外部专家的专业知识和从业经验识别和评估操作风险事件。具体方法包括：① 调查问卷法，即将事先设计好的问卷分发到各业务部门，由相关人员对业务和产品控制点进行回答，帮助其确认风险水平和相应的控制措施；② 叙述法，即从业务部门界目标和风险出发，由各部门管理人员对采取的控制措施进行答辩，检查对预期控制的执行效果；③ 专家预测法，即采取匿名方式由专家对风险控制点进行考核、分析，提出意见；经修改、论证、汇集完成控制点的优化。

自我评估方法作为商业银行内部稽核的工具，一旦发现评估结果中有违背机构政策或准则的项目，立即上报给高级主管人员，还可以监督改正的进度，有助于对操作风险的评估。同时，自我评估方法还能够充分调动操作风险管理各方的积极性，促使员工自发的对风险、内控体系、风险防范手段进行分析和评价，激励员工提高操作风险的认知程度，最终有效提高对操作风险的监督和管理水平。

2. 关键风险指标法

根据银监会发布的《商业银行操作风险管理指引》，关键风险指标是指代表某一风险领域变化情况并可定期监控的统计指标。关键风险指标可以告诉我们当前的风险是什么、将会有什么损失，可以为操作风险管理者提供当前特定业务部门中风险水平的相关数据，高级管理层可据此迅速对症下药，采取有效措施，及时控制存在的潜在风险。所以，关键风险指标可用于监测可能造成损失事件的各项风险及控制措施，并作为反映风险变化情况的早期预警指标。关键风险指标分析法就是通过对关键风险指标进行分析来反映银行的风险水平，监督风险变化，对风险状况进行早期预警。

实施关键风险指标法，首先是选取具体指标，这也是其能否准确评估操作风险的关键。关键风险指标既可以是财务指标，也可以是非财务指标，具体可以包括：每亿元资产损失率、营业额增幅降低百分比或业绩下滑金额、关键岗位人员流失数、系统遭受黑客攻击次数、设备的老化程度、顾客投诉次数等。由于可供选择的指标很多，所以在选择关键指标时，首先要考虑所选指标的代表性，要求所选指标能够反映某一业务种类的风险水平；其次，选择的指标要能够敏感地反映相关业务操作风险的变化；最后，指标要易于观察、获得、测量和跟踪。当指标确定之后，就需要为各个指标设置各种水平基准，当关键风险指标值超过某基准水平时，相关的部门或责任人就应该采取相应的措施。

3. 积分卡法

积分卡法是巴塞尔银行监管委员会提出的三种操作风险高级计量法之一。它是银行对操作风险与内控的自我评估，评估内容包括风险事件、风险拥有者、风险发生的可能性、风险影响力、缓释风险的控制措施、控制实施者、控制设计等。此外，银行可以用积分卡，根据各部门在管理和控制各类操作风险方面的业绩，来决定经济资本的分配。

积分卡法实质上是商业银行赋予每个操作风险损失事件一个数值，这个值既可以是影响值，也可以是损失事件发生的可能性，并根据这个数值对不同的操作风险进行排序、比较和分析。更进一步则可估计出操作风险的预期损失，达到量化操作风险的目的。积分卡法的关键是找出与操作风险相关的风险因素，设计出具有前瞻性的风险指标，在此基础上由专家对其打分，最终估计出操作风险的影响发生频率进而计算出风险资本金。通过给每一类操作风险打分，银行可以发现这类操作风险的规律和现有内控措施的不足之处，并将其提供给业务部门和风险管理部门，帮助其采取改进措施。

实施积分卡法评估操作风险，首先需要将银行业务划分为若干产品线或者是损失组合；然后为属于同一产品线或损失事件的所有操作风险损失事件赋值，用来表示不同操作风险影响程度或是发生频率；最后，由专家在综合考虑各项因素后为该事件打分，得到评估结果。

积分卡法与其他高级计量方法的区别在于积分卡法较少依赖历史数据，而是以专家的判断代替了历史数据在模型中的作用，其本质是一种定性分析的专家判断法。因此，积分卡法的主观性较强，依赖于专家的直觉和经验。这就要求作出判断的专家有丰富的理论常识和从业经验以及对整个银行业务流程的深刻理解。

14.2.2 定量分析概述

与其他风险相比，操作风险具有原因多样性、机构差异性、损失无限性、数据匮乏性等特点，很难确切计量。所以，长期以来，各国学者和银行家认为操作风险只能通过定性的方式进行分析和评估。1995年，Duncan Wilson（1995）提出，操作风险可以同市场风险和信用风险一样，通过采用在险价值技术进行度测。在此之后，各国银行纷纷投入了大量的人力和财力到操作风险的量化工作中。但由于缺乏统一的衡量标准和技术支持，操作风险管理只能停留在理论研究阶段，而无法与实际相联系。2004年，巴塞尔银行监管委员会发布了巴塞尔协议Ⅱ，抛弃了过去"操作风险无法计量"的观念，提出应对操作风险计提资本金，并给出了三种计算操作风险资本的方法，操作风险的计量研究重点开始由操作风险的界定转向操作风险的计量、评估、控制和缓释。

一般地，操作风险度量模型大致可以分为自上而下法和自下而上法两种类型。

自上而下法是从宏观入手，着眼于整体损失，而不必分别考虑各种风险事件和损失因素的影响。自上而下法的优点在于不需要花费很多的时间和精力来收集各种资料、数据和进行计算。这一类的模型主要包括操作杠杆模型、收入模型、开支模型等。

操作杠杆模型主要用来衡量操作性杠杆风险。所谓操作性杠杆风险，主要指由外部因素引起的操作风险，如因为外部冲击导致金融机构收益的减少。与之对应的是操作性失误风险，即由金融机构的内部因素引起的操作风险，这些内部因素主要包括处理流程、信息系统、人事等方面的失误。操作杠杆模型可以用来度量操作费用和总资产之间的关系，通常选取固定资产和运营费用的简单函数来进行计算。例如，银行可以将操作杠杆定义为固定资产的 10% 加上 3 个月运营费用的 25%。操作性杠杆风险虽然是操作风险的重要组成部分，但它不是全部的操作风险。操作杠杆模型只能度量操作风险的一部分，造成计量的不准确。

收入模型的着眼点在于企业的收入。它将企业历史收入作为目标变量，将市场风险、信用风险以及其他风险作为解释变量，将这些解释变量不能解释的历史收入的方差值作为企业的操作风险。收入模型对数据的要求较高，在实际运用过程中，往往用季度数据甚至是月数据代替年收入数据进行建模。

而开支模型则是将企业的开支历史和操作风险联系起来。由于开支的波动部分反映了银行在经营过程中非预期操作风险损失，所以银行能够利用历史支出数据的波动率作为操作风险值。

自下而上法则是从微观入手，在识别风险事件和损失因素的基础上，将各种潜在损失纳入总资本要求。自下而上法的优点是能够解释呈现银行的操作风险是怎样形成的。这一类模型主要包括精算模型、随机模型和可靠性模型等。

精算模型是根据操作风险损失数据对损失事件的发生频率和损失程度进行估计，并利用估计出来的结果计算一年总损失的在险价值用以衡量操作风险资本。

随机模型是把操作风险历史损失数据和主观对损失事件的因果关系假设结合起来估计当某一存在潜在损失的事件发生的条件概率。

可靠性模型是以操作风险损失事件的频率分布和间隔时间为基础，用以度测某一特定事件在某个时间点或某个时段发生的可能性。

但不管是自上而下法，还是自下而上法，在操作风险的计量中都应该遵循一些共同的原则，这些原则包括：① 客观性，操作风险度量必须有一套客观、正式的衡量标准，要尽可能减少人为主观因素对度量过程的干扰；② 一致性，操作风险有不同的种类，针对同一类或相似的操作风险，应采用一致的衡量标准，并且度量结果应是相似的；③ 操作性，银行完成操作风险的度量后需要向高级管理层汇报，这些风险报告应便于高级管理层采取相应的操作风险管理行动，或者说风险报告中的内容应是可操作的；④ 透明性，风险报告是操作风险度量中非常重要的环节，银行的高级管理层很少直接参与具体的风险管理活动，而是通过风险报告获取银行的风险信息，为确保银行高级管理层能获得全面、充分、真实的信息，银行所作的风险评估报告应确保所有实质性操作风险都以高级管理层便于理解的方式进行报告和估计；⑤ 全行性，操作风险评估结果及报告应可以在全行范围内传递，且不会引起误解，为此，评估报告的制作者应仔细设计操作风险的度量方式和标准，以使该项评估结果可以在全行范围内进行累计和加总；⑥ 完备性，一个完备的操作风险度量框架应确保所有实质性操作风险都能得到识别和考察，而不存在任何遗漏。

14.2.3 巴塞尔资本协议Ⅱ的度量方法

由于各个国家的商业银行风险管理水平不尽相同，软、硬件条件具有差距，所以巴塞尔协议Ⅱ中提出了基本指标法、标准法以及高级计量法三种方法来计量操作风险，其中，高级计量法对数据要求最高但计量误差最低；基本指标法对数据要求最低但计量误差最大；标准法居两者中间。

1. 基本指标法

基本指标法是用银行的总收入作为其计量操作风险的基础指标，以前三年总收入的平均

值乘上一个固定比例来表示银行的整体操作风险水平，用公式表示为

$$K_{BIA} = GI \times \alpha \tag{14-1}$$

其中，K_{BIA} 表示是用基本指标法所需要的资本要求；$\alpha = 15\%$，由巴塞尔委员会设定，将行业范围的监管资本要求与行业范围的指标联系起来；GI 表示银行前三年总收入的平均值，总收入包括净利息收入和非利息收入。

基本指标法易于操作，任何银行都可以采用。其缺点在于计量的误差较大，不能真正反映出商业银行的操作风险水平。

2. 标准法

标准法的思路是将银行各个业务条线的操作风险相加，对银行整体的操作风险资本要求就等于各个产品线监管资本的综合。

前面已经介绍过，巴塞尔银行监管委员会将商业银行的业务分为八条产品线。同时，巴塞尔银行监管委员会也为每个产品线设定了一个 β 值，用以代表特定产品线的操作风险损失经验值与该产品线总收入之间的关系，则银行整体的操作风险资本要求的计算公式为

$$K_{TSA} = \sum_{i=1}^{8}(GI_i \cdot \beta_i) \tag{14-2}$$

式中，K_{TSA} 表示银行整体的操作风险资本要求，用以反映操作风险水平；GI_i 表示第 i 个产品线过去三年总收入的平均值；β_i 表示第 i 个产品线的操作风险损失经验值与该产品线总收入之间的关系。β_i 值已经由巴塞尔银行监管委员会作了设定，各产品线 β_i 值见表 14-3。

表 14-3 各产品线对应 β_i 值

产 品 线	β 系 数
公司金融（β_1）	18%
交易和销售（β_2）	18%
零售银行业务（β_3）	12%
商业银行业务（β_4）	15%
支付和清算（β_5）	18%
代理服务（β_6）	15%
资产管理（β_7）	12%
零售经纪（β_8）	12%

在巴塞尔协议Ⅱ中还提到了另外一种标准法——替代标准法。替代标准法对除了零售银行业务和商业银行业务外的计量方法与标准法相同，但对于零售银行业务和商业银行业务可以采用贷款和垫款乘以一个固定系数 m 代替总收入作为风险指标。以零售银行业务为例，其计算公式为

$$K_{RB} = \beta_{RB} \times m \times LA_{RB} \tag{14-3}$$

式中，K_{RB} 表示零售银行业务的资本要求，β_{RB} 表示零售银行业务的 β 值，LA_{RB} 表示零售贷款和垫款之和的前三年年均余额，m 等于 0.035。

在使用替代标准法时，零售银行业务的贷款和垫款总额数从以下信贷业务组合中提取：零售业务、按零售业务处理的中小企业贷款和购入的零售应收账款。商业银行业务的贷款和

垫款总额则从以下信贷业务组合中提取：公司贷款、主权贷款、向银行贷款、专业贷款、按公司贷款处理的中小企业贷款和购入的公司应收账款。同时，银行可以令 β 值等于15%加总零售业务和商业银行业务。类似地，无法将总收入拆列入其他六类业务的银行可以令 β 值为18%，而将六类业务的总收入加总。

最后，与标准法一样，将8个产品线的资本要求简单加总就可以得到使用替代标准法计算出的资本要求总额。

标准法（以及替代标准法）根据不同的产品线有不同的资本要求，比基本指标法更能够客观地反映商业银行面临的操作风险。其缺点在于：首先，对同一产品线下的不同类型风险采用相同的 β 值，造成与实际情况不符；其次，标准法对所有银行采用了相同的标准。但对于不同的商业银行，其对抗操作风险的能力以及对操作风险的管理水平是不尽相同的，标准法对那些操作风险的管理水平较高的银行来说降低了其资产的流动性，影响了商业银行的盈利。

3. 高级计量法

高级计量法是指银行满足在一系列定量和定性标准（具体标准可参见巴塞尔协议Ⅱ）的前提下，通过内部操作风险计量系统计算监管资本要求。

目前较为成熟的高级计量模型有损失分布法、极值法、信度理论法、内部衡量法、情景高级法等。本书将对损失分布法、极值法以及信度理论法进行详细介绍。

14.2.4 中国银监会提出的计量方法

作为我国银行业的监督管理机构，银监会于2008年9月颁发了《商业银行操作风险监管资本计量指引》（以下简称《指引》），对我国商业银行应采用的操作风险计量方法作出了规定。

与巴塞尔协议Ⅱ相同，银监会在《指引》中提出了三种计量方法：基本指标法、标准法和高级计量法。其中，银监会提出的基本指标法与巴塞尔协议Ⅱ中的指标法相同。

《指引》中提出的标准法思路与巴塞尔协议Ⅱ中标准法的处理方法相同。不同点在于，《指引》中的标准法在八个产品线的基础上增加了其他项，其 β 值为18%。所以在计算总资本要求的时候，《指引》中提出的标准法是9项相加。同样的，《指引》也对零售银行业务和商业银行业务提出了替代法，其计算口径与巴塞尔协议Ⅱ中替代法相同。

对于高级计量法，《指引》对其适用条件作出了详细的规定。具体可以参见《商业银行操作风险监管资本计量指引》。

14.2.5 操作风险的高级计量方法

高级计量法倾向于通过建立数学模型来估计出操作风险在一定时间段内的概率分布。在众多高级衡量法中，巴塞尔委员会推荐了内部衡量法、损失分布法和极值理论法。本节将详细介绍这三种方法，同时还会介绍一种较新的计量方法——信度理论法。

1. 内部衡量法

内部衡量法假定预期损失和意外损失之间存在固定和稳定的关系，银行可以按照表14-1和表14-2所示的分类方法，根据自身的损失数据对56个组合中每个组合进行预期损失值的 $(E(L))$ 估算，则银行操作风险的资本要求 (K_{IMA}) 计算公式为

$$K_{IMA} = \sum_i \sum_j (\lambda(i,j) \times EL(i,j)) \quad (14-3)$$

式中，$EL(i,j)$ 表示 i 类业务在 j 类风险事件的预期损失，其计算公式为

$$EL(i,j) = EI(i,j) \times PE(i,j) \times LEG(i,j) \quad (14-4)$$

将式（14-4）代入（14-3）有

$$K_{IMA} = \sum_i \sum_j (\lambda(i,j) \times EI(i,j) \times PE(i,j) \times LEG(i,j)) \quad (14-5)$$

其中，$EI(i,j)$ 表示 i 类业务在 j 类风险事件的风险暴露指标；$PE(i,j)$ 表示 i 类业务在 j 类风险事件的损失概率；$LEG(i,j)$ 表示 i 类业务在 j 类风险事件的损失值；$\lambda(i,j)$ 表示在 i 类业务在 j 类风险事件下的预期损失转化成资本配置要求的转换因子，由监管当局根据整个银行界的损失数据进行统一设置。但是，由于各个银行损失分布不一定与行业整体的分布相符，巴塞尔银行引入风险特征系数 RPI 对各个银行的操作风险资本要求进行调整。此时，公式（14-5）变为

$$K_{IMA} = \sum_i \sum_j (\lambda(i,j) \times EI(i,j) \times PE(i,j) \times LEG(i,j) \times RPI(i,j)) \quad (14-6)$$

当银行的风险损失分布与行业整体的风险损失分布相同时，RPI = 1；当银行损失分布具有厚尾特征时，RPI > 1；当银行损失分布具有薄尾特征时，RPI < 1。

2. 损失分布法

在损失分布法下，银行利用内部操作风险损失的历史数据，对其各个产品线的损失频率和损失程度的概率分布函数作出估计。然后利用估计出的两个函数，银行计算累积的操作风险概率分布，由每个产品线和风险类型的 VaR 加总得到操作风险所需的经济资本。

典型的损失分布法包括四个基本的步骤：规则和参数的确定、对输入数据进行整合和评估、资本金计算、其他步骤和后台测试。其中，每个步骤都包含一些子步骤，具体过程如图 14-2 所示。

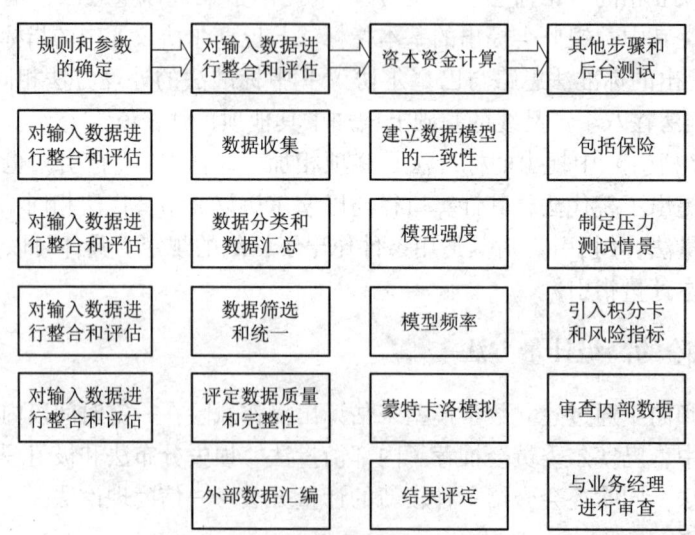

图 14-2 典型 LDA 模型建立步骤①

---

① 资料来源：曲绍强. 我国商业银行操作风险管理. 北京：中国财政经济出版社，2009.

银行采用损失分布法的优势如下。首先,损失分布法是直接通过计算 VaR 估算非预期损失,而不是通过假设预期损失和非预期损失之间的关系,其结果是建立在一定的数学原则和置信水平之上的。同时,损失分布法计算操作风险资本时的方法与计算市场风险、信用风险资本时的方法类似,使得人们计算商业银行总体风险成为可能。其次,损失分布法不完全依赖于历史数据,具有一定的前瞻性。最后,损失分布法的计算结果能够随时间的变化而进行调整,可以及时反映银行的操作风险水平的变化。

但是,作为目前银行度量和管理操作风险最为复杂的方法,损失分布法的首要缺点在于对数据的需求量比较大,并且数据会受到抽样误差、经济周期等的影响造成数据的平稳性不够。为此,巴塞尔银行监督委员会要求采用损失分布法的银行至少需要 3 年的历史数据积累,最好有 5 年的数据。其次,由于操作风险具有厚尾性,所以在面对那些发生频率低但损失程度高的损失事件时,损失分布法仍然不能很好地预测其造成的极端损失。最后,损失分布法并没有考虑各个业务类别/事故类型之间的相关性,而且业务类别和事故类型由银行自主决定也产生了一个缺乏可比性的问题。

3. 极值法

前面说过,按照操作风险发生的频率以及损失程度,可以将操作风险分为低频率、低损失,低频率、高损失,高频率、低损失,高频率、高损失四种类型。但在实际中,高频率、高损失往往被认为是不切合实际的。所以,学者研究的主要内容是低频率、低损失,低频率、高损失,高频率、低损失三类操作风险。由于低频率、高损失的操作风险造成的损失金额巨大,对其进行精确的度量显得尤为重要。而极值理论(Extreme Value Theory)就是对这种极端情况进行风险评估的一种方法。

极值法主要包括两类模型:BMM 模型和 POT 模型。其中,BMM 模型是传统方法,其做法是将观测数据按时间顺序分为数个组,然后在每个组的数据中选取观测的最大值,并用这些最大值拟合极值分布。而 POT 模型是新型的极值分析模型,其思路是利用所有达到或超过某一固定阈值的观测样本去拟合极值分布。POT 模型对数据的数量要求较少,因此在目前的金融领域得到了广泛的运用。

设商业银行的损益为 X,其分布函数为 $F(x)$,用 u 表示一个充分大的阈值,定义 $F_u(y)$ 为损益 X 超过阈值 u 的条件分布函数,则有

$$F_u(y) = P\{(X-u) \leq y | x > u\} \qquad (14-7)$$

利用条件概率公式可以得到:

$$F_u(y) = \frac{F(u+y) - F(u)}{1 - F(u)} = \frac{F(x) - F(u)}{1 - F(u)} \qquad (14-8)$$

根据 Pickands(1975)所给出的定理,对于充分大的阈值,超量损失分布 $F_u(y)$ 收敛于某广义的帕累托分布,即:

$$F_u(y) \approx G_{\xi,\delta}(y) = \begin{cases} 1 - (1 + \frac{\xi}{\delta}y)^{-1/\xi} & (\xi \neq 0) \\ 1 - e^{-y/\delta} & (\xi = 0) \end{cases} \quad (u \to \infty) \qquad (14-9)$$

式中,$G_{\xi,\delta}(y)$ 称为广义的帕累托分布。那么,由式(14-8)、式(14-9)可以得到:

$$F(x) = [1 - F(u)]G_{\xi,\delta}(y) + F(u) \qquad (14-10)$$

令 N_u 表示样本中大于阈值 u 的样本个数,用频率 $\frac{N - N_u}{N}$ 代替 $F(u)$,则上式变为

$$F(x)=\left[1-\frac{N-N_u}{N}\right]G_{\xi,\delta}(y)+\frac{N-N_u}{N}=\begin{cases}1-\frac{N_u}{N}\left(1+\frac{\xi}{\delta}(x-u)\right)^{-1/\xi} & (\xi\neq 0)\\ 1-\frac{N_u}{N}e^{-(x-u)/\delta} & (\xi=0)\end{cases}$$

(14 – 11)

故给定某个置信水平 α，并通过极大似然估计得到 $\hat{\xi}$、$\hat{\delta}$，就可以得到操作风险价值 VaR_α 以及操作风险尾部损失期望值 ES_α。

$$\text{VaR}_\alpha=u+\frac{u}{\xi}\left(\left(\frac{N}{N_u}(1-p)\right)^{-\hat{\xi}}-1\right) \quad (14-12)$$

$$\text{ES}_\alpha=\frac{\text{VaR}_\alpha}{1-\hat{\xi}}+\frac{\hat{\delta}-\hat{\xi}u}{1-\hat{\xi}} \quad (14-13)$$

这样，操作风险尾部损失期望值就可以明确地确定下来，商业银行可以此为依据确定防范操作风险的最低资本。

极值法的最大优势在于直接利用数据本身对损失分布的尾部进行处理，而不需要对损失的整体分布进行假设，有助于处理厚尾问题。其缺点在于，首先，模型要求损失分布具有平稳性和独立分布。但这种假设与实际中所观测到的情况不相符，造成了计量上的误差。其次，模型的数据具有不确定性。由于极端事件的本身数据就很少，加之模型对数据设置了阀值，使得进入尾部区域的数据更少。因此，极值法是由少量数据所得出的结论，忽视了其他数据的特性，造成计量结果存在偏差。

4. 信度理论法

如前所述，造成操作风险计量困难的很大一部分因素是损失历史数据的不足。对某一银行而言，想要收集到足够的数据是十分困难的。但考虑到市场上存在多家银行，并且它们都面对同类型的操作风险。如果能将这些银行的数据进行混合，就有可能克服数据不足的困难。但是，实践经验表明，不同银行的损失数据服从不同的数学分布，简单地将各个银行的数据进行混合会改变原有数据的分布特征。针对这一情况，有学者提出了以信度理论为基础的操作风险计量方法——信度理论法。

信度理论（Credibility Theory）又称经验费率理论，是非寿险精算学中经验费率厘定最重要的方法，萌芽于 20 世纪 20 年代，成熟于 20 世纪 60 年代。简单来说，在保险业实践中，往往需要对一组保险合同确定一个保费水平，保险公司有关于该组本身的一些理赔记录，同时在与其相关的更大的一组保险合同上有更多的理赔记录。在确定保费的时候，不但要考虑该组理赔记录，还要考虑到集体理赔记录。为确定合理的保费水平，Bühlmann（1970）提出了利用本保单组合近期损失数据和主观选择的类似险种同期损失数据计算后验保费的信度理论。信用理论法能够有效地改善银行数据不足的问题，对操作风险进行准确计量。

假设银行业中有 m 家银行，对每家银行都进行连续 n 年的操作风险损失数据的记录（允许某年没有数据记录）。设银行 i 在第 j 年的操作风险损失事件数记作 N_{ij}，累计损失金额记作 L_{ij}，并记 $X_{ij}=\frac{L_{ij}}{N_{ij}}$ 为银行 i 在第 j 年的单件操作风险平均损失额，$N_i=\sum_{j=1}^{n}N_{ij}$ 为银行 i 在 n 年中操作风险损失事件发生的总次数，$N=\sum_{i=1}^{m}N_i$ 为 m 家银行在 n 年中操作风险损失事件发生的总次数，$i=1, 2, \cdots, m$，$j=1, 2, \cdots, n$。记 $X_i = (X_{i1}, X_{i2}, \cdots, X_{in})$，$X_i$ 服从风险参数为 λ_i 的某一分布。由于各银行的风险管理体系和管理水平不同，存在非同质性，所以各银行的风险参数 λ_i 也是随机变量。因此，银行 i 对应一个随机向量 (X_i, λ_i)。假设 (X_i, λ_i) 相互独立，λ_i 独立同分布。进一步假设银行 i 每年的平均损失额 $X_{i1}, X_{i2}, \cdots, X_{in}$ 独立同分布，并有相同的风险参数 λ_i。前一个假设表明各个银行的操作风险损失之间相互独立，后一个假设是说同一家银行在不同年份里风险损失也是相互独立的。

记

$$\mu(\lambda_i) = E(X_{ij} | \lambda_i) \tag{14-14}$$

$$M = E[\mu(\lambda_i)] \tag{14-15}$$

$$a = \text{VaR}[\mu(\lambda_i)] \tag{14-16}$$

$$S^2 = E(\sigma^2(\lambda_i)) \tag{14-17}$$

$$\text{VaR}(X_{ij} | \lambda_i) = \frac{1}{N_{ij}} \sigma^2(\lambda_i) \tag{14-18}$$

其中，$\mu(\lambda_i)$ 是银行 i 的期望操作风险损失，M 是整个银行业的平均操作风险损失水平，a 反映不同银行之间操作风险损失额的方差，S^2 反映同一银行内部操作风险损失额的方差。

根据 Bühlmann 和 Gisler（2005），在使得每家银行的线性组合函数都具有均方误差最小的估计值的条件下，即式（14-19），$\mu(\lambda_i)$ 可以用 n 年历史数据的线性组合 $\alpha_i + \sum_{s=1}^{m} \sum_{t=1}^{n} \alpha_{ist} X_{st}$ 来逼近。

$$\min_{\alpha_i, \alpha_{ist}} E\left\{ \left[\mu(\lambda_i) - \alpha_i - \sum_{s=1}^{m} \sum_{t=1}^{n} \alpha_{ist} X_{st} \right]^2 \right\} \tag{14-19}$$

根据式（14-19），可以得到：

$$\alpha_i = (1 - Z_i) M \quad \alpha_{ii} = Z_i \tag{14-20}$$

将式（14-20）带入 $\alpha_i + \sum_{s=1}^{m} \sum_{t=1}^{n} \alpha_{ist} X_{st}$ 有

$$\mu(\lambda_i) = (1 - Z_i) M + Z_i \bar{X}_i \tag{14-21}$$

其中，$Z_i = \dfrac{a N_i}{S^2 + a N_i}$ $\quad N_i = \sum_{t=1}^{n} N_{it} \quad M = E[\mu(\lambda_i)]$

$$a = \text{VaR}[\mu(\lambda_i)] \quad S^2 = E(\sigma^2(\lambda_i)) \quad \bar{X}_i = \frac{\sum_{t=1}^{n} X_{it} N_{it}}{N_i}$$

式中，a，S^2，M 是未知的。由于各个银行的操作风险损失之间相互独立，所以可以根据各银行自身的经验数据采用非参数方法来计算 a，S^2，M 的无偏估计值 $\hat{a}$，$\hat{S}^2$，$\hat{M}$：

$$\hat{M} = \frac{1}{N} \sum_{i=1}^{m} \sum_{j=1}^{n} N_{ij} X_{ij} \tag{14-22}$$

$$\hat{S}^2 = \frac{\sum_{i=1}^{m} \sum_{j=1}^{n} N_{ij} (X_{ij} - \bar{X}_i)^2}{\sum_{i=1}^{m} (n_i - 1)} \tag{14-23}$$

$$\hat{a} = \frac{\sum_{i=1}^{m} N_i(\bar{X}_i - \bar{X})^2 - \hat{S}^2(m-1)}{N - \frac{\sum_{i=1}^{m} N_i^2}{N}} \tag{14-24}$$

由此，即可得到银行 i 的操作风险损失。

14.3 操作风险管理框架

"为了进行操作风险的有效管理，必须建立起操作风险管理框架"，这已成为国际银行界的共识。建立合理的操作风险框架，使得银行家们可以站在整个银行的角度，为有效管理来自商业银行各项业务和管理活动中的操作风险的关键因素进行自上而下的安排。

根据我国银监会的要求，操作风险管理框架至少应包括以下基本要素：董事会的监督控制、高级管理层的职责、适当的组织架构、操作风险管理政策、方法和程序以及计提操作风险所需资本的规定。一般说来，操作风险管理最核心的要素是：操作风险的管理战略和政策、组织结构和管理流程。

14.3.1 操作风险管理战略

操作风险管理应当在风险管理战略的指引下进行，风险管理战略为银行设定了包括业务目标、风险容忍度和操作风险管理政策在内的最终目标和基本方法。

银行的风险管理战略与业务目标应是一致的。风险管理的作用在于帮助银行更好地实现业务目标。为此，风险管理战略的制定必须充分考虑银行的业务目标。业务目标也称业务发展目标，具体指银行将重点发展哪类业务、将要达到的水平等。商业银行作为盈利性机构，其存在目的就是实现收益的最大化。但银行在实现收益增加的同时必然会伴随着风险的增大，所以银行不得不在高收益和高风险中作出取舍，以追求价值和风险之间的最优平衡。这其中最重要的体现就是业务目标。例如，如果银行准备定位于零售银行，即主要服务于个人客户和中小企业客户，那就必须做好承担较高操作风险的准备。因为个人金融业务和中小企业金融业务是操作风险高发领域。所以，通过制定科学合理的业务目标能够使银行的资源得到充分合理的配置，实现收益与风险之间的最优平衡。

风险容忍度是风险战略的核心内容。风险容忍度是指银行的风险承受水平。简单来说，就是"银行准备接受什么风险"、"在多大程度上接受这些风险"。商业银行在充满各种风险的环境中经营，进行风险的管理，实现收益与风险之间的最优平衡，并不等于排斥所有的风险。因为根据风险—报酬理论，风险带来的是收益，排斥所有风险就意味着排斥了所有的收益。当然，银行也必须考虑本身的资源条件，量力而行，对能承受的风险水平作出正确的判断。

操作风险管理政策就是在坚持遵循商业银行总体目标的前提下，对操作风险管理过程中各相关部门所负有的职责、所采用的技术和方法等问题的具体规定。操作风险管理政策是商业银行操作风险管理的总纲领，它可以为商业银行操作管理提供细致的辅导，有助于将与操作风险相适应的行动范围和尺度清晰地传达给所有人员，以提高银行对操作风险监控、衡量和控制的水平。操作风险管理政策的主要内容包括：操作风险的定义；适当的操作风险管理组织架构、权限和责任；操作风险的识别、评估、监测和控制/缓释程序；操作风险报告程序，其中包括报告的责任、路径、频率，以及对各部门的其他具体要求；应针对现有的和新推出的重要产品、业务活动、业务程序、信息科技系统、人员管理、外部因素及其变动，及时评估操作风险的各项要求。所以，商业银行在制定操作风险管理政策时，首先，应当从本行操作风险的特点出发，使管理政策与银行的业务性质、规模、复杂程度和风险特征相适应；其次，需要考虑操作风险容忍度与经营战略目标的一致性。

14.3.2 操作风险管理的组织框架

有什么样的业务管理模式就有什么样的风险管理组织框架。常见的操作风险管理组织框架可分为三种模式：集权式、分权式和内部稽核功能引导式。集权式管理模式指在总行设置专职单位和人员，负责拟定操作风险的管理架构与政策，如操作风险管理主管综合处理操作风险管理相关事宜，操作风险管理人员提供银行或个别业务部门必要性支持，并向首席风险官呈报。业务部门的操作风险管理人员负责执行总行政策。其他业务功能，如合规、人事和信息技术等，因与操作风险管理的完善与否息息相关，因此也需要纳入操作风险管理组织架构中。分权式管理模式是总行不设置专门的操作风险管理单位和人员，而是由一个或多个部门负责执行操作风险管理。这种模式可达到成本和效益的最优配置且能维持独立运作，有助于风险自我评估及风险指标的监控。内部稽核功能引导式则是由稽核部门执行操作风险管理职能，其执行方式可以分为两种：一种是将操作风险管理作为各业务部门日常工作一部分的内部稽核式；另一种是通过稽核部门与各业务部门对操作风险进行共同识别、监控、控制和报告的扩充内部稽核式。采用内部稽核功能引导式可能会导致隐含利益冲突及内部稽核独立性与客观性不易维持的问题。

为了保证操作风险管理活动得到有效的执行，商业银行应该选择合适的操作风险管理组织结构，并为组织结构中的每个部门和个人设定其应承担的任务和责任。

商业银行操作风险管理的最终责任应该由其董事会承担。董事会主要职责包括：① 制定与本行战略目标相一致且适用于全行的操作风险管理战略和总体政策；② 通过审批及检查高级管理层有关操作风险的职责、权限及报告制度，确保全行的操作风险管理决策体系的有效性，并尽可能地确保将本行从事的各项业务面临的操作风险控制在可以承受的范围内；③ 定期审阅高级管理层提交的操作风险报告，充分了解本行操作风险管理的总体情况、高级管理层处理重大操作风险事件的有效性以及监控和评价日常操作风险管理的有效性；④ 确保高级管理层采取必要的措施有效地识别、评估、监测和控制/缓释操作风险；⑤ 确保本行操作风险管理体系接受内审部门的有效审查与监督；⑥ 制定适当的奖惩制度，在全行范围有效地推动操作风险管理体系的建设。这就要求董事会对本行的产品、业务过程和相关风险有全面的了解，能够制定与本行战略目标相一致的操作风险管理战略和总体策略并对高级管理层的工作进行有效的审查和评估，以保证全行操作风险管理决策体系的有效性。

在董事会之下是高级管理层，其主要任务是负责执行董事会批准的操作风险管理战略、总体政策及体系，具体职责包括：① 在操作风险的日常管理方面，对董事会负最终责任；② 根据董事会制定的操作风险管理战略及总体政策，负责制定、定期审查和监督执行操作风险管理的政策、程序和具体的操作规程，并定期向董事会提交操作风险总体情况的报告；③ 全面掌握本行操作风险管理的总体状况，特别是各项重大的操作风险事件或项目；④ 明确界定各部门的操作风险管理职责以及操作风险报告的路径、频率、内容，督促各部门切实履行操作风险管理职责，以确保操作风险管理体系的正常运行；⑤ 为操作风险管理配备适当的资源，包括但不限于提供必要的经费、设置必要的岗位、配备合格的人员、为操作风险管理人员提供培训、赋予操作风险管理人员履行职务所必需的权限等；⑥ 及时对操作风险管理体系进行检查和修订，以便有效地应对内部程序、产品、业务活动、信息科技系统、员工及外部事件和其他因素发生变化所造成的操作风险损失事件。

在高级管理层之下是操作风险管理的职能部门，其任务是辅助高级管理层完成操作风险管理责任。这一任务要求操作风险管理的职能部门一方面需要建立并组织实施操作风险识别、评估、缓释和检测方法以及全行的操作风险报告程序，达到评估、监控和向高级管理层报告银行整体操作风险的目的；另一方面，需要操作风险管理的职能部门对已采用的操作风险管理方法和措施进行检测和评估，评定操作风险管理活动是否已按照操作风险管理战略和政策执行。

以中国工商银行为例，工商银行风险管理的组织架构由董事会及其专门委员会、高级管理层及其专业委员会、风险管理部门和内部审计部门等构成（见图 14-3）。对于操作风险，工商银行实行"统筹管理、分工控制"的操作风险管控模式，董事会承担监控操作风险管理有效性的最终责任，高级管理层负责执行董事会批准的操作风险管理战略、总体政策及体系。高级管理层下设的操作风险管理委员会是操作风险管理的组织协调机构，负责审议操作风险管理的重大事项，按照操作风险管理委员会工作规则开展工作，各级内控合规部门是本级行操作风险管理的牵头部门，统筹管理本行操作风险，各营销及产品部门、风险管理部门、综合管理部门、支持与保障部门按照职能分工依据全行统一的基本政策和标准分别负责本业务领域的操作风险管控。

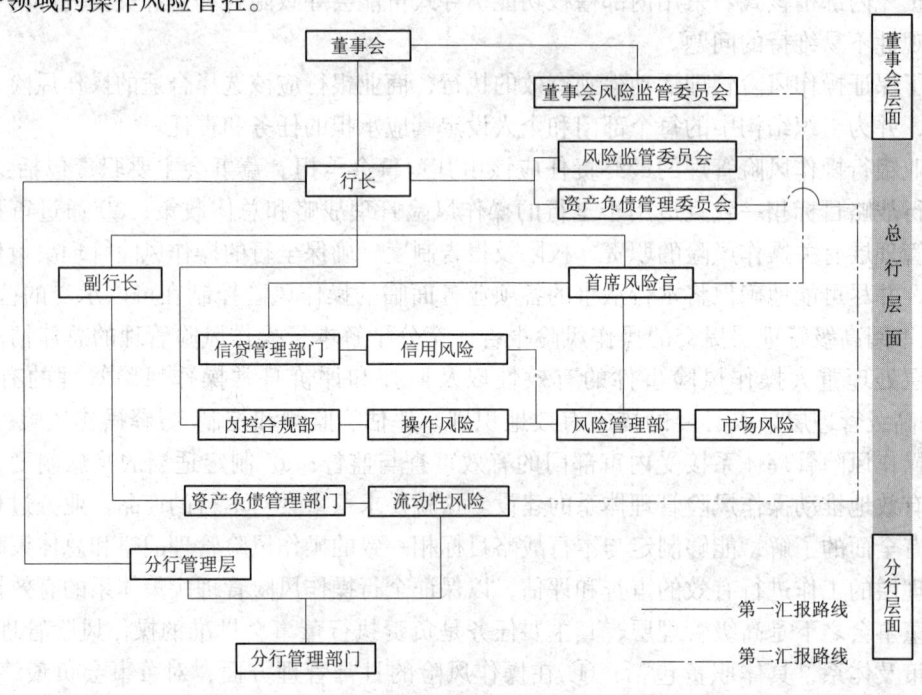

图 14-3 中国工商银行风险管理架构①

---

① 资料来源：中国工商银行 2009 年年报。

14.3.3 操作风险管理流程

操作风险管理流程指商业银行在日常工作中开展操作风险管理的业务程序和环节。操作风险管理应在商业银行全行范围内完成，并同时实施激励等政策。

最基本的操作风险管理流程包括风险识别、操作风险计量与评估、操作风险的控制以及提交操作风险报告（见图14-4）。

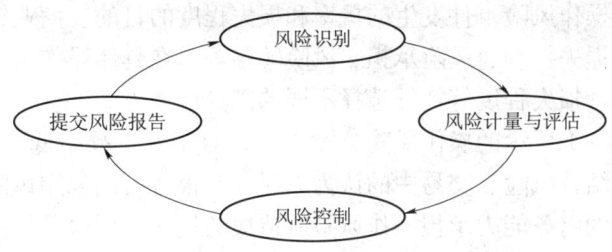

图14-4 操作风险管理基本流程图

在此基础上，可以根据不同的实际情况和侧重点进行改变。如著名学者卓志教授就把操作风险管理的流程分为风险识别、风险估测、风险评价、风险控制以及管理效果评价五个步骤。同时，也有学者认为操作风险管理流程的第一步应该是操作风险政策的制定。

1. 风险识别

操作风险识别就是从商业银行的经营管理中找出潜在的操作风险事件并对其进行分类，其目的在于通过对操作风险事件的分析将其定位和归类，为管理的后续工作提供信息。可以说，正确地识别操作风险，既是准确计量和评估操作风险的基础，也是合理选择风险控制工具的前提。

风险识别的工作主要包含两个方面的内容：一是操作风险的确定；二是操作风险的定位。其中的工作既包括损失事件的辨识，也包括引发损失事件的原因的追溯和对损失事件所造成影响的预测。但是，由于操作风险与银行的整个体系有关，其产生的原因往往不是线性的因果关系，而是由内部因素和外部因素、硬件因素和软件因素等交织形成的。同时，操作风险又与信用风险、市场风险等保持着千丝万缕的联系，所以正确地识别操作风险需要采用科学的方法。

目前，比较好的识别方法是利用损失原因——产品线矩阵的方法进行操作风险的细分。顾名思义，损失原因——产品线矩阵的方法是一种根据损失事件损失原因及其所属产品线的不同进行分类的二维分类方法。根据巴塞尔协议Ⅱ，按照损失原因的不同，操作风险可以分为人为风险、程序风险、系统风险和外部风险；根据所属产品线不同，所有操作风险损失事件可以划分为前面所述的8个产品线：公司金融业务、交易和销售业务、零售银行业务、商业银行业务、支付和结算业务、代理服务、资产管理业务和零售经纪业务。根据上述方法，可以对所有的操作风险进行分类，识别操作风险和性质。

2. 风险计量与评估

操作风险被识别之后，接下来应该对操作风险加以计量和评估。进行操作风险的计量和评估时，不仅需要考察操作风险产生的原因以及其发生的概率，还需要评估操作风险损失事件发生时可能产生的影响。这种影响不仅仅是经济上的直接影响，也包括风险发生对公司目标实现的影响。

根据操作风险计量和评估提供的信息，银行可以确定已经存在的风险和潜在风险的发展趋势，判断风险产生的损失是否在银行可承受的范围之内，并为银行选择合适的控制方法并对需要控制的操作风险进行优先排序。

3. 风险控制

风险控制的过程就是商业银行根据已有的信息，选择合适的风险管理策略和工具对冲风险暴露，以达到减少操作风险事件发生的概率和损失程度的目的。商业银行常采用的风险控制方法有风险回避、损失控制、风险承担、风险转移等。在具体操作时，商业银行应该根据操作风险的发生频率、损失程度等特征选择不同的工具。

第一，根据图 14-1 所示的操作风险分类方式，对于发生频率低、损失低的操作风险，如与日常活动有关的结算风险、交易中的认为失误等，银行可以采用风险承担的方式进行控制，即依靠银行本身的财务能力承担操作风险所造成的损失。风险承担可以通过两种方式来实现：一是将操作风险的预期损失计入成本，通过产品定价获得操作风险准备金，通过操作风险准备金吸收损失；二是预提资本，在风险发生以后，以预提资本吸收损失。

在采用风险承担方式控制风险的时候，重点需要考虑银行的承担能力。在经过风险计量和评估之后，如果风险损失的期望值高于银行的承受能力，则银行应该考虑其他方式或者其他方法与风险承担相结合的方式来吸收损失。

第二，对于发生频率低但损失高的风险，银行应重点考虑采用风险转移的方法进行控制。由于此类操作风险计量困难、损失巨大，所以对银行而言是风险控制中的薄弱环节。在面对此类风险时，商业银行应将处理此类风险的责任转移给其他金融结构。如果其他金融机构也不能消除此类风险，则要对其进行积极的管理。

在实际操作中，银行常常采用的风险转移方法有保险和业务外包两种。其中，保险是最被广泛认可和采用的方法，而适合采用保险方式规避的操作风险包括火灾、员工滑倒和坠落造成的一般性责任等。与单个银行面对的缺少数据的窘况不同，保险通过承接银行的操作风险保险业务可以收集大量的操作风险损失数据。在此基础上，保险公司能够采用统计方法来预测操作风险的损失，并用银行转移风险的代价——保费来支付损失并获得利润。但是，由于存在保险公司不能及时赔付以及部分操作风险不适合保险的问题，保险只能作为一种辅助手段，而不能作为银行操作风险损失的救世主。因此，巴塞尔银行监管委员会在允许保险作为风险转移的一种手段之外还规定："高级计量法允许银行出于计算最低监管资本的需要，在计量操作风险时认可保险的风险缓释影响。保险的缓释作用不超过操作风险总资本要求的20%"，以此降低银行运用保险进行风险转移的动力。

业务外包指受监管实体持续的利用外包服务商（为集团内的附属实体或以外的实体）来完成以前由自身承担的业务活动。在商业银行的经营过程中，总是存在一些并不擅长或在战略上不愿意重点拓展的业务或管理环节，比如计算机的硬件设备和软件系统的采购和维护等。如果由商业银行本身来完成这些业务，则可能会出现差错或提高经营成本。所以，商业银行会选择将这些业务或管理环节交由专业机构来完成，而银行在将其外包的同时，也将该业务中的操作风险转嫁给了承担该业务的服务商。因此，业务外包能够达到银行转移风险的目的。

第三，对于发生频率高且损失高的风险，银行应采取风险规避的方式进行控制。同样的，对于那些对操作风险管理水平要求比较高，但经济效益比较差的业务，银行业可以采取回避的方法控制其操作风险。

所谓风险回避，指对于某些操作风险事件，考虑到其损失程度较大，银行应该降低相关业务的业务量或者干脆撤除此类业务，从而避免可能的损失。但银行在采取风险回避作为风险控制工具时应该保持谨慎的态度。因为高风险业务带来的是高盈利，银行应该综合考虑其风险和报酬因素，而不应该轻易选择退出某一业务领域。

第四，发生频率高、损失低的操作风险，银行应采取损失控制的方式，而损失控制是最积极的风险控制方式，它是指银行在面对那些无法回避的风险时，采取必要措施，如员工培训、拟定规则制度、建立风险报告机制等，及时察觉潜在风险，减少风险事件发生频率和损失程度。

通过各种措施进行风险控制之后，银行也可能没有完全的避免损失。所以，银行还必须配置相应的资本来吸收非预期操作风险的损失。

4. 提交风险报告

操作风险报告是向操作风险管理层反馈操作风险管理信息的工具，其内容应该包括风险评估结果、损失事件、风险诱因、关键指标、控制状况、资本金水平和建议等内容。通过操作风险报告，操作风险管理者可以掌握操作风险来源、整体风险状况、操作风险发展趋势和其他重要信息，并以此为依据对已存在的管理体系进行改进，以提高操作风险的管理水平，适应不断变化的外部环境和内部环境。

【阅读材料】

德国最愚蠢银行是如何诞生的

2008年9月15日上午10：00，拥有158年历史的美国第四大投资银行——雷曼兄弟公司向法院申请破产保护，消息转瞬间通过电视、广播和网络传遍地球的各个角落。令人匪夷所思的是，在如此明朗的情况下，10：10，德国国家发展银行居然按照外汇互换协议，通过计算机自动付款系统，向雷曼兄弟公司即将冻结的银行账户转入了3亿欧元。毫无疑问，3亿欧元将有去无回。

转账风波曝光后，德国社会各界大为震惊，舆论哗然，普遍认为，这笔损失本不应该发生，因为此前一天，有关雷曼兄弟公司破产的消息已经满天飞，德国国家发展银行应该知道交易存在巨大的风险，并事先做好防范措施才对。德国销量最大的《图片报》，在2008年9月18日头版的标题中，指责德国国家发展银行是迄今"德国最愚蠢的银行"。此事惊动了德国财政部，财政部长佩尔·施泰因布吕克发誓，一定要查个水落石出并严厉惩罚相关责任人。法律事务所的调查员先后询问了德国国家发展银行各个部门的数十名职员。几天后，调查员向国会和财政部递交了一份调查报告，调查报告并不复杂深奥，只是一一记载了被询问人员在这10分钟里忙了些什么。然而，答案就在这里面。看看他们忙了些什么？

首席执行官乌尔里奇·施罗德：我知道今天要按照协议预先的约定转账，至于是否撤销这笔巨额交易，应该让董事会开会讨论决定。

董事长保卢斯：我们还没有得到风险评估报告，无法及时作出正确的决策。

董事会秘书史里芬：我打电话给国际业务部催要风险评估报告，可那里总是占线，我想还是过一会儿再打吧。

国际业务部经理克鲁克：星期五（编者注：2008年9月15日是星期一）晚上准备带上全家人去听音乐会，我得提前打电话预订门票。

国际业务部副经理伊梅尔曼：忙于其他事情，没有时间去关心雷曼兄弟公司的消息。

负责处理与雷曼兄弟公司业务的高级经理希特霍芬：我让文员上网浏览新闻，一旦有雷曼兄弟公司的消息就立即报告，现在我要去休息室喝杯咖啡了。

文员施特鲁克：10:03，我在网上看到了雷曼兄弟公司向法院申请破产保护的新闻，马上就跑到希特霍芬的办公室，可是他不在，我就写了张便条放在办公桌上，他回来后会看到的。

结算部经理德尔布吕克：今天是协议规定的交易日子，我没有接到停止交易的指令，那就按照原计划转账吧。

结算部自动付款系统操作员曼斯坦因：德尔布吕克让我执行转账操作，我什么也没问就做了。

信贷部经理莫德尔：我在走廊里碰到了施特鲁克，他告诉我雷曼兄弟公司的破产消息，但是我相信希特霍芬和其他职员的专业素养，一定不会犯低级错误，因此也没必要提醒他们。

公关部经理贝克：雷曼兄弟公司破产已发生，我想跟乌尔里奇·施罗德谈谈这件事，但上午要会见几个克罗地亚客人，等下午再找他也不迟，反正不差这几个小时。

德国财政部长施泰因布吕克出席银行监管董事会会议后感叹："我一辈子都没经历过这样的事。"

演绎一场悲剧，短短10分钟就已足够。在这家银行，上到董事长，下到操作员，没有一个人是愚蠢的。

可悲的是，几乎在同一时间，每个人都开了点小差，每个人都没有同其他人进行有效沟通，核实并确认自己的信息和行为，结果就创造出了"德国最愚蠢的银行"。

资料来源：哈佛商业评论网，《360度高效沟通技巧》第一章"经理人常见的沟通障碍"，http://www.ebusinessreview.cn/c/book_article-layoutId-38-id-229759-cid-8886.html。

【讨论题】结算部经理德尔布吕克按原计划转账是否有错？操作风险管理是风险主管的职责还是全行员工的职责？为什么？

思考题

1. 操作风险还有哪些分类方法？
2. 目前计量操作风险的模型或方法还有哪些？
3. 与市场风险、信用风险相比，操作风险有什么特点？
4. 保险也是进行操作风险管理的有效工具，试分析保险在操作风险管理中的作用。
5. 试为关键风险指标法选择合适的指标。
6. 我国银行操作风险管理的现状如何？

第15章

【主要概念的中英文对照】

潜在利润：profit potential
现金购买资产：cash for assets
用现金购买股票：cash for stock
股票购买资产：stock for assets
用股票交换股票：stock exchange stock
可转换债券：convertible bonds
认股权证：warrant
杠杆收购：leverage buyout，LBO
空壳公司：shell subsidiary
贴现现金流量法：discounted cash flow method，DCF
自由现金流量：free cash flow，FCF
全球主流银行：global leading banks
汇丰控股：HSBC holding plc

银行间的并购

银行间的并购即兼并与收购（Merger & Acquisition，M&A）两者的简称。具体而言，兼并指两家或多家银行结合在一起，兼并的具体条件由参加合并的银行协商解决。兼并的方法有三种：① 用现金或证券直接购买其他公司；② 购买其他公司的股份或股票；③ 对其他公司的股东发行新股票以换取其所持有的股权，从而取得其他公司的资产和负债。

收购是一家银行购买另外一家银行的股份或资产，在收购活动中有明确的买方和卖方，收购后的银行结构完全由买方决定。收购一般分为两种：股权收购和资产收购。股权收购是指直接或间接购买目标公司部分或全部的股权，使目标公司成为收购者的转投资事业；资产收购则是收购者依其需求，购买目标公司部分或者全部的资产，是属于一般资产买卖行为，故资产收购者无需承受目标公司的债务。而股权收购者因其成为目标公司的股东，自然必须保留目标公司一切的权利和义务。

15.1 银行并购的动机

并购的动因是并购动机理论的延伸和继续。在不同行业中决定并购的原因也不尽相同，制药公司寻求不断开发新品，电信公司追求用户数量的增加，高科技公司则寻求创造力的提升，对银行业来说，为什么要进行并购，并购后会产生什么影响，这些问题的解答对于理解当今包括中国在内的全球银行业并购浪潮有着重要的意义。

1. 追求潜在利润

银行并购最根本、最直接的目的就是为了追求利润，银行的股东及管理者期望通过成功的并购来实现潜在的利润（Profit Potential）。如果收购银行的管理比被收购银行的管理先进，那么银行的收入就会随着市场的拓宽和服务的发展而增加；如果被收购银行的管理人员比收购银行的管理人员素质更佳，那么整个并购组织的管理效率就会大大提高，对营运费用的控制也会更有效率。无论通过哪种方式，要么减少费用、要么增加收入，并购都会为银行提高潜在的利润。

2. 市场竞争

行业竞争程度影响着企业的平均盈利水平，随着竞争日趋激烈，银行业平均盈利水平有所下降。很多公司可能拥有核心竞争力，却因规模不够而无法充分利用其资源和能力。因此，大多数都通过收购竞争对手、供应商、分销商或相关度高的业务来提升竞争力，从而增强市场力量。出于这种原因而实施的并购在横向并购、纵向并购和混合并购三种并购活动中都有体现。而通过并购重组，能相应地减少竞争对手的数目，从而赢得了降低成本获取更高利润的机会。

3. 多元化经营

银行通过并购可以实现快速向保险业、证券业扩张，实行多元化经营，这不仅能降低银行的经营风险，也可以为其提供更广阔的发展领域、更多的发展机会和战略选择的主动权。银行业混业经营已经成为银行业发展的一种潮流，1999年11月4日，美国国会通过了《金融服务现代化法》，打破了美国银行业实行了60多年的分业经营格局，为银行混业经营铺平了道路。银行通过并购的方式，可以低成本迅速进入保险、证券行业，并在很大程度上保持被并购机构的市场份额以及现有各种资源，从而保证银行持续不断的盈利能力。比如花旗银行与旅行者集团合并后组成的金融集团，可以为客户提供他所需的所有金融服务，包括存贷款、证券发行、资产管理、保险等，因而极大地便利了客户，提高了银行的竞争力。

4. 降低风险

由于银行业是一个资本密集型且存在高风险的行业，各国政府都对本国银行业有着严格的要求，所以如果想以新设投资的方式进入其他国家市场领域，必然需要巨额成本。另外，银行业一般都想方设法与其客户维持长期良好的合作关系，对新进入者而言，从竞争对手手中争夺客户很困难，必须支付昂贵的转移成本，培育自己的客户，这就意味着需要为寻找客户、开辟市场进行大量资源和能力的投入，而进行并购则可利用被并购方原有的服务能力继续巩固市场，减少了不确定性风险。

5. 税收利益

银行并购的税收利益主要表现在三方面：一是并购双方通过收入的互相抵补可以减少税基，平抑现金流的波动性；二是通过并购过程中的举债融资（即杠杆收购）减少银行盈利的纳税额；三是并购导致目标银行股价上升使得并购银行的一部分所得税能够以较低的资本利得税代替。另外面向新兴市场国家的国际并购，也可以因新兴市场的低税率而给购买方银行带来一定的税收减免。

6. 化解金融危机

伴随着金融竞争的加剧和不确定性因素的增多，商业银行面临的风险越来越大，而且银行作为经营货币信用的特殊企业，一旦某家银行爆发危机，就可能诱发挤兑风潮，产生骨牌效应，从而冲击整个金融体系的稳定。政府出面通过银行并购的方式处理银行危机，既可以保护存款人利益，减少社会震动，又可以保障银行的营运基础，保护银行的商誉价值。因此，并购成为备受各国政府推崇的一种银行危机处理方式。政府从整个金融系统的稳定性和危机成本考虑，鼓励资质好的银行来并购危机银行，并且经常对并购银行实施优惠的政策待遇。对于并购方银行而言，可能会暂时背上沉重的包袱，但是这一方面保护了危机银行存款人的利益，避免了因银行破产引发的金融恐慌给自身经营带来的不利影响；另外，尽管危机银行暂时失去了偿付能力，但其仍可能拥有相当可观的价值，特别是无形资产如商誉价值和传统的专业经营优势。比如1992年日本太阳神户银行与三井银行合并成樱花银行，1995年荷兰国际银行与西班牙桑坦德银行联合收购英国巴林银行。西方纯粹为化解危机、维持金融秩序而由当局安排的被动性并购事件并不多见，更多的是商业银行主动从自身商业利益动机出发进行的并购活动。

15.2 银行并购的方式

商业银行作为金融企业，同样适用于企业之间兼并收购的各种方式。世界大银行在并购战略中运用的具体方式各不相同，从主动进攻型商业银行收购其他商业银行股权的角度来看，主要可分为合并、现金购买式并购、股权式并购、混合证券式并购和杠杆收购五种。

1. 合并

合并是指两家独立的商业银行同时放弃各自的法人地位而实行股权联合，从而组建成一个新的法人实体的经济行为。在世界级的大银行并购战略中，不乏使用这种方式获得成功的范例。例如1986年排名世界商业银行第一位的日本第一劝业银行，便是由日本第一银行和劝业银行在1971年10月合并成立的。合并时，该行分支机构有300多家，存款额为

41 000多亿日元，贷款额为35 000多亿日元，雇用职工23 000多人，在日本城市银行中均居首位，并形成日本第六大集团——第一劝业银行集团。

2. 现金购买式并购

凡不涉及发行新股的收购，都可以视为现金购买式并购，主要由并购方出资购买目标银行的资产。并购方通过对被并购银行的所有债权债务进行清理并清产核资，协商作价，以现金为购买条件，支付产权转让费，将目标银行的整个产权买下，从而实现银行产权的合理转移。

现金购买式并购实际上包括用现金购买资产（Cash for Assets）和用现金购买股票（Cash for Stock）两种方式。现金购买是一种单纯的收购行为，它是由收购者支付一定数量的现金，从而取得被收购银行的所有权，一旦被收购银行的股权股东得到了对所拥有股份的现金支付，就失去了任何选举权和所有权，这就是现金收购的一个突出特点。并购银行的购买价格实际上是被并购银行偿还债务后的出价，因此，并购银行即使承担目标银行的债务，目标银行的资产仍然大于债务，从而使并购银行获得实际利益。

但一般来说，收购资产实际上是一种资产买卖行为，故不需要承担目标银行的债务。如美国也没有任何法律规定收购银行在购买目标银行资产的同时，必须接受目标银行的债务，但收购银行必须取得目标银行股东的同意。如果目标银行是一个公开发行股票的上市公司，必须起草一个披露文件通告股东，让目标公司的所有股东了解本项交易中的重要信息，同时还须获得政府证券管理部门的批准。

3. 股权式并购

股权式并购即投资者不是以现金为媒介对目标银行进行收购，而是增加发行本银行的股票，以新发行的股票替换目标银行的股票。它实际上也包括两种形式，即以股票购买资产（Stock for Assets）和用股票交换股票（Stock Exchange Stock）。

股权式并购区别于现金购买式并购的主要特点是，它不需要支付大量的现金，因而不会影响收购银行的现金状况。同时，并购完成后，被并购银行的股东不会因此失去其所有权，只是这种所有权由被收购银行转移到收购银行，使其成为扩大了的银行的新股东。也就是说，并购完成以后，被并购银行被纳入到并购银行，并购银行扩大了规模。扩大后的银行所有者由并购银行的股东和原被并购银行的股东共同组成，但收购银行的原股东，应在经营控制权方面占主动地位。

股权式并购的具体实施有以下三种方法。

1）收购全部股权的并购

商业银行为了获得其他银行的完全控制权和管理权，在兼并与收购战略中往往将对方的股权全部收购，从而将目标银行置于自己的绝对控制之下。例如，日本三菱银行先后吞并了森村银行、金原银行；美国花旗公司换取花旗银行的全部股权也属于这种方式。

2）控制大部分股权的并购

虽然收购其他银行的全部股权能够达到绝对控制的目的，但采取这种方式往往需要投入巨大的资本，而且有时会遭到对方的反击而失败。所以，一些世界级的大银行在实施并购战略时，往往采取只收购对方大部分股权的方式，以达到控股的目的。例如，1986年德国德意志银行控制50%以上股权的企业就达17家；再如，1919年排名世界大银行第28位的瑞士联合银行曾收购阿尔高信贷银行股本的58%。

3）控制少部分股权的并购

股权分散是现代企业的一个重要特征，银行也是这样。银行在并购中不一定要获得 50% 以上的股权才能达到控制目标银行的目的，有时拥有少部分股权也能达到同样的效果。例如，1986 年排名世界大银行第 17 位的英国国民西敏寺银行在 20 世纪 70 年代购入意大利西方信贷银行的部分股权，80 年代收购了西班牙马奇银行 49% 的股权作为该行在西班牙的子银行，都是以小制大的成功案例。

4. 混合证券式并购

商业银行之间的并购不仅可以采用现金购买式并购、股权式并购等方法，而且还可以采用混合证券式并购的方式来进行。所谓混合证券式并购，是指收购银行对目标银行或被收购银行提出收购要约时，其出价不仅有现金、股票，还有可转换债券、认股权证等多种形式的混合。

可转换债券（Convertible Bonds）是指在一定时期内能转换成公司股票的债券。可转换债券一般会事先确定转换为股票的期限，确定所转换股票属于何种类型和该股票每股的发行价格（即兑现价格）等，投资者到期可以选择转换股票也可以选择不转换。投资者对可转换债券看好的主要原因在于这种债券既具有债券的安全性，又具有作为股票可使本金增值的有利性。而从发行公司来看，通过发行可转换债券，公司能以比单纯债券更低的利率和较宽松的契约条件出售债券，而且能提供一种价格比现行价格更高的出售股票的方式。

认股权证（Warrant）是由上市公司发出的证明文件，赋予持有人一种"权利"，即持有人有权在指定时间内用指定的价格即换股价认购由该公司发行的指定数目即一定换股比例的新股。认股权证本身并不是股票，其持有人也不是股东，因此不能享受股东权益。由于认股权证的行使涉及未来控股权益的改变，因此，为了保障现行公司股东的权益，公司在发行认股权证时，一般要按控股比例派给股东。股东可以用这种证券行使优先低价认购公司新股的权利，也可以在市场上将证券出售。由于认股权证比股票便宜，认购款项可以延期支付，投资者只需要投资小额款项，因此，一些看好该公司而无力购买其股票的投资者可以先购买其认股权证，并从认股权证转卖中获利。购入认股权证后，持有者获得的是一种换股权利，而不是责任，行使与否由其本身决定。商业银行在并购目标银行时采取混合证券的方式，既可以避免支付更多的现金，又可以防止控股权的转移。

5. 杠杆收购

自 20 世纪 80 年代以来，西方国家盛行杠杆收购（Leverage Buyout，LBO）。商业银行的杠杆收购是指通过增加银行的财务杠杆去完成并购，从实质上看，杠杆收购就是一家银行主要通过借债来获得另一家银行的产权，而又从后者的现金流量中偿还负债。一般操作是收购银行先投入资金，成立一家置于完全控制下的"空壳公司"（Shell Subsidiary），而空壳公司以其资本和未来买下的目标银行的资产及其收益为担保进行举债，即发行证券向公开市场借债，以贷款的资金完成企业并购。这种以目标银行资产及收益作为担保筹资，标志着债务观念的根本改变。只要目标银行的财务能力能承担如此规模的债务，则筹资如此规模的债务并收购目标银行就不会有多大的清偿风险。因为这种举债与收购银行本身的资产多少没有关系，而与目标银行的资产及未来收益有关，这样小银行通过 LBO 就可以收购大银行，故称为杠杆收购。与传统的企业并购交易相比，LBO 收购有两个特点：一是在 LBO 收购交易中，筹资结构发生变化，公司在杠杆收购中引起的负债主要由被兼并公司的资产或现金流量支持和偿还，其次才是投资者的投资；二是在 LBO 收购的交易过程中有一个经纪人，它在并购双方之间起着促进和推动作用。

15.3 银行并购的定价

商业银行并购的价值评估，是指买卖双方对标的（股权或资产）购入或出售作出的价值判断。

在并购谈判中，并购银行与目标银行谈判的焦点无疑是并购价格，而并购价格的基础是目标银行的价值。对目标银行的价值评估，是决定对目标银行股东提供什么报酬的重要部分，在价值评估方面，并购银行面临的最大困难是如何以持续经营的观点，选择恰当的方法，对目标银行的价值作出合理的估测。

在对目标银行进行价值评估时，可以采用的评估模式有贴现的价值评估模式和非贴现的价值评估模式。贴现的价值评估模式包括现金流量贴现模式、收益贴现模式、股利贴现模式等，非贴现的价值评估模式包括市场比较法、股息法、市盈率法、账面资产净值法、清算价值法。

15.3.1 市盈率法

市盈率法就是根据目标银行的收益和市盈率来确定其价值的方法。市盈率（P/E）是指股票市场价值与股票收益之间的比率关系，即：

$$市盈率 = \frac{股票市值}{股票收益} = \frac{每股股价}{每股收益} \quad (15-1)$$

在市盈率方法下，目标银行的价值为

$$V = 估计收益指标 \times 基准市盈率 \quad (15-2)$$

因此，对目标银行的估价问题就变成了如何选择估价收益指标和确定基准市盈率这样两个问题了。

在选择、计算目标银行估价的收益指标时，一般来说，最简单的估价收益指标可采用目标银行最近 1 年的税后利润，因为其贴近目标银行的当前状况。但是，考虑到企业经营中的波动性，也可以采用目标银行最近 3 年的税后利润的平均值作为估价收益指标。对于并购银行来说，可供选择的基准市盈率有收购时目标银行未来的市盈率、并购银行的市盈率和银行业平均的市盈率。在综合考虑以上因素后，并购银行利用选定的估价收益指标和基准市盈率，就可以比较方便地计算出目标银行的价值。

若经过评估，目标银行的收益为 150 万元，基准市盈率为 15 倍，则目标银行的价值为

$$V = 150 \times 15 = 2\,250（万元）$$

但真正确定购买价格时，还需要对目标银行收购后的持续收益进行估计，包括对维持这些收益所需投资的评估。

15.3.2 贴现现金流量法

贴现现金流量法（Discounted Cash Flow Method，DCF）由美国西北大学的阿尔弗雷德·拉巴波特创立，是用贴现现金流量方法确定最高可接受的并购价格。该方法认为，目标银行

的价值等于其预期现金流量的现值,这就需要估计由并购引起的期望的增量现金流量和贴现率。拉巴波特认为,有 5 个重要因素影响目标银行的价值:销售和销售增长率、销售利润、新增固定资产投资、新增营运资本、贴现率。

1. 贴现现金流量法的一般模型

在运用贴现现金流量分析并购活动时,目标银行估值可以用以下模型计算:

$$V = \sum_{t=1}^{n} \frac{FCF_t}{(1+k)^t} \tag{15-3}$$

式中:FCF_t 为自由现金流量;k 为贴现率;t 为预测期(或称贴现期);V 为目标银行的价值。

需要注意的是,商业银行的自由现金流量(Free Cash Flow,FCF)是银行经营活动所创造的、可供管理当局自由支配运用的那一部分现金流量。自由现金流量的所谓"自由"即体现为管理当局可以在不影响银行持续增长的前提下,将这部分现金流量自由地分派给银行的所有索取权持有人,包括短期、长期债权人以及股权持有人等。从现金流的角度来讲,股东与股权人没有性质上的差异,存在的只是索取权支付顺序上的差异。因此,银行自由现金流量应当由股权资本(普通股)现金流量、债权人现金流量和优先股股东现金流量构成。计算公式为

$$自由现金流量(FCF) = 息税前利润(1 - 所得税税率) + 折旧费用 - 资本支出 - 营运资本变动数额 \tag{15-4}$$

2. 贴现现金流量模型的不同形式

根据目标银行自由现金流的增长或变动情况,可以把贴现现金流量模型分为以下几种模型。

(1)零增长模型。零增长模型假定目标银行持续经营的条件下,自由现金流逐年保持不变。由于每期的自由现金流都相等,贴现现金流模型变为

$$V = \frac{FCF}{K} \tag{15-5}$$

例如,如果目标银行的自由现金流量为 50 万元,并保持不变,假设贴现率为 10%。该目标银行的价值为

$$V = \frac{50}{10\%} = 500 \text{(万元)}$$

(2)固定增长模型。固定增长模型假定目标银行的自由现金流量保持一个固定的增长率,若增长率为 g,则

$$FCF_n = FCF_{n-x}(1+g) \tag{15-6}$$

在这种情况下,贴现现金流模型变为

$$V = \frac{FCF_1}{K-g} = \frac{FCF_0(1+g)}{K-g} \tag{15-7}$$

式中,FCF_0 为当年的预计现金流量;FCF_1 为下一年的预计现金流量。

例如,如果目标银行下一年度自由现金流量为 100 万元,假设加权平均资本成本率为 10%,自由现金流增长率为 2%,该目标银行的价值为

$$V = \frac{100}{10\% - 2\%} = 1\,250 \text{(万元)}$$

15.3.3 市场价值法

市场价值法主要针对在收购策划中不大可能确定现金流量、折现率和期末价值的统计结果的情况，来估算被收购银行的价格。它假设市场是有效率的，一个上市银行，其股票的市场价格代表了投资者对该银行未来经营业绩及风险的预期。基于此，市场价值法得出银行股票的价值就是某一估价指标乘以一个比率系数。

$$P = \frac{MP_1 E_r - MP_2}{MP_2} \qquad (15-8)$$

式中，MP_1、MP_2 分别表示收购银行和被收购银行的股票市价。

如果市场上同类收购活动的市场平均溢价为 $\overline{P}$，收购银行也可以据此来计算股票交换率：

$$E_r = \frac{MP_2(1+\overline{P})}{MP_1} \qquad (15-9)$$

从财务的角度，市场价值法假设同一行业内的公司或金融机构是大致相似的。因此，市场价值法制定收购价格的原理是：先选出一些在业务和财务方面与被收购银行类似的银行，通过分析参照银行的经营资料、财务情况、股票行情和未来展望，选定估价指标和比率系数，再据此估计被收购银行的价值。可供使用的估价指标可以是税后利润、账面价值、主营收入、现金流量等。选择估价指标要熟知各指标对银行的经济意义，从而选择出对银行未来价值有影响的指标，并且在确定比率系数时要注意其在各参照银行的稳定性。

例如，甲银行有意收购乙银行，乙银行是一家上市银行。为此甲银行在上市银行中筛选出若干个与乙银行在各方面都类似的参照银行，发现其市盈率大致上为获得控制权而需付出的平均溢价水平以及交易成本，据此就可得出收购乙银行所需支付的基价。美国市场上自 1982—1988 年银行兼并和收购的收购价与被收购银行税后利润相比所得出的比率系数依次为 13.42、12.59、12.65、13.70、18.76、21.08 和 18.36（以上数据均为加权平均数）。

银行收购也可采用账面价值为估价指标。比率系数可参考其他类似的银行收购事件中收购价与账面价值的比率。美国市场上 1982—1988 年银行兼并与收购事件中收购价与被收购银行账面价值的比率系数逐年分别为 1.50、1.53、1.64、1.63、1.83、1.50。

市场价值法与现金流量折现法相比，缺乏明确的理论依据，但它从统计的角度总结了同类银行的财务特征，得出的结论符合市场实际而较具可靠性，且原理和运用都较为简单，比现金流量法更易得到股东的理解和支持。

这种方法假定股票的市场价值真正反映了银行的实际价值。但是，由于多种原因，股票的市价并非一家公司的真正价值。对于大部分小银行来说，其股票没有在交易所上市交易；而有些上市银行的规模不大，其股票交易也不活跃，或者其股票仅在很小范围内交易，显然，这类银行股票的市价有时会与真实价值相差甚远。此外，当为数有限的股票持有者拥有一家银行大部分股份时，他们对股价的操纵常常会使市价大大高于其实际价值；而且，股票价格也不能完全反映无形资产的价值。因此，这种方法更适用于那些股票交易活跃的大银行。在用这种方法进行估价时，考虑到目标银行股票价格的偏离，有时也用账面价值来代替其市场价值。

15.3.4 每股收益法

在评估目标银行的价值时,许多分析家倾向于考虑股票的收益而不是资产负债表中的资本价值。通过比较两家银行的每股收益,收购行可以计算应付价格。溢价可以用下式计算:

$$P = \frac{EPS_1 E_r - EPS_2}{EPS_2} \tag{15-10}$$

式中,EPS_1 和 EPS_2 分别代表收购行和目标行的股票每股收益。股票交换率由下式决定:

$$E_r = \frac{EPS_2(1+P)}{EPS_1} \tag{15-11}$$

式中,P 为收购溢价。若收购行根据市场的平均溢价来确定股票交换率,那么在该式中用代替 P。

趋向于采用这种方法确定收购价格的银行家认为,相对收入(即每股收益)在决定交换价值时非常重要。但是,这种方法并没有考虑每股收益的变化。目前的每股收益可能和不久前的每股收益差别甚大,也不能代表银行未来的获利能力。所以,此法既没有参考以前的收益,也没有考虑今后可能的收益变化。也就是说,这种方法没有考虑可能的收益变化和风险。

为弥补这种方法的不足,银行家采用了一种加权平均法来计算每股收益,并用这种新方法计算的每股收益取代公式中的当前每股收益 EPS_1 和 EPS_2。表 15-1 是对某银行过去几年的每股收益进行加权平均,来计算股票交换率。

表 15-1 某银行股票交换率的计算

时 期	权 重	EPS_1(元)	EPS_2(元)
T	0.500	10.00	2.00
t-1	0.200	8.00	4.00
t-2	0.125	6.00	6.00
t-3	0.100	4.00	8.00
t-4	0.075	2.00	10.00
	1.000		

收购银行加权平均每股收益 7.90 元,目标银行加权平均每股收益 4.10 元。假定溢价为 50%,那么,用加权平均的每股收益计算的股票交换率为 0.78。但是用当前时期的每股收益计算,股票交换率为 0.3,即每 10 股目标银行的股票只能换 3 股收购银行的股票。

当然,收购行也许更关心未来的收益。在预测未来每一时期的银行每股收益后,也可以用加权平均法计算股票交换率。在表 15-2 中,假定收购行和目标行当前每股收益分别为 10 元和 2 元,收购行只考虑未来的每股收益,即当前权重为零。

表 15-2 对收购行和目标行股票交换率的计算

时 期	权 重	EPS_1(元)	EPS_2(元)
t+1	0.500	10.50	3.00
t+2	0.200	11.00	4.00

续表

时期	权重	EPS_1（元）	EPS_2（元）
t+3	0.125	11.50	5.00
t+4	0.100	12.00	6.00
t+5	0.075	12.50	7.00
	1.000		

首先银行预测未来 5 年的股票收益，再根据不同的权数计算平均每股收益。收购行和目标行的加权平均后每股收益分别为 11.025 元和 4.05 元。当溢价为 50% 时，用加权平均法计算的股票交换率为 0.55；而用当前每股收益计算，股票交换率为 0.3。

15.4 汇丰控股的全球并购

20 世纪 90 年代末期以来的全球银行业处于重要的战略转型阶段，美国、欧洲和日本的全球主流银行（Global Leading Banks）均实施了重大的战略转型。转型主要遵循着两条路径展开：一是以美国的花旗集团、摩根大通、美洲银行，日本的瑞穗金融集团、住友三井金融集团和东京三菱金融集团等为首的美日银行，暂时放缓了全球化步伐而着重选择向全能化金融集团转型；二是已经建立了良好的全能化基础的欧洲银行如汇丰控股、德意志银行、荷兰国际集团、苏格兰皇家银行和 ABN 阿莫罗等将重点向全球化转型。美国和日本的银行在转型中频繁展开国内收购、兼并与整合，如美国的花旗银行与旅行者集团合并成花旗集团、摩根银行与大通银行合并后再与第一银行合并成摩根大通公司，美洲银行与国民银行合并后再与舰队波士顿合并成美洲银行公司，日本的第一劝业银行、兴业银行和富士银行合并成瑞穗金融集团，住友银行和樱花银行合并成住友三井金融集团，东京银行和三菱银行合并成东京三菱金融集团等，导致这些本来全球化程度很高或较高的银行在英国《银行家》杂志全球银行国际化排行榜上的全球化排名节节后退。分析家们发出感慨：20 世纪 90 年代后期是美日银行"回家"的时代。而欧洲银行则主攻国际并购尤其是对美国银行的并购，如汇丰控股收购纽约利宝集团（Republic of New York）和 Household International，德意志银行收购信孚（Banker's Trust），苏格兰皇家银行收购 Charter One 等，大肆拓展海外特别是美国金融市场的业务，国际化程度不断提高。

15.4.1 全球并购与全球上市手段

汇丰控股（HSBC Holdings plc）是当代全球主流银行不断推进全球化战略、向全球化转型的典型代表，从 20 世纪 90 年代初开始，汇丰控股依靠独特的全球并购与全球上市两大支柱不断推进全球化进程，取得了巨大的成绩。

从现有资料观察，传统的银行全球化战略的实施主要以全球并购为手段，以全球金融市场的占领为目标，具有较强的进攻性。该种模式注重于成为全球银行产业的领导者，关注全球银行市场的占有率，气势往往咄咄逼人。

汇丰控股的全球化没有遵循这种银行全球化战略惯例，它实行全球并购与全球上市同时并举，以全球上市缓冲全球并购的进攻性，开创了一种温和的全球化模式。该模式的全球化虽然也追求全球金融市场份额，但在实施对东道国银行并购的同时辅以在东道国证券市场上市，通过在东道国证券市场上市实现全球化与当地化的有机统一，减少全球化的进攻性，实施了并购的银行和被并购银行的东道国都能接受的"双赢"的全球化。

做全世界的当地银行，这是汇丰控股的全球化战略，也是汇丰控股全球化战略理念的简明而完整的概括。包括以下几层含义：① 全球化是汇丰控股始终不渝的目标，因此，在其发展战略中，首先体现出它过去是也将继续是一家全球银行（World Bank）；② 汇丰控股想尽量淡化它是一家英国银行的形象，着重强调它是一家全世界的银行（World's Bank）；③ 汇丰控股不愿意被其海外分支机构的东道国认为是外国银行，而希望成为其所有海外分支机构东道国的"当地银行（Local Bank）"；④ 汇丰控股与其他国别银行的根本区别是，它是一家全世界的当地银行（World's Local Bank），是汇丰控股无意于"占领"而是"共享"东道国金融市场；⑤ 汇丰控股不希望仅仅只是一家传统意义上的商业"银行"，而立足于能够提供所有金融服务的全能"金融"机构；⑥ 全球化与本土化对于汇丰控股而言同等重要，作为一个整体，汇丰控股是世界的（World），作为这个整体的组成部分，汇丰控股的每一个海外分支机构都是当地的（Local）。

15.4.2 全球化战略的形成

银行的发展战略是由历史与现实决定的，汇丰控股也不例外。从总体上考察，全球各大主流银行（比如美国的花旗集团、德国的德意志银行、日本的瑞穗金融集团、荷兰的荷兰国际集团等）的历史与现实背景有诸多相似之处，通常是其母国的象征或代表，其全球化过程与它的母国的利益高度关联。而汇丰却是一个特例，汇丰从汇丰银行发展到汇丰控股，经历了漫长的140年的时间，与政治极少发生联系，汇丰只代表它自己。下面通过汇丰控股与花旗集团的比较来探讨汇丰控股提出独特的全球化发展战略的历史与现实原因。

（1）汇丰控股（包括其前身汇丰银行）与花旗集团（包括其前身花旗银行）都是实施全球化战略最早的银行，早在100多年前其成立初期，就都迈开了全球化步伐，比如都在18世纪中期进军中国上海。但花旗很早就回到了它的大本营美国，将主要业务集中于美国本土市场，是一家标准的美国银行，在美国生根、开花、结果，所以花旗一直很"美国"，充满美国气息。在全球化与本土化矛盾的处理上，尽管花旗有时也谈本土化问题，但更多强调的往往是全球化，而且是带有强烈"美国"特征的全球化。花旗希望通过全球扩张推销美国的经营模式，美国政府希望通过花旗的全球化推销美元，推销美国。汇丰与花旗不同，从开业直到1991年，尽管由英商经营，但它的注册地在中国香港，总部在中国香港，它是一家标准的香港银行，并没有多少英国气息。1993汇丰将总部搬迁伦敦，才真正成为一家英国银行，从本质上它只是一家英国的"新"银行，所以，汇丰控股并不怎么"英国"。

（2）花旗的大本营在美国，业务重心在美国金融业最发达的纽约。美国本土强大的金融实力和巨大的金融市场给花旗的发展提供了坚实的基础，至少可以这样认为，即使没有海外市场，花旗也没有多大生存问题，而且美国金融市场的盈利空间往往还大于海外市场，所以花旗集团在"回归"美国。汇丰银行的根据地一直在中国香港，发展空间相对有限。即使香港在20世纪70年代后"起飞"，也逐步发展成为世界金融中心之一，但规模远不及纽约。即使后来作为一家英国银行存在，但汇丰控股在英国的根基不可能像花旗在美国那么牢固。

（3）花旗集团的业务涉及全球120多个国家，全球布局比较均衡。花旗集团的触角遍及全球每个角落。相比之下，汇丰控股的全球布局略显失衡。初期的汇丰控股的业务重心限制在东南亚诸国等相对狭小的区域，就连西欧、北美这种超级金融市场，汇丰控股也没有太大的市场占有率。扭转全球布局的失衡，实现全球布局的均衡，是汇丰控股全球化战略的中心内容，这就解释了汇丰控股近10来年的重大并购活动均发生在欧洲、北美这一现象。

银行全球化战略的实施主要有两种模式：一种是单纯的全球并购；另一种是全球并购与全球上市并举。两者的区别是在对东道国银行进行收购的同时是否在东道国上市。如果仅仅对东道国银行进行并购而不在东道国上市，银行能够保持对被收购银行的完全控制权力和利润的支配权力，是一种完全的占有，它依靠也能够显示银行的实力，甚至是其母国的实力，但这种模式具有非常强烈的进攻性，收购前后都容易引起与东道国经济甚至政治利益的矛盾冲突。全球并购与全球上市同时并举的模式会损失对被并购银行的部分控制权和利润支配权，这种模式的最大优点是能够利用在东道国上市的方式缓冲全球并购的进攻性，当然，这种方式的融资功能也是显而易见的。基于历史的和现实的背景不同，花旗集团选择了单纯并购的模式，而汇丰控股则选择了并购与上市并举的模式。

15.4.3 全球并购战略的实施

并购是汇丰140年来全球发展的主旋律，整个汇丰的历史其实就是一部并购史。从20世纪50年代的汇丰银行开始，汇丰就走上了漫漫的并购征程。

1991年，汇丰银行通过重组成为英国注册的汇丰控股，旋即用40亿英镑（72亿美元）收购了英国四大清算银行之一的米特兰银行（Midland Bank）50%以上的股份，成为当时世界银行史上规模最大的收购行动，开始了汇丰控股全球金融超级巨擘的历史。1992年，汇丰控股收购了米特兰银行的剩余股份，将其改组为英国汇丰银行，汇丰控股成为英国第一大银行。1993年，汇丰控股将其总部从中国香港迁到了伦敦，成为世界最大金融中心的最重要成员。

1994年，汇丰控股整合了马来西亚分支机构，成立马来西亚汇丰银行，1997年，它通过收购与兼并，在巴西和阿根廷分别成立了巴西汇丰银行和阿根廷汇丰银行。1998年，它收购了墨西哥瑞丰金融集团的股权。

1999年，汇丰控股以97.33亿美元收购了美国利宝集团，其后将其改组为美国汇丰银行。这项收购使汇丰集团在美国的金融市场站稳了脚跟，特别是其全球个人银行业务登上了新台阶，这一并购的完成，使汇丰控股迅速成为美国金融市场的重要一员。

2000年，汇丰控股以108亿美元完成了对法国第三大金融机构法国商业银行的收购，这一并购不但使汇丰控股在法国金融市场拥有巨大的市场份额，同时也意味着汇丰控股在欧洲本土金融市场终于有了坚实的立足点和桥头堡。

2003年，汇丰控股以接近100亿美元收购美国最大的消费融资公司 Household International Inc，进一步稳固了在美国金融市场的份额，汇丰控股的美国汇丰银行加上 Household，已经成为美国前十大银行之一。

2004年，汇丰控股收购了国际领先的集基金管理、信托、托管、资产管理及私人银行于一身的百慕大银行有限公司，使汇丰控股在全球最大的离岸金融中心也拥有了高起点的发展平台。

15.4.4　全球并购对汇丰控股的影响

近10多年来，汇丰控股的全球并购有几大特点：一是规模庞大，动辄上百亿美元一单的并购交易连续不断，在全球银行并购历史上绝无仅有；二是并购的重心放在西半球的美国和欧洲，主要是为了完善汇丰控股的全球布局；三是由于汇丰控股对并购的目标银行选择比较慎重，并购后的磨合期短，并购的收益显著。

全球并购对汇丰控股成长的影响是有目共睹的。首先，加速了汇丰控股全球化的步伐。15年来不断的并购使汇丰控股从一家影响有限的区域性银行迅速成长为一家具有巨大的全球影响力的金融"航母"，拥有营业性分支机构的国家/地区从76个扩大到126个，海外业务利润占集团总利润的比重从不足30%增长到超过60%。其次，全球并购使汇丰控股的资产规模超高速扩张。1991年汇丰控股成立时，总资产不足2 000亿美元，到2004年，其资产已经超过1万亿美元，增长了4倍有余，在全球金融市场的份额稳定提高。再次，全球并购使汇丰控股减少了对单一金融市场的依赖性，提高了抵抗金融风险的能力。最后，全球并购保证了汇丰控股长期可持续的盈利能力，近几年来，由于欧元区经济疲软，欧洲银行的盈利状况比美国银行有很大差距，但汇丰控股依靠在美国市场和中国香港市场的巨大利润，弥补了欧洲市场利润的下降，仍然保持了公司总利润的高速增长。

汇丰控股前主席约翰·邦德称，汇丰的策略是通过选择性的收购去补足业务的自然增长。由于过去汇丰控股所属机构分布不合理，未摆脱区域银行的现状，通过并购，汇丰集团可将这些区域银行整合成为一家真正的跨国银行集团。

正是因为坚定不移地贯彻实施"全球并购"的全球化战略，使汇丰控股能够直面激烈的全球金融市场竞争，而且在竞争中不断发展壮大。2004年度，汇丰控股核心一级资本554.35亿美元，仅次于花旗集团和法国农业信贷集团，排名全球第三，总资产10 342.16亿美元，紧接瑞穗金融集团、花旗集团、瑞士联合银行、法国农业信贷集团，排名全球第五，税前利润128.26亿美元，排名全球第三，平均资本利润率27.30%，资产回报率1.24%，成本/收益比率47.93%，核心一级资本充足率5.98%，风险加权资本充足率12.00%，不良贷款率仅为2.77%，显示出汇丰控股雄厚的资本实力、优秀的管理能力和超强的盈利能力。2010年7月，英国《银行家》杂志（The Banker）全球前1 000家银行排名揭晓。美国银行（Bank of America）通过在金融危机中收购美林（Merrill Lynch），超越摩根大通（JPMorgan Chase），成为全球资本实力最强银行。花旗（Citigroup）排名第三，苏格兰皇家银行（Royal Bank of Scotland）和汇丰银行（HSBC）分列第四和第五。

应该看到，即使是美日银行，向国内市场收缩也肯定只是暂时现象，在全球金融市场一体化程度不断提高的大背景下，作为全球主流银行，不断提升国际化程度，获得更大的全球金融市场份额，才是它们的终极目标。因此，全球化战略过去是也必将继续是它们的必然选择。

经过近年来的国内并购重组，美国的花旗集团、美洲银行和摩根大通的国内市场份额已经接近法律允许的单一银行市场份额不能超过的10%的上限，这些银行在未来只能以国际并购来进行扩张。一般虽然没有类似法律规定，但国会对大型的银行并购审批尺度已经收紧,东京三菱金融集团与日本联合金融集团(UFJ)的合并计划已被政府否决,但日本的银行肯定会重新启动对海外银行的并购行动。所以,未来全球银行市场的竞争无疑会更加激烈。

我国的银行业正处在一个重要的转型期,四大国有商业银行在股份制改造和境内外上市完成以后,应该积极探讨全球并购的可行性,选择合适的时机和地点,挑选合适的并购对象,参与全球银行并购竞争,这是我国的银行业扩大全球金融市场占有率和提升国际竞争力的必由之路。

我国的股份制商业银行,如中信实业银行、光大银行、交通银行、招商银行、上海浦东发展银行等资产质量较为优良,已经拥有现代的管理机制,有一定的规模和实力,都正在构建和实施"走出去"战略,有必要学习汇丰控股的全球并购与全球上市同时并举的全球化发展战略。就目前的状况来看,作为我国最优秀的银行,还有一个很重要的任务,就是抵御国际金融巨擘的收购。全球大银行对我国金融市场垂涎已久,对规模庞大的四大国有商业银行它们难以下手,因此其对股份制银行更感兴趣,英国《银行家》杂志2005年第6期就有分析家对这一现象进行了专文分析,介绍了我国的股份制商业银行。当然,作为一家商业银行,与国外银行"联姻"也许不失为一种有效选择,但更愿意看到我国的银行独立地走向世界。汇丰控股全球并购、全球上市的全球化战略,应该是我国股份制商业银行"走出去"的最优模式。

【阅读材料】

民生银行海外并购损失8.87亿元

2008年,民生银行参股美国联合银行作为其"走出去"的重要一步,然而不到两年时间,这桩海外投资却陷入了"全军覆没"的境地。

据民生银行2009年11月10日披露,11月6日,美国联合银行已由加州金融管理局(FDIC)关闭,FDIC被指定为接管人。而美国联合银行的关闭将导致民生银行产生巨额投资损失风险。目前,民生银行对美国联合银行累计投资折合约8.87亿元,约占其总股本的9.9%。民生银行同时确认,该公司已按会计准则确认投资损失和减值损失合计8.24亿元人民币,尽管美国联合银行的倒闭将不会对公司的经营及利润造成重大影响。

资料显示,美国联合银行是美国最大的服务华人社区的商业银行之一,总资产达104亿美元。该行在中国设有一家独资子行——联合银行(中国)有限公司。2007年9月,经公司董事会批准,同意民生银行投资参股美国联合银行。民生银行于2008年3月5日以可转换优先股的形式入股联合银行,持股比例为4.9%。2008年12月23日,民生银行增持联合银行620万股股份,持股比例升至9.9%。目前,民生银行为其单一最大股东,对联合银行的初始投资金额为8.87亿元。

此次美国联合银行的关闭可谓事发突然,在民生银行的近期公告中均未对该项投资的巨大风险进行提示。查阅民生银行2008年年报发现,截止到2008年12月31日,美国联合银行总资产135.03亿美元,净资产14.28亿美元;2008年归属普通股股东的净亏损为0.76亿美元。截止到2008年12月31日,本投资的账面价值已由初始投资的8.87亿元减为5.43亿元。

在民生银行半年报中,因联合银行业绩报告推迟披露,因此并未涉及这一投资项目的盈亏情况。而民生银行三季报显示,到三季度末,这一账面价值早已大幅缩水到0.63亿元。

距民生银行三季报披露不足一月，联合银行就倒下，民生银行的8亿多元投资也将一去不返。尽管民生银行已将大部分做了投资和减值损失，但仍剩下的税前6 300万元还未计提，这或将对净利润的影响5 000万元左右①。

值得注意的是，早在民生银行初涉美国联合银行之际，随着金融危机的爆发，当时就有媒体对这项投资提出过担忧。据了解，按民生银行设想，由于其有很多从事贸易的客户，正在大力发展贸易融资业务，这与联合银行的业务特长是契合的。中国最大的贸易伙伴是美国，如果民生银行能与一家地处美国又为中国客户服务的银行合作，就可以一起拓展贸易融资市场。

然而，随着美国次贷危机的蔓延，联合银行的股价也大幅下挫，对民生并购联行一案的质疑声逐渐四起。这种质疑主要来自于两点：一是收购成本是否过高、收购时机是否不佳；二是房贷坏账对联行的影响到底有多大。

有关数据显示，早在2008年前，联合银行的不良贷款率就已显现出快速上升的趋势。从2006年年底的0.19%增加至2007年年中的0.42%。而坏账拨备率则从2006年年底的504%下降至2007年年中的214%，随后在2007年第四季度增加了1 800万美元的贷款储备量。

联合银行的贷款组合主要集中于美国房地产市场，外界的估算是，与之相关的贷款占比达到77.16%，建筑贷款大概占总贷款额的20%。次贷危机连锁影响到建筑市场萎靡，所以联合银行的贷款业务也将受影响。显然这一问题并未受到民生银行的重视并采取行动，最终导致了此项投资的失败。

案件分析：详细规划和调查是投资的前提

分析民生银行的并购策略，从开始的战略性介入到后来的追加投资，除了因为时机的选择上处于市场高位（金融危机发生后的回视）显得认购价格过高外，我们不认为有什么值得指责的地方。即使是时机的掌握上，如果考虑从开始介入到最终并购完成的整个过程中的分段投入，全部投入平均下来可能比在低位开始介入不相上下。前提是民生有明确的战略计划和执行方案。

对美国经济的宏观把握，对民生银行来说特别是房地产市场的切身了解。联合银行主打华人市场，个人房贷方面有问题但并不算致命，真正严重的是商业地产项目资产组合。可能民生银行在做尽职调查时注意到了商业地产组合，甚至考虑到了个人房贷的可能损失，但没能预测到商业项目的巨大拖累。当然，要求民生银行预知危机及其危害确实过于勉为其难，但对于有国际化企图的中资企业，自身国际化的程度自然包括对国际市场的深刻理解。

尽职调查中顾问的作用。虽然不了解民生银行在并购联合银行案中的具体情况，中资企业普遍不愿意花钱聘用外部专家，而更愿意相信自己的判断，或私下求教于自己可信赖的专家，认为顾问费花得不值。其实投资就像买大件商品，如车，如房，一次性投入越大，前期调查和后续维护的成本就会越高。海外开拓绝非易事，并购更是涉及方方面面的利益。美国监管机构宁可把联合关闭也不让民生注资控股表明了市场因素以外的考虑，没有高层次的专业顾问协助我们无法研判并购过程中的可能情景及应对方案。

注资入股时的保护条款及保值措施。从报道说民生银行的投资可能血本无归来看，民生银行似乎没有在注资认购股份时太多考虑对投资的保护，也或者当时并不知道有这样的谈判余地。更应吸取教训的是，如果投资协议中没有任何保护条款，又没有采取任何保值措施对冲长期投资的风险，危机来临就只有坐以待毙了。好在民生已提早预留了损失准备，而且数目并不伤筋动骨。

案件警示：我国银行海外并购的风险

1. 信息不对称的风险

---

① 编者注：据民生银行2010年4月20日公布的2009年度年报第111页披露，剩余的6300万元也全额计入损失，至此，该笔投资全部损失。

知己知彼方能百战不殆，信息的掌握在并购战中显得尤为重要。但实际上，目标银行与并购银行处于信息不对称的地位，目标银行虽然清楚自有的资产以及经营状况等真实情况，但远在异国的并购银行在收集信息的过程中却会碰到各种障碍。目标银行可能会出于对并购的抵触或其他目的往往会隐瞒部分关键数据和资料，甚至将修改后的不实数据披露给我国并购银行。这些信息与目标银行的实际情况存在着较大的偏差，阻碍我国并购银行对该目标银行的总资产以及发展潜力作出正确的判断和评估，尤其是目标银行的无形资产不能用数字一目了然地表示出来，更加大了信息获取的难度，增加了并购风险。

2. 经营风险

我国银行海外并购的终极目标是占有国际市场份额，获取更大利润，所以并购行为的完成并不意味着并购的成功，这只是万里长征的第一步，更重要的问题是能否在强手如林的残酷竞争中不至于失败。我国金融体制是建立在计划经济基础上的，由政府包揽一切，处于转轨时期的我国银行，经营体制还没有完全转换过来，银行依然存在着较重依赖心理，缺乏积极性，习惯于听从政府号令。要将他们置于境外尤其是完全的市场经济之中，要求其按照国际要求，依市场原则经营，经营风险可想而知。

3. 整合风险

目标银行与并购银行分处两国，在银行文化的管理模式上必然存在着较大的冲突，而银行内部遵守的规则惯例，具有极强的稳定性，很难被随意更改，很自然地就会排斥外来的文化。如果目标银行实力较强，它就不会轻易接受我国银行的文化，"弱势银行对优势银行的认同感是强弱结合并购能否成功的关键因素"。

4. 市场风险

主要是由于目标国利率和汇率的变动所引起的风险。在并购之时，若目标银行所在国的货币相对于人民币升值时，我国要实现并购就要支出更多的人民币，承担由于汇率变动所带来的损失。同样在并购之时，目标银行所在国的货币利率下降时，目标银行的股票、债券的价格就会上涨，我国也需支付更多的资金实施并购。因此无论是采用现金收购、换股收购还是综合证券收购的银行并购方式，都难逃市场风险。

5. 法律风险

虽然大部分国家对并购本国银行没有一部专门的法律，但并购会受到其他相关法律及法规的限制。

（1）劳工法。各国基本上都对劳工的最低工资标准、劳动时间、员工的任用及减裁等作出了规定。劳工的权益与银行的发展及盈利目标时常会存在着一定冲突，若中国的银行仅一味追求本行的发展而忽略员工的权益，就可能面临被诉违反劳工法的危险。以裁员为例，许多国家就对本国员工的减裁作了诸多限制。有的国家规定，要裁掉本国员工，还必须通过工作委员会和工会这两关。这势必要花费较大的精力和财力。

（2）反托拉斯法及其相关的兼并法律法规。各国的反托拉斯法对于垄断认定的标准和审查的程序各不相同，尤其是崇尚判例的英美法系国家，判断垄断的违法性时具有一定的灵活性，这为有些国家对我国的银行进行恶意控告，使我国的银行卷入垄断诉讼纠纷之中提供了便利。合法垄断是竞争的必然结果，我国的银行在海外竞争的作用下，可能会产生合法的垄断，由于有的国家反垄断制度过于严厉，使我国银行合法的垄断有可能成为反垄断的目标。

（3）限制银行并购方面的法律法规。银行是一种特殊的企业，各国都对银行的兼并格外谨慎，纷纷制定了限制银行并购的法律法规予以限制。如美国1993年《国家防务授权法案》第873（a）段规定，收购者受到外国政府的控制，或者代表外国政府进行活动，要受到调查。此外，国外的公司法、证券法也规定了企业并购的相关程序，中国的银行并购还要受到这些程序法的约束，不应违反。

6. 反收购风险

中国银行对海外银行实施并购就意味着我国并购行的代表进入目标行的管理层，获得对被购行的控制权。原银行管理层出于对自身利益的维护和对外来企业文化的抵御，就会作出种种反收购的努力。例如，采取游说反垄断部门阻止并购行为，搜集可能违反公司法、证券法、反垄断法及其他相关法律法规规定的程序的证据向法院提起诉讼等法律手段，或是提高潜在的收购成本，以高价发出收购要约等经济手段，加大收购难度。

对策建议：风险规避的对策

1. 微观方面的对策

1）并购行应积极招揽各类人才

首先是法律人才。这些法律人才不仅仅是中国法的专家，更要精通当地法，主要熟悉当地的反垄断法、公司法、劳工法、银行、证券等金融方面的法律以及当地的有关政策法规。遵循法律、规避法律这两种看似矛盾的行为是一个银行家在海外获得成功的重要条件。其次是经济人才。这些专家可以对诸如汇率及利率波动的经济问题作出较为准确的预测，有利于及时防范市场风险。

2）并购银行要加强与目标银行及目标国政府的沟通

要取得整合的成功和与目标银行反收购行为斗争的胜利，其关键是要消除目标银行对外来文化的抵触心理。在沟通过程中，我国银行应尽量保持友好的态度向被购银行作出相关解释以取得其理解和支持，应经常与被购银行交流，共商整合大计。银联信的分析师认为，若我国银行加强与当地政府的沟通，由当地政府出面，从中调解和撮合，往往能起到更好的收效。

3）签订事先协议避免过度波动带来的风险

并购银行与被购银行可以签订利率期权的协议或远期汇率协议，通过锁定一个利率或汇率避免市场波动的风险。例如，利率期权协议中采用利率封底的形式，规定一个最低利率，若市场利率跌至协议利率以下，我国银行可避免因突破协议利率而承担的风险。

2. 宏观方面的对策

1）制定和完善相关法律，健全并购法律体系

（1）应尽快出台一部企业兼并的基本法。我国至今没有一部专门的兼并法，企业兼并法呼之欲出。企业兼并法中应既包括国内企业兼并的内容，又包括企业跨国兼并的内容，既有外商兼并的内容，又有本国企业海外兼并的内容。这样不仅保持企业兼并法的完整，而且能体现政府对海外并购的鼓励。

（2）制定一部跨国并购审查法。明确规定我国企业实施并购的条件、并购的审批等内容。该法在防范我国银行海外风险方面的主要作用是消除他国的偏见，减少不公正待遇。国内部分不具备并购资格的银行盲目跟风以及存在投机心理和企图进行敌意并购的，都将严重损害我国银行的形象，使我国良好的企业也会因为种种偏见而受到不公正的待遇，面临重重法律风险。

（3）不断充实完善我国的反垄断法。只要对外国银行在我国境内的垄断行为予以类似的规制，我国就能在海外企业受到反托拉斯法的恶意追究时拿起反垄断的法律武器实施合法的报复行为。此外，银行作为一种特殊的企业，比一般企业有更高的要求，因此还应当对银行并购作出特别规定，制定银行并购的特别法。

入世之后，法律界一直呼吁修改完善我国银行法，而当务之急就是要尽快制定保障银行的经营体制转换的具有较强操作性的法规，提高银行的质量，才能更好地贯彻法律。我国银行的先行做法在很大程度上与国际惯例不一致，大多数银行的质量根本达不到法律要求的标准，即使是四大国有银行也与具有国际水准的银行差距较大。不先解决银行经营体制的问题，走出国门的银行很可能承受不住经营风险，在竞争中落败而归。

2）国家运用宏观调控政策对银行并购加以引导

我国对于银行并购活动往往不能过度干预，否则有可能会触犯他国法律，如违反上述谈到的美国《国家防务授权法案》等，但政府通过政策、经济手段加以引导，则是完全必要的。

资料来源：北京银联信信息咨询中心. 中国金融风险案例每月精解, 2009（11）.

【讨论题】 民生银行失利的案例对我国银行的海外并购还有哪些启示？

思考题

1. 银行业并购的原因是什么?
2. 银行并购的方式有哪几种?
3. 在对目标银行进行估价时,常用的方法有哪几种?
4. 大规模的银行并购浪潮会给社会带来什么影响?

参考文献

[1] BALKEMA A A, L. de HAAN. Residual life time at great age. Annals of Probability 2, 1974: 792-804.
[2] BÜHLMANN H, GISLER A. A Course in Credibility Theory and its Applications. Berlin: Springer-Verlag, 2005.
[3] EDWIN J E. GRUBER M J. Optimal investment strategies with investor liabilities. Journal of Banking & Finance. 1992, 16 (5): 869-890.
[4] MORGAN J P. Riskmetrics-Technical Documentaion, 1997.
[5] PICKANDS J. Statistical Inference Using Extreme Order Statistics. The Annals of Statistics. 1975, 3 (1): 119-131.
[6] 巴塞尔银行监管委员会. 巴塞尔新资本协议, 2006 年 6 月.
[7] 巴塞尔银行监管委员会. 新资本协议市场风险框架的修订稿, 2009 年 1 月.
[8] 巴塞尔银行监管委员会. 银行外汇头寸的监管, 1980-08.
[9] 巴塞尔银行监管委员会. 电子银行业务风险管理原则（节选）. 中国银行业监督管理委员会. http://www.cbrc.gov.cn/chinese/home/jsp/docView.jsp? docID = 329, 2003-07.
[10] 毕明强. 中国商业银行贷款定价方法研究. 北京: 经济科学出版社, 2008.
[11] 成思危. 中国经济改革与发展研究: 第二集. 北京: 中国人民大学出版社, 2008.
[12] 戴国强. 商业银行经营学. 北京: 高等教育出版社, 2007.
[13] 戴相龙, 黄达. 中华金融辞库. 北京: 中国金融出版社, 1998.
[14] 郝渊晓. 商业银行营销管理学. 北京: 科学出版社, 2004.
[15] 李春, 曾冬白, 邓丽娜, 等. 商业银行经营管理. 大连: 东北财经大学出版社, 2009.
[16] 李庆. 我国商业银行操作风险管理及度量模型研究 [D]. 天津: 天津大学, 2008.
[17] 李志辉. 商业银行管理学. 北京: 中国金融出版社, 2006.
[18] 梁世栋. 商业银行风险计量理论与务实. 北京: 中国金融出版社, 2009.
[19] 刘惠好. 商业银行管理. 北京: 中国金融出版社, 2009.
[20] 罗斯. 商业银行管理. 唐旭, 王丹, 译. 北京: 经济科学出版社, 1993.
[21] 麦克唐纳, 科克. 银行管理. 钱宥妮, 译. 北京: 北京大学出版社, 2009.
[22] 曲绍强. 我国商业银行操作风险管理: 基于框架设计的视角. 北京: 中国财政经济出版社, 2009.
[23] 沈高峰, 张吉光. 我国村镇银行发展现状、问题及对策建议. 内蒙古金融研究, 2010 (5).
[24] 帅青红. 网上支付与电子银行. 北京: 机械工业出版社, 2010.
[25] 王光远. 我国村镇银行发展模式及对策探究. 中国房地产金融, 2010 (6).
[26] 王修华, 贺小金, 何婧. 村镇银行发展的制度约束及优化设计. 农业经济问题, 2010 (8).
[27] 武剑. 商业银行经济资本配置与管理: 全面风险管理之核心工具. 北京: 中国金融出版社, 2009.

[28] 吴念鲁．商业银行经营管理．北京：高等教育出版社，2004．

[29] 许巍．我国村镇银行发展中的主要矛盾及政策效果研究．商业文化：学术版，2010（8）．

[30] 徐小青，樊雪志．村镇银行试点的成效、问题与建议．中国市场，2010（20）．

[31] 徐振东．银行家的全面风险管理：基于巴塞尔Ⅱ追求银行股东价值增值．北京：北京大学出版社，2010．

[32] 俞乔，邢晓林，曲和磊．商业银行管理学．上海：上海人民出版社，1998．

[33] 张吉光．商业银行操作风险识别与管理．北京：中国人民大学出版社，2005．

[34] 张文棋，杨福明．商业银行经营管理学．南京：东南大学出版社，2005．

[35] 张卓奇．电子银行．北京：高等教育出版社，2002．

[36] 赵先信．银行内部模型和监管模型．北京：人民出版社，2004．

[37] 郑鸣．商业银行管理学．北京：清华大学出版社，2005．

[38] 朱新蓉，宋清华．商业银行经营管理．北京：中国金融出版社，2009．

[39] 庄毓敏．商业银行业务与经营．2版．北京：中国人民大学出版社，2005．

[40] 张文棋，杨福明．商业银行经营管理学．南京：东南大学出版社，2005．

[41] 中国人民银行．贷款通则．中国人民银行令1996年第2号，1996．

[42] 中国人民银行．贷款风险分类指导原则（试行），1998．

[43] 中国人民银行．商业银行中间业务暂行规定（中国人民银行令（2001）第5号，2001．

[44] 中国人民银行金融稳定分析小组．中国金融稳定报告2009．北京：中国金融出版社，2009．

[45] 中国人民银行金融稳定分析小组．中国金融稳定报告2010．北京：中国金融出版社，2010．

[46] 中国银行业协会．中国银行业保理业务规范，2010．

[47] 中华人民共和国财政部．企业会计准则：应用指南2006．北京：中国财政经济出版社，2006．

[48] 中华人民共和国财政部．企业会计准则2006．北京：中国财政经济出版社，2006．

[49] 中国银监会．电子银行业务管理办法．中国银行业监督管理委员会令2006年第5号，2006年3月．

[50] 中国银监会．电子银行安全评估指引，2006年3月．

[51] 中国银监会．中国银行业监督管理委员会2009年报，2010（6）．

[52] 中国银监会．商业银行操作风险管理指引，2007年6月．

[53] 中国银监会．商业银行操作风险资本计量指引（第二次征求意见稿），2008年4月．

[54] 中国银监会．商业银行内部评级体系监管指引（第二轮征求意见稿），2008年3月．

[55] 中国银监会．商业银行风险监管核心指标（试行），2006年1月．

[56] 中国银监会．商业银行市场风险管理指引，2004年12月．

[57] 中国银监会．商业银行市场风险资本计量内部模型法监管指引，2010年2月．

[58] 中国银监会．商业银行信用风险缓释监管资本计量指引，2008年9月．

[59] 中国银监会．商业银行信用风险内部评级体系监管指引，2008年10月．

[60] 中国银监会．商业银行资本计量高级方法验证指引，2009年11月．